共享的力量

—— 区域推进劳动课程建设的创新实践

四川天府新区教育科学研究院　组织

黎波　杨彤　主编

四川大学出版社

图书在版编目（CIP）数据

共享的力量：区域推进劳动课程建设的创新实践 / 黎波，杨彤主编． — 成都：四川大学出版社，2024.4
ISBN 978-7-5690-6696-8

Ⅰ．①共… Ⅱ．①黎… ②杨… Ⅲ．①劳动课—课程建设—教学研究—中小学 Ⅳ．① G633.932

中国国家版本馆CIP数据核字（2024）第040356号

书　　名：共享的力量——区域推进劳动课程建设的创新实践
　　　　　Gongxiang de Liliang——Quyu Tuijin Laodong Kecheng Jianshe de Chuangxin Shijian
主　　编：黎　波　杨　彤

选题策划：梁　平　李　梅
责任编辑：孙滨蓉
责任校对：杨　果
装帧设计：裴菊红
责任印制：王　炜

出版发行：四川大学出版社有限责任公司
　　　　　地址：成都市一环路南一段24号（610065）
　　　　　电话：（028）85408311（发行部）、85400276（总编室）
　　　　　电子邮箱：scupress@vip.163.com
　　　　　网址：https://press.scu.edu.cn
印前制作：四川胜翔数码印务设计有限公司
印刷装订：成都市火炬印务有限公司

成品尺寸：185mm×260mm
印　　张：23.75
字　　数：580千字

版　　次：2024年6月 第1版
印　　次：2024年6月 第1次印刷
定　　价：88.00元

本社图书如有印装质量问题，请联系发行部调换

版权所有　◆ 侵权必究

扫码获取数字资源

四川大学出版社
微信公众号

编委会

主　　编：黎　波　杨　彤
副 主 编：刘　英　张　健　刘　兵　刘春琰
编　　委：（排名不分先后）
　　　　　李玉娇　朱娅君　李冬梅　张胜兵　郭应春　白贵忠　李佳琰
　　　　　洪　敏　田　华　吴云莹　罗丽萍　郭　旭　张　颖　赵雪友
　　　　　单素丽　袁　源　吕　欢　郝　丹　辜　思　李佳芮　胡　瑞
参与学校：（排名不分先后）
　　　　　四川天府新区第七小学　　四川天府新区元音小学
　　　　　四川天府新区万安小学　　四川天府新区永兴小学
　　　　　四川天府新区大林小学　　四川天府新区教科院附属小学
　　　　　四川天府新区元音中学　　四川天府新区十一学校
　　　　　四川天府新区湖畔路中学　四川天府新区特殊教育学校
学术顾问：班建武（全国德育学术委员会副理事长，北京师范大学公民与道德教育研究中心主任、教授、博士生导师）
学术指导：朱雪林（中国教育学会劳动教育分会、综合实践分会常务理事，四川省教育科学研究院体育美育劳动教育研究所副所长、劳动与综合实践活动教研员）
　　　　　徐　猛（成都师范学院副教授，四川省基础教育研究中心副主任，四川劳动教育研究中心主任，四川教育研究会教师发展专委会副理事长）
学术支持：四川劳动教育研究中心
组织单位：四川天府新区教育科学研究院

区域整体推进劳动教育的天府模式

劳动教育是新时代贯彻落实立德树人根本任务、确保社会主义教育办学方向的必然要求，对于高质量推进素质教育，促进学生全面发展意义重大。当前，各级各类学校都高度重视劳动教育，并在具体的实践中探索和积累了诸多有益的经验。系统总结和梳理这些有益经验，无疑是进一步深化劳动教育有效落地的重要举措。天府新区的劳动教育实践，毫无疑问是当前若干有益经验中独具区域特色且富含教育智慧的重要探索，值得我们高度关注和深入研究。

总体而言，天府新区的劳动教育具有以下几个突出特点：

1. 天府新区的劳动教育是有灵魂的教育

思想性是劳动教育的首要属性，从根本上决定着劳动教育的基本性质和育人方向，是整个劳动教育的灵魂所在。当前劳动教育实践存在的突出问题之一就在于，没有在实际的劳动课程和活动设计中，有效地落实劳动教育的思想性要求，从而将劳动教育的课程设计窄化为简单的劳动知识和技能的"拼盘"。这就使得劳动教育的思想性没有在劳动教育实践中得以充分彰显。天府新区劳动教育课程的突出特点在于，它紧扣劳动教育课程"育人为本"这一基本原则，在劳动教育的知识和技能传递中，自觉将马克思主义劳动观、劳动精神、劳动品质贯彻其中，从而较好地落实了劳动教育的思想性要求。具体而言，各个学校劳动教育课程设计，都主动植根于学校的办学理念和育人目标，并将学校的办学理念和育人目标与劳动教育的实际要求有机融合，体现了劳动教育的育人自觉，彰显了劳动教育"育人"这一灵魂寓于天府新区劳动教育实践中。

2. 天府新区的劳动教育是有美感的教育

教育之美，在于尊重规律。之所以说天府新区的劳动教育是有美感的教育，就在于它对规律的坚守。首先，对教育规律的坚守。教育规律最核心的一点是眼中有人，要能够自觉地从学生身心发展的实际出发来思考教育的节奏、方式和方法。显然，天府新区的劳动教育在这方面是高度重视的。其劳动课程设计处处彰显了对学生的尊重，对学生发展规律的肯定，因而，其劳动课程是眼中有人的教育，特别强调劳动教育的学段特点。其次，对劳动规律的坚守。劳动教育必须根植于鲜活的劳动实践才能够焕发其时代活力。劳动的形态会随着社会生产力的发展，尤其是劳动工具的变迁而发生变化。在这种情况下，劳动教育必须立足于现实的劳动世界，给学生呈现一个真实的而不是一个仅仅停留在成人记忆中的劳动世界。很显然，天府新区的劳动教育课程设计十分注重对真实劳动世界的回应，其内容大多从学生真实的劳动场景出发，因而具有鲜明的时代性。

最后，对社会规律的坚守。劳动是了解人类社会变化发展的一把钥匙，如何透过个体劳动去认识和把握整个世界，是新时代劳动教育应有的基本社会立场。在这方面，天府新区的劳动教育也做了诸多积极探索。比如，注重校内劳动与校外劳动相联系，强调劳动学习与劳动实践相统一，等等。这些无疑可以增进学生对劳动在整个社会发展进步中的地位和作用的深入认识。

3. 天府新区的劳动教育是有组织的教育

劳动教育是一项系统工程，需要统筹规划、协同推进才能取得真正的成效。当前，学校层面的劳动教育开展得相对较好，但区域层面的劳动教育如何有效推动，各地的有效探索不多，导致各个学校的劳动教育陷入各自为政的一盘散沙状态。既不利于形成区域劳动教育的整体合力，也不利于教育效应的最大化实现。因此，如何从区域层面思考整体推进劳动教育，是当前提升劳动教育质量的一个重大现实课题。要从区域层面整体推进劳动教育，毫无疑问需要强有力的组织行动作为保障。在这方面，天府新区的劳动教育同样有值得我们总结的有益经验。首先，天府新区劳动教育的组织性体现在其有着明确的顶层设计，即从区域层面谋划劳动教育的"制度建设、基地建设、课题建设、队伍建设"，以此作为整个区域推进劳动教育的基本遵循。这就确保区域劳动教育的内在一致性，避免一盘散沙。其次，天府新区劳动教育的组织性还体现在其构建了"政府—学校—家庭—社会"一体化的劳动教育组织体系，尤其是凸显了政府在整个劳动教育推进中的行政职责，确保了整个区域内劳动教育合力的有效实现。

4. 天府新区的劳动教育是有举措的教育

劳动教育重在实践。再好的教育理念如果没有强有力的教育举措予以落实，也必然会落空。难能可贵的是，天府新区的劳动教育不仅有着正确的教育理念，而且其实践措施也十分多元、有力。天府新区以共享理念围绕政、研、校、企多主体共建课程建设天府模式。该模式紧扣劳动教育"为什么、是什么、怎么做"三个核心问题，探索出了若干区域整体推进劳动教育的有力举措。首先，系统勾勒了区域推进劳动教育的认知逻辑链条。该认知链条涵盖了从"知行合一"的课程价值主张、"四求一体"的高质量劳动课程建设路径、"谱系化"的学校课程构建指导，到劳动课程建设的"五化原则"，为劳动教育的有效落地提供了理念上的强有力保障。其次，打造了区域推进劳动课程建设的实践逻辑链条。这一逻辑链条以搭建区域推进劳动课程建设的共享平台为基础，以"12345+N"的区域劳动课程建设共享为抓手，形成了一个闭环且完整的劳动教育实践模式。可以说，这一课程模式的构建，一方面有效解决了劳动教育如何系统落地的实践问题，另一方面也为劳动教育的区域推进提供了一个较为成熟的实践范本，有助于劳动教育的大范围推广。

5. 天府新区的劳动教育是有成效的教育

教育重在实效。教育实效是一个综合性的概念，其核心是学生的真实成长。没有学生的真实成长，教育的实效就是一句空话。但是，这并不意味着教育的实效仅表现为学生的成长，它同样也体现为教师的进步、学校的发展以及整个教育生态的改变。天府新区的劳动教育成效体现的就是这样一种综合性的教育实效。首先，在天府新区的劳动教育中，学生发生了可喜的变化，其劳动素养获得了整体性的提升，学生动手、动脑的意识和能力不断加强。其次，教师的教育观念、教育能力也在其中得到了充分且专业的锻炼，其劳动教育的业务能力明显增强。最后，包括学校在内的整个区域教育生态也朝着一个更加积极、专业、富有活力和优良品质的方向发展，在区域内外都有着良好的社会知名度和美誉度。天府新区的劳动教育正日益成为具有区域辐射力和社会影响力的教育共同体。

天府新区在整体推进劳动教育方面所进行的实践探索是多方面的，以上仅仅是个人基于自我的学习所勾勒出的天府新区劳动教育的几个显著特点。更多的经验还有待广大有志于劳动教育研究和实践推进的同行去探索、去发现、去总结。也期待天府新区在现有的基础上，更加强化劳动教育实践推进的理论自觉，在不断的探索中进一步完善其教育模式，为中国劳动教育品质的不断提升贡献更多的有益经验和智慧。

班建武

全国德育学术委员会副理事长

北京师范大学公民与道德教育研究中心主任、教授、博士生导师

目 录

第一部分 共享理念下区域推进劳动课程的创新实践

第一章 共享理念下区域劳动课程的顶层规划……………………………………（3）

第二章 共享理念下区域劳动课程的推进策略……………………………………（6）

第三章 共享理念下区域劳动课程建设的阶段成效………………………………（18）

第二部分 指向核心素养的学校劳动课程方案

阳光润德 劳动启智——教科院附小（含西区）劳动教育课程方案…………（25）

Zhen劳动 创造好生活——永兴小学劳动课程方案 ……………………………（41）

元·滋味——元音小学劳动课程方案………………………………………………（65）

劳之美·人之美——天府七小劳动课程方案………………………………………（81）

劳动有声 幸福无言——万安小学劳动课程方案…………………………………（102）

立身达人·守望幸福——大林小学"立身"劳动课程方案………………………（113）

让每一粒种子健康成长——十一学校劳动课程方案………………………………（125）

扬劳动之帆 育生命自觉——元音中学劳动课程方案……………………………（145）

创享劳动 德高慧美——湖畔路中学劳动课程方案………………………………（157）

阳光润心 以劳育人——特教学校劳动课程方案…………………………………（173）

第三部分 基于课程标准的劳动精品课例与项目式案例

第一章 基于课程标准的劳动精品课例……………………………………………（187）

第一节 劳动方案规划课……………………………………………………………（189）

劳动场景我规划——校园"三星堆体验区"劳动规划课案例………………（189）

制作阳光端午粽………………………………………………………………（199）

第二节 劳动实践指导课……………………………………………………………（207）

"签"约幸福 书绘真情——制作叶脉书签…………………………………（207）

皮蛋"诞"生记………………………………………………………………（216）

我把环保"袋"回家——自制环保手提袋 (223)
　　开心田园——种植花生 (229)
第三节　劳动技能应用课 (235)
　　建造小鸟之家 (235)
　　巧手包粽子 (244)
第四节　劳动交流汇报课 (253)
　　废纸"百变君" (253)
　　舌尖上的辣椒 (260)

第二章　基于课程标准的劳动课程项目式学习案例 (270)
第一节　烹饪与营养任务群项目式学习案例 (272)
　　"粽"情端午——自主制作端午粽劳动项目案例 (272)
　　川味——辣椒文化——大林小学劳动项目式学习案例 (281)
第二节　农业生产任务群项目式学习案例 (289)
　　春分——给春天的一封信——元音小学劳动项目式学习案例 (289)
　　给兔子一个舒适的"家"——十一学校劳动项目式学习案例 (300)
　　校园劳动实践基地土壤改良——元音中学劳动项目式学习案例 (310)
　　开心田园——种植花生——特教校劳动项目式学习案例 (318)
第三节　公益劳动与志愿服务任务群项目式学习案例 (327)
　　打造教室门口的生态空间——天府七小劳动项目式学习案例 (327)
　　做一名幸福志愿者——万安小学劳动项目式学习案例 (338)
　　家校共育微田园蔬菜种植——永兴小学劳动项目式学习案例 (348)
　　我"型"我秀　制作兴隆湖模型——湖畔路中学劳动项目式学习案例 (361)

第一部分

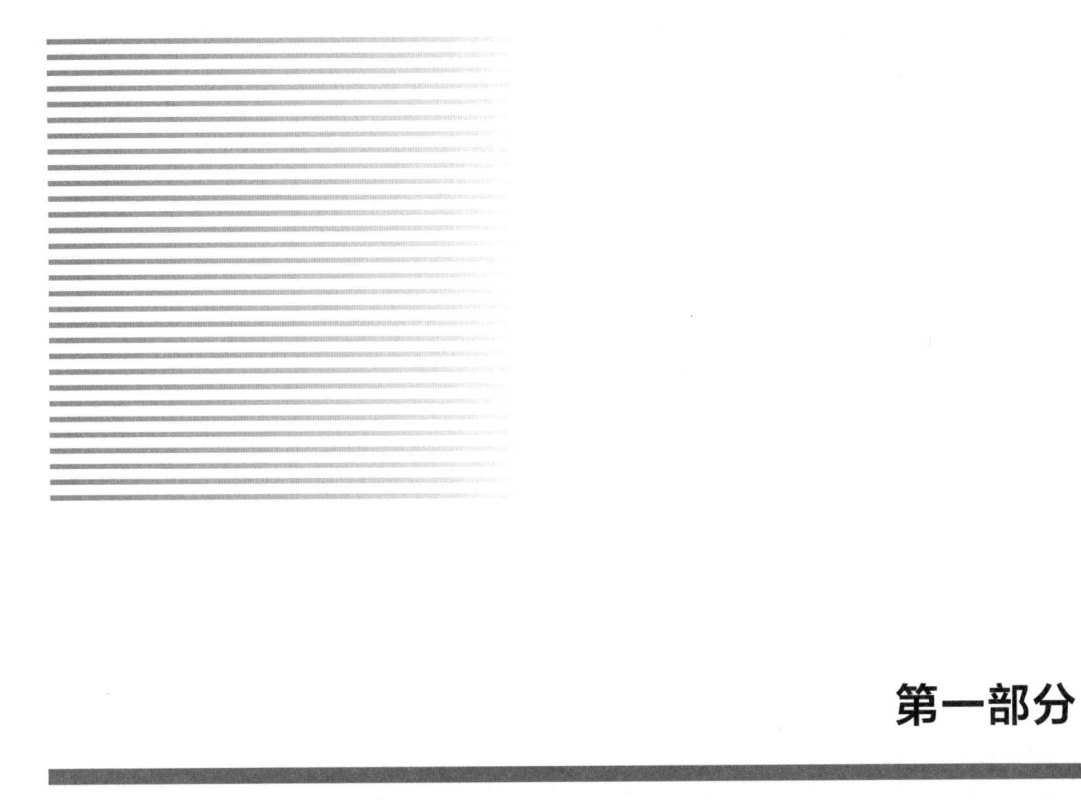

共享理念下区域推进劳动课程的创新实践

第一章　共享理念下区域劳动课程的顶层规划

2018年2月，习近平总书记视察四川天府新区，作出重要指示："天府新区是'一带一路'建设和长江经济带发展的重要节点，一定要规划好建设好，特别是要突出公园城市特点，把生态价值考虑进去，努力打造新的增长极，建设内陆开放经济高地。"习近平总书记的讲话为天府新区擘画了宏伟的发展蓝图。

"千年文脉天府翘楚，公园城市魅力焕发"，四川天府新区作为省级教育综合改革试验区，诠释着创新改革的深厚担当。近年来，天府新区为系统化构建新时代中小学劳动教育体系，积极贯彻党的教育方针，根据《中共中央　国务院关于全面加强新时代大中小学劳动教育的意见》《教育部关于印发〈大中小学劳动教育指导纲要（试行）〉的通知》（教材〔2020〕4号）、教育部《义务教育劳动课程标准（2022年版）》、《四川省教育厅等10部门关于印发〈全面加强新时代大中小学劳动教育实施方案〉的通知》（川教〔2021〕32号）、《成都市教育局等10部门关于印发〈关于全面加强新时代大中小学劳动教育的若干措施〉的通知》（成教发〔2021〕1号）等文件精神，落实劳动教育"以劳增智、以劳树德、以劳强体、以劳育美"的育人目标，推进四川省中小学劳动教育实验区发展任务，进一步深化成都市中小学劳动教育试点区域建设成果，探索公园城市共享劳动教育的"天府模式"，促进区域劳动教育高质量发展。

一、统筹规划，发挥行政引领力

天府新区高度重视劳动教育工作，从区域层面的"制度建设、基地建设、课题建设、队伍建设"方面进行顶层设计、统筹规划，发挥行政引领力。

制度建设方面，成立以分管领导为组长的专项工作领导小组，研制出台《四川天府新区劳动教育实施方案》《四川天府新区中小学校外劳动教育实践基地评选标准（试行）》《四川天府新区中小学校外劳动教育实践基地建设管理办法（试行）》《四川天府新区中小学（幼儿园）校外劳动教育实践课程指导纲要及基（营）地课程服务标准》等一系列政策文件。

基地建设方面，在规范建设的基础上促进校外劳动教育基地建设和课程实施。面向全区开展基地评审，完成首批8家劳动教育实践基地认定工作，为学校开展校外劳动教育实践活动搭建了优质平台。

课程建设方面，四川天府新区以四川省重点课题"区域推进劳动教育课程体系建构实践研究"为依托，构建形成"12345+N"课程推进模式。其中，"1"指确立一个区域劳动课程的理念与目标，即"手上有本领，脑中有智慧，心中有光芒"的区本化劳动课程总目标；"2"指区域劳动课程建设的两条路径，即以"区域课程—校本课程—课堂—活动—社团"为经线、以横向联动的"家庭—学校—社区—基地"为纬线建设劳动教育课程；"3"指区域推进劳动课程的三张课表，即班级课表、校级课表、区级课表；"4"指四方联动劳动课程保障机制，即政府主导、学校主体、家庭参与、社会支持；"5"指"五位一体"劳动课程评价，即建设共享劳动课程评价指标、搭建"共享式"劳动课程育人评价系统、开展劳动教育督导、研发"共享式"劳动课程建设监测平台、实施校本化劳动课程评价；"N"指区域内学校劳动教育课程开放式、校本化的多种样态。

队伍建设方面，搭建共享中心教师管理服务平台。2023年以来，天府新区教师共享中心由体育共享向劳动教育、科创、心理健康等领域拓展，致力打造一支多学科、高素质的共享师资队伍。劳动师资队伍建设方面，坚持共享理念引领，大力引进全国全省劳模、工匠、非物质文化遗产传承人等优秀劳动教育师资。目前，全区中小学校内专职劳动教师40余人，校内外兼职劳动教育指导师1500余人，统一由教师共享中心调配使用、排课走校，为高质量推进区域劳动教育提供师资保障。

二、教研赋能，强化科研指导力

天府新区以问题为导向构建区域劳动研修"一核四驱双循环"推进工作模式，一核即以"强调实践、追求本真、探索创新、素养育人"的劳动主张为核心，四驱即以"课程建设、队伍建设、课题研究、资源开发"为驱动，双循环即"校级自研、集团共研、区域整研、区域联研的全过程内部运行质量环"和"智库延拓、外域展评的全场景外部服务质量环"。教研、科研、课程、教学"四位一体"螺旋上升形成发展动力，高质量推进天府新区劳动教育研修工作。

三、课程设计，夯实学校主体力

课程是落实劳动教育目标任务的核心载体，是劳动教育有效实施的重要保证。天府新区采用以点带面、层层推进策略，在天府四小、大林小学等4所市级劳动教育试点校建设基础上，启动首批区级劳动教育试点校认定工作，确立了天府七小、华阳中学等13所中小学为试点校，涵盖创新体制、传统公办学校等多个类别，从整体建设和特色推进两个方面进行试点建设，推动劳动教育深入开展。研修课程内容方面，纵向关注课程目标的学段差异，体现层次性，加强中小幼学段课程衔接，开发进阶性的劳动教育课程；横向关注课程目标的领域性，体现全面性。天府新区以重点推动四类课程建设为抓手：做实基础课，落实好每周不少于1课时的劳动必修课，因需设计"长课时"课程；做足渗透课程，挖掘课程中劳动教育元素并关联学科，系统设计"渗透"课程；做强综合课程，与科技教育、国防教育、中华传统文化等主题教育活动相结合，注重强调劳动教育的实践属性与学生真实的劳动体验相结合，强化"做中学""学中做"，开发"综合"课程；做亮特色课程，因地制宜，依托实践基地和校本资源，适当引入体现新形态、新技术、新工艺等的现代劳动内容，创新"特色"课程。在全区中小学固定"每年一周劳动周、每期一天劳动日、每周一节劳动课"三个时段，落实区级、校级、班级三张课表。劳动日通过"劳动+国防""劳动+科技"等方式开展，部分学校已形成特色品牌；劳动课通过"统一教材+劳动清单+指导手册+融合课堂"的多种课程载体实现。全区所有学校实现了每周1节劳动课，全体学生实现了生产、生活和服务性劳动教育全覆盖。

四、资源整合，加大社会供给力

着力打造浸润式实践基地。整合公检法、银行、酒店、会展中心、敬老院、污水处理厂、超级计算中心、优教育成都中心等单位的劳动教育资源，挖掘覆盖生产、生活和服务性劳动场域的资源点位108个，创造7000余个生产性、服务性职业体验岗位，打造多样态劳动实践场景，形成育人合力。

着力盘活闲置资产。加快整合场景资源，打造天府新区"南泥湾"，形成能学、能做、能游的多学科融合劳动教育实践基地。初步规划三种"南泥湾"课程模式：一是强化国防教育体验，全区五年级及以上年级开展5公里以内徒步拉练至基地，实施军事化管理，推行生活制度化、行动军事化、秩序规范化。二是强化农业劳动内容，开发以"农事劳作、农器制作、农俗协作、农村治理"为内容的劳动实践课程体系，设计打稻谷、采柑橘、砌墙、做草编、河道水质检测等劳作项目。三是强化思政教育核心，白天下地劳作、晚上思政学习，认真开展"学习新思想、做好接班人""学雷锋学模范"等主题教育活动。

探索相链接功能体系。探索"劳动教育+国防教育"相链接的功能体系。以成都市"红领巾国防学院"落地天府新区为契机，大力挖掘航天英雄叶光富、红岩英烈丁地平、战斗遗址苏码头等国防教育资源，建成天府新区党史学习、爱国主义教育、全民国防教育、劳动教育的主阵地，进一步丰富发展校内阵地、校外营地功能体系。

五、协同育人，明确家庭辅助力

天府新区完善"政府统筹+学校主导+社会支持+家庭协同"的劳动教育治理模式，加强"三张课表"落实情况过程性督导，构建劳动教育"家、校、社"三位一体的育人生态，形成具有天府新区特色的劳动教育改革范例。

天府新区共建家、校、社劳动教育联盟，实现学校课程与家庭指导、社会实践之间的有机结合。以家庭为基础，"生活化"夯实劳动教育根基。家庭是第一学校，家长是第一任老师，在房屋清洁、烹饪、家居美化等日常劳动方面，家庭发挥着基础作用。学校将指导孩子的家务劳动列为家长的"必修课"，要求不同年龄段的孩子每年要掌握1~2项家庭生活技能，记入学生综合素质档案。天府新区全部学校布置的劳动作业，其中82.19%是亲子共同劳动。我们对天府新区4万余个家庭的调查显示，97.18%的家长认为劳动教育与其他文化学科同等重要。

第二章 共享理念下区域劳动课程的推进策略

天府新区坚持共享理念引领，围绕政、研、校、企多主体共建的区域推进劳动课程建设"天府模式"。

一、构建区域推进劳动课程的认知逻辑链

（一）"知行合一"凝练劳动课程价值主张

劳动是人类特有的基本社会实践活动。劳动教育是对学生进行热爱劳动、热爱劳动人民的重要教育活动。劳动课程是实施劳动教育的重要支撑。天府新区立足日常生活劳动、生产劳动和服务性劳动，以实践为主线，提出了"强调实践、追求本真、探索创新、素养育人"的课程价值主张，践行"知行合一"的劳动教育。"知"是指教师对追求本真、素养育人的认知和学生对劳动知识的认知，对社会主义劳动价值观的认同；"行"是教师对劳动实践、劳动创新高度重视和学生参与劳动实践、劳动探索创新。"知"和"行"内在统一，相互贯通，促进学生在学习与实践过程中逐步形成适应个人终身发展和社会发展需要的关键能力、必备品格和正确价值观，全面提升学生的劳动观念、劳动能力、劳动习惯和品质、劳动精神。"知行合一"劳动价值主张既是区域推进劳动课程建设的起点，也是培养具备新时代劳动核心素养社会主义接班人的追求。

（二）"四求一体"高质量劳动课程建设路径

建设高质量、有生命力的劳动课程需有自上而下的统筹规划，也需有自下而上的贯彻落地。天府新区充分将国家要求、区域供求、学校追求和学生需求相统一，探寻"四求一体"高质量劳动课程建设路径（如图2-1所示）。首先，落实国家要求。国家要求既包括国家出台的各项政策对劳动课程建设的要求，也包括《义务教育劳动课程标准（2022年版）》对劳动课程建设提出的具体要求，概括来说，就是发展学生核心素养。这是区域推进劳动课程建设必须遵循的要求，是课程建设的"根"。其次，关注区域供求，区域供求是区域可为劳动课程建设提供的资源支持与条件保障。这是区域推进劳动课程建设的"干"。再次，重视学校追求，学校追求指学校在建设与实施劳动课程的过程中应充分考虑学校的实际情况，将本校办学理念、育人目标、课程体系、办学特色相融合，形成"千校千面，一校一品"的劳动课程体系集群。这是区域推进劳动课程建设的"枝"。最后，融合学生需求。学生需求指劳动课程建设要充分考虑不同学段、不同

层次、不同类别的学生的全面发展需求，结合学生身心发展规律与阶段特点，有针对性地开发劳动课程。这是区域推进劳动课程建设的"叶"。

图 2-1 "四求一体"课程建设示意图

（三）"谱系化方式"指导学校构建课程体系

课程是劳动教育实现育人功能的重要载体。充分发挥课程的育人功能，需要系统地建构课程体系。基于此，天府新区提出了"谱系化方式"指导学校构建课程体系。"谱系化方式"指从教育哲学、育人理念、课程理念、课程目标、课程模式、课程结构、课程实施等方面系统性地建构劳动课程体系。在进行"谱系化方式"建构时既需要关注课程建设的完整要素，也需要考虑与劳动课程标准、区域特色、学校办学理念相融合。

（四）"五化原则"指导学校实施课程建设

1. 一体化原则

区域统筹推进劳动课程建设的一体化原则主要体现在两个方面。一是劳动课程建设需要一体化推进。区域教育发展不能轻视任何一所学校，这既是教育均衡化发展的要求，也是保证教育公平的体现。在课程建设方面，要求区域公平对待各学校，不偏袒优势学校，也不漠视薄弱学校，以一个更宽广的视野统筹规划本区域教育发展布局。二是劳动课程推进需要一体化构建。天府新区构建"目标一体化、内容一体化、教学一体化"的新时代大中小学劳动教育课程。目标一体化要求构建一以贯之、逐层递进的"知行合一"目标框架，体现精细化；内容一体化要求打造教学模块和专业相结合的"劳动+"内容框架，注重综合化；教学一体化要求建设涵盖教学过程、教学空间和教学关系的"实践导向"教学框架，强调自主化。新时代大中小学劳动教育课程一体化建设要注重在设计阶段推进制度体系建设，在实施阶段建立协同创新机制，在评估阶段变革课程评价方式，从而推动劳动教育的有效实施，落实综合育人的根本任务。

2. 学段化原则

不同学段的学生，其身心发展规律和认知发展水平皆不同，这决定了区域统筹劳动课程建设需要遵循不同学段学生发展规律。天府新区确立"横向凸显学段特征，纵向强化学段衔接"学段化原则。首先，考虑小学低段、小学中段、小学高段、初中段到高中段育人目标的阶段性、内容的衔接性、学生劳动素养发展的顺序性；其次，关注学生在不同学段的劳动素养呈现内在一致性与递进性；再次，关注学生实践的灵活性和科学性；最后，关注不同学段的劳动课程连续性。总之，"横向凸显学段特征，纵向强化学段衔接"学段化原则，让不同学段的劳动课程实施有序衔接，螺旋上升。

3. 校本化原则

劳动课程建设校本化原则指根据"四求一体"的总体要求，在衔接区域劳动课程体系建构的基础上，结合学生全面发展的特点和学校文化、资源、特色等方面，按照劳动课程场域、劳动课程功能、劳动价值、劳动素养提升等设计逻辑进行重新整合，构建起各具特色的校本课程体系。校本化劳动课程体系建构破解了"零散化、碎片化、随意化、同质化"的难题，形成了天府一小小城劳动课程、华阳小学阳光劳动课程、华中附小光芒劳动课程、美岸小学创美劳动课程、锦江小学航行劳动课程等多样态校本课程，校本化原则打破劳动课程重构的"千篇一律"，打造"百花齐放"的样态，为学校劳动品牌打造与劳动特色发展奠定了基础。

4. 融合化原则

新时代劳动教育课程建设应以马克思关于人的全面发展学说为价值基础，在实践中丰富劳动活动的内涵与形式。为了更好地促进学生劳动素养的发展，实现以劳育人的最终目标，首先，需要充分挖掘德育、智育、体育、美育中的"劳动教育"要素，促进"五育融合"。其次，要充分挖掘中小学各学科中的劳动教育内容、劳动教育价值，将劳动教育与学科课程融合、与学科领域融合、与社会文化整合、与人整合。

5. 共建共享原则

天府新区以区域教育资源共建共享过程中存在的定位不清、顶层设计不完善等问题为驱动，确立挖掘教育自身的优质资源，实现资源可持续生产与共建共享实践思路。天府新区资源的共建共享，从横向上看，实现了不同学科知识的融合；从纵向上看，实现了不同学段连续发展，推动了劳动教育系统、持续的发展。另外，资源整合、共建共享的区域劳动教育"天府模式"，尝试以课程体系来引领区域劳动课程的全面实施，竭力为义务教育阶段系统有序地推进区域劳动教育探索出一套可借鉴、可复制的区域劳动教育的实施路径。

二、打造区域推进劳动课程的实践逻辑链

（一）聚焦高质量，搭建区域推进劳动课程建设的共享平台

1. 三期推进　平台共建

天府新区根据区域推进劳动课程建设的价值主张、方法论以及"五化原则"，统筹推进学校劳动课程建设，共建共享资源，破解个体学校单打独斗的孤立局面。从"机制保障、资源保障、课程保障"等方面搭建了具有天府新区特色的"共享式"劳动课程平台。机制保障方面搭建了"组织管理机制共享平台"，资源保障方面搭建了"人力资源共享平台""财力资源共享平台""劳动场域共享平台"，课程保障方面搭建了"课程建设内容共享平台""课程建设路径共享平台""课程实施共享平台""课程成果共享平台""课程评价共享平台"。

一是前期建章立制。天府新区以行政干预的方式要求各校都动起来，研制《四川天府新区中小学校劳动教育实施方案》《四川天府新区中小学校外劳动教育（劳动周/日）实践基地评选标准（试行）》，修订完善《四川天府新区中小学校外劳动教育实践基地建设管理方法（试行）》。二是中期培训树榜。主要采用"培训引领、评优树标、以点带面、深化推进"等方式，倾力打造特色学校。三是后期辐射推广。通过共享平台应用，推广各级各类劳动教育成果，力争形成"百花齐放，百家争鸣"的可喜局面。

2. 三级联动　资源共享

区域规划、集团推进、学校实施共建共享劳动教育平台见表2-1。

表2-1　区域规划、集团推进、学校实施共建共享劳动教育平台

三级联动	课程资源类型	共享方式
区级层面	区域劳动教育教学大纲、项目化课程教学指南、教材配套微课、"五育融合"课程清单	区域统筹平台建设 区域资源共建共享 自主选用适宜资源 构建校本特色资源
集团层面	主题式教学大纲、主题式课程教学指南	
学校层面	学校劳动教育学科课程图谱、学生劳动实践手册	

3. 统一标准　校企共营

天府新区出台校外劳动教育实践基地评选标准、建设管理方法、课程指导纲要及基（营）地课程服务标准等一系列文件，积极挖掘覆盖生产、生活和服务性劳动场域的全域资源点位，挂牌首批省级教育综合改革试验区劳动教育实践基地8个。依托天府教师共享中心平台，链接区内外优质教育资源，吸附劳动教育服务机构70余家。持续优化"政府统筹+企业投建+综合运营"的校外劳动教育实践基地运营模式，聚焦学生发展，量身打造劳动周（日）课程，培养学生实践能力、创新精神和劳动创造美好生活意识。

（二）指向综合育人，构建区域推进课程建设"12345＋N"共享实践模式

天府新区以四川省中小学劳动教育实验区和成都市劳动教育试点区域建设为抓手，构建形成区域推进"12345＋N"共享实践模式。"1"指确立一个区域劳动课程的理念与目标，"2"指区域劳动课程建设的两条路径，"3"指区域推进劳动课程的三张课表，"4"指四方联动劳动课程保障机制，"5"指"五位一体"劳动课程评价，"N"指区域内学校劳动教育课程开放式、校本化的多种样态。

1. 构建一个区级课程目标

天府新区教科院结合新课标要求和地域特色，提出本区的课程目标；学校在教科院引领下围绕区域课程目标和自身办学理念、育人目标、办学特色，形成学校校本课程目标。如图2-2所示。

新课标目标 →（区本化）→ 天府新区课程目标 →（校本化）→ 学校课程目标

图2-2 课程目标提出的基本思路

天府新区区本化劳动课程总目标即"手上有本领，脑中有智慧，心中有光芒"。其中"手上有本领"指天府新区学子具有发展初步筹划思维的必备劳动能力。"脑中有智慧"指天府新区学子有基本的劳动意识，以及正确的劳动观念、良好的劳动习惯、基本的劳动品质。"心中有光芒"指天府新区学子具有积极的劳动精神和艰苦奋斗、砥砺前行、大公无私的精神。在区域劳动课程目标的基础之上，区内各所学校结合新课程目标、区域课程目标，以及本校的办学理念、育人目标，提出学校劳动课程目标。例如，天府新区万安小学的办学理念为幸福教育，学校劳动课程的目标为"亮眼'识'福""践行'惜'福""十指'创'福"（如图2-3所示）。

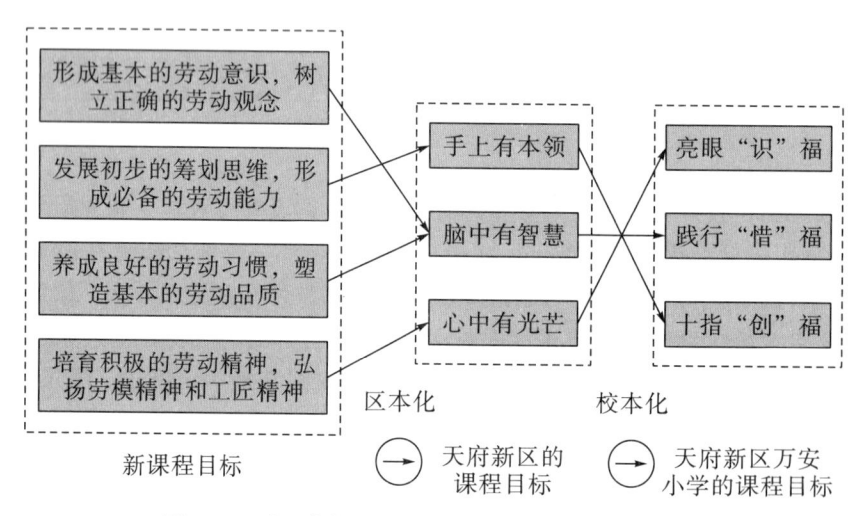

图2-3 "区本化—校本化"劳动课程目标构建示例

2. 探索两条课程实施"经纬线"

劳动课程实施的经纬线如图2-4所示。

图 2-4 劳动课程实施的经纬线

课程实施的经线：纵向贯通"区域课程—校本课程—课堂教学—活动课程—社团课程"。 天府新区以"区域课程—校本课程—课堂教学—活动课程—社团课程"为经线，纵向贯通实施劳动课程，将区域综合课程体系整合落实下沉到一校一品的校本化课程体系，再到课堂中以及课堂外的社团与活动等主题式课程。

课程实施的纬线：横向联动"家庭—学校—社区—基地"。 天府新区联动学校、家庭、社区、基地共同实施劳动课程，拓宽课程实施的场域。学校是实施劳动课程的主阵地，通过一校一品的劳动课程体系，依托课堂、社团、延时服务、学科渗透、综合实践等路径开展。学校层面，全区所有中小学均通过校本化建构形成了本校的劳动课程体系。家庭层面，通过学校研发的家庭劳动清单，将劳动场域拓展至家中，形成家校合力。社区层面，天府新区辖内共有9个街道119个村（社区），9个街道均建立了社区教育学校和老年教育学校，119个村（社区）均建立了社区教育工作站。天府新区可以协助中小学接洽学校驻地街道和社区资源，就近开展公益类社会服务劳动教育课程和职业体验课程。天府新区目前已引入行业领军企业81家，全球500强企业255家，这些资源都成为优质的劳动教育资源。校外基地方面，由政府统筹遴选了3大类108个校外劳动教育基地，并按照基地的接待规模遴选为劳动周推荐点位、劳动日推荐点位和灵活劳动推荐点位。例如，天府乡愁·世季田园以传统二十四节气为主线，为学生提供真实、广阔、丰富的生产劳动和生活劳动场地，构建起适合中小学生全年、全周期的劳动教育课程体系，目前劳动教育场地单次能够接纳2000人，餐饮1600人，住宿600人。七彩田园可满足学生在家政体验、手工制作、田园劳作、食品加工、服务体验、创新实验、文化创意等方面的劳动实践需求，目前劳动教育场地单次能够接纳1200人，餐饮800人，住宿400人。南新村利用一村一基地的模式优势，根据村落丰富活动场景，开发类似"模拟城市"职业体验的生活及服务性劳动教育体系，包括基于社区教育工作站,在村委会、卫生院、养老院、小区物业等开展劳动体验,基于村集整体商业、农贸市场开展各类服务性劳动体验,基于双创街、工美馆开展非物质文化遗产类工匠体验,基于南新村自有及周边农业基地开展农夫职业体验。四川天府新区职业学校劳动和职业体验基地开设有汽车装配类DIY课程、智能制造类、钳工创意、小家电装配维修和科技创新类课程,学校现有场所能接待300人一日劳动实践。

3. 形成区域推进劳动课程建设的三张课表

天府新区因地制宜制定出《天府新区劳动教育工作方案》,提出"三张课表及三张清单"落地方案,"三张课表"即区级课表、校级课表、班级课表。区级课表,天府新区根据家庭、学校、社会等劳动场域,以螺旋式递进的方式设计了生活类劳动、生产类劳动和服务类劳动,从区域层面整合课程资源,避免学校单枪匹马的局面,学生逐步通过感受体验、技能习得、探究学习、创新实践的学习方式参与劳动课程。校级课表,以天府新区十一学校为例,学校结合"以生为本,慧育菁英"教育理念,提出了"让每一粒种子健康成长"劳动课程理念,并衍生出了学校"种子课程"体系,课程结构包括"躬耕校园""明瑾家舍""余韵社区"三个维度,分别从生活、生产和服务三个方面设置课程。班级课表主要依托课堂来实施,通过学校的统一排课创新开展劳动课堂教学。全区各校严格落实每周一节劳动课,课堂主张"注重实践、强调本真、探索创新、素养育人",引导学生以人为本,自主合作探究,开展创造性劳动,探究"四类劳动课型+学科融合课+PBL项目式劳动",在劳动中提升劳动思维品质。"三张清单"即落实每周一节劳动课、每期一天劳动日、每年一周劳动周的劳动任务清单。

如何有效落地天府新区提出的"三张课表及三张清单",区域从课程内容构建、课程实施路径、课程共建共享三个方面着手实践。

首先,分层构建课程内容。构建与之匹配的"三类劳动课程",即"区级综合课程""校级特色课程""班级基础课程"。区级综合课程内容包括"学校特色课程+社区服务、公益性课程+基地研学课程",主要通过社区服务、公益性劳动、研学活动有效落实每期一天劳动日与每年一周劳动周。校级特色课程内容包括"学校特色课程+劳动年级课程+德育融合课程",主要通过学校有效落实每期一天劳动日及常态化劳动活动。班级基础课程实施"国家课程+校本特色课程+区级项目课程",探索"劳动方案规划课、劳动实践指导课、劳动交流汇报课、劳动实践迁移课"等课型样态,有效落实每周一节劳动课。天府新区区级劳动课程周排课表示例(第一批次十一、十二月学校节选)见表2-2。

表2-2 天府新区区级劳动课程周排课表示例(第一批次十一、十二月学校节选)

十一月(8—12日)	十一月(15—19日)
天府乡愁:四川天府新区第四小学,五年级(440人)	天府乡愁:四川天府新区太平小学,五年级(220人);四川天府新区锦江小学,五年级(380人)
七彩田园:四川天府新区三星中学,八年级(108人);四川天府新区正兴小学,五年级(285人)	七彩田园:四川天府新区第七小学,五年级(52人);四川天府新区白沙小学,五年级(237人)

续表

十二月（6—10 日）	十二月（13—17 日）
天府乡愁：四川天府新区华阳中学，八年级（435 人）；四川天府新区太平中学，八年级（200 人） 七彩田园：四川天府新区教育科学研究院附属中学，五年级（215 人）	天府乡愁：四川天府新区新兴小学，五年级（278 人）；四川天府新区正兴中学，八年级（235 人） 七彩田园：四川天府新区第一小学，五年级（75 人）；四川天府新区万安小学，五年级 297 人

其次，探寻落地实施路径。为了匹配和落实"三张课表及三张清单"，各校制定劳动课程方案，包括劳动学科课程逻辑图、劳动学科课程图谱、劳动课程年级实施图谱、劳动学科课程与德育主题活动融合体系图谱等内容，其中构建的劳动学科课程逻辑图、劳动学科课程图谱，解决学校"三张课表及三张清单"课程开展的内容设置问题；学校构建的劳动课程年级实施图谱、劳动学科课程与德育主题活动融合体系图谱，让课程从图谱中鲜活地走下来，解决了"三类课程"的"三张课表及三张清单"科学化、序列化、体系化在年级、学校、基地落地实施的问题。区域推进劳动课程建设的"三类课程"见表 2－3。

表 2－3 区域推进劳动课程建设的"三类课程"

三类课程	课程内容（必修＋选修）	课堂样态	课标要求	共享方式
区级课程	基地研学课程、社区服务和公益性劳动课程、校本特色课程	研学旅行、社区服务、公益活动	每年一周劳动周、每期一天劳动日	区域统筹排课
校级课程	校本特色课程、年级劳动课程、"五育融合"课程	日常生活劳动、生产劳动、服务性劳动	每期一天劳动日常态化劳动活动	区域展示交流
班级课程	国家课程、区级项目课程、班本实践课程	劳动方案规划课、劳动实践指导课、劳动交流汇报课、劳动实践迁移课	每周一节劳动课	区域教研分享

最后，探寻课程共建共享方式。三类课程落地方面，区级课程通过区域统筹排课实现共建共享，引领学生在研学旅行、社区服务、公益活动中开展每年一周劳动周、每期一天劳动日活动；校级课程通过区域展示交流实现共享，展示学校特色课程、年级劳动课程、"五育融合"课程特色，引领学校取长补短、相互借鉴；班级课程通过区域教研分享实现共享，教科院以每月一次研修活动为契机，通过"主题沙龙、示范展示、研修探讨"等方式在试点校分类讨论、集团校主题展示、区域教研统整示范。三张清单、作业实践采用区域推进、家庭实践、学校实操、区域竞技方式实现共建共享。天府新区劳动三张清单之课程清单见表 2－4。

表 2-4　天府新区劳动三张清单之课程清单

	类别	任务群	项目	共享方式
劳动课程清单	日常生活劳动	整理与归纳	生活用品整理、学习用品整理、修补保护日常用品	课题引领区域推进
		清洁与卫生	个人卫生、衣物清洁、着装礼仪、环境清洁、垃圾分类	
		家用器具使用与维护	电器使用、电器维护、电器收纳、电器清理	
		烹饪与营养	备菜技巧、烹饪技巧、美食制作	
	生产劳动	农业生产劳动	种植与养护、动物饲养、农副加工	
		传统工艺制作	布艺、织艺、纸艺、绳艺、陶艺、木艺	
		工业生产劳动	木工、金工、电子、服装	
		新技术体验与应用	智能控制、参观高新技术产业园	
	服务性劳动	现代服务劳动	职业体验	
		公益劳动与志愿服务	校园服务岗、社区志愿者	

天府新区三张清单之劳动技能与劳动实践作业清单见表 2-5。

表 2-5　天府新区三张清单之劳动技能与劳动实践作业清单

	类别	内容			共享方式
劳动技能清单	项目主题	日常生活劳动	生产劳动	服务性劳动	家庭实践学校实操区域竞技
	项目活动	活动一	活动二	活动 N	
	课程类别	必修	选修	选择性必修	
	实施学段	低段	中段	高段	
劳动实践作业清单	基础性作业	发展性作业	挑战性作业	创新性作业	协同共进

4. 提供区域推进劳动课程建设的"四方协同"课程保障

天府新区率先启动首批 10 个"四川天府新区省级教育综合改革试验区劳动教育实践基地"挂牌工作，构建"四方联动"机制，让"劳动周（日）"真正发生，让基地课程开出绚丽之花。

政府主导方面，为了保障劳动教育课程建设与实施，天府新区印发《天府新区劳动教育实施方案》，建立劳动教育长效机制，把劳动教育纳入教育督导体系，加快建设校内劳动教育场所和校外劳动教育实践基地，加强学校劳动教育设施标准化建设。教育处将劳动教育纳入重要工作议程，为区域劳动课程的建设及实施提供政策、资金保障，加快推进校内外劳动基地建设。采取政府购买服务方式，吸引企业、街道、社会劳动实践基地等社会力量提供劳动教育服务，加强"三域统整"，即整合人力资源、统筹社会资源、建立共享培育基地。天府新区依托70.1%的生态本底，建设了43个上千亩的生产劳动实践基地，在29.9%的建设区，整合了公检法、银行、酒店、会展、敬老院等单位。天府新区依托社区教育学院、天府共享平台充分挖掘覆盖生产、生活和服务性劳动场域的108个资源点位，形成了108个劳动教育资源点位，打造了多种形式的劳动实践场景，创造了7000余个生产性、服务性职业体验岗位，实现劳动课程资源的整合，形成了育人合力。与此同时，天府新区加强劳动教育实践基地建设，制定评选办法和运行机制，支持基地发展，促进学生成长。

学校主体方面，学校充分利用市、区教育科研指导及名师工作室的专家资源，组织"以劳育人"主题化、系列化的研训活动，以教学实践中出现的问题为指导内容，聘请行业专业人士担任劳动实践指导教师，解决教育项目学习中的实际问题。建立健全劳动教育教师工作考核体系，加强劳动教师技能、安全教育。

家庭参与方面，建立"家校合作劳动教育"新模式，抓住衣食住行等日常生活中的劳动实践机会，鼓励孩子自觉参与、自己动手，掌握洗衣、做饭等必要的家务劳动技能。要求学生每学年有针对性地学会1~2项生活技能，并将学生参加家务劳动和掌握生活技能的情况按年度记入学生综合素质档案。组建"家庭教育讲师团"，开展家长学校活动，共建家校劳动教育联盟。

社会支持方面，利用现有综合实践基地、青少年校外活动场所、职业院校等学校劳动实践场所，建立健全共享机制。统筹规划配置中小学劳动教育资源，如联合南新村劳动实践基地，开放实践场所，支持学校组织学生参加"酒店管理"等生产劳动，参与新型服务性劳动；联合工会、共青团、妇联等群团组织，以及"春雨公益""大众公益"等各类公益基金会、社会福利组织搭建活动平台，开展公益劳动；联合天府新区综合高中设立网络直播实践基地，开展"直播讲座、高级技师授课、学生实践操作"等活动。

5. 实施区域推进劳动课程建设的"八类"课程评价

首先，制定主题式劳动清单实践评价指标。天府新区围绕不同场域完成的所有劳动实践活动项目，初步构建八类评价内容，即主题式劳动清单实践评价指标，包括学校劳动主题活动评价、学校劳动项目评价、劳动技能清单实施评价、劳动技能比赛评价标准、劳动课堂表现评价、家庭评价指标、社区服务评价、校外研学评价在内的八类成效总体评价指标，如图2-5所示。

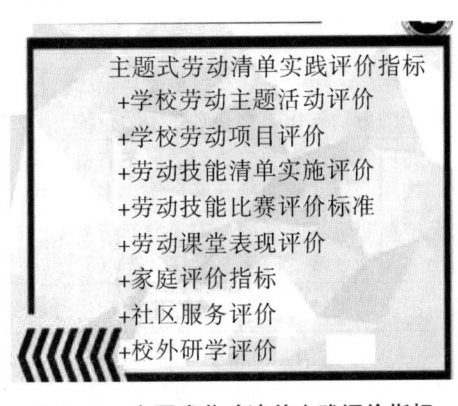

图2-5 主题式劳动清单实践评价指标

其次，搭建共享式劳动育人综合评价系统。天府新区将共享式劳动教育纳入"天府新区中小学课程方案"，将劳动素养纳入学生综合素质评价体系，作为评优评先的重要参考依据。区域开发共享式劳动育人综合评价系统，研究制定劳动教育学分认定、积累和转换相关办法，将全区中小学生劳动教育量化评价纳入学生综合素质评价体系。同时鼓励与支持各校建设数字化监测平台，制定劳动教育监测评价标准，开展过程监测与评价，定期发布学生劳动素养监测报告。

再次，实施共享式劳动教育督导。

天府新区将劳动教育纳入教育督导体系，把劳动教育实施情况作为衡量区域教育质量和水平的重要指标之一。每一年由督导室牵头，对学校劳动教育在组织领导、课程建设、条件保障、校园文化、综合评价等方面进行督查和指导，评估评定标准见表2-6。

表2-6 四川天府新区中小学劳动教育学校督导评估评定标准

学校： 日期：

序号	一级指标	二级指标	评定标准	自评
1	组织领导（20分）	劳动制度	1. 制定学校劳动教育管理、实践等制度（2分）	
		劳动规划	2. 制定落实天府新区固定三个时段、落实三张清单的学校规划方案（2分）	
			3. 劳动教育实施方案完备，教学目标清晰（3分）	
		劳动管理	4. 劳动教育实施机构明确，人员责任清晰（3分）	
			5. 劳动教育教学组织规范，内容安排合理（5分）	
			6. 劳动日、周、学生值日、大扫除等制度全面落实（5分）	
2	课程建设（30分）	课程构建	7. 劳动课程体系设计科学，符合学校校情、贴近学生、切合实际（3分）	
		课程内容	8. 劳动课堂围绕三四五式建模，具有完整的教学设计或备课本（3分）	
			9. 根据学生年龄特点探索跨学科主题课程与劳动项目式课程（4分）	
		课程资源	10. 自主开发劳动教育读本、学校清单或指导手册等课程资源（3分）	
		课程实施	11. 劳动课程每周不少于1课时（3分）	
			12. 落实学生家庭劳动，引导家长加强言传身教，通过家庭劳动强化孩子的劳动意识，学会必要生活技能（4分）	
			13. 新型劳动形态和传统劳动形态有机结合，通过城乡、家校、校企、校际、社区等途径开展合作，多元实施（3分）	
			14. 定期开展不同区域、不同类型劳动实践研学活动，在劳动实践中出力流汗、接受锻炼、磨炼意志（3分）	
			15. 围绕学生技能清单，有序组织学生开展劳动技能大赛（4）	

续表

序号	一级指标	二级指标	评定标准	自评
3	条件保障（20分）	经费保障	16. 劳动教育经费足额保障，满足劳动教育需求（4分）	
		师资保障	17. 劳动教育师资数量充足，专兼结合，相对稳定（4分）	
		场域保障	18. 校内设有劳动实践教室或场地（4分）	
			19. 校园劳动设施设备配备到位，工具、耗材等及时补充（4分）	
		安全保障	20. 安全条件保障到位，及时发现、排除劳动教育实践活动中的各类安全隐患（4分）	
4	校园文化（10分）	阵地打造	21. 利用校报、校刊、板报、宣传栏、公众号等方式宣传辛勤劳动、诚实劳动、创造性劳动的劳动实践活动或典型人物，营造"劳动最光荣、劳动最崇高、劳动最伟大、劳动最美丽"的校园文化氛围（5分）	
		文化宣传	22. 在学雷锋纪念日、劳动节、劳动周、地方丰收节等时机，加强宣传引导，大力弘扬劳模精神、劳动精神、工匠精神，鼓励学生参与相关展演、创作，开展劳动成果展评活动（5分）	
5	综合评价（20分）	评价指标	23. 将劳动素养作为学生学期评定、学年鉴定的重要指标，评价标准从劳动观念、劳动能力、劳动品质、劳动精神四个维度合理构建，开发相应评价工具及评价手册等（10分）	
		评价方式	24. 劳动教育评价方式科学，评价主体多元，评价程序规范（5分）	
		评价运用	25. 劳动教育评价结果记入学生综合素质评价档案，并作为学生评优评先的重要参考和毕业依据（5分）	
		劳动课题	26. 承担省级及以上劳动教育课题研究，正式结题评审通过的，可加2分；承担市级劳动教育课题研究，正式结题评审通过的，可加1.5分；承担区级劳动教育课题研究，正式结题评审通过的，可加1分。此项累计计分不超过5分	
		劳动成果	27. 学校在劳动教育成果评选中，获得省级（含以上）表彰荣誉的，每个奖项加2分；获得市级表彰荣誉的，每个奖项加1分。此项累计计分不超过5分	
		劳动辐射	28. 劳动教育经验和做法被区级以上行政部门推介的，可加1分。此项累计计分不超过5分	

最后，研发共享式劳动教育监测平台。天府新区对劳动课程建设的前期探索进行梳理，逐步形成共享式劳动实践育人新样态模式，加强以弘扬"垦荒精神"为主题的劳动教育项目化学习，系统构建劳动教育课程体系，加大劳动教育实践基地和校内实践场所建设，快速研发劳动教育评价系统。开发共享式劳动教育监测平台，借助大数据并结合AI技术对全区中小学劳动教育进行全面测评。

6. 形成区域推进劳动课程建设的N种学校实践样态

全区50多所中小学均形成了一校一品的劳动课程体系，既贯彻了新课标的要求，又与天府新区的要求相贯通，同时体现了学校的办学特色，呈现了百花齐放的学校劳动课程实践样态，见表2-7。

表 2-7 天府新区中小学劳动课程实践样态（节选）

学校	劳动课程名称
华阳小学	多彩劳动课程
天府一小	小城课程
天府四小	和美"趣"劳动课程
天府三小	乐享课程
华阳实验小学	"劳动+"课程
华中附小	光芒课程
籍田小学	HUI创劳动课程
煎茶小学	最美劳动课程
教科院附小	七彩劳动课程之红色课程
锦江小学	航行劳动课程
美岸小学	创美劳动课程
三星小学	行知劳动教育实践课程
白沙小学	常耕劳动课程
大林小学	立身劳动课程
天府七小	师生共创七彩整合"劳之美"劳动课程
天府五小	光芒劳动课程
合江小学	"1+3+4"劳动课程
南湖小学	四叶草劳动课程
天府实验小学	博雅汇劳动课程
永兴小学	向日葵劳动课程

（执笔：刘英）

第三章　共享理念下区域劳动课程建设的阶段成效

苏霍姆林斯基曾说："儿童的智慧在他的手指尖上。"劳动教育是全人的教育，指向大脑的开启、身体的舒展、心灵的愉悦、德性的养成、美的创造。劳动教育的意义，贵在让师生用身体丈量物理和心灵的世界。天府新区劳动教育"以劳育人，发展学生核心素养"的价值主张，将新课标区本化、校本化，建构了区级、校级、班级三级课程，为学生提供了丰富的劳动课程，为学生劳动素养发展奠定了良好基础，同时也助推教师专业成长。

一、发展了学生劳动素养，促进劳动教育动手、入耳、入心

天府新区各所学校为提升学生的劳动素养，采用多种形式扎实推进劳动教育。30所学校注重校本教学资料与实践手册开发，38所学校自主研发设计劳动清单，所有学校落实每周不少于1课时劳动课，49所学校依托"家庭+学校场域"落实每周劳动日，61所学校依托"家庭+学校+社会+基地"开展劳动周活动。各校围绕"学雷锋纪念日、植树节、劳动节、农民丰收节"等特殊日子，开展劳动教育主题教育，举办劳动技能赛、劳动成果展示交流等活动。

在各类劳动实践活动中，学生劳动热情高涨，收获了劳动知识，提升了劳动技能，培育了劳动品质和综合素质，强化了热爱劳动、尊重劳动者和劳动成果的意识。他们不仅勤于动手、动脑，还学会了综合运用跨学科知识，创造性地提出问题解决方案，提升了劳动创新实践能力。学生劳动物化成果显著，原创劳动作品达到5000多份。在2023年成都市教学质量监测与评价活动中，天府新区劳动教育达成度均值为100%，高出成都市平均水平2.22%，位居成都市并列第一。

二、锻造了一支理念先进、素质优良的区域劳动教育师资队伍

自2019年9月至今，天府新区根据区域劳动教育师资队伍的专业发展需求，组织了劳动指导师培训班、名师工作站学员班、学科中心组、课题组、项目组等多类教师专业发展共同体，采用"活动观摩、专家讲座、实践研修、课例研讨、课题研究、项目挑战"等多种形式，开展各级各类教科研培活动达到110余次，参培人数达到2020余人次，满足了劳动教育教师在专业理念与师德、专业知识、专业技能等方面的发展需求。

教师们在实践中研究，以研究促实践，在研修中提升劳动课程领导力，为区域推进

教育教学改革深化行动提供专业支撑。教师在各类比赛中荣获省市级特等奖6人次，一等奖20人次、二等奖40人次，课题研究30多项，发表论文22篇，指导学生作业设计获省市奖项50篇，其中获省级中学组一等奖人数居全市首位。

三、积极开展对外交流，产生了良好的辐射效应

（一）举办不同级别劳动实践盛会

2021年10月21日，"全国中小学劳动教育现场推进会"在四川天府新区举行。教育部副部长郑富芝带队，160余名与会代表实地考察了天府新区世季田园校外劳动教育实践基地及天府新区劳动教育开展情况，高度赞扬天府新区劳动教育"天府模式"。天府新区基于"天府模式"的区域推进劳动教育的主题报告在四川省国培项目展示分享，参与学习人数达1100余人次，鼓励了更多教师积极地实践、研究，获得自己的专业成长。2023年5月25日—26日，"劳动锻造成长——长江经济带公园城市首届劳动教育发展研讨会"在天府第七中学举行，教育部基础教育综合实践活动指导委员会委员柳夕浪、中国劳动关系学院劳动教育学院副院长曲霞、教育部基础教育教学劳动教育指导专委会副主任委员章振乐参加了会议，来自上海、成都、重庆、杭州、苏州、常熟、张家港、合肥、武汉等19位长江经济带沿岸城市学校校长、教育人从课程建设、师资建设、基地建设三个维度同场论道，共谋长江经济带区域劳动教育高质量发展路径。

（二）成功获评省、市试验区和实验校

四川省教育厅组织专家对市（州）教育主管部门推荐的中小学劳动教育试验区、实验校候选单位进行了评审和公示，成都仅有两个区上榜劳动教育试验区，五所学校上榜劳动教育实验校，天府新区荣获试验区称号，天府七中荣获劳动教育实验校。

（三）获得各级媒体平台宣传报道

天府新区劳动教育成果获得各级媒体平台宣传报道，"天府模式"先后被《中国教育报》和"中国教育网""央广网"等20多家新闻媒体报道。截至2023年，天府新区劳动教育成果被各级各类媒体报道100余次，彰显了天府新区区域推进劳动课程建设的影响力。

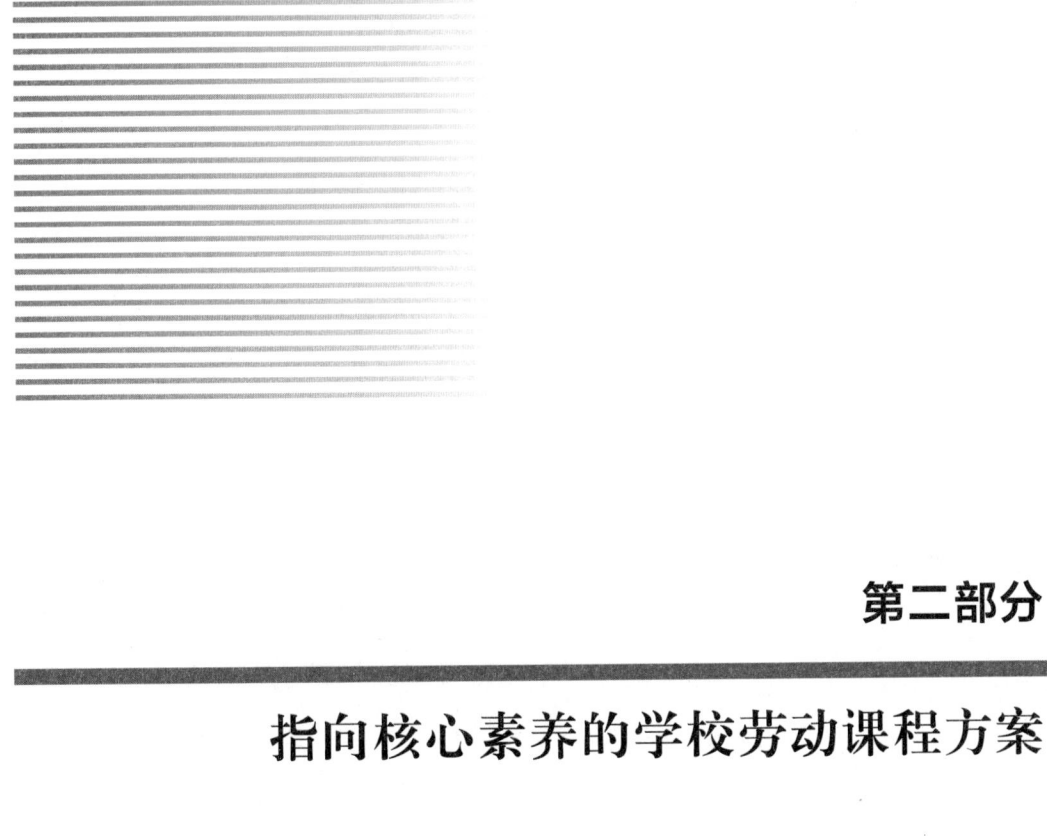

第二部分

指向核心素养的学校劳动课程方案

学校课程是需要规划设计的，课程建设是需要动态优化的。学校课程规划是落实国家、地方教育政策和体现学校办学理念、培养目标的关键环节，也是学校整体发展规划的重要组成部分，更是学校课程建设的"全景图"。科学、系统、可操作的学校课程规划有利于实现学校课程的价值引领，能为课程建设指明方向、明确路径、提供保障，有利于学生的全面个性发展、教师的专业特长发展、学校的内涵特色发展。

为贯彻落实教育部印发的《基础教育课程教学改革深化行动方案》文件精神和《义务教育劳动课程标准（2022年版）》相关要求，天府新区以共享理念推动四川省基础教育综合改革试验区和劳动教育实验区样板区建设，坚持"资源整合、共建共享"原则，按照区域推进劳动教育"12345＋N"工作体系，通过政府统筹、社会参与、家庭共享、学校共建的"四方联动"推进机制和教研、科研、培训、督导"四位一体"建设路径，采用区域整体推进、集团纵向贯通、学段横向联盟、学校自主建设方式，全域推进劳动课程建设高质量发展，促进区域教育优质、均衡发展。

为支持学校层面建立劳动课程的基本制度和价值规范，保障区域、集团、学校劳动课程的科学、深入、可持续发展，天府新区组织全区所有学校从编制学校劳动课程方案入手，指导学校根据培养目标，立足办学理念和学生发展需要，分析资源条件，因校制宜构建了体现学校办学特色的劳动课程育人体系，明确了劳动课程教学改革的具体路线、措施和样态，落实了国家课程的校本化实施和校本课程的特色化打造，从而推进区域教育综合改革和劳动课程改革。

学校劳动课程方案的编制基于政策、基于研究、基于对话，将"指向核心素养的学科课程规划"和"指向课程标准的课程纲要"融为一体。它是学校劳动课程的"施工图"，包括课程理念、课程目标、课程结构与内容、课程实施与评价、课程实施的组织与保障五个部分。每一所学校的劳动课程方案均坚持育人导向课程理念，从学校办学理念和育人目标出发，解构出劳动课程理念。课程目标包括总目标和分学段目标，分别从劳动课程核心素养"劳动观念、劳动能力、劳动习惯和品质、劳动精神"四个维度表达。课程结构的构建以实践为主线，以劳动项目为载体，以劳动任务群为基本单元，以学生经历体验劳动过程为基本要求，落实天府新区劳动课程的"三张课表"的顶层规划；课程内容选择因地制宜，宜工则工，宜农则农，围绕日常生活劳动、生产劳动和服务性劳动，加强与学生生活和社会实际的联系，创新实践天府新区劳动课程"三张清单"。课程实施方式多样，充分利用区域优质资源引导学生动手实践、手脑并用，知行合一、学创融通；课程评价注重内容多维、方法多样、主体多元，充分发挥评价的激励诊断作用。课程实施的组织与保障包括课程研发、课程实施、课程评价等团队的职能职责和制度保障、师资保障、场域保障、经费保障等系列保障。

天府新区坚持因校制宜"一校一策一特色"，把国家统一制定的以劳育人"蓝图"和区域整体规划的以劳育人"三张课表""三张清单"细化为集团和学校的以劳育人"施工图"，将劳动课程理念、原则要求转化为具体的育人实践活动。各学校构建的"劳动课程逻辑图"和"劳动课程图谱"解决了"三张课表""三张清单"顶层架构问题；构建的"劳动课程年级实施图"让课程从文本中走下来，解决了"三张课表""三张清单"在年级、学校、基地中科学化、序列化、实效化落地实施的问题。

阳光润德　劳动启智

——教科院附小（含西区）劳动教育课程方案

课程理念

一、指导思想

根据《中共中央　国务院关于全面加强新时代大中小学劳动教育的意见》《全面加强新时代大中小学劳动教育实施方案》等文件精神和《义务教育劳动课程标准（2022年版）》（以下简称"课标"）相关要求，四川天府新区教育科学研究院附属小学（含西区）[以下简称"教科院附小（含西区）"]身处国家教育综合改革试验区，围绕立德树人的根本任务，结合学校现实情境，制定劳动教育课程方案，促进学生德、智、体、美、劳全面发展。

二、学校理念

教科院附小（含西区）秉持"阳光正好，童年正兴"理念，饱含从基于教育的本质规律出发对学生的终极关怀，立志用"温暖的阳光"守护每一个学生兴旺向上、欣欣向荣的童年，肩负起区域发展的时代使命。

三、劳动课程理念

在"阳光正好，童年正兴"课程理念指导下，学校确立"阳光正好，童年乐劳"的劳动课程理念：以光养德，育阳光劳动品格；以光修身，健阳光劳动身心；以光启智，炼阳光劳动才能。构建"阳光"劳动教育课程体系，让学生在劳动中润德、启智、健体、尚美。

课程目标

一、劳动课程总目标

学校秉承"阳光正好，童年正兴"的办学理念，确立劳动课程总目标：劳动立身，实践立行。通过阳光劳动实践形成"爱劳、乐劳、敬劳"的劳动观念，养成"诚实、感恩、责任、坚持、勤奋、节俭、勤劳、团结"的劳动品格，培养观察力、想象力、创造力、批判质疑和解决问题的能力，培育不怕困难、勇于创新的劳动精神。学校劳动课程目标见表1。

表1　教科院附小（含西区）劳动课程目标

目标	日常生活劳动	生产劳动	服务性劳动
劳动观念	亲身参与和体验，手脑并用进行观察探究，逐步形成正确的劳动观念	体会劳动所具有的重大意义和价值，懂得劳动创造人、劳动创造财富、劳动创造美好生活的道理	崇尚劳动，尊重劳动，深化劳动情感，树立劳动最崇高、劳动最伟大、劳动最美丽的观念
劳动能力	通过衣、食、住、行、用等个人生活事务的日常生活劳动，提升自理、自立、自强能力	通过阳光特色生产劳动，提升学生进行生产劳动的关键技术和能力	通过参与力所能及的公益劳动、民族传统手工劳动、现代服务业劳动，以及新形态、新技术、新工艺等学校劳动，提升学生的创造发明意识和能力
劳动习惯和品质	培养安全劳动、规范劳动、有始有终的习惯，具有吃苦耐劳、勤劳节俭、自律自强、诚实守信、团结合作、认真负责、勇于担当等良好品质		
劳动精神	领会"劳动是一切幸福的源泉"的深层内涵，传承中华民族勤俭节约、兢兢业业的优良传统，秉持精益求精、追求卓越的工匠精神，培育艰苦奋斗、百折不挠、奉献牺牲的革命精神，高扬开拓创新、砥砺奋进的时代精神		

二、劳动课程学段目标

学校基于课标要求，结合学校劳动课程总目标"劳动立身，实践立行"，立足学校三大劳动基地，分学段设置教科院附小（含西区）劳动课程学段目标（见表2）。

表2　教科院附小（含西区）劳动课程学段目标

素养	学段		
	低段	中段	高段
劳动观念	树阳光自主观念，自己的事情自己做	树阳光责任意识，承担力所能及的劳动	树阳光勤劳观念，主动参加劳动
劳动能力	具备初步的个人生活自理能力 认识劳动工具	初步学会简单的家务劳动技能，能制作简单的日常饮食 能学会使用简单的劳动工具，积极参加校园劳动，适当参加力所能及的公益劳动	初步掌握基本的家庭饮食烹饪技法，制作简单的家常餐 学会根据劳动任务选择合适的材料与工具、技术与方法
劳动习惯和品质	安全、独立劳动，遵守纪律，具有初步的劳动安全意识	安全、合作劳动，珍惜劳动成果	安全、有效劳动，持之以恒地开展劳动
劳动精神	认真劳动，热爱劳动	不怕困难，有始有终	精益求精、追求创新

课程结构与内容

一、课程结构

学校围绕"阳光"劳动课程建设,充分挖掘现有资源,不断开发和丰富劳动课程,使劳动教育课程化、系统化,为学生开辟广角度、宽领域、多层面的素质发展平台(如图1所示)。

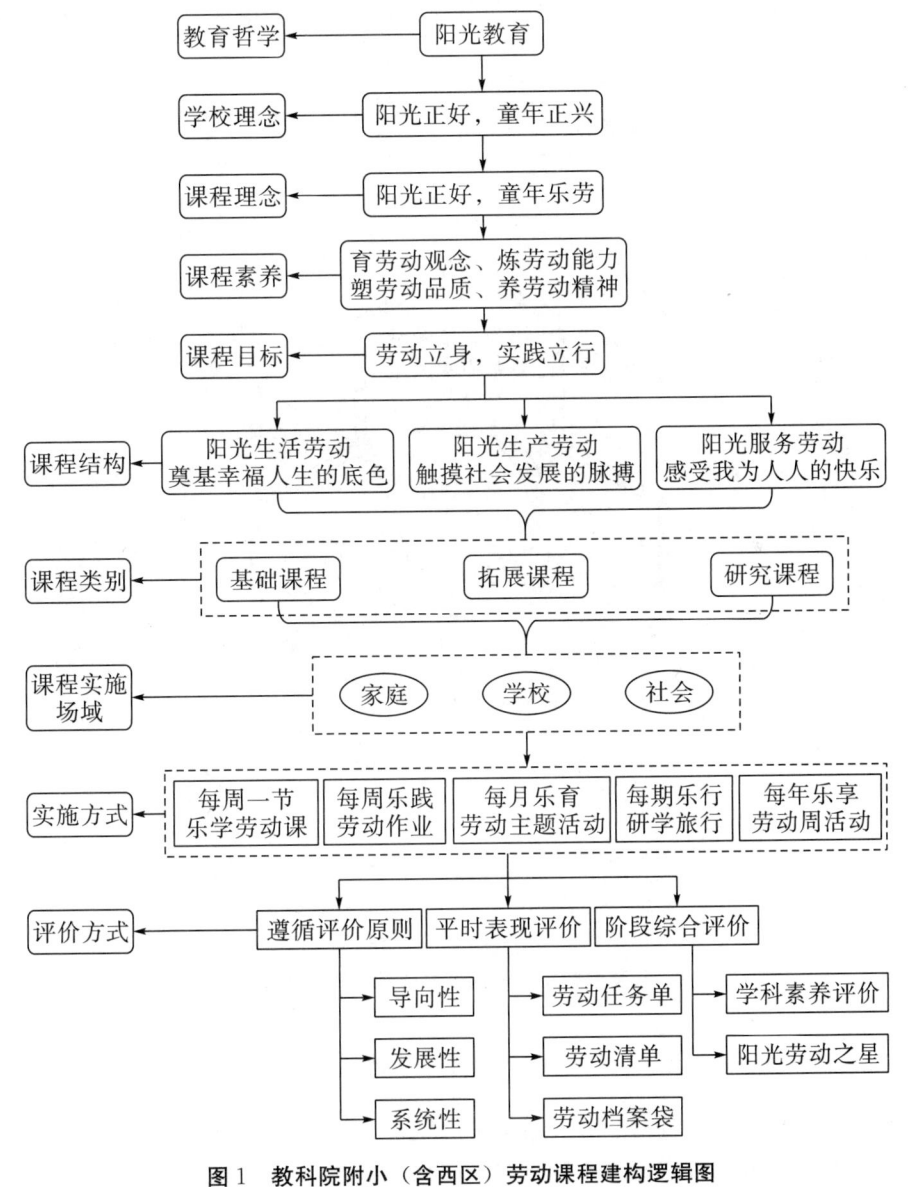

图1 教科院附小(含西区)劳动课程建构逻辑图

二、课程内容

（一）课程内容结构

学校结合课标要求，从"阳光生活劳动""阳光生产劳动""阳光服务劳动"三个维度设置三个层次课程（如图2所示），分别是"基础课程＋拓展课程＋研究（项目式）课程"。其中，基础课程用于活动策划、技能指导、练习实践、总结交流等。拓展课程是指以生活、生产、服务劳动为核心设置的课程。学校师生尝试探索项目式学习实践场域以家庭、学校、社区为主，将劳动教育与其他学科教育相融合，设置丰富的劳动课程，实现"育劳动观念、炼劳动能力、塑劳动品质、养劳动精神"的课程目标。

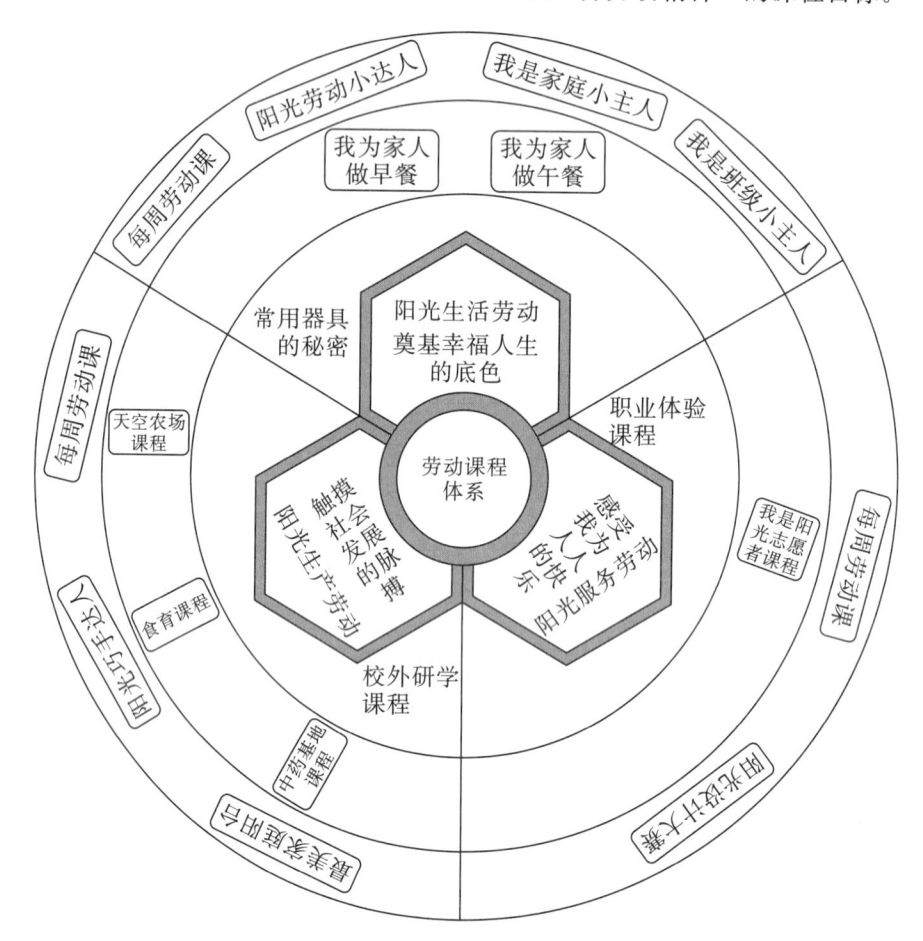

图2 教科院附小（含西区）劳动课程体系结构图

（二）年级课程设置

学校根据课标中劳动任务群不同学段的要求，结合劳动课程体系结构，在基础课程、拓展课程、研究课程中设立不同学段的课程内容及课程目标。

1. 基础课程

学校以成都市劳动教育清单为纲领，设置系列劳动基础课程（见表3）。

表3　教科院附小（含西区）一至六年级劳动基础课程计划表

课程维度	课程内容、实施
阳光生活劳动 奠基幸福人生的底色	1. 每周劳动课 2. 阳光劳动小达人 3. 我是家庭小主人 4. 我是班级小主人
阳光生产劳动 触摸社会发展的脉搏	1. 每周劳动课 2. 阳光巧手达人 3. 最美家庭阳台
阳光服务劳动 感受我为人人的快乐	1. 每周劳动课 2. 阳光设计大赛

首先，学校在校内为学生提供食育空间、天空农场、中药基地三大劳动基地，学生通过基地的劳动课程，能全方位体验从种植到烹饪的劳动乐趣。其次，借助主题升旗仪式普及劳动知识，提升学生对劳动的认知。最后，合年级、班级之力，创劳动文化、赛劳动技能，每学年开展劳动周活动（见表4）。

表4　教科院附小（含西区）劳动周计划表

课程时间	课程名称
周一	"劳有所获·不负耕耘"主题升旗仪式
周二	学生劳动技能大赛启动仪式
周三	学生劳动技能大赛初赛： 一年级：轻薄外皮，妙手剥蛋（剥鸡蛋比赛） 二年级：系红领巾，最美队员（系红领巾比赛） 三年级：衣襟飞扬，叠出精彩（叠衣服比赛） 四年级：整理书包，自理我行（整理书包比赛） 五年级：穿针引线，缝制纽扣（缝纽扣比赛） 六年级：剪出特色，秀出创意（剪窗花比赛）
周四	学生劳动技能大赛决赛
周五	学生劳动技能大赛闭幕式暨"劳有所获·不负耕耘"主题班会

2. 拓展课程

学校开设三大基地课程及其他拓展课程。采用"动"起来的劳动教育形式，学生知行合一，手脑并用，创新性地开展劳动，将不怕吃苦、不怕困难、追求创新的精神传承下去。

（1）食育课程。学校设立食育空间，班辅老师联合家长开展食育课程。通过阳光小厨房，学生人人会用餐厨工具，人人会做几个拿手菜（见表5）。

表 5　教科院附小（含西区）食育课程计划表

学段	食育课程内容	达成目标
一至二年级	冲泡饮品	观察并了解饮品色香味的特点，掌握正确冲泡饮品的步骤
	洗水果	了解水果营养价值，掌握洗不同水果的方法，能将水果清洗干净
	削水果皮	能正确安全地使用劳动工具削水果
	打鸡蛋	掌握打鸡蛋的方法和技巧，会打鸡蛋
	洗菜、择菜	掌握洗菜和择菜的方法，能把蔬菜清洗干净，能把菜择干净且不浪费
三至四年级	创意水果拼盘	能将几种水果削皮去核，制作拼盘
	清爽凉拌菜	能用简单的烹饪器具对食材进行切配，按照流程制作凉拌菜，体会劳动的快乐
	小小面点师	能用蒸、煮的方法加工食材，能按步骤制作馒头等面点
	包粽子	掌握包粽子的技巧，学会独立包粽子，能用蒸、煮的方法加工粽子
五至六年级	制作炸酱面	掌握制作炸酱面的步骤，参与制作炸酱面的完整过程
	制作豆制品	自主培育黄豆，掌握与黄豆相关的豆制品制作方法
	西红柿炒鸡蛋	掌握简单的炒、煎的烹饪方式，参与从洗菜到烧菜、装盘的完整过程
	炖汤	掌握炖的烹饪方法，参与从择菜、洗菜到炖、装盘的完整过程
	设计营养食谱	了解不同烹饪方法与食物营养的关系，能根据家人需求，设计一顿午餐或晚餐的营养食谱

（2）天空农场课程。根据不同季节设置天空农场课程，班辅老师和家长指导学生在天空农场和家庭开展农业生产劳动，为学生提供安全参与劳动体验的机会（见表6）。

表 6　教科院附小（含西区）天空农场课程计划表

农场课程内容	达成目标
春、秋播种活动	第一学段：认识种子，能够观察植物的生长发育情况 第二学段：因地制宜，选择相关植物进行种植；利用家庭场地在家中种植植物 第三学段：初步学习种植基本方法，种植常见蔬菜
夏、秋养护活动	第一学段：知道常见植物养护方法，培养对植物的喜爱之情 第二学段：选用适当农具，遵循植物生长规律和季节特点进行科学养护，初步学会与他人合作劳动，养成有始有终的劳动习惯 第三学段：运用现代农业技术进行养护，感受持续性劳动的艰辛与不易，懂得珍惜劳动成果

续表

农场课程内容	达成目标
秋、冬收获活动	第一学段：能以图画、文字的方式分享收获成果和经验；能把收获的蔬菜、水果清洗干净，能把菜择干净、不浪费，并与他人分享 第二学段：能将收获的蔬菜用简单的烹饪器具进行切配，能运用收获的蔬菜制作简单菜肴 第三学段：能根据自制营养食谱将收获的蔬菜进行加工，策划并举办一场蔬菜爱心义卖会

（3）中药基地课程。学校设立中药基地，班辅老师联合卫生院医生在学校中药基地和教室开展中药基地课程。通过中医香囊制作、中草药种植、中医文化角建设等方式，中医药文化走进校园，学生在劳动淬炼中传承中华文化（见表7）。

表7 教科院附小（含西区）中药基地课程计划表

序号	课程内容	达成目标
1	中医香囊制作	学习香囊中中药相关知识，掌握香囊制作方法，能有始有终、专心致志地完成香囊制作
2	中草药种植	能够认识基地内82种中草药，探究相关药性，规范使用劳动工具参与中草药种植劳动
3	中医文化角建设	创建中医文化角，营造校园中医药文化，激发热爱中医药文化的热情，提升文化自信心

（4）其他拓展课程。以家、校、社为课程场域，设置一至六年级"我为家人做早餐""我为家人做午餐"感恩劳动课程，分年级设置"我为校园增添美""图书义卖""学校小导游""垃圾分类劝导员""学校发展我建议""活动小小志愿者"六大劳动特色课程（见表8），学生在家、校、社劳动教育协同下快乐成长，全面发展。

表8 教科院附小（含西区）其他拓展课程计划表

序号	课程内容	达成目标
1	我为家人做早餐	能坚持21天为家人制作美味可口的早餐或午餐
2	我为家人做午餐	
3	一年级：我为校园增添美	积极参与集体卫生，主动维护校园环境
4	二年级：图书义卖	培养理财能力、实践能力、沟通交流能力及市场交换意识
5	三年级：学校小导游	锻炼人际沟通交流能力，具有主动维护校园环境的主人翁意识
6	四年级：垃圾分类劝导员	能文明、有礼貌地劝导他人进行垃圾分类，养成爱护环境的责任意识
7	五年级：学校发展我建议	能文明、合理地提出有利于学校发展的好建议，并能根据建议设计改进方案
8	六年级：活动小小志愿者	根据活动调研，策划一场志愿者活动，并对服务过程和结果进行反思、总结

3. 研究课程

根据课标要求和学段育人目标，教会学生在真实情景中解决真实问题，以主题式或项目式方式开展"行万里路"校外研学课程、职业体验课程、常用器具的秘密等劳动研究课程。

（1）校外研学课程。学校根据学段特点，有序开展校外研学课程，内容包括田间劳作、采茶活动、川菜制作等。

（2）职业体验课程。组织学生以年级为单位进行为期一周的职业体验。根据保安、保洁、教师、校级领导、维修工人、食堂工作人员、校医等角色，各年级组织学生到校园中各岗位进行深度式职业体验，增进学生对工作岗位的了解，引导学生了解工作人员背后的故事，唤醒学生感恩之心。

（3）常用器具的秘密。根据课标日常生活劳动任务群要求，第二学段是正确使用1~2种家庭常用小电器，如吹风机、吸尘器等，正确使用厨房小家电参与家庭烹饪劳动，如用电饭煲煮饭，知道操作流程要规范、安全，引导学生制作小家电使用说明书。第三学段可通过阅读产品说明书，了解家庭常用电器的功能特点，规范、安全地进行操作。

课程实施与评价

一、课程实施

学校根据基础课程、拓展课程、研究课程内容，设置不同的实施路径（见表9至表15）。

表9 教科院附小（含西区）基础课程实施计划表

课程维度	基础课程	实施场域	实施方式	实施对象
阳光生活劳动	每周劳动课	学校	每周劳动作业	一至六年级学生
	阳光劳动小达人	家庭、学校、社会	每期研学旅行 每学年劳动周活动	
	我是家庭小主人	家庭	每月主题活动	
	我是班级小主人	学校	每周劳动作业	
阳光生产劳动	每周劳动课	学校	每周劳动作业	
	阳光巧手达人	家庭、学校	每学年劳动周活动	
	最美家庭阳台	家庭	每月主题活动	
阳光服务劳动	每周劳动课	学校	每周劳动作业	
	阳光设计大赛	学校	每学年劳动周活动	

表 10　教科院附小（含西区）劳动周实施计划表

实施时间	活动流程	实施内容	实施场域	实施对象
周一	主题升旗仪式	"劳有所获·不负耕耘"	旗台	全体学生
周二	劳动技能大赛	启动仪式	旗台	
周三	劳动技能大赛初赛	一年级：轻薄外皮，妙手剥蛋（剥鸡蛋比赛）	各班班级	一年级学生
		二年级：系红领巾，最美队员（系红领巾比赛）		二年级学生
		三年级：衣襟飞扬，叠出精彩（叠衣服比赛）		三年级学生
		四年级：整理书包，自理我行（整理书包比赛）		四年级学生
周三	劳动技能大赛初赛	五年级：穿针引线，缝制纽扣（缝纽扣比赛）	各班班级	五年级学生
		六年级：剪出特色，秀出创意（剪窗花比赛）		六年级学生
周四	劳动技能大赛决赛	现场比拼	逐光厅	初赛晋级学生
周五	劳动技能大赛闭幕式	"劳有所获·不负耕耘"主题班会	各班班级	全体学生

表 11　教科院附小（含西区）食育课程实施计划表

课程内容	实施场域	实施方式	实施对象
冲泡饮品	食育空间	食育课	一至二年级
洗水果			
削水果皮			
打鸡蛋			
洗菜、择菜			
创意水果拼盘			三至四年级
清爽凉拌菜			
小小面点师			
包粽子			
制作炸酱面			
制作豆制品			
西红柿炒鸡蛋			五至六年级
炖汤			
设计营养食谱	各班级教室		

表 12　教科院附小（含西区）天空农场课程实施计划表

课程内容	实施场域	实施时间	实施方式	实施对象
播种活动	天空农场	春 3—4 月 秋 9—10 月	劳动实践课 班会课	一至六年级学生
养护活动		夏 3—6 月 秋冬 9—次年 1 月		
收获活动		秋 9 月 冬 1 月		

表 13　教科院附小（含西区）中药基地课程实施计划表

课程内容	实施场域	实施时间	实施方式	实施对象
中医香囊制作	班级	端午节前后	班会课	一至六年级学生
中草药种植	基地	每年 3 月、9 月	劳动实践课	
中医文化角建设		每月主题活动	美术课 班会课	

表 14　教科院附小（含西区）其他拓展课程实施计划表

序号	课程内容	实施场域	实施时间	实施方式	实施对象
1	我为家人做早餐	家庭	11 月感恩月	劳动作业	一至六年级学生
2	我为家人做午餐				
3	一年级：我为校园增添美	学校	劳动主题月	主题活动	一年级学生
4	二年级：图书义卖	学校	4 月阅读节	主题活动	二年级学生
5	三年级：学校小导游	学校	9 月开学日	主题活动	三年级学生
6	四年级：垃圾分类劝导员	社区	劳动主题月	主题活动	四年级学生
7	五年级：学校发展我建议	学校	5 月	少代会	五年级学生
8	六年级：活动小小志愿者	学校、社区	劳动主题月	主题活动	六年级学生

表15 教科院附小（含西区）职业体验课程实施计划表

体验角色	体验时间	体验点位	体验项目	体验人数
保安	上学时间	1号点位：路口	负责指挥车辆停放	1~2
		2号点位：正校门	维持校门口秩序	3~4
		3号点位：后校门	负责指挥教师车辆有序停入车库，如没有车位，及时提醒有序摆放在校门外	1~2
	下午放学时间	正校门	①摆放标志筒 ②引导家长在指定点位有序排队 ③负责与未接到学生的家长及时沟通，并禁止家长进校 ④组织未被接走学生到指定点位有序等待	5~6
保洁	大课间	1号点位	①清扫负责区域卫生 ②分发教师间餐	2~3
		2号点位		2~3
		3号点位		2~3
食堂人员	8：00	洗菜	清洗毛菜	3
	8：00	理菜	清理菜品	4
	10：30	分餐	将餐食分入各班餐车中	7
	12：40	收餐	到各班回收餐车	7
	13：00	洗碗	将餐具放入洗碗机	5
	14：40	打扫卫生	清理工作间	10
维修工	9：00	/	进行学校的各种公物维修	3~4
校级领导	8：30	校长	巡视校园	2~3
	8：30	副校长	食堂配菜，清洁卫生，后勤补给	3~4
	8：30	副校长	迎校，午餐管理	2~3
	8：30	副校长	教师教学教研工作	2~3
校医	9：00—10：00	校医	统计数据，会操作电脑	1~2
图书管理员	大课间	教师	整理师生归还的书目	3~6
	中午		维持秩序，登记书目	6~8

（一）构建"阳光基础课堂"，落实劳动课程实施

1. 扎实教研，研读课标

学校组建劳动师资团队，负责劳动课程体系建设、日常教研活动、劳动课程开发与实施。在学术专家指导下深入解读教材、课标。针对教学中难点、热点展开研讨，积极

解决课堂中遇到的教学问题。

2. 明确目标，优化评价

严格落实每周一节劳动课、每月一天劳动日、每年一周劳动周活动。教师提前备课，明确本周劳动课程教学目标；紧抓教学重难点，合理设计教学活动；以问题为导向，培养学生积极探索、勤于思考、敢于质疑；课堂中开展多元化评价，如师生互评、生生互评等，通过智慧平台加分的方式，对学生课堂表现及时评价、反馈，促进学生不断地成长进步。

（二）打造"阳光劳动基地"，落实三大基地课程实施

学校充分利用校内闲余区域，通过前期调研，建立天空农场、中药基地、食育空间三大校内劳动实践基地。通过每月主题活动、每周劳动作业组织实施，有序开展基地实践课程。

（三）探索PBL劳动课程，以项目化方式育人

开展"浓浓粽香情""我为附小设计手提袋""制作川味泡菜""端午节小小代言人""社区文明课程"等项目活动，以"六一课程嘉年华"为平台给学生提供展示机会。采用项目化方式来实施课程，将劳动任务群转化为真实的驱动性问题，激发学生劳动内驱力，引发学生思考。注重以生为本、促进生生合作的导学方式，引导学生承担主动探究、主动学习的责任，重视交流评价的反思意义，对项目探究过程中遇到的问题、项目执行的有效性、项目成果质量等进行综合评价，实现以项目化方式育人。

二、课程评价

学校充分发挥评价的导向、激励、诊断、改进等相关功能，利用平时表现性评价和阶段综合性评价的方式促进学生学习与发展、教师教学能力与水平的提升。

（一）评价维度

1. 平时表现性评价

（1）依据学生劳动任务的方案设计、劳动过程、劳动成果、劳动体会等情况，采用劳动任务单对学生劳动学习与实践效果、劳动目标达成情况进行评价。

（2）借助劳动清单，记录学生劳动项目参与、劳动技能掌握、劳动习惯养成等情况；采用评价量表，对学生劳动过程进行评价。

（3）借助劳动档案袋收集学生的劳动方案、劳动过程照片和视频、劳动成果、劳动日志、自我反思及他人评价等资料，掌握学生劳动情况，及时了解学生劳动状况与既定劳动目标的差距，对学生的劳动能力做出正确评价。

2. 阶段综合性评价

学校采用劳动学科素养评价表和"阳光劳动之星"评选对劳动课程进行学期综合评价，反映学生劳动课程学习的水平和劳动素养的阶段性达成情况。

（1）劳动学科素养评价表分别从劳动能力、劳动过程参与度、劳动技能掌握程度、劳动效果等多维度进行评价（见表16）。

表16 教科院附小（含西区）劳动学科素养评价表

日常生活劳动评价（家长评）		生产劳动（班辅老师评）		服务劳动（班辅老师评）（一、二年级不评）		劳动课学习（劳动任课教师评价）		综合评价（班辅评）
劳动能力		参与时长	工具、技能掌握能力	劳动意识	服务意识	社会责任感	课堂参与	学习效果	
清洁与卫生	生活自理能力								

填表说明：
1. 该表在期末学科素养评价时由班辅老师、家长、劳动课教师根据学生学期内日常生活劳动、生产劳动、服务劳动、劳动课堂学习情况进行打分。
2. 满分5分，优秀5分，良好4分，一般3分，待提高1~2分。

（2）评选"阳光劳动之星"。每学期期末根据综合性评价结果，评选出班级、年级、学校"阳光劳动之星"。

（二）评价实施

将自我评价、他人评价、内部评价、外部评价四种评价方式贯穿在基础课程、拓展课程、研究课程中，评价主体有学生、同学、教师、家长。

1. 自我评价

请学生做小老师，对自己的劳动进行评价（见表17）。

表17 自我评价表

评价参考	阳光数量
我完整且全面地达成劳动要求	
我的劳动获得父母的肯定	
我的劳动获得老师的肯定	
我的劳动获得同学的肯定	

填表说明：优秀5个阳光，良好3~4个阳光，一般1~2个阳光。
使用说明：学生完成劳动实践作业之后，根据评价参考采用此表对自己的劳动进行评价。

2. 他人评价

学生对同学的作品进行评价（如图3所示）。

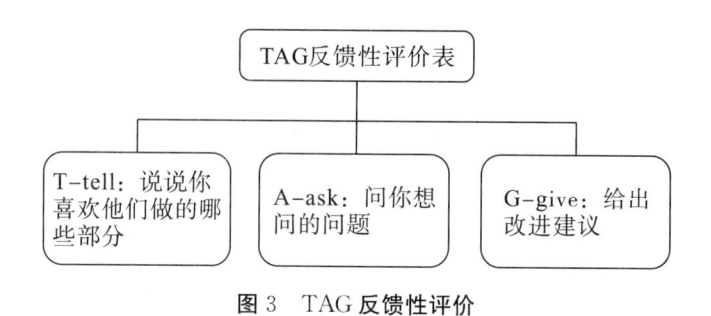

```
          TAG反馈性评价表
    ┌──────────┼──────────┐
T-tell：说说你  A-ask：问你想   G-give：给出
喜欢他们做的哪   问的问题        改进建议
些部分
```

图 3　TAG 反馈性评价

3. 内部评价

小组内部组员进行互相评价（见表18）。

4. 外部评价

学生家长、教师等进行评价（见表18）。

评价须知：

（1）书写完整，字迹工整。

（2）表达自己真实的想法，客观公正地进行评价，用包容开放的心态面对他人对自己的评价。

（3）在完成劳动课程后，评价者根据被评价者在劳动过程中体现的合作能力做出相应评价。

表 18　学生合作能力评价表

等级	优秀 （5分）	良好 （4分）	一般 （3分）	加油 （1~2分）	组员互评	教师评价	家长评价
贡献	积极参与讨论，提供有帮助的想法，很好地完成所有分配的任务	参与小组讨论，努力完成分配的任务	讨论时偶尔提供有帮助的想法，完成分配的任务	极少参与小组讨论，没有完成分配的任务			
获取信息	能主动熟练地从多种途径获取信息	能主动从部分途径获取信息	只能从单一途径获取信息	无法收集、获取信息			
倾听	在别人分享时能认真倾听并思考他人分享	能较认真倾听他人分享	偶尔打断别人的分享	总是打断别人的分享			
合作解决问题	主动与小组成员合作，积极解决遇到的问题	与小组成员合作，完善组员提出的解决方法	需要督促才能与小组成员协作，偶尔提供解决问题的建议	不与小组成员协作，未尝试帮助别人解决问题			
表达	在汇报中自信，表达流利，能清晰介绍自己的项目	在汇报中自信，表达较流利，能介绍自己的项目	在汇报中不够自信，表达不够流利，对自己的项目不够熟悉	在汇报中极不自信，不能表达，不能介绍自己的项目			
我的收获与反思： 组员的建议： 家长的建议：							

组织与保障

一、组织结构

学校立足课程建设，组建劳动课程领导小组，对课程规划、体系建设、课程推进、考核评价等进行管理。领导小组下设学生中心，承担课程规划、课程评估等具体工作。学生中心下设劳动团队，落实课程推进工作，直接对接年级组、学科组展开劳动课程实施研究（如图4所示）。

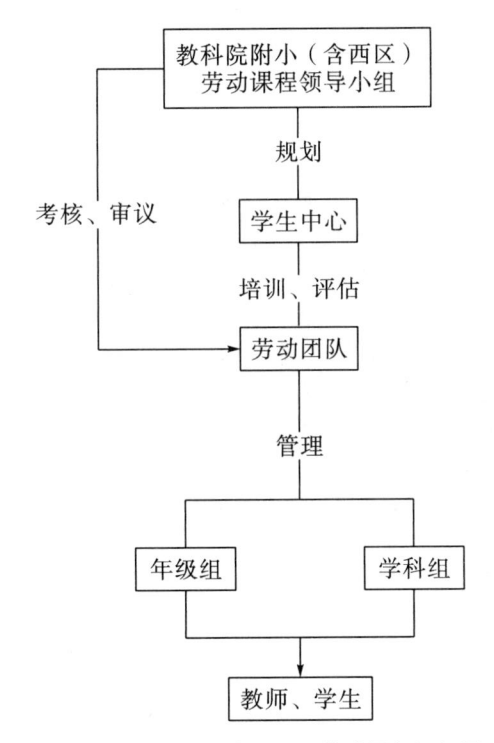

图4 教科院附小（含西区）劳动课程组织图

二、相关保障

1. 系列保障

为落实课程建设工作，学校建立课程研发考核制度，制定与"阳光课程"相配套的学生选课以及师生发展评价方案，让评价为课程实施护航。

2. 场域保障

学校开辟500平方米的中药基地、1000平方米的天空农场、45平方米的食育空间三大劳动育人基地；立足家校共育，使家庭劳动教育与学校劳动课程建立关联，家校协同开展劳动教育;联系社区,协同开展劳动教育,形成学校劳动课程社会资源库。

3. 经费保障

学校全力支持劳动课程研发与建设,在教师培训、场域建设、硬件配置、课程研发、课程实施与评价等方面的资金使用和分配上做到拨款及时,分配合理。

[执笔:教科院附小(含西区)　袁源、吕欢]

Zhen 劳动　创造好生活

——永兴小学劳动课程方案

课程理念

一、学校整体课程建设依据

（一）办学理念

四川天府新区永兴小学（以下简称"永兴小学"）秉承以"树木树人·共融共生"为办学理念，从自然中获取教育资源，在自然中实施教育，探求自然之道，凸"众木成林"的可视性育人环境，显人与自然的和谐共存之态，全面提升师生生命成长幸福感，达"十年树木，百年树人"之愿景。

（二）育人目标

学校立足培养"童心永驻、知行合一"的未来建设者和接班人。童心永驻即培养学生保持好奇心，不断探索和学习新知识；保持乐观心态，遇到问题积极解决；保持内心的纯真，发现生活中的美好和惊喜。知行合一即培养学生知识、理论和实践相结合。

二、学校劳动课程理念

学校依托"树木树人·共融共生"的办学理念，以"Zhen 劳动创造好生活"为指导思想，以学校、家庭、社区为阵地实践劳动教育。基础性劳动课程注重劳动场景之"真"，面向"真"生活需要，习得"真"技能；综合性劳动课程注重劳动品质之"珍"，使劳动服务于学生生活，服务于学生成长。在劳动教育中实现"六大解放"：解放儿童头脑，使他们能想；解放儿童双手，使他们能干；解放儿童眼睛，使他们能看；解放儿童之嘴，使他们能谈；解放儿童空间，使他们能接触社会、接触大自然；解放儿童时间，不让功课把时间占满。

课程目标

一、劳动课程总目标（见表1）

表1 永兴小学劳动课程总目标

目标	日常生活劳动	生产劳动	服务性劳动
劳动观念	践行真生活，树Zhen劳动之观 正确理解劳动对于个人生活、家庭幸福和人类发展的意义，懂得劳动创造美好生活的道理	践行真生产，树Zhen劳动之观 懂得劳动创造人、劳动创造财富、劳动创造美好生活的道理，树立劳动最光荣、劳动最崇高、劳动最伟大、劳动最美丽的观念	践行真服务，树Zhen劳动之观 尊重劳动，尊重普通劳动者，了解不同职业劳动者的辛苦与快乐；理解"三百六十行，行行出状元"的道理
劳动能力	践行真生活，习Zhen劳动之能 掌握与学生年龄阶段及生理特点符合的日常生活技能；能正确使用劳动工具，并独立完成相关劳动项目	践行真生产，习Zhen劳动之能 具备一定的生产劳动知识和技能；能正确使用生产劳动相关工具；采用一定的技术、工艺与方法，完成劳动任务，形成基本的动手能力	践行真服务，习Zhen劳动之能 能综合运用多学科知识和多方面的经验解决劳动中出现的问题；能在劳动实践中增强体力，提高智力和创造力；在劳动过程中学会自我管理，与团队合作
劳动习惯和品质	践行真生活，形Zhen劳动之品 能自觉自愿地劳动，养成安全规范、有始有终的劳动习惯；能辛勤劳动、诚实劳动、珍惜劳动成果等	践行真生产，形Zhen劳动之品 能自觉自愿地劳动，养成安全规范、有始有终的劳动习惯；体悟劳动成果的来之不易，能协作劳动和创造性地劳动	践行真服务，形Zhen劳动之品 能自觉自愿地劳动，养成安全规范、有始有终的劳动习惯；有服务他人、团结合作、吃苦耐劳的劳动品格
劳动精神	践行真生活，培Zhen劳动之精神 能领会"劳动是一切幸福的源泉"的内涵与意义，继承中华民族勤俭节约、敬业奉献的优良传统	践行真生产，培Zhen劳动之精神 领会"幸福是奋斗出来的"的内涵与意义，弘扬开拓创新、砥砺奋进的时代精神和精益求精、追求卓越的工匠精神	践行真服务，培Zhen劳动之精神 感知爱岗敬业、甘于奉献的劳模精神，具有不畏艰辛、锐意进取、为社会发展和国家建设付出辛勤劳动的奋斗精神

二、劳动课程学段目标

学校教研组认真研读《义务教育劳动课程标准（2022年版）》，结合各学段学生身心发展规律和认知特点，梳理出学校劳动课程学段目标（见表2），从劳动观念、劳动能力、劳动习惯与品质、劳动精神四大素养方面设定学段目标，从而在教学中有效提升学生劳动素养。

表 2　永兴小学劳动课程学段目标

目标素养	第一学段	第二学段	第三学段
劳动观念	懂得人人都要劳动、劳动成果来之不易的道理；初步感知劳动的艰辛与乐趣，喜欢劳动，具有主动劳动、积极参加劳动的 Zhen 劳动观念	懂得"一分耕耘，一分收获"的道理；体会劳动光荣、劳动无高低贵贱之分的道理，认识到美好生活离不开各行各业劳动者；尊重劳动，尊重普通劳动者，初步形成热爱劳动的态度	懂得劳动创造财富、劳动来不得半点虚假、"业精于勤荒于嬉""三百六十行，行行出状元"等道理，体会普通劳动者的光荣与伟大；初步树立劳动最光荣、劳动最崇高、劳动最伟大、劳动最美丽的 Zhen 劳动观念
劳动能力	能完成比较简单的个人物品清洗与收纳，卧室、教室等卫生保洁、整理收纳和垃圾分类等任务；参与简单的家庭烹饪；参与简单的手工制作活动；能照顾身边常见的动植物	养成良好的个人清洁卫生习惯；认识家庭常用器具并掌握其使用方法，有安全意识与维护意识；能制作简单的日常饮食；初步体验种植、手工制作等生产劳动；主动参与校园卫生、垃圾分类处理、社区环保宣传、社区志愿服务等公益劳动；初步体验简单的现代服务业劳动	掌握家庭生活中常用的清洁与卫生、整理与收纳基本技能，了解家庭常用器具的功能特点并能安全、规范使用，能制作简单的家常餐，进一步体验种植、手工制作等生产劳动，积极参与校园环境美化、社区环保等公益劳动，进一步体验新技术支持下的现代服务业劳动
劳动习惯和品质	具有初步的个人生活自理能力；积极参与家庭、集体的劳动，初步形成以自己的劳动服务于他人的意识；对工艺制作具有一定的好奇心；初步养成有始有终、认真劳动的 Zhen 劳动习惯	初步形成生活自理能力，对劳动过程中遇到的问题具有好奇心和探究欲望；初步形成公共服务意识；珍惜劳动成果，初步形成有始有终、专心致志的 Zhen 劳动习惯和品质	初步养成持之以恒的劳动品质，具有家庭责任感；增强公共服务意识，初步形成社会责任感；在劳动过程中自觉遵守劳动纪律，具有诚实劳动、合法劳动的 Zhen 劳动品质
劳动精神	在劳动过程中遵守纪律，不怕脏、不怕累，具有初步的劳动安全意识，尊重他人的劳动付出	懂得在劳动中遵规守约，初步学会与他人合作劳动；在劳动过程和日常生活中养成勤俭节约、不怕困难的 Zhen 劳动精神	初步形成爱岗敬业、乐于奉献的精神；在劳动中主动克服困难，初步形成不怕辛苦、积极探索、勇于创新的 Zhen 劳动精神

课程结构与内容

一、课程结构

学校以"Zhen 劳动创造好生活"为课程理念构建劳动课程体系（如图 1 所示），将劳动课程分为基础性课程和综合性课程，借助学校、家庭、社区不同场域实施劳动课程。课程评价贯穿整个劳动课程之中，且评价类型、评价方法与评价主体呈现多元化，实现以劳育人的课程目标。

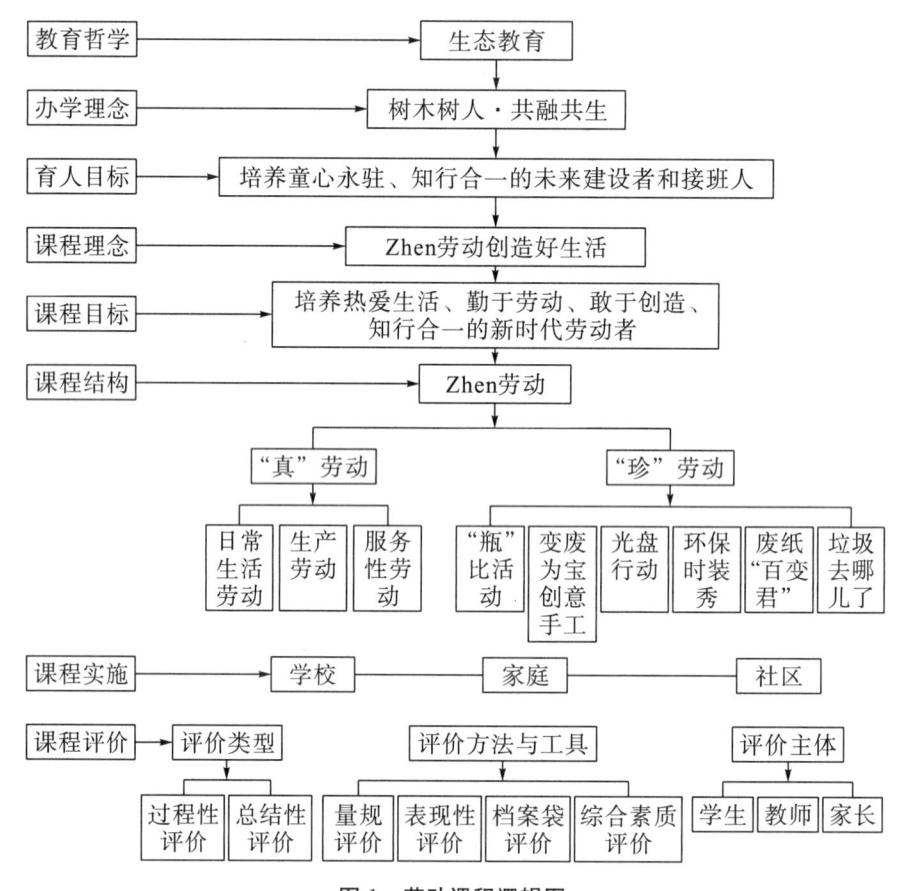

共享的力量
——区域推进劳动课程建设的创新实践

图 1 劳动课程逻辑图

二、课程内容

（一）课程内容结构

在《义务教育劳动课程标准（2022年版）》和学校"树木树人·共融共生"办学理念指导下，永兴小学将劳动课程分为"日常生活劳动""生产劳动""服务性劳动"三大类，根据十大劳动任务群，结合学校环境教育特色课程，设置不同劳动项目，体现学科融合，凸显学校特色（如图2所示）。

图 2　劳动课程图谱

（二）课程设置

1. 基础性课程

学校劳动基础性课程根据《义务教育劳动课程标准（2022年版）》，分年级、分任务群实施，日常生活劳动立足学生个人生活事务处理，生产劳动让学生在工农业生产过程中亲历创造过程，服务性劳动让学生利用知识、技能为他人和社会提供服务（见表3）。每周一节劳动课，由劳动教师教授劳动技能，给学生实践、体验的机会，让学生在劳动中感受快乐，收获幸福。

表3　永兴小学"真"劳动课程设置

年级	劳动任务群	主题课程	课程内容
一年级	日常生活劳动	清洁与卫生	清洗红领巾、袜子等小物件
			清洗内衣、内裤
		整理与收纳	整理书包、书桌
			整理衣柜
			整理、打扫房间
			摆放餐具

45

续表

年级	劳动任务群	主题课程	课程内容
一年级	日常生活劳动	烹饪与营养	择洗蔬菜
			制作凉面
		家庭事务管理	采买家庭一日食材
			简单使用电饭煲、空调等电器
	生产劳动	农业生产劳动	劳动基地种植
			教室水培植物
			多肉植物种植、维护
			照料家中动物
		传统工艺制作	剪窗花
二年级	日常生活劳动	清洁与卫生	学会拖地
			教室卫生打扫
			学会基本的垃圾分类
		整理与收纳	合理存放压岁钱
			整理衣柜
			整理房间
			整理书柜
		烹饪与营养	水果削皮
			制作担担面
		家庭事务管理	独立完成家庭一周日常用品采买
			使用洗衣机、微波炉等电器
	生产劳动	农业生产劳动	劳动基地种植
			微田园基地除草
			草莓种植、维护
			认识锄具
		传统工艺制作	制作节日贺卡

续表

年级	劳动任务群	主题课程	课程内容
三年级	日常生活劳动	清洁与卫生	清洗书包
			擦皮鞋，洗鞋子
			教室卫生打扫
		整理与收纳	更换床单、被罩、枕套等
			整理衣橱、冰箱，整理书柜、鞋柜
			清洁厕所，打扫场院等
		烹饪与营养	熟练择菜
			拌凉菜，做蛋炒饭，包饺子，煮面条
		家庭事务管理	更换遥控板电池
			自行车轮胎加气
	生产劳动	农业生产劳动	劳动基地种植
			种植凤仙花，自制黄豆芽
		传统工艺制作	写春联
	服务性劳动	现代服务业劳动	劳动基地成果义卖
		公益劳动与志愿服务	校园导游
			社区环保宣传
四年级	日常生活劳动	清洁与卫生	清洗夏季衣物
			分类投放垃圾
		整理与收纳	整理书包、书桌
			衣物巧收纳
			美化房间
			图书角、卫生角巧整理
		烹饪与营养	辣椒炒肉
			番茄炒蛋
		家庭事务管理	独立完成家庭购物
			洗衣机、冰箱等电器的使用与维护

续表

年级	劳动任务群	主题课程	课程内容
四年级	生产劳动	农业生产劳动	劳动基地种植
			制作辣椒酱
			制作桂花茶
			饲养小猫
		传统工艺制作	创意编织
	服务性劳动	现代服务业劳动	班徽设计
			快递员体验
		公益劳动与志愿服务	跳蚤市场义卖活动
			经典字画赏析馆解说员
五年级	日常生活劳动	整理与收纳	换季收纳整理衣柜
			整理房间
		烹饪与营养	学会炖汤
			制作草莓酱
			制作糖葫芦
		家用器具使用与维护	使用电饭煲的蒸、煮、炖等各种功能
			清洗风扇
		家庭事务管理	合理规划零用钱
	生产劳动	农业生产劳动	种植青豆
			种植辣椒
			养小兔子
		工业生产劳动	组装电风扇
			工业学校研学体验
		传统工艺制作	创意木版画
			扎染
		现代服务业劳动	小区物业管理体验
			红领巾监督岗
	服务性劳动	公益劳动与志愿服务	社区图书馆等志愿服务
			养老院志愿服务

续表

年级	劳动任务群	主题课程	课程内容
六年级	日常生活劳动	整理与收纳	合理处置闲置书本
			家庭消毒
		烹饪与营养	制作"武媚娘"糕点
			设计一顿营养晚餐
			制作狼牙土豆
		家用器具使用与维护	清洗冰箱、洗衣机
			家庭电器的节能妙招
		家庭事务管理	家庭一月收支管理
			设计家庭一日营养餐
	生产劳动	农业生产劳动	劳动基地种植
			凤仙花培植
			四季豆搭架
			养仓鼠
		传统工艺制作	风筝制作
			创意编织
			扎染体验
		工业生产劳动	制作竹节人
			观看工匠电影
	服务性劳动	现代服务业劳动	设计草莓营销方案
			银行工作体验日
		公益劳动与志愿服务	红领巾监督岗
			社区垃圾分类宣传

2. 综合性课程

综合性课程结合学校"生态教育"办学特色，在不同年级设置不同主题课程（见表4），同时打造学校特色课程——落叶课程，将劳动课程与其他学科课程有效融合，实现跨学科主题学习。为落实每期一天的劳动日、每年一周的劳动周，学校设置丰富的研学课程，拓展劳动教育实施途径，有助于提升学生劳动意识与能力，促进学校与社会紧密联系，发挥劳动教育综合育人价值。

共享的力量
——区域推进劳动课程建设的创新实践

表4 永兴小学"珍"劳动课程设置

年级	主题课程	课程内容
一年级	"瓶"比活动	塑料瓶、玻璃瓶等回收利用、美化
	一日常规评比	学校一日常规训练、年级评比
	落叶课程——叶书寄情	节约用纸，以叶为书，给家人、老师、同学写信，表达感情
	你好大熊猫	参观熊猫博物馆、参观熊猫产房、用黏土制作熊猫
	世季田园基地实践	劳动基地种植体验
二年级	变废为宝创意手工	利用身边废旧纸箱等物品进行创意手工制作，美化校园
	一日常规评比	学校一日常规训练、年级评比
	落叶课程——落叶光影	人与落叶的创意合影，感受人与自然和谐之美
	成都工业学院	感受激光雕刻、3D打印、无人机等现代工业项目
	川菜博物馆	参观并品尝担担面、豆瓣酱、三大炮、麻婆豆腐等四川名小吃
三年级	环保时装秀	将家庭废旧塑料袋、报纸等通过剪、贴、画等形式，设计成环保时装，并在学校进行展示
	落叶课程——藏在树叶里的秘密	从叶序、叶脉、叶形、叶色等观察树叶生长，完成观察笔记
	天府航空	体验小小安检员、小小飞行员、小小乘务员等职业，体验陆地应急撤离、海洋大逃亡等项目
	茶乡采茶	茶乡进行采茶体验，品尝茶叶，参观茶艺表演
四年级	光盘行动	在学校、家庭发出光盘行动倡议，号召大家节约粮食，珍惜劳动成果
	百变丝网花	将家庭废旧丝袜等制成丝网花，送给想感谢的人
	兴隆湖义卖	在兴隆湖义卖学校创意环保手工，宣传环保理念并进行职业体验
	落叶课程——落叶堆肥	利用校园落叶资源，进行堆肥，减少垃圾的同时优化微田园土质肥力
	水韵园基地	学校安全逃生知识
	杜甫草堂游	参观游览杜甫草堂，感受诗人杜甫一生
五年级	废纸"百变君"	将校园废纸回收制成纸浆，再做成精美纸浆画，作品用于美化环境、麓湖集市义卖
	牛奶盒大变身	收集校园废旧牛奶盒，制成生活用品或装饰品，实现资源再利用
	麓湖集市	麓湖集市义卖，学生进行职业体验，所得善款全部用于公益事业
	落叶课程——叶脉书签	利用学校落叶资源，制作书签，并将精美作品进行展示
	三星堆博物馆	参观三星堆博物馆，考古手作DIY
	拜水都江堰	参观都江堰水利工程，感受古人的伟大智慧

续表

年级	主题课程	课程内容
六年级	垃圾去哪儿了	参观垃圾处理厂，了解垃圾分类相关知识
	丹土龙窑陶艺制作	丹土龙窑陶艺制作
	落叶课程——"叶"的反哺	永兴小学优秀毕业生根据自身职业特点，走进课堂，丰富学校课程资源
	毕业不说再见	毕业典礼，教会学生学会感恩
	走进武侯祠	参观武侯祠博物馆，了解三国文化
	走进四川大学	走进名校四川大学，感受高校氛围，与高校学子对话，引导学生进行学业规划

课程实施与评价管理

学校依据《义务教育劳动课程标准（2022 年版）》，在十大劳动任务群中选取合适的劳动任务群，以劳动项目的方式推进劳动课程。通过每周一节劳动课、每期一天劳动日、每年一周劳动周，积极落实区级、校级、班级"三张课表"和劳动周、劳动日、劳动课"三张清单"。学生在课堂习得劳动技能，在基地、家庭等进行劳动实践，深化认识、淬炼成果，培育劳动品质和劳动精神。学校结合生态教育办学特色，开展"环保时装秀""'瓶'比活动""废纸'百变君'"等一系列特色劳动项目课程，将劳动教育做出特色。

一、课程实施

（一）基础性劳动课程实施

1. 整体安排

基础性劳动课程整体安排见表 5。

表5 永兴小学"真"劳动课程实施

年级	劳动任务群	主题课程	课程内容	实施主体	实施场域	实施路径
一年级	日常生活劳动	清洁与卫生	清洗红领巾、袜子等小物件	劳动教师、家长	学校+家庭	每周一节劳动课+家庭实践
			清洗内衣、内裤	劳动教师、家长	学校+家庭	每周一节劳动课+家庭实践
		整理与收纳	整理书包、书桌	劳动教师、家长	学校+家庭	每周一节劳动课+家庭实践
			整理衣柜	劳动教师、家长	学校+家庭	每周一节劳动课+家庭实践
			整理、打扫房间	劳动教师、家长	学校+家庭	大扫除+家庭实践
			摆放餐具	劳动教师、家长	学校+家庭	每周一节劳动课+家庭实践
		烹饪与营养	择洗蔬菜	劳动教师、家长	学校+家庭	每周一节劳动课+家庭实践
			制作凉面	劳动教师、家长	学校+家庭	每周一节劳动课+家庭实践
		家庭事务管理	采买家庭一日食材	劳动教师、家长	学校+超市	每周一节劳动课+家庭实践
			简单使用电饭煲、空调等电器	劳动教师、家长	学校+家庭	每周一节劳动课+家庭实践
	生产劳动	农业生产劳动	劳动基地种植	劳动教师、家长	学校微田园	每周一节劳动课+午间活动时间
			教室水培植物	劳动教师	教室	每周一节劳动课+课间
			多肉植物种植、维护	劳动教师	多肉园+家庭	每周一节劳动课+家庭实践
			照料家中动物	劳动教师、家长	学校+家庭	每周一节劳动课+家庭实践
		传统工艺制作	剪窗花	劳动教师	学校+家庭	每周一节劳动课

续表

年级	劳动任务群	主题课程	课程内容	实施主体	实施场域	实施路径
二年级	日常生活劳动	清洁与卫生	学会拖地	家长、劳动教师	学校＋家庭	大扫除＋家庭实践
			教室卫生打扫	劳动教师	学校	大扫除、一日三扫
			学会基本的垃圾分类	家长、劳动教师	学校＋家庭	每周一节劳动课＋家庭实践
		整理与收纳	合理存放压岁钱	劳动教师、家长	学校＋家庭	每周一节劳动课＋家庭实践
			整理衣柜	劳动教师、家长	学校＋家庭	每周一节劳动课＋家庭实践
			整理房间	劳动教师、家长	学校＋家庭	每周一节劳动课＋家庭实践
			整理书柜	劳动教师、家长	学校＋家庭	每周一节劳动课＋家庭实践
		烹饪与营养	水果削皮	劳动教师、家长	学校＋家庭	每周一节劳动课＋家庭实践
			制作担担面	劳动教师、家长	学校＋家庭	每周一节劳动课＋家庭实践
		家庭事务管理	独立完成家庭一周日常用品采买	劳动教师、家长	学校＋超市	每周一节劳动课＋家庭实践
			使用洗衣机、微波炉等电器	劳动教师、家长	学校＋家庭	每周一节劳动课＋家庭实践
	生产劳动	农业生产劳动	劳动基地种植	劳动教师、家长	学校微田园	每周一节劳动课＋午间活动时间
			微田园基地除草	劳动教师	学校微田园	每周一节劳动课＋午间活动时间
			草莓种植、维护	劳动教师	教室	每周一节劳动课＋课间
		传统工艺制作	认识锄具	劳动教师	学校	每周一节劳动课
			制作节日贺卡	劳动教师	学校	每周一节劳动课

共享的力量
——区域推进劳动课程建设的创新实践

续表

年级	劳动任务群	主题课程	课程内容	实施主体	实施场域	实施路径
三年级	日常生活劳动	清洁与卫生	清洗书包	劳动教师、家长	学校＋家庭	每周一节劳动课＋家庭实践
			擦皮鞋，洗鞋子	劳动教师、家长	学校＋家庭	每周一节劳动课＋家庭实践
			教室卫生打扫	劳动教师	学校	大扫除、一日三扫
		整理与收纳	更换床单、被罩、枕套等	劳动教师、家长	学校＋家庭	每周一节劳动课＋家庭实践
			整理衣橱、冰箱，整理书柜、鞋柜	劳动教师、家长	学校＋家庭	每周一节劳动课＋家庭实践
			清洁厕所，打扫场院等	劳动教师、家长	学校＋家庭	每周一节劳动课＋家庭实践
		烹饪与营养	熟练择菜	劳动教师、家长	学校＋家庭	每周一节劳动课＋家庭实践
			拌凉菜，做蛋炒饭，包饺子，煮面条	劳动教师、家长	学校＋家庭	每周一节劳动课＋家庭实践
		家庭事务管理	更换遥控板电池	劳动教师、家长	学校＋家庭	每周一节劳动课＋家庭实践
			自行车轮胎加气	劳动教师、家长	学校＋家庭	每周一节劳动课＋家庭实践
	生产劳动	农业生产劳动	劳动基地种植	劳动教师、家长	学校微田园	每周一节劳动课＋午间活动时间
			种植凤仙花，自制黄豆芽	劳动教师	教室	每周一节劳动课＋课间
		传统工艺制作	写春联	劳动教师	学校	每周一节劳动课
	服务性劳动	现代服务业劳动	劳动基地成果义卖	劳动教师	学校＋社区	每周一节劳动课＋社区实践
		公益劳动与志愿服务	校园导游	劳动教师	学校	每周一节劳动课＋学校活动
			社区环保宣传	劳动教师	学校＋社区	每周一节劳动课＋社区实践

续表

年级	劳动任务群	主题课程	课程内容	实施主体	实施场域	实施路径
四年级	日常生活劳动	清洁与卫生	清洗夏季衣物	劳动教师、家长	学校＋家庭	每周一节劳动课＋家庭实践
			教室卫生打扫	劳动教师	学校	大扫除、一日三扫
			分类投放垃圾	劳动教师、家长	学校＋家庭	每周一节劳动课＋家庭实践
		整理与收纳	整理书包、书桌	劳动教师、家长	学校＋家庭	每周一节劳动课＋家庭实践
			衣物巧收纳	劳动教师、家长	学校＋家庭	每周一节劳动课＋家庭实践
			美化房间	劳动教师、家长	学校＋家庭	每周一节劳动课＋家庭实践
			图书角、卫生角巧整理	劳动教师	教室	每周一节劳动课＋课间
		烹饪与营养	辣椒炒肉	劳动教师、家长	学校＋家庭	每周一节劳动课＋家庭实践
			番茄炒蛋	劳动教师、家长	学校＋家庭	每周一节劳动课＋家庭实践
		家庭事务管理	独立完成家庭购物	劳动教师、家长	学校＋超市	每周一节劳动课＋超市实践
			洗衣机、冰箱等电器的使用与维护	劳动教师、家长	学校＋家庭	每周一节劳动课＋家庭实践
	生产劳动	农业生产劳动	劳动基地种植	劳动教师、家长	学校微田园	每周一节劳动课＋午间活动时间
			制作辣椒酱	劳动教师、家长	学校＋家庭	每周一节劳动课＋家庭实践
			制作桂花茶	劳动教师、家长	学校＋家庭	每周一节劳动课＋家庭实践
			饲养小猫	劳动教师、家长	学校＋家庭	每周一节劳动课＋家庭实践
		传统工艺制作	创意编织	劳动教师	学校	每周一节劳动课
	服务性劳动	现代服务业劳动	班徽设计	劳动教师	学校	每周一节劳动课
			快递员体验	劳动教师、家长	学校＋社区	每周一节劳动课＋社区实践
		公益劳动与志愿服务	跳蚤市场义卖活动	劳动教师	学校＋社区	每周一节劳动课＋社区实践
			经典字画赏析馆解说员	劳动教师	学校	经典字画赏析课程

续表

年级	劳动任务群	主题课程	课程内容	实施主体	实施场域	实施路径
五年级	日常生活劳动	整理与收纳	换季收纳整理衣柜	劳动教师、家长	学校＋家庭	每周一节劳动课＋家庭实践
			整理房间	劳动教师、家长	学校＋家庭	每周一节劳动课＋家庭实践
		烹饪与营养	学会炖汤	劳动教师、家长	学校＋家庭	每周一节劳动课＋家庭实践
			制作草莓酱	劳动教师、家长	学校＋家庭	每周一节劳动课＋家庭实践
			制作糖葫芦	劳动教师、家长	学校＋家庭	每周一节劳动课＋家庭实践
		家用器具使用与维护	使用电饭煲的蒸、煮、炖等各种功能	劳动教师、家长	学校＋家庭	每周一节劳动课＋家庭实践
			清洗风扇	劳动教师、家长	学校＋家庭	每周一节劳动课＋家庭实践
		家庭事务管理	合理规划零用钱	劳动教师、家长	学校＋家庭	每周一节劳动课＋家庭实践
	生产劳动	农业生产劳动	种植青豆	劳动教师	学校＋基地	每周一节劳动课＋午间活动时间
			种植辣椒	劳动教师	学校＋基地	每周一节劳动课＋午间活动时间
			养小兔子	劳动教师、家长	学校＋家庭	每周一节劳动课＋家庭实践
		工业生产劳动	组装电风扇	劳动教师、家长	学校＋家庭	每周一节劳动课＋家庭实践
			工业学校研学体验	劳动教师	基地	研学日
		传统工艺制作	创意木版画	劳动教师	学校	每周一节劳动课
			扎染	劳动教师、家长	学校	每周一节劳动课
		现代服务业劳动	小区物业管理体验	劳动教师、家长	学校＋社区	每周一节劳动课＋社区实践
			红领巾监督岗	劳动教师	学校	大队部一日常规检查
	服务性劳动	公益劳动与志愿服务	社区图书馆等志愿服务	劳动教师、家长	学校＋社区	每周一节劳动课＋社区实践
			养老院志愿服务	劳动教师	学校＋社区	每周一节劳动课＋社区实践

续表

年级	劳动任务群	主题课程	课程内容	实施主体	实施场域	实施路径
六年级	日常生活劳动	整理与收纳	合理处置闲置书本	劳动教师、家长	学校＋家庭	每周一节劳动课＋家庭实践
			家庭消毒	劳动教师、家长	学校＋家庭	每周一节劳动课＋家庭实践
		烹饪与营养	制作"武媚娘"糕点	劳动教师、家长	学校＋家庭	每周一节劳动课＋家庭实践
			设计一顿营养晚餐	劳动教师、家长	学校＋家庭	每周一节劳动课＋家庭实践
			制作狼牙土豆	劳动教师、家长	学校＋家庭	每周一节劳动课＋家庭实践
		家用器具使用与维护	清洗冰箱、洗衣机	劳动教师、家长	学校＋家庭	每周一节劳动课＋家庭实践
			家庭电器的节能妙招	劳动教师、家长	学校＋家庭	每周一节劳动课＋家庭实践
		家庭事务管理	家庭一月收支管理	劳动教师、家长	学校＋家庭	每周一节劳动课＋家庭实践
			设计家庭一日营养餐	劳动教师、家长	学校＋家庭	每周一节劳动课＋家庭实践
	生产劳动	农业生产劳动	劳动基地种植	劳动教师、家长	学校微田园	每周一节劳动课＋午间活动时间
			凤仙花培植	劳动教师	教室	每周一节劳动课＋课间
			四季豆搭架	劳动教师	学校微田园	每周一节劳动课＋午间活动时间
			养仓鼠	劳动教师、家长	学校＋家庭	每周一节劳动课＋家庭实践
		传统工艺制作	风筝制作	劳动教师	学校＋基地	每周一节劳动课＋家庭实践
			创意编织	劳动教师	学校	每周一节劳动课
			扎染体验	劳动教师	学校	每周一节劳动课
		工业生产劳动	制作竹节人	劳动教师	学校	每周一节劳动课
			观看工匠电影	劳动教师	学校	每周一节劳动课
	服务性劳动	现代服务业劳动	设计草莓营销方案	劳动教师	学校	每周一节劳动课
			银行工作体验日	劳动教师、家长	学校＋社区	每周一节劳动课＋社区实践
		公益劳动与志愿服务	红领巾监督岗	劳动教师	学校	大队部一日常规检查
			社区垃圾分类宣传	劳动教师、家长	学校＋社区	每周一节劳动课＋社区实践

2. 实施方式

学校各年级每周安排一节劳动课，根据十大劳动任务群，教师选取项目进行授课，由专兼职教师进行劳动教育指导。为拓宽劳动教育育人途径，学校聘请班级家长为劳动教育校外指导教师，邀请家长进课堂，与劳动教师合作进行劳动教育。课程种类丰富，包含手工制作类、烹饪类、种植类、职业体验类等，既丰富劳动课程种类，也达到家校共育的目的。

劳动教育不仅立足课堂，还要重视拓宽劳动场域，给予学生亲身体验、亲自操作的机会。学校开辟微田园实践基地，为班级划分"一亩三分地"，因教师经验有限，聘请经验丰富的家长为实践基地指导教师，班级着手创建"小菜地、小农场"，学生在基地体验种植、浇水、施肥、除草、收获等一系农业生产劳动，充分调动学生积极性，让学生习得劳动技能，树立正确的劳动观念。

（二）综合性劳动课程实施

1. 整体安排

综合性劳动课程整体安排见表6。

表6 永兴小学"珍"劳动课程实施

年级	主题课程	实施主体	实施场域	实施路径
一年级	"瓶"比活动	劳动教师、家长	学校＋家庭	每周一节劳动课＋家庭实践
	一日常规评比	班主任	学校	课堂＋课间常规训练
	落叶课程——叶书寄情	劳动教师、语文教师	学校	每周一节劳动课＋语文课
	你好大熊猫	研学导师	熊猫基地	研学日
	世季田园基地实践	研学导师	基地	研学日
二年级	变废为宝创意手工	劳动教师、家长	学校＋家庭	每周一节劳动课＋家庭实践
	一日常规评比	班主任	学校	课堂＋课间常规训练
	落叶课程——落叶光影	劳动教师、信息与技术教师、家长	学校＋家庭	每周一节劳动课＋信息课＋家庭实践
	成都工业学院	研学导师	基地	研学日
	川菜博物馆	研学导师	基地	研学日
三年级	环保时装秀	劳动教师、家长	学校＋家庭	每周一节劳动课＋家庭实践
	落叶课程——藏在树叶里的秘密	劳动教师、科学教师、家长	学校＋家庭	每周一节劳动课＋科学课＋家庭实践
	天府航空	研学导师	基地	研学日
	茶乡采茶	研学导师	基地	研学日

续表

年级	主题课程	实施主体	实施场域	实施路径
四年级	光盘行动	班主任、家长	学校+家庭	每周一节劳动课+一日三餐
	百变丝网花	劳动教师、家长	学校+家庭	每周一节劳动课+家庭实践
	兴隆湖义卖	劳动教师	兴隆湖	每周一节劳动课+社区实践
	落叶课程——落叶堆肥	劳动教师、科学教师	学校	每周一节劳动课+科学课
	水韵园基地	研学导师	基地	研学日
	杜甫草堂游	研学导师	基地	研学日
五年级	废纸"百变君"	劳动教师、家长	学校+家庭	每周一节劳动课+家庭实践
	牛奶盒大变身	劳动教师、美术教师	学校	每周一节劳动课+美术课
	麓湖集市	劳动教师、家长	学校+社区	每周一节劳动课+社区实践
	落叶课程——叶脉书签	劳动教师、科学教师	学校	每周一节劳动课+科学课
	三星堆博物馆	研学导师	基地	研学日
	拜水都江堰	研学导师	基地	研学日
六年级	垃圾去哪儿了	劳动教师	学校+基地	每周一节劳动课+垃圾处理厂参观
	丹土龙窑陶艺制作	研学导师	基地	研学日
	落叶课程——"叶"的反哺	劳动教师、班主任	学校	班会课
	毕业不说再见	班主任、家长	学校	班会课
	走进武侯祠	研学导师	基地	研学日
	走进四川大学	研学导师	基地	研学日

备注：表中"基地"为校外劳动实践场域，统一简称为"基地"。

2. 实施方式

结合学校生态教育理念，开展综合性特色劳动课程。从学生真实生活和发展需要出发，在生活情境中发现问题，转化为活动主题，通过探究、服务、制作、体验等方式，提升学生核心素养。分年级开展劳动项目主题实践：

（1）一年级"瓶"比活动：学生收集废旧塑料瓶、饮料瓶等，通过手工制成各种花瓶、笔筒等生活用品，充分锻炼学生动手能力和创造力。

（2）二年级"变废为宝创意手工"：利用身边可回收物品，通过手工创作，寻找到物品二次利用价值，从而践行环保理念，落实垃圾分类。

（3）三年级"环保时装秀"：设置不同主题，学生寻找身边废旧塑料袋、包装纸，通过剪、贴、拼、画等方式，制成美丽的环保服装，在每年六一儿童节进行舞台展示，学生体会到劳动的快乐与意义。

(4) 四年级"光盘行动":每天对班级剩菜剩饭进行称重评比,学生养成珍惜粮食、尊重劳动成果的品格。

(5) 五年级"废纸'百变君'":学生在生活中收集废纸,并在劳动课上学习将废纸制成纸浆,然后通过美术课上教师的指导,把纸浆制作成精美的手工作品,最后在社区进行展示和义卖,从而让环保作品走进社会人群的家庭,同时传递垃圾减量,爱护环境的理念,让更多人群加入环保活动,体会垃圾减量给生活带来的美好(如图3所示)。

废纸"百变君"

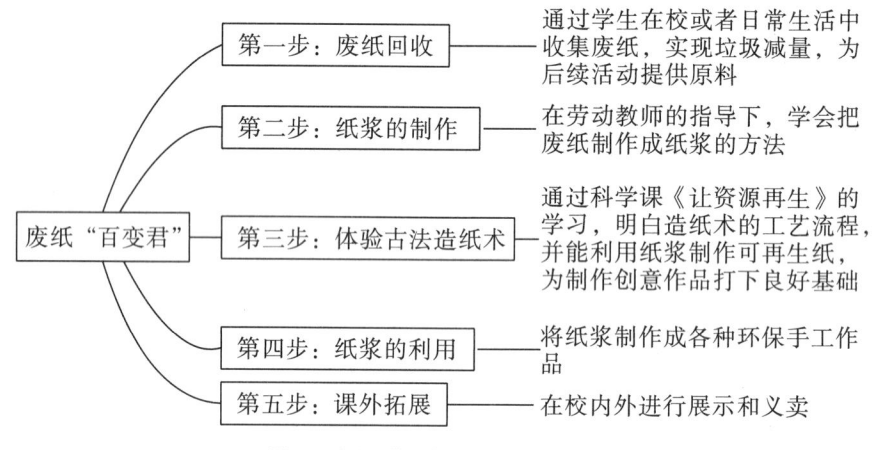

- 第一步:废纸回收——通过学生在校或者日常生活中收集废纸,实现垃圾减量,为后续活动提供原料
- 第二步:纸浆的制作——在劳动教师的指导下,学会把废纸制作成纸浆的方法
- 第三步:体验古法造纸术——通过科学课《让资源再生》的学习,明白造纸术的工艺流程,并能利用纸浆制作可再生纸,为制作创意作品打下良好基础
- 第四步:纸浆的利用——将纸浆制作成各种环保手工作品
- 第五步:课外拓展——在校内外进行展示和义卖

图3 废纸"百变君"项目逻辑图

(6) 六年级"垃圾去哪儿了":参观垃圾处理厂,了解垃圾分类与再处理,让学生在生活中践行垃圾分类理念。

生活即教育,社会即学校,学校借助研学课程,带领学生走出校园,走进社区、基地进行劳动教育实践。劳动课程实施不仅仅在学校,还应该在家庭、在基地、在社区。

(1) 劳动日:学校根据各个学段学生年龄特点,个性化制定研学主题。通过实地考察和参与,锻炼学生创新思维能力和解决问题能力,实现劳动育人目标。

(2) 劳动周:劳动周指每学年设立的以集体劳动为主,开展一定劳动强度和持续性的课外、校外劳动实践活动的实践时间段。学校劳动周打破年级限制,按学段进行统筹,让不同年级学生在共同活动中互帮互学、合作构建,丰富、拓展劳动教育实施途径,促进劳动育人价值的实现(见表7)。

表7 永兴小学劳动周课程实施

年级	主题	具体项目	实施主体	实施场域	实施路径
第一学段	巧手扮我"家"	1. 家庭、教室大扫除 2. 教室环创比赛 3. 最美书桌评比 4. 变废为宝创意手工大赛	教师 家长	学校 家庭	课堂 实践
第二学段	争做社区"小主人"	1. 南新村职业体验 2. 兴隆湖环保时装秀快闪打卡 3. 社区环保宣传 4. 我为社区服务	教师 家长 基地导师	学校 家庭 基地	课堂 实践

续表

年级	主题	具体项目	实施主体	实施场域	实施路径
第三学段	我是环保大使	1. 废纸"百变君"创意作品大赛 2. 环保手工作品义卖 3. 参观垃圾分类处理厂 4. 我们的兴隆湖 5. 寻找最美环保宣传海报	教师 家长 基地导师	学校 家庭 基地	课堂 实践

二、课程评价

（一）评价原则

1. 导向性原则

学校将劳动素养纳入学生综合素质评价体系，以劳动教育核心素养为导向，从四大核心素养展开评价，通过评价积极引导，促进劳动育人价值的实现。

2. 发展性原则

学校发挥评价的育人功能，关注学生在劳动过程中的动态发展，充分肯定学生进步，用评价不断激励学生成长。

3. 系统性原则

评价贯穿整个劳动过程，注重过程与成果评价，采用多元化评价，学生自评、生生互评、教师评、家长评等相结合，设定循序渐进的评价目标，符合学生年龄特点和认知水平。

（二）"真"劳动课程评价

1. 评价类型

（1）平时表现评价——利用劳动任务单、劳动清单、劳动档案袋等工具，对学生在劳动过程中的表现进行评价，促进学生发展，帮助教师全面地观察和评估学生劳动学习情况。

（2）阶段综合评价——学期、学年或学段结束时进行综合评价，采用过程性评价和结果性评价相结合的方式，反映学生劳动课程学习水平和核心素养阶段目标达成情况。

2. 评价方法

根据学校劳动课程设置量规评价、劳动清单评价、档案袋评价、综合素质评价，使学生的劳动学习有明确目的，从劳动课程中吸取经验，能够正确地认识和评价自己。

3. 评价主体

以学校为主体开展线下评价，家庭、学校、社会共同参与，自评、互评、师评互相结合。

4. 评价量表（见表8）

表8 永兴小学学生劳动核心素养评价表

核心素养	评价标准 ★★★	评价标准 ★★	评价标准 ★	自评	互评	师评
劳动观念	能尊重劳动，尊重劳动者；理解劳动对生活、家庭、社会的意义；树立劳动最光荣、劳动最伟大、劳动最崇高、劳动最美丽的理念	能尊重劳动，尊重劳动者；理解劳动对生活、家庭、社会的意义	能尊重劳动，懂得劳动的辛苦与快乐			
劳动能力	熟练掌握项目劳动技能，并能正确使用常用的劳动工具；能在劳动实践中提高自身的智力和创造力；具有良好的动手操作能力和团队协作能力	基本掌握项目劳动技能，会使用劳动工具，具有一定的动手操作能力和团队协作能力	在教师和同学的协助下能完成项目劳动，会使用劳动工具，具有一定的动手操作能力			
劳动习惯和品质	具有安全劳动、规范劳动、有始有终的劳动习惯，能自觉自愿、认真负责、团结合作地完成劳动任务，在劳动过程中做到诚实守信、珍惜劳动成果	具有安全劳动、有始有终的劳动习惯，能自觉自愿、认真负责地完成劳动任务，在劳动过程中做到珍惜劳动成果	具有有始有终的劳动习惯，能在教师和同学的指导下认真、合作地完成劳动任务，珍惜劳动成果			
劳动精神	能领会"劳动是一切幸福的源泉"的含义，具有主动克服困难、乐于奉献、勤俭节约、积极探索、追求创新的精神	能领会"劳动是一切幸福的源泉"的含义，具有克服困难、乐于奉献、勤俭节约、积极探索的精神	能领会"劳动是一切幸福的源泉"的含义；能在他人帮助下克服困难，具有勤俭节约、乐于奉献的精神			

（三）"珍"劳动课程评价

综合性劳动课程采用评价量表来对学生进行过程性评价（见表9、表10）。

表9 学校环保时装秀评分表

评分项目	评分标准（精确至0.1分）	一	二	三	四	五	六
服饰设计（3分）	服装准确表达主题内容、寓意。设计美观时尚、比例协调，造型表达整体效果艺术感染力强						
个性创意（2分）	节目形式独特且有新意，富有创新意识和设计美感，突出自我个性，风格表现手法独特						

续表

评分项目	评分标准 （精确至0.1分）	年级					
		一	二	三	四	五	六
舞台表演 （2分）	表情丰富，具有亲和力和表现力。动作活泼、自然，大方得体，感染力强						
材料环保 （2分）	作品具有鲜明的时代感。服装材料紧密结合环保，主题突出						
解说 （1分）	解说员语言流利、表述清楚，神态自然大方，解说词紧扣主题，富有感染力						
总分（10分）							

表10　纸浆画制作评价量表

评审项目	评价标准	自评	他评
劳动观念	养成收集废品、利用废品创造作品的好习惯；敢于把作品向他人展示，宣传劳动创造美的精神；体会劳动的快乐	□★ □★★ □★★★	□★ □★★ □★★★
劳动能力	能把纸浆制作与利用的知识讲给家人听，并试着教会他们	□★ □★★ □★★★	□★ □★★ □★★★
劳动习惯和品质	能运用废纸利用的方法，制作一个完整作品。在日常生活中坚持废物再利用，养成节约的好习惯	□★ □★★ □★★★	□★ □★★ □★★★
劳动精神	在劳动过程中，能总结经验，钻研提高劳动效率的小窍门。大胆尝试，创新作品	□★ □★★ □★★★	□★ □★★ □★★★

三、课程资源保障

为全面推进与实施劳动课程，学校成立课程搭建、课堂建设项目组，分项目跟进和设计。

（一）人员保障

学校成立专门的工作小组，保障劳动课程实施，并以校长为工作小组组长，全面负责学校劳动课程，课程中心、学生发展中心、后勤中心分别负责劳动课程的研发和考核、劳动课程的组织实施、经费和物资的保障等方面工作。

（二）课时保障

学校严格落实每周一节劳动课、每期一天劳动日、每年一周劳动周。劳动课进入班级课表，由专兼职教师进行授课，其他教师不得随意侵占课时。劳动日和劳动周由学校课程中心和学生发展中心联合商议方案，并在全校开展实施。

（三）场域保障

学校为每个班级划分劳动实践基地用以开展农业生产劳动，鼓励劳动教师、班主任积极开发学校场域资源，如教室书柜、卫生角、盆栽种植区等场域，实施多样化、具有班级特色的劳动课程。

四、课程实施管理

（一）建立课程建设考核制度

为保障劳动课程建设工作的高效落实，学校建立劳动课程建设工作考核制度，从课程方案、课程实施、课程评价、课程成果四个维度对劳动教师团队和教师个人进行考核。

（二）建立课程建设保障制度

为保障劳动课程建设的可持续性，学校建立课程保障机制，有完善的课程建设制度和激励制度，并按照制度开展工作。同时，为课程实施和开展提供必要的经费支持，从制度、经费、资源三个方面保障课程建设顺利实施。

（执笔人：永兴小学　张胜兵、张颖）

元·滋味

——元音小学劳动课程方案

课程理念

一、学校整体课程建设依据

（一）学校办学理念

四川天府新区元音小学（以下简称"元音小学"）是一所传承"书院精神、富有现代气息、面向未来教育"的有品位的高质量小学，秉承元音书院"以人文春风，奠秋实之基，弘尚善好学，扬雅正修身"之文脉，全面践行"回归儿童本性，回归教育本真，回归学校本根"的理念，知行合一，笃行致远，系统回归本位，全面促进师生可持续成长与学校快速和谐发展。

回归儿童本性。回归儿童的原始本性（好奇心、求知欲、探究欲等）、成长需要（认知需要、审美需要和自我实现需要）和个体差异（兴趣偏好与智能优势）。

回归教育本真。回归教育的本质（教育乃心灵的唤醒和启迪）和教育的价值（教育的根本价值在于完整人格的培养）。

回归学校本根。回归学校的文化母体，即百年元音书院文化，弘扬"尚善好学，雅正修身"的元音精神。

（二）学校育人目标

学校以"培养人格和谐的活力儿童"为育人目标。人格和谐即培养既有基本面的完全发展，又有多方面整体发展的儿童；既有全体性共同发展，又有个体性差异发展的儿童。活力儿童即培养富有主动性、能动性和创造性的儿童。

二、学校劳动课程理念

学校秉持"在学园中品劳动滋味"的劳动课程理念，培养"人格和谐的活力儿童"，打造"元·滋味"劳动课程。"园"同"元"，意指学校的"元·认知"课程体系分支下的"元·滋味"劳动课程。"学园"意指劳动实践的不同场域，分别是校园、田园、家园（家庭）和社园（社会）。"劳动滋味"意指劳动乐之味（乐滋味）、劳动田（甜）之味（甜滋味）、劳动美之味（美滋味）和劳动新之味（新滋味）。其具体内涵如下：

"校园：一方乐之味"：在校园中品味劳动的快乐。

"田园：一亩田之味"：在田园中品味劳动的甜蜜。

"家园：一室美之味"：在家园中品味劳动的美好。

"社园：一处新之味"：在社会中品味劳动的创新。

课程目标

一、劳动课程总目标

学校围绕元音学子"健康、审问、敏行、共处"四大特质，树立正确的劳动观念，以劳动培育服务他人、服务社会的理想；培养学生必备的劳动能力，以劳动发展本领；养成良好的劳动习惯和品质，以劳动厚泽生命；培育积极的劳动精神，以劳动历练担当。元音小学劳动课程总目标见表1。

表1 元音小学劳动课程总目标

目标	日常生活劳动	生产劳动	服务性劳动
劳动观念	形尊重劳动之观，品甜蜜"元·滋味"	形喜爱劳动之观，品甜蜜"元·滋味"	形热爱劳动之观，品甜蜜"元·滋味"
劳动能力	习自理劳动之力，品快乐"元·滋味"	习劳动实践之力，品快乐"元·滋味"	习劳动设计、团队合作之力，品快乐"元·滋味"
劳动习惯和品质	培安全劳动、有始有终劳动之习惯，品美好"元·滋味"	培自觉劳动、认真劳动之习惯，品美好"元·滋味"	培无私奉献劳动之品格，品美好"元·滋味"
劳动精神	育勤奋劳动之精神，品幸福"元·滋味"	育坚持劳动之精神，品幸福"元·滋味"	育创新劳动之精神，品幸福"元·滋味"

二、劳动课程学段目标

根据《义务教育劳动课程标准（2022年版）》的要求，课程组对课程目标进行归纳和梳理，明晰年级间的梯度差异和内在联系，为学生的学习发展提供上接下联的可能性和有效空间，结合劳动课程总目标和学段学情，设置劳动课程学段目标内容（见表2）。

表 2　元音小学劳动课程学段目标

素养	学段		
	第一学段	第二学段	第三学段
劳动观念	懂得劳动成果来之不易，学会尊重他人的劳动成果，能积极、主动参与劳动，品快乐劳动"元·滋味"	懂得劳动才能创造幸福和劳动不分高低贵贱的道理，能尊重劳动和普通劳动者，品热爱劳动"元·滋味"	懂得劳动创造财富的道理，能体会普通劳动者的光荣与伟大，树立劳动最崇高、劳动最伟大、劳动最美丽的观念，品崇高劳动"元·滋味"
劳动能力	1. 完成比较简单的物品整理、收纳与清洗和垃圾分类等劳动任务 2. 参与简单的家庭烹饪，关心、照顾身边常见动植物 3. 参与简单的手工制作活动，初步学会规范使用相应工具 4. 参与班级集体劳动，主动维护教室内外环境卫生	1. 参与家居清洁、收纳整理，制作简单的家常餐等，每年学会1~2项生活技能 2. 参加校园卫生保洁、垃圾分类处理、绿化美化等，适当参加社区环保、公共卫生等力所能及的公益劳动 3. 初步体验种植、养殖、手工制作等简单的生产劳动	1. 掌握家庭生活中常用的清洁与卫生、整理与收纳基本技能 2. 进一步体验种植、养殖、手工制作等生产劳动 3. 能根据劳动任务选择合适的材料和工具、技术与方法，安全、规范、有效地开展劳动 4. 主动参加校园卫生保洁和环境美化等劳动，积极参加社区环保、公共卫生维护等力所能及的公益劳动
劳动习惯和品质	能自觉自愿地劳动，养成安全规范、有始有终的劳动习惯，品自主劳动"元·滋味"	1. 懂得在劳动中遵规守约，初步学会与他人合作劳动 2. 珍惜劳动成果，初步养成专心致志的劳动习惯和品质，品认真劳动"元·滋味"	在集体劳动中团结协作，形成诚实劳动、合作劳动的品质，品合作劳动"元·滋味"
劳动精神	通过真实的劳动实践，培育勤俭、奋斗的劳动精神，品艰苦劳动"元·滋味"	通过真实的劳动实践，培养勤俭节约、不怕困难的劳动精神，品坚持劳动"元·滋味"	在劳动中主动克服困难，初步形成不怕辛苦、积极探索、追求创新的精神，品创新劳动"元·滋味"

课程结构与内容

一、课程结构

学校坚持劳动教育指导思想，以国家课程为主，以综合性课程为辅，支持多种课程实施方式，科学建构"元·滋味"劳动教育特色课程结构（如图1所示）。

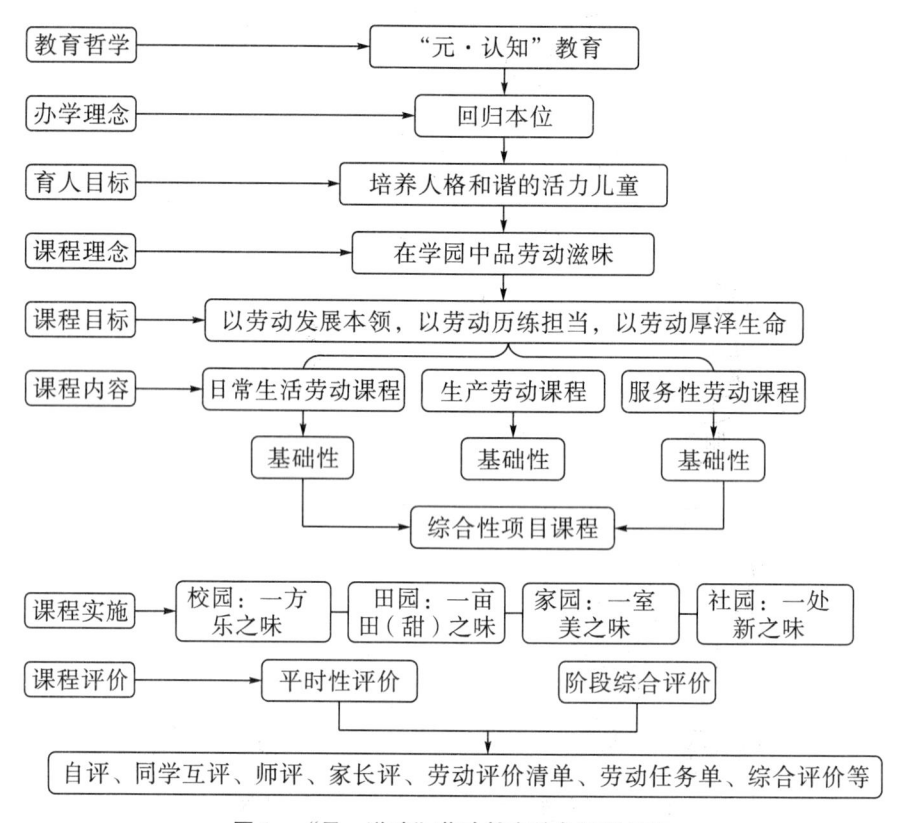

共享的力量
——区域推进劳动课程建设的创新实践

```
教育哲学 ──→ "元·认知"教育
办学理念 ──→ 回归本位
育人目标 ──→ 培养人格和谐的活力儿童
课程理念 ──→ 在学园中品劳动滋味
课程目标 ──→ 以劳动发展本领,以劳动历练担当,以劳动厚泽生命
课程内容 ──→ 日常生活劳动课程    生产劳动课程    服务性劳动课程
                  ↓                ↓               ↓
                基础性            基础性           基础性
                  └────────────→ 综合性项目课程 ←──────────┘

课程实施 ──→ 校园:一方    田园:一亩    家园:一室    社园:一处
              乐之味      田(甜)之味   美之味      新之味

课程评价 ──→ 平时性评价            阶段综合评价
              └──────────┬──────────┘
        自评、同学互评、师评、家长评、劳动评价清单、劳动任务单、综合评价等
```

图1 "元·滋味"劳动教育特色课程结构

二、课程内容

学校依据"在学园中品劳动滋味"课程理念,构建"元·滋味"劳动教育课程,即"四园·四味"劳动课程,在"校园""田园""家园""社园"四大场域中让学生充分参与日常生活劳动、生产劳动和服务性劳动,尽情体味"一方乐之味""一亩田(甜)之味""一室美之味""一处新之味"(如图2所示)。

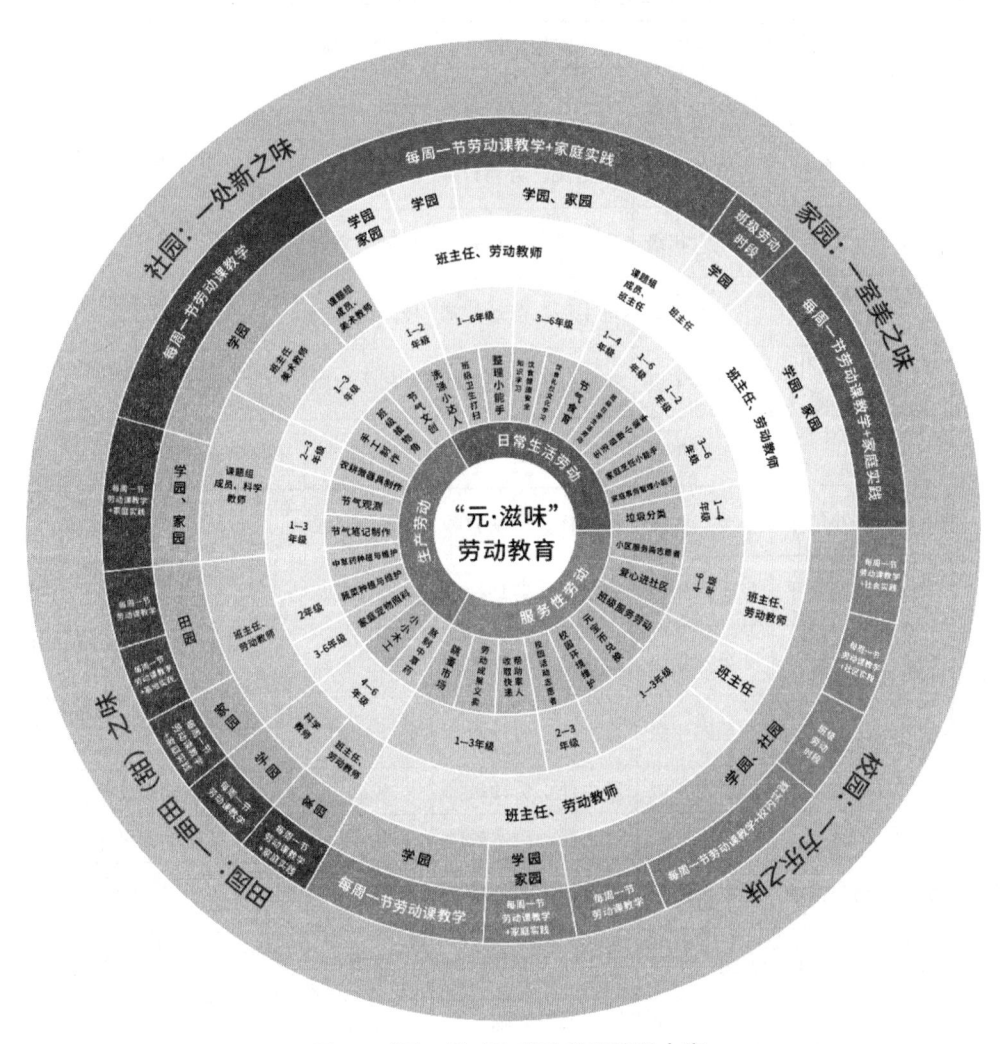

图2 "元·滋味"劳动教育课程内容

三、课程具体设置

(一) 基础性课程设置

学校劳动教育基础性课程设置围绕劳动新课标任务群、学校的实际情况与不同学段学生的身心发展特征，设置科学合理的年级劳动任务课程项目（见表3）。劳动课程采用"双融合方式"推进，学校教师人人都是劳动指导师。劳动课程可以在学校实施，也可以在家庭、社会、校外劳动实践基地实施；不仅在每周规定的一节劳动课上实施，也可与社会实践相结合以选修课的形式实施。

共享的力量
——区域推进劳动课程建设的创新实践

表3　元音小学"元·滋味"劳动教育年级课程

学期劳动课程主题		学生	实施主体	实施场域	实施路径
日常生活劳动	洗涤小达人	一至二年级	班主任、劳动教师	校园、家园	每周一节劳动课教学＋家庭实践
	班级卫生打扫	一至六年级	班主任、劳动教师	校园	每周一节劳动课教学＋班级实践
	整理小能手	一至六年级	班主任、劳动教师	校园、家园	每周一节劳动课教学＋家庭实践
	饮食健康知识认知	三至六年级	班主任、劳动教师	校园、家园	每周一节劳动课教学＋家庭实践
	饮食礼仪文化认知	三至六年级	班主任、劳动教师	校园、家园	每周一节劳动课教学＋家庭实践
	班级日常生活劳动	一至六年级	班主任	校园	班级劳动时段
	生活自理小能手	一至二年级	班主任、劳动教师	校园、家园	每周一节劳动课教学＋家庭实践
	家庭烹饪小能手	三至六年级	班主任、劳动教师	校园、家园	每周一节劳动课教学＋家庭实践
	家庭事务管理小能手	三至六年级	班主任、劳动教师	校园、家园	每周一节劳动课教学＋家庭实践
	垃圾分类	一至四年级	班主任、劳动教师	校园、家园	每周一节劳动课教学＋家庭实践
生产劳动	班级植物角	一至三年级	班主任、劳动教师	校园	每周一节劳动课教学
	手工制作	一至三年级	班主任、美术教师	校园	每周一节劳动课教学
	蔬菜种植与维护	二年级	班主任、劳动教师	田园	每周一节劳动课教学＋基地实践
	家庭宠物照料	三至六年级	班主任、劳动教师	家园	每周一节劳动课教学＋家庭实践
	小小木工	四至六年级	科学教师	校园	每周一节劳动课教学
服务性劳动	跳蚤市场	一至三年级	班主任、劳动教师	校园	每周一节劳动课教学
	劳动成果义卖	一至三年级	班主任、劳动教师	校园	每周一节劳动课教学
	帮助家人收取快递	一至三年级	班主任、劳动教师	校园、家园	每周一节劳动课教学＋家庭实践
	校园活动志愿者	二至三年级	班主任、劳动教师	校园	每周一节劳动课教学
	校园环境维护	一至三年级	班主任、劳动教师	校园	每周一节劳动课教学＋校内实践
	元宝币兑换	一至二年级	班主任、劳动教师	校园	每周一节劳动课教学＋校内实践
	班级服务劳动	一至三年级	班主任	校园	班级劳动时段
	爱心进社区	四至六年级	班主任、劳动教师	校园	每周一节劳动课教学＋社区实践
	小区服务岗志愿者	四至六年级	班主任、劳动教师	校园	每周一节劳动课教学＋社会实践

(二) 综合性课程设置

综合性课程包括学校特色课程"百草园"劳动课程和"二十四节气"劳动课程,以及特色主题劳动课程和劳动周课程。

1. 特色课程设置

学校特色劳动课程包含"百草园"劳动课程和"二十四节气"劳动课程。其中"百草园"劳动课程包括中草药认知、中草药种植与维护、中草药制作与中草药产品课程等,"二十四节气"劳动课程包括节气认知、节气农耕、节气食育和节气文创课程等。学校根据课程主题的特征与劳动课程的学段目标,以劳动项目方式科学合理地设置课程实施对象、主体、场域和路径。

(1)"百草园"劳动课程(见表4)。

表4 元音小学"百草园"劳动课程

课程	年级	实施主体	实施场域	实施路径
中草药认知课程	一至六年级	班主任、劳动教师	校园	每周一节劳动课/延时课
中草药种植课程	一至六年级	班主任、劳动教师	田园	每周一节劳动课/延时课
中草药维护课程	一至三年级	班主任、劳动教师	田园	每周一节劳动课/延时课
中草药制作课程	一至三年级	班主任、劳动教师	校园	每周一节劳动课/延时课
中草药产品课程	一至三年级	班主任、劳动教师	校园	每周一节劳动课/延时课

(2)"二十四节气"劳动课程(见表5)。

表5 元音小学"二十四节气"劳动课程

课程	年级	实施主体	实施场域	实施路径
节气认知课程	一至六年级	课题组成员、班主任教师	校园	每周一节劳动课
节气自然笔记课程	一至六年级	课题组成员、班主任教师	校园、家园	每周一节劳动课+家庭实践
节气农耕课程	四至六年级	课题组成员、班主任教师	校园、家园	每周一节劳动课+家庭实践
节气食育课程	一至三年级	课题组成员、班主任教师	校园、家园	每周一节劳动课+家庭实践
节气文创课程	四至六年级	课题组成员、班主任教师	校园	每周一节劳动课+家庭实践

2. 特色主题劳动课程设置

在教育理念"五育融合"及学校的"以实践求整合"的课程构想指导下,结合每月德育活动主题与每个学段学生需要实现的劳动课程目标,综合设计劳动与德育融合主题课程(见表6)。

表6 元音小学"元·滋味"劳动与德育融合主题课程

月份	周次	主题课程	课程内容	实施场域	实施对象	实施路径
2月份	第一周	你好，公园；你好，春天	一年级：垃圾分类	天府公园	一年级	德育活动
			二年级：描绘生态	天府公园	二年级	德育活动
			三年级：体验生态	天府公园	三年级	德育活动
	第二周	爱成都，迎大运，小手拉大手	我们是文明小使者	校园	一至三年级	德育活动
3月份	第三周	春风十里，不如"学雷锋"的你	一年级：我是家务小能手	家园	一年级	德育活动＋家庭实践
			二年级：清理白色垃圾	七里沟	二年级	德育活动＋社会实践
			三年级：我是校园小卫士	校园	三年级	德育活动
	第四周	"植"此青绿，拥抱春天	一年级：植树活动	元音幼儿园北侧小山坡	一年级	德育活动＋社会实践
			二年级：植树活动	天府逍遥谷	二年级	德育活动＋社会实践
			三年级：植树活动	象山沟	三年级	德育活动＋社会实践
	第五周	春雷响，万物长	惊蛰节气食育课程：烹饪	校园、家园	一至三年级	德育活动＋家庭实践
	第六周	春分，播种正当时	一年级：烹饪（椿芽、豆芽……）	家园、社园	一年级	德育活动＋家庭实践
			二年级：耕种（大豆、丝瓜……）	田园	二年级	德育活动
			三年级：烹饪义卖（薄荷果汁、薄荷蛋糕）	家园、社园	三年级	德育活动
4月份	第七周	爱成都，迎大运，小手拉大手	我们是文明小使者	校园、社园	一至三年级	德育活动
	第八周	我是劳动小能手	收拾桌洞	校园、家园	一至三年级	班级劳动时间
	第九周	我是劳动小能手	整理书包	校园、家园	一至三年级	班级劳动时间
	第十周	我是劳动小能手	桌椅清洁	校园、家园	一至三年级	班级劳动时间
	第十一周	我是劳动小能手	整理书包柜	校园、家园	一至三年级	班级劳动时间

续表

月份	周次	主题课程	课程内容	实施场域	实施对象	实施路径
5月份	第十二周	我是劳动小达人	小小倡议官，我是环保小卫士（捡白色垃圾）	社园	一至三年级	德育活动＋社会实践
	第十三周	学做家常菜	学做蛋炒饭	家园	一至三年级	德育活动＋家庭实践
	第十四周	学做家常菜	学做番茄炒蛋	家园	一至三年级	德育活动＋家庭实践
	第十五周	学做家常菜	学做可乐鸡翅	家园	一至三年级	德育活动＋家庭实践
6月份	第十六周	妈妈，今天休息吧	卫生大扫除：扫地	家园	一至三年级	德育活动＋家庭实践
	第十七周	妈妈，今天休息吧	卫生大扫除：拖地	家园	一至三年级	德育活动＋家庭实践
	第十八周	妈妈，今天休息吧	卫生大扫除：擦柜子	家园	一至三年级	德育活动＋家庭实践
	第十九周	我是家务小能手	衣柜收纳	家园	一至三年级	德育活动＋家庭实践
	第二十周	我是家务小能手	床铺整理	家园	一至三年级	德育活动＋家庭实践

3. 劳动周课程设置

为落实新课标每学年一个劳动周的要求，学校以劳动项目方式设计和实施了综合性劳动课程"二十四节气"劳动课程和"百草园"劳动课程。下面以春分劳动项目课程为例展示劳动周课程设计（见表7）。

表9 元音小学"元·滋味"劳动周课程

课程	年级	实施主体	实施场域	实施路径
春分节气认知课程	一至三年级	课题组成员、班主任	学园	劳动周
春分节气自然笔记课程	一至三年级	课题组成员、班主任	学园	劳动周
春分节气农耕课程	一至三年级	班主任、劳动教师	学园	劳动周
春分节气食育认知课	一至三年级	班主任、劳动教师	学园	劳动周
春分节气文创认知课	一至三年级	课题组成员、美术教师	学园	劳动周
春分节气食育实践课	一至三年级	劳动教师、家长	家园	劳动周
春分节气文创实践课	一至三年级	美术教师、家长	家园	劳动周

课程实施与评价管理

一、课程实施与评价概述

在学校办学理念、育人目标和劳动教育课程理念的指导下，学校从年级基础课程、"二十四节气"劳动课程、"百草园"劳动课程、劳动与德育融合主题课程和劳动周课程角度，在基础课程与综合课程方面积极探索课程实施及评价。

二、学科课程实施

（一）基础性课程实施

1. 整体安排

学校为促进学生劳动核心素养达成，着力建构以核心素养为导向的实践性劳动课堂，课程内容主要包括日常生活劳动、生产劳动和服务性劳动，一至二年级侧重日常生活劳动和生产劳动，三至六年级则涵盖三大类劳动课程内容。基础性劳动课程主要以每周一节劳动课为实施路径，劳动教师和班主任担任主要的课程实施主体，并积极探索家校社企联动机制，拓宽劳动教育场域，挖掘优质劳动教育课程资源。

2. 实施方式

（1）打造以核心素养为导向的实践性劳动课堂。

学校期望通过这样的课堂致力于学生树立科学的劳动观念，让劳动实践真实作用于学生的身体和心灵，从而获得相应的劳动能力，形成劳动观念基础上的劳动实践自觉性，养成良好的劳动习惯和品质，培育积极的劳动精神。

（2）落实以任务驱动学习方式为主的劳动课。

教师实施劳动课教学，注重采用任务驱动教学法，给予学生充足的自主探索空间和时间，提供学习支持。培养学生自主探索、自主创新的能力，以春分节气劳动项目为例，教师根据节气劳动任务主题要求，以小组合作形式，让学生置身于真实情境当中，完成真实节气劳动任务，解决劳动问题。在此过程当中，学生习得劳动能力，逐渐形成科学思维方式和正确劳动价值观。

（3）以"学问思辩行评"教学模式开展劳动教学。

为了保证劳动教育课堂的质量，使以学生实践为中心的课程真实落地，学校倡导以"学问思辩行评"教学模式来开展劳动教学。以春分节气食育课程中的椿芽炒蛋为例，"学"对应的学生活动是学生分享对春分节气里的椿芽的认知，"问"对应的学生活动是观察家人如何制作椿芽炒蛋，"思"对应的学生活动是分享观察到的做椿芽炒蛋时要用到的工具以及注意事项，"辩"对应的学生活动是小组讨论总结椿芽炒蛋的步骤，"行"对应的学生活动是小组合作尝试做椿芽炒蛋，"评"所对应的学生活动是学生对整个过程和结果的反思和评价。

(4) 家、校、社、企联动，拓宽劳动教育场域，挖掘优质劳动教育课程资源。

学校拓宽劳动教育场域，挖掘优质教育资源，打造学校以外实施场域，发挥课程实施主导作用、家庭辅助作用、社会和企业支撑作用，形成以学校为中心，家庭、社会、企业联动实施新样态。这不仅为创新型课程设计提供了资源，也为学生真实实践提供了场域，为持续劳动提供了有力保障，综合促进了劳动核心素养的形成。

3. 组织管理

(1) 加强教师培训，转变教师观念。

学校开展劳动教育教师培训，让教师明了劳动教育独特的育人价值，明晰"劳育"与其他"四育"处于同等重要的地位，认识到劳动教育对学生终身发展的重要作用，促进教师产生积极的劳动教育观念。

(2) 加强校本教研，落实素养导向课堂。

学校重视劳动教研组的建设与发展，教研组根据课标要求，科学合理制定学期劳动课程内容、目标，明确教学重难点，根据学校课程结构合理规划并设计劳动项目与跨学科劳动主题，以科学的方式实施教学。

(二) 综合性课程实施

1. 整体安排

综合性劳动课程包括日常生活劳动、生产劳动和服务性劳动，在每周劳动课以外，以跨学科整合式学习、劳动项目式学习、劳动周、劳动日等形式实施。通过劳动项目，保障学生学习过程完整性；通过跨学科劳动主题，落实"五育融合"教育理念，发挥劳动教育的综合育人价值；通过劳动周和劳动日，保障学生参与有一定劳动强度和持续性的课外、校外劳动实践机会。

2. 实施方式

(1) 采用项目式保障过程完整性。

学校凸显劳动课程项目的重要性，引领学生在劳动课程项目的学习过程当中，面对真实世界的真实问题，进行自主、合作、探究式的劳动实践。例如，在学校"制作中药香囊"劳动项目中，项目实施环节首先是帮助学生明确劳动问题，如中医药文化的历史发展进程、中药的功效以及中医药对人们生命健康的重要性等，学生在教师的指导下体验如何采摘中药、制作中药材和制作中药香囊，并展示自己的劳动成果；其次学生之间进行小组合作，进行盲盒售卖，将收入捐给大凉山友谊校。在实施这一劳动项目的过程当中，学生不仅了解了国粹中医药文化，还深刻体会到了劳动创造幸福生活的道理，培育了为他人奉献的劳动精神。

(2) 采用跨学科主题式丰富学生劳动体验。

在"五育融合"教育理念引领下，学校以劳动教育为核心，挖掘其他学科中与劳动学科在课程目标、课程内容、教学方式等方面的连接点，关注劳动课程当中渗透其他学科的思想和方法，为培育核心素养奠基。例如，在主题式课程"'植'此青绿，拥抱春天"中，学校将植树节德育活动与劳动教育相结合，不仅可以让学生习得植树的方法和技能，还可以体会植树对生态环境的重大意义。

（3）拓展校外劳动教育，丰富劳动实践。

现代社会日新月异，劳动教育也应该适应新时代的变化和发展，才能够真正培养学生的探究能力和创新能力。学校从实际情况出发，拓宽校外劳动教育渠道，丰富校外实践形式，激活学生合作、交流和创造等方面的能力。学校积极探索现代生产技术、现代农业生产、现代种植技术，将社会生产、社会服务和研究资源整合起来，为提升学生的劳动素养添砖加瓦。

3. 组织管理

学校以劳动课题为引领，发挥教研组核心作用，成立学校劳动项目式学习、跨学科主题式学习小组。教研组整体规划和设计劳动课程。劳动周和劳动日由学校学生发展中心设计、组织和实施，把劳动周和劳动日与德育主题活动进行融合并实施，纳入学校德育常规考核系统。

三、学科课程评价

（一）课程评价原则

1. 导向性原则

学校关注学生核心素养四个方面的发展状况，以及在劳动过程中的体现，以核心素养为导向，通过劳动过程的评价引导作用，促进劳动育人价值的实现。

2. 发展性原则

学校着眼于学生劳动过程的动态发展，充分肯定学生在劳动中的进步，发挥评价的反馈、改进功能，促进学生认真参与劳动学习与实践，教师改进教学安排。

3. 系统性原则

学校注重过程性评价与结果性评价相结合，发挥教师、家长和学生等多元主体评价作用，依据学生年龄特征和学习特点，确立循序渐进的评价目标。同时兼顾家庭劳动实践评价与社会劳动实践评价，采用多样化评价方式，如项目实践、交流对话、技能测试等，持续地反馈信息。

（二）课程评价指标体系（见表8）

表8 元音小学课程评价指标体系

一级指标	二级指标	三级指标
劳动观念	劳动对社会的价值影响 劳动对个人的价值影响	劳动对社会影响的观念看法 劳动对个人影响的观念看法

续表

一级指标	二级指标	三级指标
劳动能力	劳动知识 劳动技能	对劳动的理解是积极的 认为劳动可以解决真实问题 应该掌握的劳动技能 认为掌握劳动技巧有积极作用
劳动习惯和品质	劳动意识 劳动意志 劳动习惯	有主动参与劳动的意识 能够坚持劳动 在劳动过程中表现出的劳动实践高水平
劳动精神	劳动态度 劳动情感 劳动精神	是否愿意持续参与劳动 是否尊重劳动者 是否珍惜劳动成果 是否有劳动者奉献社会的情感 劳动过程遇到困难，是否能够坚持 在劳动实践中，是否表现出吃苦耐劳、勤俭节约、任劳任怨等精神

（三）平时性评价

1. 评价主体多元

构建以学生自评为主，小组评价、教师评价、家长评价和社区评价组成的开放式多元评价体系，使评价更客观、更广泛，评价结果更具说服力。

2. 评价内容丰富

围绕劳动观念、劳动能力、劳动习惯和品质、劳动精神等方面明确评价内容，分年级构建劳动素养评价体系，对学生在"校园""田园""家园""社园"参与日常生活劳动、生产劳动和服务性劳动情况进行评价，全面反映学生劳动综合素养。

3. 评价方式多样

针对不同劳动实践内容，采取不同的评价方式。平时评价主要以表现性评价为主，采用劳动任务单、劳动评价清单、劳动档案袋等工具。下面以劳动评价清单（三至四年级）为例（见表9）。

表9 元音小学劳动评价清单

项目内容	劳动参与		劳动能力		劳动习惯		劳动精神	
	偶尔参与	经常参与	基本掌握	熟练掌握	自愿自觉	提醒监督	勤奋劳动	坚持劳动
清扫教室								
清洗小件的衣物								
整理学习物品和生活物品								

续表

项目内容	评价指标							
	劳动参与		劳动能力		劳动习惯		劳动精神	
	偶尔参与	经常参与	基本掌握	熟练掌握	自愿自觉	提醒监督	勤奋劳动	坚持劳动
做简单的早餐								
种植一种植物或饲养一种小动物								
正确使用一种家用小电器								
制作一件手工作品								
帮家人收取快递								
在班级服务同学、老师								
做节气自然笔记								
做节气美食								
教师整体评价	□优秀　　□良好　　□合格							
家长整体评价	□优秀　　□良好　　□合格							
评价说明：学生、教师和家长评价部分都用"√"来表示。								

（四）阶段综合评价

劳动课程阶段综合评价是学期、学年或学段结束时进行的综合评价，反映学生劳动课程学习的水平和核心素养的阶段性达成情况（见表10）。

劳动课程阶段综合评价采用过程性评价与结果性评价相结合的方式。过程性评价可结合劳动档案袋进行评价；结果性评价可采用测评形式，通过考查学生在完成测评任务过程中的表现来评价。

表10　元音小学劳动课程阶段综合评价表

课程类型	劳动内容	参与的劳动项目	劳动时长	劳动表现			
				劳动意识	劳动能力	劳动价值观和品质	劳动精神
基础性课程	日常生活劳动						
	生产劳动						
	服务性劳动						

续表

综合性课程	"二十四节气"劳动课程		
^	参与的项目	项目过程概述	成果
^			
^	"百草园"劳动课程		
^	参与的项目	项目过程概述	成果
^			
^	学校特色主题劳动课程		
^	参与的项目	项目过程概述	成果
^			
^	劳动周		
^	参与项目	项目过程概述	成果
^			
^	劳动表现	劳动意识	
^	^	劳动能力	
^	^	劳动价值观和品质	
^	^	劳动精神	
阶段综合评价结果	□优秀　□良好　□合格		

四、劳动课程资源保障

为全面推进与实施劳动课程，学校成立课程搭建、课堂建设项目组，分项目跟进和设计劳动课程。

（一）人员保障

学校目前有兼职劳动课程教师 11 人，已成立专门的劳动教育教研组，倡导教师人人都是劳动指导师，长周期外聘劳动课程专家（四川省农科院）3 人，引进劳动教育课程活动团队 1 个，多方融合，保障劳动教育课程师资。

（二）课时保障

按"1+1+N"模式实施劳动课程，即每周 1 节劳动课＋1 个劳动基地活动＋N 个学科及学校活动中融合劳动教育，保证每周不少于 1 课时，每月不少于 6 课时的劳动教育课时。

（三）场域保障

学校提供场地支持，物资配备；联系区域资源，开发校外劳动教育实践基地（天府微博村）；充分利用家校社企"四园·四味"劳动模式，保证学生有充足的时间和空间开展劳动教育活动。

五、劳动课程实施管理

（一）建立课程建设考核制度

为保障课程建设工作的高效落实，学校建立了课程建设考核制度，从课程方案、课程实施、课程评价、课程成果四个维度对教师团队和教师个人进行考核。坚持公平公正、鼓励激发的原则，对教师参与课程建设工作进行全面考核。提升学校课程建设水平，同时促进教师队伍专业发展。

（二）建立课程建设保障制度

学校建立课程建设保障机制，从人员、经费、教育资源三个方面保障课程建设的顺利实施。人员方面，学校充分保障课程开展的人员配备，让每个课程项目都落实到人；经费方面，学校保障课程建设的培训、策划、实施等必要费用的支出；教育资源方面，学校统筹课程实施时间、课程展示平台、课程宣传平台等资源，全面保障课程建设工作的可持续开展。

（执笔：元音小学　洪敏、郝丹）

劳之美·人之美

——天府七小劳动课程方案

课程理念

一、学校整体课程建设依据

（一）学校办学理念

四川天府新区第七小学（以下简称"天府七小"）以"护航生命，奠基幸福"为教育使命，以"成人与儿童共创"为办学理念，以"绽放最精彩的自己"为办学目标，致力于培养具有生命活力、发展潜力的自主学习者与创意表达者。

（二）学校育人目标

培养具有生命活力、发展潜力的自主学习者与创意表达者。
生命活力——关注学生身心健康、兴趣爱好/特长等特质。
发展潜力——培养学生勤思善学、创新创造等品格。

二、学校劳动课程理念

学校秉承"成人与儿童共创"教育哲学，提出"师生共创，七彩整合"的课程理念。教研组基于共创理念和"五育并举"的校本化解读，构建"品之美、艺之美、思之美、言之美、劳之美、体之美、创之美"七类课程。"劳之美"课程指向学生真实生活，通过身心参与、持之以恒、崇尚劳动的劳动教育，培养学生正确价值观、必备品格和关键能力，使之成为既能自食其力又乐为社会贡献的人。

课程目标

一、"劳之美"课程总目标

"劳之美"课程总目标见表1。

表1 "劳之美"课程总目标

目标	日常生活劳动	生产劳动	服务性劳动
劳动观念	形"劳动创造美好生活"之观，感悟劳动智慧之美	形"热爱劳动、尊重自然"之观，感悟劳动创造之美	形"关怀服务、协同合作"之观，感悟劳动贡献之美
劳动能力	习"自理自立、自我筹划"之力，感悟劳动智慧之美	习"生物养护、设计制作"之力，感悟劳动创造之美	习"关怀他人、服务社会"之力，感悟劳动贡献之美
劳动习惯和品质	培"坚持劳动、乐于整理"之习惯，感悟劳动智慧之美	培"有始有终、精益求精"之品格，感悟劳动创造之美	培"诚实劳动、履行契约"之品格，感悟劳动贡献之美
劳动精神	育"勤俭节约、努力奋斗"之精神，感悟劳动智慧之美	育"热爱自然、创新创造"之精神，感悟劳动创造之美	育"乐于奉献、感恩他人"之精神，感悟劳动贡献之美

二、"劳之美"课程学段目标

天府七小根据《义务教育劳动课程标准（2022年版）》要求，结合学校环境资源和学生学情的差异与联系，将总目标进行解构，梳理出不同学段劳动课程实施过程中的重点和关键点，设定学校"劳之美"课程学段目标（见表2）。

表2 "劳之美"课程学段目标

素养	学段		
	第一学段	第二学段	第三学段
劳动观念	通过简单的日常生活、生产劳动，认识到衣食住行离不开劳动，懂得人人都要劳动的道理。在力所能及的劳动实践中体会劳动的艰辛和快乐，初步形成喜欢劳动、积极参加劳动的态度	懂得"一分耕耘，一分收获"的道理；认识到劳动无高低贵贱之分，知道尊重劳动、尊重普通劳动者；主动为身边人提供服务，形成初步的服务意识和社会责任感；主动承担力所能及的劳动，初步养成热爱劳动的态度	体会劳动对家庭幸福、社会进步的意义；在生产劳动中初步形成劳动创造财富的观念，理解普通劳动者的光荣和伟大；形成主动服务、关心社会、扶助弱势、热心公益、关爱生命、热爱自然的意识，在劳动过程中初步形成劳动效率意识和劳动质量意识

续表

素养	学段		
	第一学段	第二学段	第三学段
劳动能力	初步掌握日常生活劳动的基础知识、基本步骤与操作方法，具备一定的个人生活自理能力；在简单的工艺制作劳动、农业劳动中，初步掌握简单的手工技能，会使用简单的工具，能照顾身边常见的动植物	能在日常生活劳动中发现存在的问题，选择和运用恰当的劳动技能加以解决；能在简单的生产劳动过程中，了解常用的材料，认识并使用常用的劳动工具，能设计与制作简单的工艺作品，具有初步的植物种植、动物饲养的能力；在学校、社区的服务性劳动中，初步形成关爱他人、积极参与学校和社区建设的能力	能发现日常生活劳动中存在的问题，综合运用生活基本技能解决问题；能发现生产劳动中的需求与问题，运用基本生产知识与技能，选择合适的工具、材料，合作完成简易工业产品的设计与制作，初步具备从事简单生产劳动的能力；在服务性劳动中，运用已有劳动技能服务他人、服务学校、服务社区
劳动习惯和品质	珍惜劳动成果，在劳动过程中遵守劳动纪律和安全规范，初步养成自己的事情自己做、认真负责、有始有终的劳动习惯和品质	主动遵守劳动纪律和安全规范，养成自觉自愿、认真负责、专心致志、有始有终的劳动习惯和品质	在劳动过程中吃苦耐劳，主动承担力所能及的劳动，养成安全劳动、规范操作、坚持不懈，以及诚实劳动、合法劳动的劳动习惯和品质
劳动精神	能在劳动过程中不怕脏、不怕累	形成勤俭节约、不怕困难的精神	初步形成不畏艰辛、积极探索、追求创新的精神

课程结构与内容

一、课程结构

为进一步提升课程实效性，基于学校"成人与儿童共创"教育理念，构建富有学校文化特色课程模式，梳理"劳之美"课程逻辑图（如图 1 所示），构架了学校劳动课程结构、课程实施、课程评价等体系，实现学校育人目标。

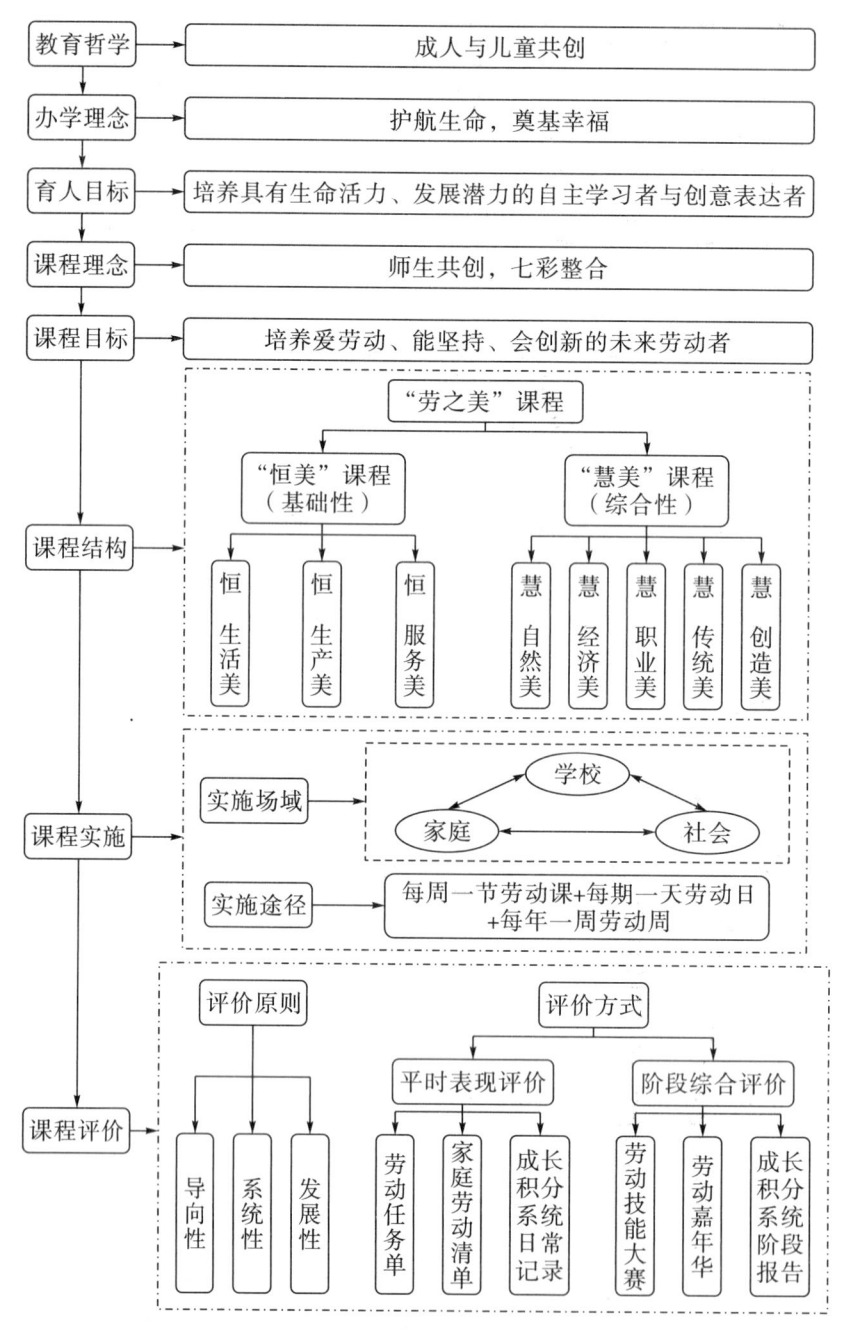

共享的力量
——区域推进劳动课程建设的创新实践

图1 学校劳动课程逻辑图

二、课程内容

（一）课程内容结构

学校"劳之美"课程根据课程内容和实施方式，将其分为"恒美"（基础性）课程和"慧美"（综合性）课程两大类。其中"恒美"课程是基于学生在该学段必须具备的劳动素养设置的劳动课程。根据国家劳动课程标准要求，学校通过每周一节劳动课有计划地开展日常生活劳动、生产劳动、服务性劳动。"慧美"课程则是除基本劳动素养外的创新延展，基于学校资源和育人目标，下设"慧·自然美""慧·经济美""慧·职业美"等不同类型劳动项目，与学校其他特色课程（如自然学校课程、财经素养课程、儿童城市课程）等链接，充分利用学校生活圈、家庭生活圈和社会生活圈，发掘学校劳动教育特色，使身边环境变成孩子身心参与劳动的场域，在生活中自然而然地完成劳动教育。学校每期一天劳动日、每年一周劳动周活动也是通过"慧美"课程得以实现的。学校通过基础性和综合性课程培养学生基本劳动素养，在此基础上，充分发展专长，激荡生命活力，激发发展潜力，成长为未来创新劳动社会的自主学习者和创意表达者。如图2所示。

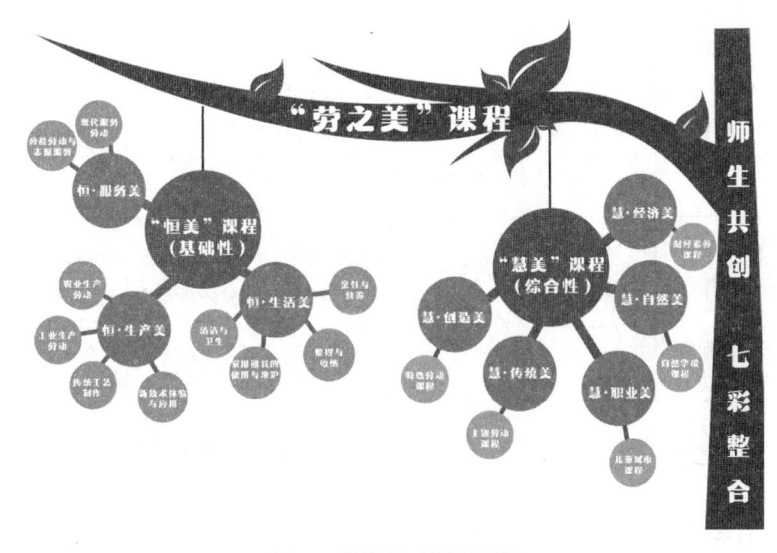

图2 学校劳动课程图谱

（二）课程设置

1. "恒美"课程

学校"劳之美"课程中，"恒美"课程为基础性课程，结合学校自身环境资源条件及课程目标要求，解析课程标准任务群要求，分别在不同学段安排不同课程内容，满足学生多样化学习需求。每一项劳动内容具有延续性，呈螺旋式上升。第一学段注重日常生活劳动的学生自理能力和班级服务劳动。第二、三学段逐渐增加生产劳动和服务性劳动比重。通过"恒美"课程，学生能够树立正确劳动观念、形成必备劳动技能、塑造基本劳动品质、培养积极劳动精神，养成良好劳动习惯，感受劳动价值（见表3）。

表3 学校"恒美"课程内容

劳动内容	任务群	一上	一下	二上	二下	三上	三下
恒·生活美	清洁与卫生	勤剪指甲，洗手	洗红领巾	自己洗头、洗澡	洗碗筷	洗内衣	洗鞋袜
		为课本穿新衣	用扫帚扫地	用拖把拖地	完整清扫地面	分类投放垃圾	给门窗、墙壁除尘
	整理与收纳	收拾书包，叠衣物	整理自己的书包、课桌	分类整理玩具	归类收纳鞋柜	有序摆放书桌、书柜	归类收纳衣橱
	烹饪与营养	择菜与洗菜	剥毛豆，择韭菜	冲泡饮品	削水果皮	加热馒头、包子	煮鸡蛋，包饺子
	家用器具的使用与维护					安全使用电吹风	使用吸尘器打扫房间
恒·生产美	农业生产劳动	神奇的种子	为植物浇水	照料家中小动物，如金鱼、乌龟等	培育水培植物	种植花生	种植西瓜
	传统工艺制作	认识剪纸艺术，简单剪纸	剪出你喜爱的人物或动植物	感受泥土，如捏花瓶	做个彩泥小玩偶	设计制作小窗花	艺术绳结
恒·服务美	现代服务劳动			我是柒晓吧快递员		设计班徽	
	公益劳动与志愿服务			当好光荣值日生		打扫学校公共区域	

劳动内容	任务群	四上	四下	五上	五下	六上	六下
恒·生活美	清洁与卫生	洗书包	清洁座椅				
		正确使用消毒物品	班级大扫除				
	整理与收纳	整齐摆放图书角、卫生柜	整理行李箱	清理已使用的书本	处置闲置衣物和玩具	规划整理自己的书房	规划整理自己的卧室
	烹饪与营养	制作凉拌菜	做葱油花卷，创作果盘	煎鸡蛋	制作西红柿炒蛋	炖骨头汤	营养搭配制作午餐
	家用器具的使用与维护	安全正确使用电饭煲煮饭	豆浆机的妙用	妙用电饭煲（蒸、煮、炖）	智慧操作洗衣机（选择功能）	维护电冰箱	安全使用微波炉

(续表)

劳动内容	任务群	四上	四下	五上	五下	六上	六下
恒·生产美	农业生产劳动	种植西红柿	设计、建设"开心小农场"	体验智能水培	感受大棚种植	饲养小兔子	种一棵果树
	传统工艺制作	编织中国结	设计编制小挂饰	印染活动	设计制作风筝	设计制作陶艺器皿	感受皮影制作的精妙
	工业生产劳动			木制七巧板	破解孔明锁	设计制作音乐贺卡	了解王进喜
	新技术体验与应用			了解与认识新技术	体验三维打印技术，打印柒晓杯	体验激光切割，切割七巧板	体验智能控制技术，控制抢答器
恒·服务美	现代服务劳动	我是柒晓城市小警察	我是柒晓超市收银员	我是柒晓自助餐服务员	我是柒晓银行柜员	我是柒晓银行行长	我是校长助理
	公益劳动与志愿服务	我会用简单绿化工具，美化校园	为社区查水表	运用绿化工具美化校园	为公共图书馆图书服务	教师节志愿服务	为养老院老人制作美食

2. "慧美"课程

学校"劳之美"课程中"慧美"课程为综合性课程，主要是每年一特色长周期劳动项目课程，融合美术、科学、综合实践、语文、数学等学科在项目探索中发展学生劳动素养。一至二年级自然学校课程，从大自然中感悟劳动与自然的关系；一至六年级财经素养课程以及主题劳动课程，帮助学生深刻理解劳动与收入、劳动与尊严、劳动与创造之间的关系（见表4至表6）。

表4 学校"慧美"课程内容

课程类别	课程整合	课程内容
慧·自然美	自然学校课程	作物种植、动物养护、自然手工、自然调查、自然观察
慧·经济美	财经素养课程	基础性、自主性（项目调查、项目设计、项目实践）
慧·职业美	儿童城市课程	职业体验、志愿服务
慧·传统美	传统文化课程	节气课程、节日课程
慧·创造美		每年一特色，根据学段目标和年级学情设计

表5　学校"慧美"劳动周课程内容

课程主题	一年级	二年级	三年级	四年级	五年级	六年级
	我是净化小能手	我的小乌龟我做主	清凉一夏西瓜种植课程	打造三星堆儿童体验区	打造可食植物花园	"花钟"种植课程
星期一	认识清洁工具	了解乌龟的特征和生活习性	天空农场经营设计	三星堆活动设计发布	抵达基地明确任务、分组进行前置课程	"花钟"经营设计
星期二	教室清扫卧室清扫	乌龟饲养员	天空农场场地整治	三星堆云端研学微课	农具的认识与使用训练	"花钟"场地整治
星期三	课桌净化师书桌净化师	乌龟缸设计师	西瓜种植与维护	三星堆云端研学直播课	土地整理种植作物	"花钟"种植与维护
星期四	净化小技巧分享会	小乌龟的冬眠梦	设计营销	三星堆落地校园区域规划	除草、浇水、施肥等作物维护课	"花钟"设计营销
星期五	净化小能手打卡	分组饲养	总结复盘	三星堆创意搭建	总结复盘	总结复盘

表6　学校"慧美"课程"慧·传统美"课程内容

课程类别	课程主题	课程内容
节日课程	雷锋活动日（3月5日）	学雷锋志愿服务行动 文明宣传志愿服务行动
	三八妇女节（3月8日）	三八妇女节活动
	植树节（3月12日）	植树节活动
	世界水日（3月22日）	节约用水我先行
	全国中小学安全教育日（3月27日）	校园宣传大师
	世界地球日（4月22日）	开展环保教育主题班会活动
	五一劳动节（5月1日）	劳动技能大赛
	防震减灾（5月12日）	地震知识传递大使
	国际家庭日（5月15日）	家庭美化大使
	心理健康日（5月25日）	心理健康宣传大使
	六一儿童节（6月1日）	六一儿童节活动
	端午节（6月22日）	制作香囊、包粽子

续表

课程类别	课程主题	课程内容
节气课程	春（立春、雨水、惊蛰、春分、清明、谷雨）	立春：做春饼，剪纸，播种 春分：做风筝，放风筝，采野菜 清明：祭扫烈士墓活动，做青团 谷雨：采茶，学习茶文化
	夏（立夏、小满、芒种、夏至、小暑、大暑）	立夏：制作花草蛋，编制蛋袋 小满：扦插桑枝，养蚕，制作花瓣画 芒种：除草，煮酸梅汤 夏至：制作干拌面，制作西瓜饮品 小暑：煮粥 大暑：煮"伏茶"
	秋（立秋、处暑、白露、秋分、寒露、霜降）	立秋：制作树叶画，制作立秋习俗知识卡片 白露：寻找露水，制作橘子罐头，制作拔丝红薯，制作桂圆银耳雪梨羹 秋分：秋收，播种，烹制"秋菜"
	冬（立冬、小雪、大雪、冬至、小寒、大寒）	立冬：移栽油菜，包水饺 小雪：制作糍粑，腌萝卜，树木保护行动 冬至：制作汤圆，制作九九消寒图 大寒：家庭扫尘，除旧布新，购买年货，剪窗花，写对联

课程实施与评价管理

根据劳动教育课程实施场景与现实条件，学校劳动教育课程采用"1+1+1"实践体系：1个常设实践场域——学校，1个实操性学习场域——家庭，1个重点实践场域——学校劳动实践活动基地。

一、学科课程实施

（一）"恒美"课程实施

1. 整体安排

整体安排见表7。

表7 学校"恒美"课程实施

劳动内容	任务群	一上	一下	二上	二下	三上	三下	实施场域	实施路径
恒·生活美	清洁与卫生	勤剪指甲，洗手	洗红领巾	自己洗头、洗澡	洗碗筷	洗内衣	洗鞋袜	学校+家庭	每周一节劳动课+家庭实践
	整理与收纳	为课本穿新衣	用扫帚扫地	用拖把拖地	完整清扫地面	分类投放垃圾	给门窗、墙壁除尘	学校	每周一节劳动课
	烹饪与营养	收拾书包，叠衣物	整理自己的书包、课桌	分类整理玩具	归类收纳鞋柜	有序摆放书桌、书柜	归类收纳衣橱	学校+家庭	每周一节劳动课+家庭实践
	家用器具的使用与维护	择菜与洗菜	剥毛豆，摘韭菜	冲泡饮品	削水果皮	加热馒头、包子	煮鸡蛋、包饺子	学校+家庭	每周一节劳动课+家庭实践
					安全使用电吹风	使用吸尘器打扫房间		学校+家庭	每周一节劳动课+家庭实践
恒·生产美	农业生产劳动	神奇的种子	为植物浇水	照料家中小动物，如金鱼、乌龟等	培育水培植物	种植花生	种植西瓜	学校+家庭	每周一节劳动课+劳动周+家庭实践
	传统工艺制作	认识剪纸艺术，简单剪纸	剪出你喜爱的人物或动植物	感受泥土，如捏花瓶	做个彩泥小玩偶	设计制作小窗花	艺术绳结	学校	每周一节劳动课
恒·服务美	现代服务劳动				我是柒晓吧快递员	设计班徽		学校	每周一节劳动课+校园实践
	公益劳动与志愿服务				当好光荣值日生	打扫学校公共区域		学校	每周一节劳动课+校园实践

续表

劳动内容	任务群	四上	四下	五上	五下	六上	六下	实施场域	实施路径
恒·生活美	清洁与卫生	洗书包	清洁座椅					学校	每周一节劳动课+家庭实践
		正确使用消毒物品	班级大扫除					学校+家庭	每周一节劳动课+班级实践
	整理与收纳	整齐摆放图书角、卫生柜	整理行李箱	清理已使用的书本	处置闲置衣物和玩具	规划整理自己的书房	规划整理自己的卧室	学校+家庭	每周一节劳动课+家庭实践
	烹饪与营养	制作凉拌菜	做葱油花卷，创作果盘	煎鸡蛋	制作西红柿炒蛋	炖骨头汤	营养搭配制作午餐	学校+家庭	每周一节劳动课+家庭实践
	家用器具的使用与维护	安全正确使用电饭煲煮饭	豆浆机的妙用	妙用电饭煲（蒸、煮、炖）	智慧操作洗衣机（选择功能）	维护电冰箱	安全使用微波炉	学校+家庭	每周一节劳动课+家庭实践
恒·生产美	农业生产劳动	种植西红柿	设计、建设"开心小农场"	体验智能水培	感受大棚种植	饲养小兔子	种一棵果树	学校+家庭	每周一节劳动课+学校实践+家庭实践
	传统工艺制作	编织中国结	设计编制小挂饰	印染活动	设计制作风筝	设计制作陶艺器皿	感受皮影制作的精妙	学校+家庭	每周一节劳动课
	工业生产劳动			木制七巧板	破解孔明锁	设计制作音乐贺卡	了解王进喜	学校	每周一节劳动课
	新技术体验与应用			了解与认识新技术	体验三维打印技术，打印柒晓杯	体验激光切割，切割七巧板	体验智能控制技术，控制抢答器	学校	每周一节劳动课

续表

劳动内容	任务群	四上	四下	五上	五下	六上	六下	实施场域	实施路径
恒·服务美	现代服务劳动	我是柒晓城市小警察	我是柒晓超市收银员	我是柒晓自助餐服务员	我是柒晓银行柜员	我是柒晓银行行长	我是校长助理	学校	每周一节劳动课＋学校实践
	公益劳动与志愿服务	我会用简单绿化工具，美化校园	为社区查水表	运用绿化工具美化校园	为公共图书馆图书服务	教师节志愿服务	为养老院老人制作美食	学校＋社区	每周一节劳动课＋社区实践

学校通过家校协同落实"恒美"劳动。充分挖掘和利用家长、社区、企事业单位等资源，充分利用学校、社区、家庭场域，设计丰富多样的课程类型，满足劳动课标的任务群要求。学校课程研发部牵头对教师、学生、家长开展调研工作，做到家校一体，应修必修。

2. 实施方式

（1）在学校场景中，利用每周一节劳动课时间进行合作、探究学习，形成劳动观念、淬炼劳动方法、培养劳动品质、养成劳动习惯、认识劳动精神。因此课程形式偏重"学—思—用—思—改"多元学习模式。

（2）家庭劳动是劳动课程的重要实践场域，是对学校劳动教育成果的巩固。在家庭场景中以《天府七小家庭劳动手册》为依托，以日常生活劳动和服务性劳动为主，每期进行1~2种易评测的劳动技能"打卡"类任务。在具备丰富的生产劳动资源的实践活动基地场景中，利用劳动周时间进行劳动项目学习。

3. 组织管理

学校成立劳动项目组，进行课程研发与日常教学。

（1）以劳动项目组为单位，每学期采用集体备课的方式，制订学期劳动课程教学计划，整体设置学期学习目标、内容、实施与评价，实现教、学、评一致。

（2）开展目标导向的基础性劳动项目学习。由课程研发部负责课堂的督导和指导工作。准确理解把握劳动课程标准，关注学生的生活经验和需求，关注学生项目参与过程，提高课程质量。

（3）加强教师培训。构建劳动教研组、备课组的常态教研共同体，形成时间固定、主题聚焦、人人参与、研讨交流的教研机制，及时解决基础性劳动项目实施过程中的问题，合理开发基础性劳动项目的配套实施资源，如微课、课件、图片视频等，形成课程资源包。

（二）综合课程实施

1. 整体安排（见表8、表9）

表8　学校"慧·创造美"课程实施

项目	内容					
课程主题	我是净化小能手	我的小乌龟我做主	清凉一夏西瓜种植课程	打造三星堆儿童体验区	打造可食植物花园	打造"花钟"
年级	一年级	二年级	三年级	四年级	五年级	六年级
实施场域	学校、家庭	学校	学校	学校	学校、基地	学校
实施路径	课堂+实践	课堂+实践	课堂+实践	课堂+实践	课堂+实践+研学	课堂+实践

表9　学校"慧·传统美"课程实施

课程类别	课程主题	课程内容	实施场域	实施路径	实施主体
节日课程	雷锋活动日（3月5日）	学雷锋志愿服务行动 文明宣传志愿服务行动	学校+家庭	学校：课程学习 家庭：学习分享	三、四年级学生
	三八妇女节（3月8日）	三八妇女节活动	学校+社区	学校：作品创作 家庭：爱的表达	全校学生
	植树节（3月12日）	植树节活动	学校+家庭	学校：种下一抹绿	全校学生
	世界水日（3月22日）	节约用水我先行	学校	学校：节水小技巧学习 家庭：节水体验	全校学生
	全国中小学安全教育日（3月27日）	校园宣传大师	学校+家庭	学校：制作安全宣传海报 社区：安全宣传实践	全校学生
	世界地球日（4月22日）	开展环保教育主题班会活动	学校+社区	学校：志愿活动 家庭：社区服务	五年级学生
	五一劳动节（5月1日）	劳动技能大赛	学校	学校：劳动技能大赛	全校学生
	防震减灾（5月12日）	地震知识传递大使	学校	学校：防震减灾知识学习	全校学生
	国际家庭日（5月15日）	家庭美化大使	学校+家庭	学校：家庭美化方案设计 家庭：方案实施	四年级学生
	心理健康日（5月25日）	心理健康宣传大使	学校+社区	学校：劳动使我更乐观	三年级学生
	六一儿童节（6月1日）	六一儿童节活动	学校	学校：给自己做一份节日礼物	全校学生
	端午节（6月22日）	制作香囊，包粽子	学校+家庭	学校：技能学习 家庭：劳动实践	一、二年级学生

续表

课程类别	课程主题	课程内容	实施场域	实施路径	实施主体
节气课程	春（立春、雨水、惊蛰、春分、清明、谷雨）	立春：做春饼，剪纸，播种 春分：做风筝，放风筝，采野菜 清明：祭扫烈士墓活动，做青团 谷雨：采茶，学习茶文化	学校＋家庭＋社会	学校：技能学习 家庭：劳动实践 社会：劳动实践	全校学生
	夏（立夏、小满、芒种、夏至、小暑、大暑）	立夏：制作花草蛋，编制蛋袋 小满：扦插桑枝，养蚕，制作花瓣画 芒种：除草，煮酸梅汤 夏至：制作干拌面，制作西瓜饮品 小暑：煮粥 大暑：煮"伏茶"	学校＋家庭＋社会	学校：技能学习 家庭：劳动实践 社会：劳动实践	全校学生
	秋（立秋、处暑、白露、秋分、寒露、霜降）	立秋：制作树叶画，制作立秋习俗知识卡片 白露：寻找露水，制作橘子罐头，制作拔丝红薯，制作桂圆银耳雪梨羹 秋分：秋收，播种，烹制"秋菜"	学校＋家庭＋社会	学校：技能学习 家庭：劳动实践 社会：劳动实践	全校学生
	冬（立冬、小雪、大雪、冬至、小寒、大寒）	立冬：移栽油菜，包水饺 小雪：制作糍粑，腌萝卜，树木保护行动 冬至：制作汤圆，制作九九消寒图 大寒：家庭扫尘，除旧布新，购买年货，剪窗花，写对联	学校＋家庭＋社会	学校：技能学习 家庭：劳动实践 社会：劳动实践	全校学生

课程内容由学校根据学生学情自主开发，以生产劳动实践项目为依托，开发融合国家学科课程相关知识技能的融合性课程，促使学生在经历劳动项目实践的过程中高标准实现劳动教育的基本目标，实现德智体美劳全面发展。

2. 实施方式

（1）融入多学科知识，实现"五育"整合发展。

劳动课程具有综合性，这就要求将劳动课程与各学科知识相融通，将各学科中的劳动教育因素外显出来，由此达到以劳育德、以劳增智、以劳强体、以劳育美的目的。如打造"花钟"项目，综合劳动课程的设计从学生的现实需求和已有资源出发，让学生亲历作物种植、养护、收获、售卖全过程，在此过程中充分链接学生数学调查与计算、语文理解与表达、艺术审美与创作等多学科知识，使学生在真情境中解决真问题，提升劳动素养。

（2）关注课程实施"具身性"，充分发掘校内外劳动场域和资源条件。

劳动教育关注学生在真实劳动场景中进行劳动实践获得的认知及体验。劳动教育校本课程的实施不能局限在狭窄教室中，而应走出教室，走进自然，获得"具身性"体验。一方面，学校深掘"具身性"劳动教育情境。如学校"自然学校课程"就是基于学校内外自然资源和环境中与劳动教育相关内容，开发了一系列观察、种植养殖、手工艺品制作等生产性劳动，使学生获得"具身认知"。另一方面，学校在课程开发过程中设计了生活化的课程。如"家庭劳动课程"，设计了学会整理、生活自理等生活课程内容，充分发挥家庭场域的作用，引导学生在生活中学习。

（3）基于学校条件创新教学形式和学习方式。

社会发展，知识经济进步，极大地改变了人们的生活方式和劳动形态，相应地对学校劳动教育课程实施提出了更高要求。一方面，学校劳动课程教学方式不再是简单的知识技能传授，而是以劳动项目形式启发学生自主探究的实践。如"儿童城市课程"，学生基于劳动任务，自主发现、设计、申报劳动项目。"儿童城市"中有各种职业体验——超市营业员、共享健身房管理员、小小交通协管员、"柒晓吧"服务员等。又如"打造教室门口的生态空间"，学生自主发现身边环境中的问题，设计与实施劳动项目使教室门口环境变成师生学习和身心放松的"乐园"。另一方面，劳动教育探索走出学校场域，走入社会，与社会问题联结。在"恒·服务美"课程设置中，学校基于社会公益进行服务实践学习，通过组织志愿者进社区、公园等场所，进行志愿服务工作，学生真切地感受到劳动对个人、社会的重要意义，形成劳动最伟大、劳动最光荣的意识。

（4）每学年组织一次劳动实践周。

实践周课程由课程研发部牵头研制和组织实施与评价，根据学生年龄特点在专题讲座、主题演讲、项目化学习等类型中进行选择，第一学段以校内实践为主，辅以1~2天的校外基地活动，第二、三学段以校外基地活动为主，辅以1~2天的校内总结复盘等活动。劳动实践周的组织实施与研学一体化相联系，每学年上期为一、三、五年级劳动研学实践，每学年下期为二、四、六年级劳动研学实践，各年级对应在该学年的另一次研学则根据课程学习需要另行计划。

（5）特长发展，课后服务搭建劳动教育个性化新平台。

劳动教育既有普及性培育需要，也有个性化发展需要。通过前期调研发现，有相当一部分在生活劳动和生产劳动上有"较特别浓厚兴趣"的孩子，他们期望学习美食制作、家庭收纳等更为丰富的内容。学校课后服务课程中已经开启了个性化特色课程，后续劳动教育课程体系将整合校内教师资源和校外第三方机构力量，开设更多样更多层次的劳动教育类兴趣课程。

二、学科课程评价

根据学校实际，我们在劳动教育评价方面做如下设计。

（一）评价工具

评价工具采用成长积分系统 APP+。

（二）评价模式

劳动教育评价主要分为过程性评价和阶段综合评价。其中过程性评价，学生通过每周一节劳动课完成基本劳动任务学习和实践活动，由劳动导师及时评价并分发相应数目劳动积分卡。阶段综合评价，由学校组织不同范围特长展示活动（如劳动嘉年华、劳动技能大赛等），学生完成劳动项目实践或深入学习某项劳动技能，并展示相关资料同步上传至积分系统。

学校为了发展学生劳动素养，树立学生正确劳动观念、形成必备能力、塑造劳动品质和培养积极劳动精神，将天府七小劳动评价积分卡设立为四个维度：爱劳动、慧劳动、恒劳动、敬劳动（如图3所示）。

图 3　学校劳动评价积分卡

（三）根据学段特点设立"劳之美"不同学段和权重的评价标准（见表10至表12）

表 10　低段（一、二年级）"劳之美"课程积分评价量表

评价维度	标准	具体标准	维度占比
爱劳动	积极主动 愉快劳动 热爱劳动	如下项目中满足一项即可获得相应数量的积分卡： 1. 爱护书本、学习用品，书本干净整洁 2. 在劳动实践中喜欢劳动，积极参加劳动 3. 主动整理自己的生活用品、学习用品，如衣物、玩具、书本、文具等，有整理收纳的意识 4. 注意清洁卫生，独立完成个人卫生相关的劳动 5. 在家中积极打扫房间、开展清洁劳动，有照片等方式作为评价依据	30%
慧劳动	知识技能 方法步骤 材料工具	如下项目中满足一项即可获得相应数量的积分卡： 1. 能熟练运用七步洗手法 2. 能熟练地系红领巾、系鞋带，简单清洗小物品 3. 能自行整理衣物，叠衣服裤子 4. 课中对各项劳动事物能提出有见解的想法 5. 能按照一定的方法养护1～2种常见水培或土培植物	30%

续表

评价维度	标准	具体标准	维度占比
恒劳动	有始有终 认真负责 诚实劳动	如下项目中满足一项即可获得相应数量的积分卡： 1. 完成家庭劳动手册任意版块打卡 2. 随机抽查中，书桌桌面干净，抽屉、书柜整洁 3. 一个月中有5次以上和爸爸妈妈等家人一起劳动 4. 课桌周围地面一直保持干净卫生，由小组评选 5. 能"自己的事情自己做"，养成认真负责、有始有终的劳动习惯和品质	20%
敬劳动	珍惜成果 吃苦耐劳 尊重劳动 追求创新	如下项目中满足一项即可获得相应数量的积分卡： 1. 爱惜粮食，不浪费粮食，用餐能坚持光盘 2. 保持衣物干净、整洁，玩耍一天后能保持校服干净整洁 3. 能尊重劳动，尊重普通劳动者，珍惜他人劳动成果，有保护他人劳动成果的举动 4. 能在劳动过程中不怕脏、不怕累	20%

表11　中段（三、四年级）"劳之美"课程积分评价量表

评价维度	标准	具体标准	维度占比
爱劳动	积极主动 愉快劳动 热爱劳动	如下项目中满足一项即可获得相应数量的积分卡： 1. 主动为身边人提供服务，形成初步的服务意识 2. 具有主动承担力所能及的任务的意识 3. 积极参与学校、社区的劳动 4. 注意清洁卫生，独立完成个人卫生相关的劳动 5. 在家能主动分担家务，协助参与家庭环境卫生清洁，有照片等方式作为评价依据	20%
慧劳动	知识技能 方法步骤 材料工具	如下项目中满足一项即可获得相应数量的积分卡： 1. 能在日常劳动中发现存在的问题，选择恰当的劳动技能加以解决，形成自理能力 2. 能在简单生产劳动中了解常用材料，并认识、使用常用劳动工具 3. 能设计简单工艺作品 4. 能种植番茄、黄瓜等常见的植物，饲养常见小动物 5. 掌握家用小器具的使用方法，具有家用电器使用安全意识、初步的器具保养意识 6. 参加校园卫生保洁、垃圾分类处理、绿化美化等劳动	40%
恒劳动	有始有终 认真负责 诚实劳动	如下项目中满足一项即可获得相应数量的积分卡： 1. 完成家庭劳动手册任意版块打卡 2. 随机抽查中，书桌桌面干净，抽屉、书柜整洁 3. 参与教室卫生打扫，坚持座椅摆放整齐，分类投放垃圾 4. 能坚持清洗、打扫、消毒等，保持洁净的生活和学习环境 5. 有认真负责、专心致志、有始有终的劳动习惯和品质	20%

续表

评价维度	标准	具体标准	维度占比
敬劳动	珍惜成果 吃苦耐劳 尊重劳动 追求创新	如下项目中满足一项即可获得相应数量的积分卡： 1. 能主动遵守劳动纪律和安全规范 2. 在学校和社区劳动中，有关爱他人的意识 3. 能尊重劳动，尊重普通劳动者，认识到劳动无贵贱之分 4. 有勤俭节约、不怕困难的精神	20%

表12 高段（五、六年级）"劳之美"课程积分评价量表

评价维度	标准	具体标准	维度占比
爱劳动	积极主动 愉快劳动 热爱劳动	如下项目中满足一项即可获得相应数量的积分卡： 1. 能够积极主动参与家庭日常生活劳动、班级或校园服务性劳动、社会公益劳动等，通过劳动手册打卡或拍照记录等手段，每完成一定数量的劳动项目，获得对应数量的积分卡 2. 在劳动过程中表现出对劳动的热情，乐于劳动，能够在劳动中认识到劳动对家庭幸福、社会进步的意义；形成主动服务、关心社会、扶助弱势、热心公益、关爱生命、热爱自然的意识，在劳动过程中初步形成劳动效率意识和劳动质量意识等，通过语言交流、文字记录、视频拍摄等方式记录、表达自己的劳动感悟和收获。每完成一项，获得对应数量的积分卡 3. 能够将自己生产劳动所得通过展出、赠送、售卖等方式实现劳动价值，形成劳动创造财富的观念。每完成一次，获得对应数量的积分卡 4. 在劳动过程中表现出对劳动、劳动者的尊重，能够对自己的劳动行为进行合理评价，完成每次的评价表获得对应数量的积分卡	30%
慧劳动	知识技能 方法步骤 材料工具	如下项目中满足一项即可获得相应数量的积分卡： 1. 积极参与劳动知识与技能、方法与步骤的习得过程，认真倾听并积极举手回答问题，课堂上能够学有所获，根据课堂表现获取一定数量的积分卡 2. 能够根据本学期的劳动项目内容掌握基本的知识与技能、过程与方法。根据课堂和日常劳动表现获取一定数量积分卡 3. 能发现日常生活劳动中存在的问题，综合运用生活基本技能解决问题，具备较强的生活自理能力 4. 能发现生产劳动中的需求与问题，运用基本生产知识与技能，选择合适的工具、材料，合作完成简易工业产品的设计与制作，初步具备从事简单生产劳动的能力 5. 在服务性劳动中，运用已有劳动技能服务他人、服务学校、服务社区 6. 根据劳动目标确定劳动任务，制订劳动计划，并根据劳动过程的进展情况适时优化调整	30%

续表

评价维度	标准	具体标准	维度占比
恒劳动	有始有终 认真负责 诚实劳动	如下项目中满足一项即可获得相应数量的积分卡： 1. 坚持劳动，诚实劳动，按要求完成家庭劳动手册上的打卡，每完成一个版块的打卡获得一定数量的积分卡 2. 主动参加校园卫生保洁和环境美化等劳动，积极参加社区环保、公共卫生维护等力所能及的公益劳动。在劳动过程中能够规范操作、坚持不懈、认真负责，得到较好的劳动成效，通过自我评价、同学及教师观察评价，获得一定数量的积分卡	30%
敬劳动	珍惜成果 吃苦耐劳 尊重劳动 追求创新	如下项目中满足一项即可获得相应数量的积分卡： 1. 在集体劳动中能够团结协作，很好地与他人合作劳动，珍惜自己和他人的劳动成果 2. 在劳动过程中自觉遵守劳动纪律，具备安全劳动、规范劳动的意识 3. 在劳动中主动克服困难，不怕辛苦、积极探索、追求创新	10%

（四）结果反馈

劳动教育成果反馈以学期为单位，每学期末成长积分评价系统会自动整理学生全期劳动教育相关过程性、终结性和特长展示等相关学习信息，以学校设定的学习内容为标准进行课程群学习目标达成度分析并给出当期分析报告。分析报告生成后通过智慧校园系统自动推送给学生家长。同时，系统将生成以年级和学校为单位的两种报告，便于课程研发团队和学校管理团队准确掌握学校劳动教育推进情况和学生整体学习情况。

组织与保障

为贯彻落实国家劳动教育方针政策，学校从组织架构、课程建设、制度建立、人员管理、时间场地、经费支持等方面给予充分保障，使得劳动教育课程扎实有效落地，实现学生劳动素养真正发展。

一、组织架构

（一）成立劳动教育课程教研管理团队

组　　长：党委书记、校长
副组长：党委副书记、德育副校长
组　　员：劳动教研组组长、劳动教研组各年级负责人

（二）各成员职责

组长负责把握学校劳动教育总体方向，给予制度、经费、场地等支持。

副组长负责构思和规划学校劳动教育课程类型、内容、主要实施途径等，制定相关制度，组织课程研发和实施，并做好指导、评估等工作。

组员在劳动教研组组长的带领下进行劳动课程具体内容的研发及实施细节的确定，分年级研发适合不同学段的劳动课程，并组织各年级劳动教师开展劳动课程教研和实施工作，定期开展学习和研讨活动，保障劳动教育有效落实。

二、相关保障

（一）制度保障

在学科课程教育教学相关制度的基础上，拟定针对劳动教育课程的相关制度，如劳动课程研发制度、课程审议制度、课程实施制度、课程评价制度、课程建设工作考核制度、劳动教学教研制度、学生选课制度等，使得劳动课程研发系统化、审议科学化、评价多元化、实施有效化，充分调动教师参与劳动课程开发和实施的积极性，提升学校课程建设水平，促进教师队伍专业发展。

（二）人员保障

根据学校劳动教育"全员导师"的思路，学校采取自愿报名、全员培训的方式，在保障每个年级至少2~3名劳动专职或兼职教师的基础上，充分发挥班级主任导师及首席导师的作用，做好全体教师的劳动教育相关培训，集思广益，让每一位教师都能参与到劳动教育中来，强化每一位教师的劳动意识、劳动观念，提升所有教师实施劳动教育的自觉性。同时，对劳动教育课程的执教教师进行专项培训，以提高其专业化水平。

（三）时间保障

学校统筹规划，保障每周一节劳动课。与德育主题融合，在每周的国旗下表演、班会课、整合课程等实践中渗透劳动教育。课后安排劳动打卡活动，完成家庭劳动清单，保障学生每日参与劳动。每个学期中旬安排一天劳动日，进行劳动技能大赛或劳动特色展示、劳动嘉年华等，对学生的劳动能力进行测试和评价。每个学年安排一个劳动周，与研学一体化相联系。

（四）场域保障

根据课程实施的需要，学校安排专人负责落实课程实施场域。学校利用教室内外环境作为日常生活劳动和简易生产劳动的场所，有一处菜园、四处果园、六处花园、屋顶农场作为开展生产劳动的场域。学校还有柒晓银行、柒晓屋（超市）、柒晓吧（水吧），以及整个校园作为开展志愿服务和职业体验的场所。此外，学校还积极联络诸如天府公园、各类自然营地、公园城市建设管理局等社会机构和政府机构，争取他们的支持，在课程建设的过程中将他们作为课程资源的调研对象，确保自课程开发环节起就符合课程实施的基本要求。学校还统筹课程实施时间、课程展示平台、课程宣传平台等资源，全面保障课程建设工作的可持续开展。

（五）经费保障

课程研发中心每年在财务预算中进行专项经费预算，全面覆盖学年劳动教育课程的所有投入（含校外实践课程学校应承担部分），保障课程建设培训、策划、实施等必要费用支出。

（六）安全保障

校内进行劳动教育专项安全教育，对于工具使用、外出劳动等环节进行专题培训；建立健全劳动教育安全保障体系；根据课程运行需要购买相应保险；制定劳动实践活动防控预案，完善应急与事故处理机制。

（执笔：天府七小　黄强、刘迎梅、单素丽）

劳动有声　幸福无言

——万安小学劳动课程方案

课程理念

一、指导思想

学校以习近平新时代中国特色社会主义思想为指导，全面贯彻《中共中央 国务院关于全面加强新时代大中小学劳动教育的意见》精神，根据教育部《大中小学劳动教育指导纲要（试行）》《义务教育劳动课程标准（2022年版）》，在成都市《关于全面加强新时代大中小学劳动教育的若干措施》指导下，围绕学校办学理念，结合区域和学校实际，落实以劳树德、以劳健体、以劳增智、以劳育美。

二、学校办学理念

四川天府新区万安小学（以下简称"万安小学"）以"幸福教育　做最好的自己"为办学理念，以培养"四有"（有健康的身体、有良好的品行、有出色的才艺、有好奇的心）学子为育人目标，将教育与人的幸福生活相联系，使师生形成正确的幸福观，从而引领儿童发现幸福、感受幸福、追求幸福、创造幸福，成为最好的自己。

三、劳动课程理念

学校坚持"儿童为中心、经验即课程、素养即发展"的教育思想，以"幸福生活　劳动创造"为核心理念，致力打造"指向幸福生活的劳动、手脑并用的劳动、塑造精神品质的劳动"，培养学生适应未来发展的劳动观念、劳动能力、劳动习惯和品质、劳动精神。

课程目标

学校坚持"幸福生活　劳动创造"的劳动课程理念，根据具体学情围绕劳动课程四大素养，设置"幸福劳动"课程总目标和学段目标（见表1）。

表1 万安小学"幸福劳动"课程目标

素养	总目标	学段		
		第一学段 (一至二年级)	第二学段 (三至四年级)	第三学段 (五至六年级)
劳动观念	形成基本的劳动意识,树立正确的劳动观念	懂得人人都要劳动、劳动成果来之不易的道理。初步感知劳动的艰辛与乐趣,学会尊重他人的劳动付出,感受到劳动使人充实而幸福	懂得"一分耕耘,一分收获"的道理。尊重劳动,尊重普通劳动者,初步形成热爱劳动的态度,懂得劳动创造幸福生活的道理	懂得劳动创造财富、劳动来不得半点虚假、"业精于勤荒于嬉"等道理。初步树立劳动最光荣、劳动最崇高、劳动最伟大、劳动最美丽的观念,进一步体会劳动创造幸福生活的道理
劳动能力	发展初步的筹划思维,形成必备的劳动能力	完成比较简单的个人物品整理与清洗,居室、教室等卫生保洁、整理与收纳,以及垃圾分类等劳动任务,参与简单的家庭烹饪,初步学会规范使用相应工具	养成良好的个人清洁卫生习惯。认识并掌握家用小器具的使用方法,初步学会简单的家务劳动技能,简单的种植、养殖、手工制作,具备生活自理能力,提升创造幸福生活的能力	掌握家庭生活中常用的劳动技能。规范、安全地操作与使用常用器具。会制作简单的家常餐,进一步体验并有效开展种植、养殖、手工制作等生产劳动,提升创造幸福生活的能力
劳动习惯和品质	养成良好的劳动习惯,塑造基本的劳动品质	参与班集体劳动,主动维护教室内外环境卫生,初步形成以自己的劳动服务他人的意识	参加校园、社区等公益劳动,初步体验简单的现代服务业劳动,初步形成公共服务意识,为幸福生活护航	主动参加校园、社区等公益劳动,进一步体验简单的现代服务业劳动,初步形成社会责任感。根据劳动任务制订计划,懂得完成任务并优化方案。初步具备追求更高质量幸福生活的意识
劳动精神	培育积极的劳动精神,弘扬劳模精神和工匠精神	在劳动过程中遵守纪律,不怕脏、不怕累,具有初步的劳动安全意识,初步养成有始有终、认真劳动的习惯,领会"劳动是一切幸福的源泉"的含义	在劳动过程和日常生活中做到勤俭节约、不怕困难,为幸福生活而努力奋斗	在劳动中主动克服困难,初步具有不怕辛苦、积极探索、追求创新的精神,从而保持幸福生活的持续性

课程结构与内容

一、课程结构

为进一步落实天府新区劳动教育的"三张课表",把劳动教育落到实处,围绕"幸福教育 做最好的自己"办学理念,结合劳动课程对核心素养的培养要求,万安小学从办学理念、课程理念、课程目标、课程结构、课程实施和课程评价六个要素构建了劳动课程逻辑图（如图1所示），着力建设"幸福劳动"课程，形成具有学校文化特色的"幸福劳动"课程体系。

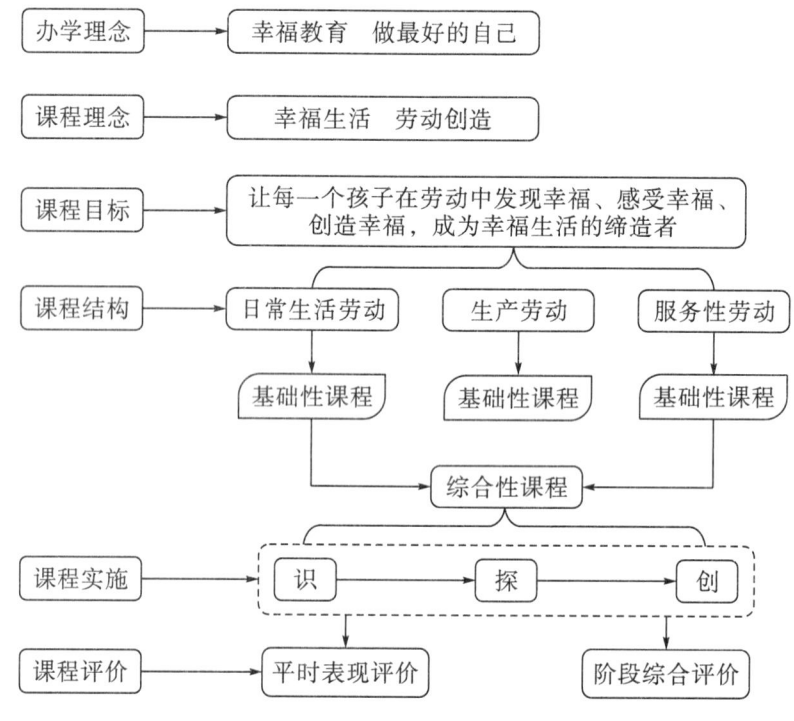

图1 万安小学"幸福劳动"课程建设逻辑图

二、课程内容

（一）课程内容结构

为实现"让每一个孩子在劳动中发现幸福、感受幸福、创造幸福，成为幸福生活的缔造者"劳动课程目标，学校构建了"基础＋综合"的"幸福劳动"课程体系。基础性课程由劳动教师利用每周一节劳动课实施，涵盖日常生活劳动、生产劳动和服务性劳动，分学段整体规划、纵向推进。综合性课程以"幸福生活 劳动创造"为核心，以德育融合项目、劳动周、一日常规劳动和跨学科主题学习等形式实施，具有持续性。

根据学生学段特点，"幸福劳动"课程分为一、二年级的"幸福萌芽"课程，三、四年级的"幸福生长"课程，五、六年级的"幸福馨香"课程。课程设置遵循学生身心发展规律和教育教学规律，不断提升学生获得幸福的能力，实现以劳树德、以劳健体、以劳增智、以劳育美的育人目标（如图2所示）。

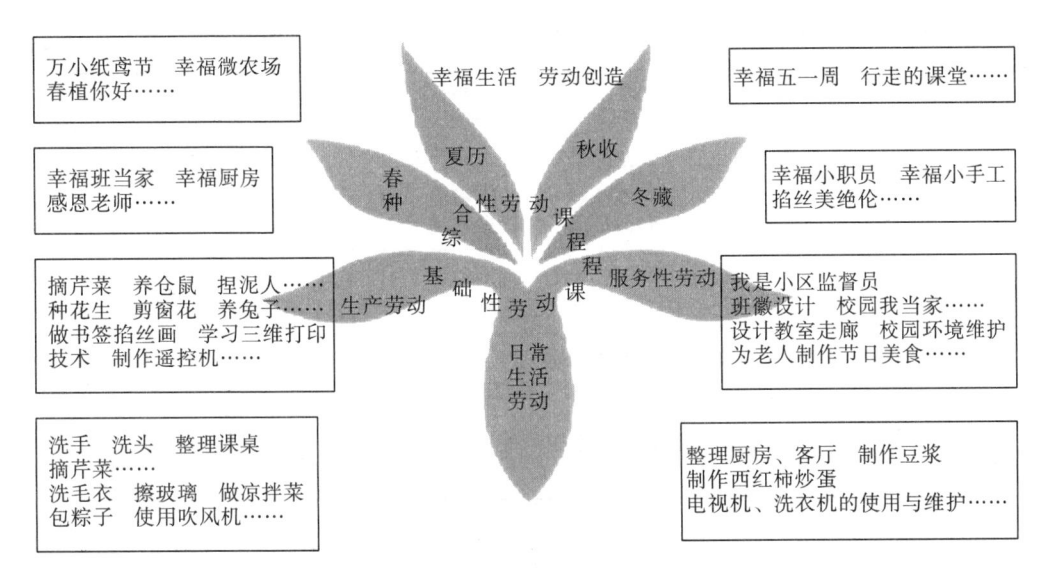

图2 万安小学"幸福劳动"课程内容结构图

(二)年级课程设置

1."幸福萌芽"课程

"幸福萌芽"课程包含基础性课程和综合性课程(见表2)。基础性课程主要包括日常生活劳动和生产劳动。综合性课程随季节展开,分为"春种、夏历、秋收、冬藏"四个系列。"幸福萌芽"课程旨在激发学生劳动的兴趣,传承劳动文化,使学生初步具备自我服务能力,让学生遇见幸福,为学生幸福人生奠定劳动根基。

表2 万安小学"幸福萌芽"课程(第一学段一至二年级)

类别		一年级		二年级		实施场地	实施路径	实施者
		一上	一下	二上	二下			
基础性课程	日常生活劳动					教室 家里	课堂 实践	劳动教师
	清洁与卫生	洗手 刷牙	系红领巾 整理书桌	剪指甲 叠衣服	洗头 洗澡			
	整理与收纳	整理课桌 削铅笔	整理书包 包书皮	叠被子	修补图书			
	烹饪与营养	摘芹菜	—	洗菜 削水果皮	选择器皿 冲泡果茶			
生产劳动	农业生产劳动	—	养仓鼠	—	养文竹			
	传统工艺制作	折菊花	—	捏泥人	—	教室 美术室		

105

续表

类别		一年级		二年级		实施场地	实施路径	实施者
		一上	一下	二上	二下			
综合性课程	趣味劳动 遇见幸福	春种	—	春植你好 养蚕日记	万小纸鸢节 幸福微农场	幸福微农场 操场	跨学科主题学习	德育处 各科教师
		夏历	—	小蝌蚪成长记 幸福五一周	行走的课堂 美丽的向日葵	家里 花园 研学基地	劳动周	科学教师 班主任
		秋收	"粽"归有你 "幸"好有你	校园班当家 "福"务劳动日		校园	德育融合项目	德育处 班主任
		冬藏	入队礼	幸福科学城	幸福小手工	幸福小职员	科学城	德育融合项目	美术教师 班主任

2. "幸福生长"课程

"幸福生长"课程内容在一、二年级的基础上增设服务性劳动（见表3）。通过沉浸式、探究式、体验式劳作，学生在身体力行、出力流汗中学会与他人合作，学会劳动，增强公共服务意识。

表3 万安小学"幸福生长"课程（第二学段三至四年级）

类别			三年级		四年级		实施场地	实施路径	实施者
			三上	三下	四上	四下			
基础性课程	日常生活劳动	清洁与卫生	洗毛衣 洗外套	洗白衣服	擦皮鞋	清洗顽固污渍	教室 家里	课堂实践	劳动教师
		整理与收纳	叠被子	擦玻璃	分类整理衣服	整理沙发			
		烹饪与营养	制作清爽凉拌菜	蒸蛋	包粽子	做水饺			
		家用器具使用与维护	使用吹风机	使用吸尘器	使用烤箱烤蛋糕	使用电饭煲			
	生产劳动	农业生产劳动	种花生	种植西红柿	种红薯	养兔子	教室 家里 操场		
		传统工艺制作	—	剪简单的窗花	毛线编织金鱼	—			
	服务性劳动	现代服务业劳动	我是小区监督员	—	—	班徽设计	教室 家里 校园	德育融合项目	
		公益劳动与志愿服务	—	校园我当家	创意公益牌			一日常规劳动	

续表

类别		三年级		四年级		实施场地	实施路径	实施者
		三上	三下	四上	四下			
综合性课程	学会劳动 提升幸福	春种	幸福微农场 爱心义卖会		幸福小雷锋 万小纸鸢节	微农场 操场	跨学科主题学习	各科教师
		夏历	小蝌蚪成长记 幸福五一劳动周 百"花"争艳赛 行走的课堂			美术室 教室 操场 研学基地	劳动周	美术教师 班主任
		秋收	幸福厨房 校园班当家 幸福科学城			食堂 校园 科学城	德育融合项目	班主任
		冬藏	幸福小职员 幸福手工赛 掐丝美绝伦			家长工作处 校园	跨学科主题学习	美术教师 年级教师

3. "幸福馨香"课程

"幸福馨香"课程内容增设工业生产劳动和新技术体验与应用（见表4），如三维打印技术、丝绸制作、遥控飞机制作等，通过智慧劳动解决生活实际问题。通过劳动实践，学生树立热爱劳动、尊重劳动、"劳动创造幸福"的观念，拥有为追求幸福生活奋斗不止、锲而不舍的劳动精神。

表4 万安小学"幸福馨香"课程（第三学段五至六年级）

类别			五年级		六年级		实施场地	实施路径	实施者
			五上	五下	六上	六下			
基础性课程	日常生活劳动	整理与收纳	清洗电冰箱	整理厨房	整理种植区	整理客厅	家里 教室	课堂实践	劳动教师
		烹饪与营养	制作豆浆	自制手工炸酱面	西红柿炒鸡蛋	炖骨头汤			
		家用器具使用与维护	电视机使用与维护	电冰箱使用与维护	自行车的养护	洗衣机的使用与维护			
		农业生产劳动	养兔子	种中草药	我是小小花艺师	我会制作泡酒			
	生产劳动	传统工艺制作	编织蚂蚱	—	—	叶脉书签	教室 美术室	跨学科主题学习	
		工业生产劳动	—	参观了解丝绸制作	掐出来的非遗——掐丝	—	教室 家里	课堂 实践	
		新技术体验与应用	学习三维打印技术	—	—	遥控飞机制作	教室 多功能室	课堂 实践	
	服务性劳动	现代服务业劳动	—	现代小小物管员	设计教室门口走廊	—	教室 社区	跨学科主题学习	
		公益劳动与志愿服务	校园绿化环境维护	—	—	到养老院制作节日美食	校园 社区		

续表

类别			五年级		六年级		实施场地	实施路径	实施者
			五上	五下	六上	六下			
综合性课程	智慧劳动 创造幸福	春种	幸福中草药　幸福书签 爱心义卖会　万小纸鸢节				微农场 操场	跨学科主题学习	各科教师 班主任
		夏历	幸福五一劳动周　"粽"归有你 百"花"争艳赛　行走的课堂				美术室 教室　操场 研学基地	劳动周	美术教师 德育处 班主任
		秋收	感恩老师　幸福手工月饼 幸福厨房　校园班当家				食堂 校园	德育融合项目	德育处 班主任
		冬藏	幸福小职员　幸福手工争霸赛 掐丝美绝伦				校园 家长工作处	跨学科主题学习	美术教师 年级教师

4."劳动周"课程

学校设置"五一幸福劳动周"课程（见表5），以五一劳动节为依托，由班主任和家长组织学生完成相应学段劳动项目内容。一、二年级设置"五指创美　我型我秀"劳动项目，三、四年级设置"孝心美食　感恩有你"劳动项目，五、六年级设置"我和家人换岗位"劳动项目。

表5　万安小学"五一幸福劳动周"课程

课程	劳动周主题	实施人员	实施场域	实施时间	具体项目
一、二年级	五指创美　我型我秀	家长 班主任	家里	五一劳动节期间	叠被子　叠衣物 整理床铺　整理书桌 整理衣柜
三、四年级	孝心美食　感恩有你	家长 班主任			爱心早餐　蛋炒饭 炒荤菜　拿手菜 水培植物
五、六年级	我和家人换岗位	家长 班主任	家长工作地点		亲子大扫除 体验家人的岗位 光盘行动　制作爱心美食 体验粒粒皆辛苦

课程实施与评价

"幸福劳动"课程以"基础性劳动项目"和"综合性劳动项目"相结合的方式组织实施，采用班级优化大师等工具实施劳动课程评价，充分发挥教师、学生、家长多元主体评价作用。

一、课程实施

（一）整体安排

1. 基础性劳动项目

基础性劳动项目利用每周每班一节劳动课展开，在统筹考虑劳动场域的基础上排入课表，以配套的《中小学劳动实践指导手册》（四川教育出版社）为基础，由教育教学能力突出的教师担任劳动教师组织实施，整体规划、纵向推进。

劳动课上主要进行活动策划、技能指导、练习实践、总结交流等流程。合理规划劳动场域，充分利用劳动工具和材料，重视课后、校外劳动实践的有机结合，营造"幸福生活　劳动创造"的良好文化氛围。

2. 综合性劳动项目

综合性劳动项目是具有一定持续性的劳动项目，分为春种、夏历、秋收、冬藏四个系列，劳动场域涉及校内、校外和家庭，负责人为班主任和各学科教师，按照德育融合项目、劳动周、一日常规劳动、跨学科主题学习等路径开展实施。

德育融合项目：融合课程中德育活动、少先队活动、节日课程、家校活动等开展的劳动教育项目。由学生成长中心根据德育课程体系融合劳动教育分步实施，一周一张行事历对班级进行评价考核。

劳动周：以集体劳动为主，如"五一幸福劳动周"，具有一定的劳动强度和持续性，由学生成长中心打破年级限制统筹安排的课外、校外劳动实践。劳动场域涉及校内、校外或家庭，负责人为班主任。

一日常规劳动：教室公共区域卫生、班务常规管理、收纳整理、简单家务劳动等，培养学生的劳动习惯。根据"我是班级小主人"管理制度，班主任组织校内的一日常规劳动；根据"我是家庭小主人"公约，家校协同做好家庭常规劳动。

跨学科主题学习：整合各学科课程的跨学科主题学习要求，如万小纸鸢节、"粽"归有你等。每学期以年级组为单位统筹设置以劳动为主题的跨学科任务，实现劳动教育与各学科教学有机互融，各学科教师共同参与。

（二）实施模式

经过实践，提炼出"识—探—创"的"幸福劳动"课程实施模式。

识：学生在凸显教育性、体现开放性的情境中认识劳动项目，了解项目的意义、价值、操作方法，明确劳动项目的目标、要求、成果形式、评价标准，认识到幸福的生活是劳动创造的。

探：学生在完成真实、完整的劳动任务过程中，带着思考进行实践和操作。在探究中追求劳动的智慧，体会劳动的乐趣和幸福。

创：学生在完成基本项目后继续拓展和延伸，拓宽视野，激发好奇心和创造欲望，创设更多的自主发展空间，为创造幸福生活奠基。

（三）组织管理

"幸福劳动"项目是由教师发展中心、学生成长中心和课程中心共同组织管理（如图3所示）。

教师发展中心负责基础性劳动项目的常态化督导。通过随堂听评、闯关测评等方式，指导基础性劳动项目的开展。建立常态教研共同体，由劳动骨干教师担任组长，组织教师及时解决实施过程中的问题。每学期采用集体备课的方式制订学期劳动课程计划，合理开发配套实施资源。

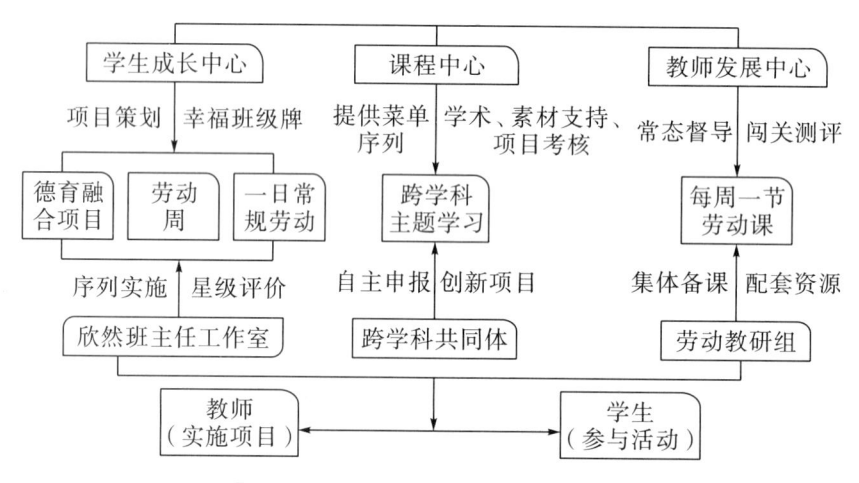

图3 万安小学"幸福劳动"项目管理

学生成长中心负责德育融合项目、劳动周、一日常规劳动的组织管理。成立"欣然班主任工作室"，进行德育融合项目和劳动周项目的策划、实施、评价。采用星级评分方式，对一日常规劳动项目进行考核，发放幸福班级牌。

课程中心负责跨学科主题学习的组织管理。结合劳动教育需要和各学科特点，向教师提供跨学科主题式学习菜单序列。成立跨学科共同体，鼓励自主申报创新性项目，由学校提供学术、素材支持，根据项目实施情况对参与教师进行考核。

二、课程评价

（一）评价原则

第一，评价内容多维融合原则。

紧扣劳动素养和学校幸福劳动课程要求，立足真实劳动情境，将抽象的劳动素养具体化，培养劳动观念、劳动能力、劳动习惯和品质、劳动精神。

第二，评价主体多元协作原则。

根据学校"幸福劳动"课程内容，形成"师、生、家、校、社"五位一体的协同评价体系。

第三，评价方式多样适切原则。

学校将劳动素养评价纳入学生综合素质评价体系，重视平时表现评价与阶段综合评价相结合，定性评价与定量评价相结合。学校通过综合素质评价平台的学科评价、写实记录、打卡活动等功能，将劳动教育实践活动以伴随式、全方位贯穿学生的校内外生活中，实现评价的科学性、合理性。

（二）评价细则

劳动课程评价细则从劳动观念、劳动能力、劳动习惯和品质、劳动精神四个维度编制，个性化设置不同维度的分项评价（如图4所示），分别通过学生成长中心、班主任、学科教师、家长、社区、学习伙伴、学生本人参与评价，以课堂学习、实践活动、劳动打卡、写实记录、技能闯关等评价方式，形成每一个学生独有的数字档案袋和自画像。

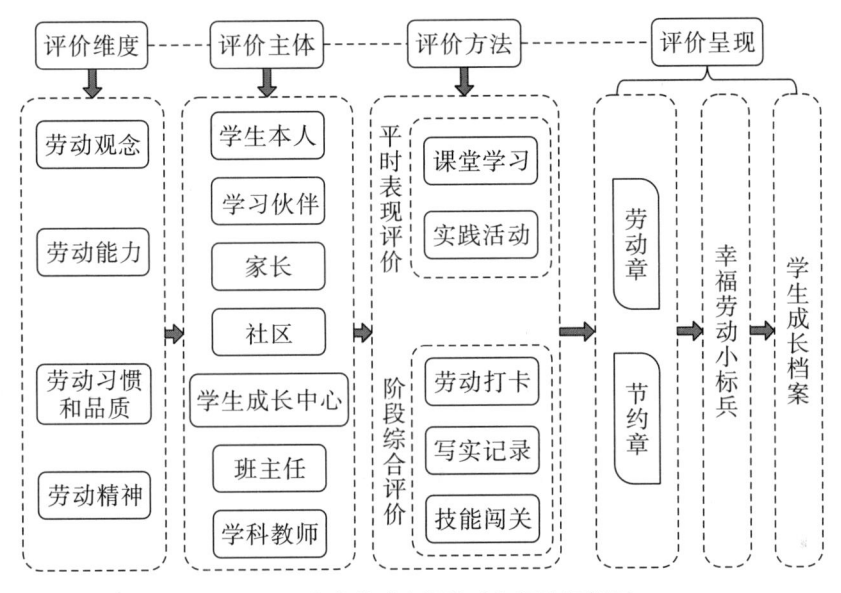

图4 万安小学"幸福劳动"评价逻辑图

学校按照自评、同学评、家长评、教师评、社区评各占20%的权重对学生的劳动素养进行综合评价，对表现优秀的学生颁发"劳动章""节约章"，以此为依据评选出"幸福劳动小标兵"（见表6）。

表6 万安小学"幸福劳动"课程评价量表

评价维度		评价载体	评价主体及权重						评价呈现
			自评 20%	同学评 20%	家长评 20%	教师评 20%	社区评 20%	合计 100%	
平时表现评价	劳动观念	课堂学习 实践活动							劳动章 节约章
	劳动习惯和品质								
	劳动精神								
阶段综合评价	劳动能力	劳动打卡 技能闯关 写实记录							幸福劳动小标兵

组织与保障

一、组织结构

学校成立以校长为组长的课程领导小组,由学生成长中心、课程中心、教师发展中心、行政办公中心和后勤服务中心具体负责劳动课程的开发、组织、教研、物资经费等管理工作。

组长:李冬梅,劳动课程的主要决策人,负责学校劳动课程的总体策划、宏观调控。

副组长:马俊华、杨叶,组织实施课程规划,对课程进行指导评估。

成员:各行政中心人员、劳动任课教师、班主任和各科教师,负责劳动课程的具体工作,进行课程的开发、组织、实施、评价、物资经费管理。

二、相关保障

(一)制度保障

学校将劳动课纳入课表,保障每班每周一节劳动课、每期一天劳动日、每年一周劳动周。建立课程审议、研发、管理、经费保障和跨学科教研制度,按《万安小学绩效考核办法》对教师开展劳动教育的情况进行考核,对表现优秀的教师予以表彰。

(二)场域保障

学校占地50亩,开辟幸福微农场、掐丝艺术工作坊、跳蚤市场、志愿服务岗等场地,为校内劳动实践提供场域。学校与万安城南坡社区儿童议事会、石桥社区服务中心、一麓童行社区教育促进中心、万安敬老院、四川省科技馆加强联系,为学生提供丰富的服务性劳动场域。

(三)经费保障

学校做好劳动教育的物资经费保障工作,在教师培训、外出交流、场域建设、硬件配置、课程研发、课程实施与评价等方面提供充足的经费保障。做好财务公开,强化监督检查,保证劳动教育经费足额高效使用。

(执笔:万安小学 李冬梅、周相丽、罗丽萍、张兴玉)

立身达人·守望幸福

——大林小学"立身"劳动课程方案

课程理念

一、指导思想

中华民族自古以来就是一个勤劳的民族。为落实教育部《大中小学劳动教育指导纲要（试行）》精神，依据《义务教育劳动课程标准（2022年版）》具体要求，四川天府新区大林小学（以下简称"大林小学"）因地制宜、因校制宜，建立校内外劳动教育两支队伍，构建德智体美劳全面育人体系，把劳动教育纳入人才培养全过程，积极构建"立身"劳动课程。

二、办学理念与育人目标

大林小学坚持"自信自立，达己达人，为学生终身幸福奠基"的办学理念，不仅关注学校师生要有"自信自立"的特质，还更加关注学生成长过程，促进学生个性发展、全面发展。

教育指向学生未来，努力培养阳光自信的新时代好少年。我们希望大林小学毕业的孩子应该具有阳光自信的特征——有志向，有梦想；爱学习，爱劳动；懂感恩，懂友善；敢创新，敢奋斗。

三、劳动课程理念

"立身达人，守望幸福"的课程哲学强调学生在劳动中自信自立，达己达人，共同"耕耘"，守望幸福。"立身课程"是以劳树德、以劳增智、以劳强体、以劳育美的教育。它能润泽每一个生命蓬勃发展，点燃每一个生命自信向上，凝练每一个生命独树一帜，感染每一个生命厚积薄发。

"立身"劳动课程理念是"为每一个孩子幸福绽放积蓄力量"，即听见律动生命，倾听每粒种子破土萌动的微声；嗅到幸福生长，凝唤每株嫩芽拔节苗壮的味道；触到多彩生活，触悟美好生活靠劳动创造；立足成长原点，激发生命跃动；积蓄成长力量，唤醒生命意识；提升生命质量，焕发生命精神。

课程目标

学校设定劳动课程目标，优化家、校、社协同育人机制，培养学生从个体生活、社会生活及与大自然的接触中，获得丰富的实践经验，能够理解和形成马克思主义劳动观，牢固树立劳动最光荣、劳动最崇高、劳动最伟大、劳动最美丽的观念；体会劳动创造美好生活，体认劳动不分贵贱，热爱劳动，尊重普通劳动者，培养勤俭、奋斗、创新、奉献的劳动精神；具备满足生存发展需要的基本劳动能力，形成良好劳动习惯；培养感恩意识。

基于"为每一个孩子幸福绽放积蓄力量"的劳动课程理念，学校力求通过丰富的课程体验，让每个孩子明晰人世间一切幸福都需要靠辛勤劳动来创造，让每个孩子立行劳动、立守劳动、立志劳动，做幸福生活的"劳动小小创造者"。同时根据各年级孩子的年龄和身心特点，学校将课程目标进行细化，形成各学段的课程目标（见表1）。

表1 劳动课程目标

素养	低段（立行）	中段（立守）	高段（立志）
劳动观念	劳动意识启蒙	感悟劳动光荣	劳动创造幸福
劳动能力	日常生活自理	主动分担家务	参加公益劳动
劳动习惯和品质	积极参加劳动	坚持认真劳动	有责任有担当
劳动精神	感知劳动乐趣	体会劳动光荣	凝练劳动精神

课程结构与内容

一、课程结构

为进一步构建富有学校文化特色的课程模式，学校梳理、构建了劳动课程逻辑图（如图1所示）。基于学校"立身达人，守望幸福"的课程哲学，构建劳动课程结构、课程实施、课程评价等体系，以此实现学校的育人目标。

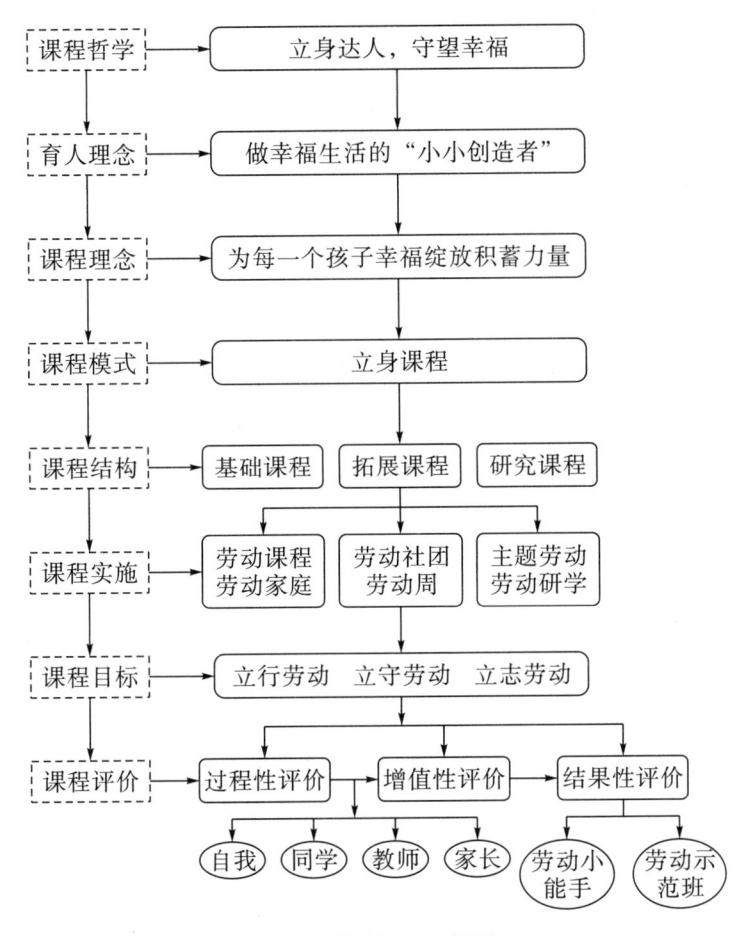

图 1　劳动课程逻辑图

二、课程内容

(一) 课程内容结构

大林小学劳动课程基于"立身达人，守望幸福"的课程哲学，开发"'立身'劳动课程"（如图 2 所示），以"基础课程＋拓展课程＋研究课程"的"三层六类"课程体系为导向，三层分别是面向全体学生的基础课程、面向分层的拓展课程、面向个体的研究课程；六类指所有课程分属六个门类，分别是选修课程、必修课程、校内实践基地课程、校外实践基地课程、校内研究课程、校外研究课程。学校通过"立身"劳动课堂、学科渗透、家校协同、劳动社团、劳动周、劳动主题活动、劳动研学等实施路径，致力于培养学生的知识视野、责任品格、审美情趣、科学素养、开放协作、实践创新等六大核心素养（如图 2 所示）。

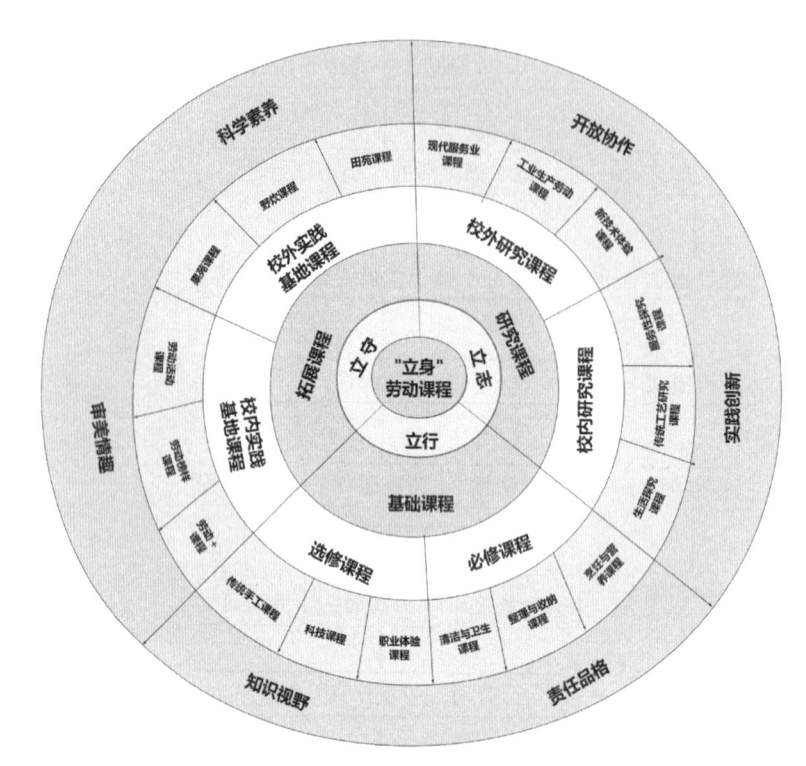

图 2 劳动课程内容结构

（二）年级课程设置

1. 立身·立行——基础课程

大林小学以天府新区劳动教育清单为纲领，结合学生的实际情况，制定了学生日常生活劳动清单，包括清洁与卫生、整理与收纳、烹饪与营养、家用器具使用与维护，落实到各年级，具体到每学期（见表2）。"立身·立行——基础课程"由学校劳动教师及家长负责，以课堂、实践、主题活动为主要实施路径，借助学校、家庭等场域实施。

表 2 大林小学"立身·立行——基础课程"安排表

年级	必修课程	选修课程	年级	必修课程	选修课程
一上	整理书包、文具	穿衣洗漱	四上	卡纸创意制作	整理衣橱
一下	系红领巾	洗菜择菜	四下	更换床上用品	会用电饭煲
二上	叠衣物、袜子	清洗袜子、内衣裤	五上	会用洗衣机	会用微波炉
二下	饭前盛饭，摆碗筷	蒸鸡蛋羹	五下	刷洗鞋子	会用燃气灶
三上	整理床铺	剪指甲 梳洗头 洗澡	六上	正确使用常用电器	美化卧室
三下	整理书柜、书架	打死结、活结、蝴蝶结	六下	会烹饪2~3道家常菜	会读水电气表

2. 立身·立守——拓展课程

学校现有校内劳动实践基地——林小田园，分为三大区域：野炊区，16 张灶台，可供 120 人现场操作；蔬菜种植区，17 块地，每块地约 10 平方米，供四至六年级进行生产劳动实践；水果种植区，占地 1.2 亩，有樱桃、桃子、李子、椪柑、金橘、石榴、杏子等水果，提供孩子们观察、管理、采摘等劳动实践。围绕三大基地，构建各年段拓展课程内容，包括烹饪与营养、农业生产劳动。"立身·立守——拓展课程"由学校劳动教师及家长负责，以课堂、实践、主题研学为主要实施路径，借助学校、家庭、校外劳动实践基地等场域实施（见表3）。

表 3 大林小学"立身·立守——拓展课程"安排表

年级	野炊课程	田苑课程	果苑课程
一上	认识桂花糕	认识部分蔬菜	观察金橘，用图画记录
一下	认识春卷、年糕	观察播种的过程，用图画记录	认识桃子、李子开花结果过程，用图画记录
二上	冲泡菊花茶	了解蔬菜成熟的特征	认识椪柑，用色彩表现秋叶
二下	冲泡蜂蜜柚子茶	水培绿萝、文竹	清洗品尝桃子、李子、杏子
三上	包煮饺子	观察菜园，绘画"长呀长"	观察果树叶子的变化、给椪柑套袋
三下	制作青团	了解 1~2 种常见蔬菜的种植养护方法	养护桃树
四上	制作年糕	清沟排水 疏松土壤	采摘金橘、椪柑，观察写生
四下	制作馒头	种植、养护玉米和豇豆	养护李树
五上	制作桂花糕、春卷	种植、养护萝卜	养护金橘
五下	制作包子 熬绿豆粥	种植、养护四季豆	养护杏树
六上	制作红薯饼 熬制萝卜羊肉汤	种植、养护、收获卷心菜	给果树刷石灰防虫
六下	香椿炒蛋 煮冬瓜排骨汤	种植、养护、收获黄瓜	给果树施肥、浇水、除草、疏果、施肥、除草

3. 立身·立志——研究课程

学校充分利用劳动基地，借助真实的社会生活环境，让学生在家、在校、在社区深度研究生活类课程，主动承担力所能及的服务性劳动，包括清洁与卫生、传统工艺制作、公益劳动与志愿服务等，引导学生更好地处理人与人、人与社会、人与自然的关系，弘扬勤俭、奋斗、奉献、创新的劳动精神。"立身·立志——研究课程"由学校劳动教师、家长、社区工作人员负责，以课堂、项目化学习为主要实施路径，借助学校、家庭、社区等场域实施（见表4）。

表4 大林小学"立身·立志——研究课程"安排表

年级	生活探究课程	服务性探究课程	
一上	观察植物，发现各种落叶物候	今天我值日	食堂牛奶分装员
一下	落叶拓印	今天我值日	食堂水果分装员
二上	落叶粘贴	今天我值日	校园幸福保安
二下	种子粘贴	今天我值日	校园幸福保安
三上	水泥地面落叶扫除探究	今天我值日	课间文明劝导
三下	塑胶草坪落叶扫除探究	今天我值日	课间文明劝导
四上	探究辣椒的形态	今天我值日	课间文明劝导
四下	连环画：辣椒的一生	今天我执勤	校外文明宣传
五上	探究辣椒的种类及分布	今天我执勤	校外文明宣传
五下	我为辣椒打广告	今天我执勤	校外文明劝导
六上	探索一道辣椒菜品的做法	今天我执勤	校外交通疏导
六下	会制作一道辣椒菜品	今天我执勤	校外交通疏导

4. 劳动与德育融合课程

劳动教育具有以劳树德、以劳增智、以劳强体、以劳育美的综合育人价值。劳动课程要培养的核心素养，如劳动观念、劳动品质、劳动精神都与学校德育内容密不可分，彼此融合。学校"劳动与德育融合课程"实施人员根据课程内容而定，包括家长、班主任、学校相关部门人员、研学工作人员，实施场域主要为家庭、社区、校外劳动基地（见表5）。

表5 "劳动与德育融合课程"安排表

主题	时间	课程内容	
欢度春节 幸福劳动	寒假（1、2月）	一年级：剪窗花 三年级：写春联 五年级：做年糕	二年级："话"新年 四年级：购年货 六年级：做团圆饭
相约春天 文明劳动	3月	一年级：食堂牛奶分装 三年级：校园辛勤保洁 五年级：校外文明宣传员	二年级：校园幸福保安 四年级：校外文明劝导员 六年级：校外社区保洁员
多彩研学 劳动日	4月	一至二年级：成佳茶乡（茶文化研学） 三至四年级：川菜小镇（非物质文化遗产文化研学） 五至六年级：建川博物馆（红色文化研学）	
安全生产 文明卫生	5月	一至二年级：文明小标兵 三至四年级：家庭卫生保洁 五至六年级：编织小能手（献给母亲）	

续表

主题	时间	课程内容
自信自立 展望未来	6月	一年级：我是少先队员了　　　二年级：我身边的服务者 三年级：餐桌礼仪　　　　　　四年级：文明劝导员 五年级：我家来客人了　　　　六年级：再见了，我的母校
快乐暑假 冰爽一夏	暑假（7、8月）	一年级：自制冰镇果汁　　　　二年级：自制水果酸奶冻 三年级：自制手工冰粉　　　　四年级：自制水果沙冰 五年级：自制冰糖葫芦　　　　六年级：自制冰淇淋
最是佳节 倍思亲	9月	一至二年级：整理书包，了解月饼制作方法 三至四年级：整理书架，制作中秋小报 五至六年级：制作月饼，写感悟
请党放心 强国有我	10月	一至二年级：诵读爱国诗文，为长辈做一件事，观察霜降节气植物生长情况 三至四年级：为长辈做一件事，制作霜降手抄报，完成观察单 五至六年级：制作国庆手抄报；远足登高；观察物候，完成观察单
感恩有你 幸福劳动	11月	一至二年级：我是扫除小达人 三至四年级：今天我是小厨师 五至六年级：我和妈妈换一天岗
技能大赛 劳动周	12月	一年级：整理书包——"包"你满意 二年级：叠衣服——"衣衣"不舍 三年级：叠被子——"被"受宠爱 四年级：卡纸创意制作 五年级：翻滚吧饺子——与你"饺"好 六年级：我和土豆的故事——"豆"你玩

课程实施与评价管理

一、课程实施

（一）落实劳动课堂，培养学科素养

劳动课是劳动教育的主阵地。学校全面落实国家课程，教务处统筹安排班级课表，每班每周一节劳动课，配备专（兼）职劳动学科教师，上好每一节劳动课。每月一次劳动教研，每个年级一名劳动教研组长，负责组织年级学科教师集体研讨全学期课程实施，完成课程校本化实施集体备课——"小田园　大课堂"，在班级劳动课堂进行教授。每月开展劳动研讨课，创设高效课堂，全体劳动学科教师参与研讨，提升课堂教学效率，由学校劳动项目组负责组织实施。

（二）项目式化学习，推进劳动教育

劳动项目式学习是劳动教育的深度实施模式。它以学生的真实需求为中心，以解决

一个开放性的问题为任务驱动，学生通过探究确立项目内容，制定完善的方案。项目化学习推进劳动教育，锻炼学生的创造力、团队合作力、动手操作能力等。

1. 每期一天劳动日

根据学校劳动与德育融合课程清单，选择一天作为学期劳动日，借助天府新区共享中心资源库，采用劳动研学的形式深入开展劳动日。例如，一至二年级走进蒲江茶乡，开展茶文化系列研学活动。具体内容：田园采茶体验、手工制茶体验、茶艺茶道体验、茶马古道探究、唱茶歌、跳茶舞等劳动主题研学。三至四年级前往成都川菜博物馆，了解川菜文化，学习川菜五味；了解郫县豆瓣、中坝酱油的制作工艺与来历故事；体验祭拜灶王，学习尊师重道、祭拜礼仪等传统文化。

2. 每年一周劳动周

劳动周是劳动课程的重要组成部分，劳动周的设置丰富、拓展了劳动教育的实施途径，有助于发展学生的劳动意识与能力。每年 12 月其中一周为学校劳动周（具体时间学校可以根据实际情况自定），秋季期初制定学校工作行事历，开展为期一周的劳动周技能大赛，由学校德育处负责组织实施。各年级比赛项目参考基础课程、拓展课程清单。例如，一年级：整理书包；二年级：叠衣服；三年级：叠被子；四年级：卡纸创意制作（作品展）；五年级：包饺子；六年级：炒土豆丝。

3. 跨学科融合劳动教育

《大中小学劳动教育指导纲要（试行）》强调，要在学科专业中有机渗透劳动教育。考虑到一些工农业生产和工艺制作项目周期较长、耗时较多，涉及多种学科，需要持续地学习与实践，学校主要从学生的兴趣和学校实际出发，采用跨学科主题式学习方式实施，多学科有机渗透劳动教育。基于此，学校将劳动教育与学科知识有机统一，通过发掘梳理学科中的劳动教育因素，确定跨学科劳动课程主题，与语文、科学、美术等多学科融合实施，最终深入贯彻日常学科教学全过程。

二、课程评价

劳动课程评价是劳动课程体系建设的重要组成部分，对促进劳动课程的目标实现、保障劳动教育的实施效果等具有重要意义。劳动课程评价要遵循导向性、发展性、系统性的基本原则，注重平时表现评价和阶段综合评价。

（一）评价原则

第一，导向性原则。以核心素养为导向，关注学生的劳动观念、劳动能力、劳动习惯和品质、劳动精神四大核心素养的发展状况，以及在劳动过程中的体现。通过评价的积极引导作用，促进劳动育人价值的实现。

第二，发展性原则。发挥评价的反馈和改进功能，促进学生认真参与劳动学习与实践，教师改进教学安排。教师要着眼于学生劳动过程的动态发展，充分肯定学生在劳动中的进步，正确对待劳动中出现的问题，鼓励学生不断改进和提高。

第三，系统性原则。学校应整体、系统地进行评价，并贯穿学习始终。发挥教师、家长和学生等多元主体评价作用，依据学生年龄特征和学习特点，确立循序渐进的评价目标。注重过程性评价与结果性评价相结合，兼顾家庭劳动实践评价与社会劳动实践评价，采用多样化评价方式，如项目实践、交流对话、技能测试等，持续地反馈信息。

（二）评价方式

学生表现性评价是劳动课程评价的主要方法，可以通过表现性评价了解学生的表现来判断学生的劳动效果，调整教学策略，更好地实现课程教学目标。日常生活劳动侧重卫生习惯、生活能力和自理、自立、自强意识等评价，生产劳动侧重工具使用和技能掌握、劳动价值观、劳动质量意识、劳动精神等评价，服务性劳动侧重服务意识、社会责任感等评价。

1. 平时表现评价——线下评价

劳动任务评价表适用于每节劳动课结束后，由学生自己、同伴、家长、教师从劳动知识、劳动技能、劳动情感、成果展示、突出表现等方面，进行学生自我评价、同伴评价、家长评价、教师评价，从而得知学生对劳动技能的掌握情况。实时了解学生劳动技能增长情况，教师从量化评价和质性评价两个方面对学生劳动过程进行增值性评价。量化评价从前次得分与本次得分可以得知学生在劳动知识、劳动技能、劳动情感、成果展示方面的增长情况。质性评价主要从学科/文化融合程度、学生劳动素养提升两个方面进行评价。劳动任务评价表见表6。

表6　劳动任务评价表

姓名：　　　　年级：　　　　课程名称：　　　　上课时间：

评价主体	评价指标	评价标准	得分
自我评价	劳动知识	能正确理解课堂知识	1~3
	劳动技能	能较为熟练地掌握课堂技能；与他人分工合作，和谐相处	1~3
	劳动情感	充分体现坚持不懈的精神，树立劳动光荣的价值观	1~3
	成果展示	能准确并创造性地呈现课堂要求作品	1~3
	突出表现	（写实描述一个事件）	1~3
同伴评价	劳动知识	能正确理解课堂知识	1~3
	劳动技能	能较为熟练地掌握课堂技能；与他人分工合作，和谐相处	1~3
	劳动情感	充分体现坚持不懈的精神，树立劳动光荣的价值观	1~3
	成果展示	能准确并创造性地呈现课堂要求作品	1~3
家长评价	劳动知识	能正确理解课堂知识	1~3
	劳动技能	能较为熟练地掌握课堂技能；与他人分工合作，和谐相处	1~3
	劳动情感	充分体现坚持不懈的精神，树立劳动光荣的价值观	1~3
	成果展示	能准确并创造性地呈现课堂要求作品	1~3

续表

评价主体	评价指标	评价标准			得分
教师评价	劳动知识	能正确理解课堂知识			1~3
	劳动技能	能较为熟练地掌握课堂技能；与他人分工合作，和谐相处			1~3
	劳动情感	充分体现坚持不懈的精神，树立劳动光荣的价值观			1~3
	成果展示	能准确并创造性地呈现课堂要求作品			1~3
	增值性评价		前次得分（自我评价＋同伴评价＋教师评价）/3	本次得分（自我评价＋同伴评价＋教师评价）/3	正负值（+/-）
		量化评价 劳动知识			
		量化评价 劳动技能			
		量化评价 劳动情感			
		量化评价 成果展示			
		质性评价 学生劳动素养提升			

2. 平时表现评价——线上评价

学校利用"晓羊课程"平台和榴莲校园网络平台对学生劳动意识、劳动习惯等情况进行过程性评价。晓羊课程评价表可以对学生上传劳动成果情况进行评价，教师主要从学生作品提交次数、随堂综合评价、作品综合表现、结果评价、结果评语、综合评价几个方面进行评价。该系统对学生自主上传的劳动成果进行统计和整理，包括劳动作品名称、作品提交次数，以及劳动作品图片和视频。教师对学生进行随堂综合评价、作品综合表现进行评分，并对每项劳动进行结果评价、结果评语，最后一学期对学生劳动成果进行综合评价（见表7）。

表7 晓羊课程评价表

班级	学生姓名	作品名称	作品提交次数	随堂综合评价（3分）	作品综合表现（3分）	结果评价	结果评语	综合评价（A/B/C）

教师利用榴莲校园网络平台实时动态记录学生在校期间参与劳动过程中意识和品质、习惯、能力、精神的达成度。全校师生参与榴莲校园网络平台评价，每一名教师可以对全校每一个学生进行点评。每名学生共有基础分60分，全校教师可以从值得表扬（+2分）和待改进（-2分）两方面对学生进行评价，学期结束后平台自动计分（见表8）。

表8　榴莲校园网络平台评价表

班级	评价对象	评价主体	热爱劳动		当好值日		座位干净		主动捡垃圾	
	学生	教师	值得表扬+2	待改进−2	值得表扬+2	待改进−2	值得表扬+2	待改进−2	值得表扬+2	待改进−2

（三）阶段综合评价

一学期结束，学校对参与劳动教育实施的学生个人、教师、班级、家长做结果性评价，评价方式有"自我评价、同学评价、教师评价和家长评价"等（见表9）。

表9　阶段综合评价表

评价对象	评价称号	评价指标
学生	劳动小能手	1. 过程性评价表现优秀 2. 学会并能独立完成学校劳动实践清单上的相应内容 3. 积极学习相应年龄阶段应该掌握的劳动技能
教师	劳动指导师	1. 积极参与学校的劳动教育课程，并落实相应的劳动教育任务 2. 根据学校劳动实践清单上的相应内容，教会学生相应的劳动技能
班级	劳动示范班	1. 认真开展学校的劳动教育课程，积极完成学校交与的劳动教育任务 2. 创新性开展班级劳动教育活动
家庭	劳动榜样家庭	1. 根据学校劳动实践清单上的相应内容，积极配合并督促学生在家进行实践操作 2. 充分利用榴莲校园网络、"晓羊课程"平台主动上传劳动成果

组织与保障

一、组织机构

学校成立由学校党支部书记、校长任组长，分管干部任副组长，相关学科骨干教师为成员的项目推进小组，把劳动教育工作写入学校近远期发展规划、学年度工作计划。明确具体工作责任清单和推进时间表，构建校长统揽、中心负责、部门联动工作落实机制，确保劳动教育落实落地。同时聘请学校岗位职工为劳动技师，既可对学生直接讲解课程实践知识，也可对教师开展劳动技能培训，增强师生劳动教育技能，推动"双师课堂"建设。

组　　长：党支部书记、校长
副组长：郭旭（德育主任）
成　　员：王兰、李远勤、张红梅、刘立、林勇、徐天富、彭华容等

二、相关保障

（一）制度保障

为保障劳动课程建设工作的高效落实，学校完善制度体系建设，从课程方案、课程实施、课程评价、课程成果四个维度对教师团队和教师个人进行考核，将学校劳动教育教师的专业培养、职称评定、评优评先、奖励性绩效考核纳入学校管理制度体系，提升学校课程建设水平，同时促进教师队伍专业发展。

（二）场域保障

学校升级大林校区蔬菜种植基地、水果种植基地和野炊实践基地，新建玉皇校区种植基地，协调利用社区实践基地作为学生参加生产劳动、服务性劳动的实践场所。同时组建家、校、社区、企业劳动教育共同体，整合学校、家庭、社区、企业劳动教育场域，如三星微博村、籍田世季田园等校外基地，为有效开展劳动教育奠定基础。

（三）人员保障

学校以健全劳动特色课程机制为出发点，将理论学习和实践应用作为团队师资培训的重点，通过"林溪夜话——学术沙龙""银桦讲堂——专题讲座""学科比武——教学赛课""教场练兵——课题研究""笔下生花——理论撰写"等形式，锻造学校团队师资课程开发与实施能力，为健全课程体系做好人员保障。

（四）经费保障

经费方面，学校统筹安排公用经费，争取上级主管部门和属地街道支持等多种形式筹措资金，保障劳动教育基地建设、教材开发、师资培训、课题研究等工作顺利推进。

（五）资源保障

教育资源方面，学校统筹课程实施时间、课程展示平台、课程宣传平台等资源，全面保障课程建设工作的可持续开展。

（执笔：大林小学　郭应春、郭旭、王兰）

让每一粒种子健康成长

——十一学校劳动课程方案

课程理念

一、指导思想

根据《中共中央 国务院关于全面加强新时代大中小学劳动教育的意见》和《大中小学劳动教育指导纲要（试行）》精神，在天府新区以公园城市理念为引领的"12345"劳动教育工作体系、"种子教育"办学思想和育人目标的指导下，为切实落实《义务教育劳动课程标准（2022年版）》的要求，培养学生正确的劳动价值观、良好的劳动品质和劳动习惯，发展学生的基本劳动能力，构建全面培养学生核心素养的劳动教育体系，十一学校制定了劳动课程顶层规划。

二、学校理念

（一）学校办学理念

在"种子教育"办学思想、"立德树人·立功为国"办学宗旨的指导下，十一学校提出"以生为本，慧育菁英"办学理念：生命至上，自为生长；生长至善，以生为本；生态至和，以师为根。坚持把学生生命、教师生命、一切与教育有关的生命个体作为学校育人的根本，以慧心为党育人、为国育才。

（二）学校育人目标

聚焦五力——健康力、坚毅力、智慧力、创新力和责任力，为培育身心和谐、品性卓越、责任良知的菁英人才奠定坚实基础。

三、劳动课程理念

学校提出"让每一粒种子健康成长"的劳动课程理念，实现在"种子教育"的培育下，通过贯穿学段线、延展空间轴、丰富课程群，构建学校劳动教育课程体系，培育十一学子的劳动创新方式和积极生活态度，让学生获得持续创造美好生活的能力。

课程目标

一、劳动课程总目标

学校结合本地资源和学校特色,提出"做一粒快乐的种子"的劳动育人目标,并按照"日常生活劳动""生产劳动""服务性劳动"三类劳动,从"劳动观念""劳动能力""劳动习惯和品质""劳动精神"四个方面梳理了"三横四纵"的目标体系(见表1)。

表1 十一学校劳动课程目标体系

总目标	做一粒快乐的种子		
目标	日常生活劳动	生产劳动	服务性劳动
劳动观念	树立"劳动最光荣、劳动最崇高、劳动最伟大、劳动最美丽"的观念,人人争当"我是快乐小种子";懂得人人都要劳动的道理,相信劳动创造美好生活,形成尊重劳动、尊重普通劳动者、热爱劳动的态度,积极参与学校爱劳动争章活动		
劳动能力	在校园生活中完全能自我照顾,且尽可能地帮助他人;在家庭生活中,能胜任绝大多数的家务劳作	知道什么是生产劳动资源,结合学校所处的天府新区区域,了解常用劳动资源的作用与特征,会使用基本的农业生产工具、木工工具、电工工具;会养殖常见小动物、栽培常见农作物和花木、简单修理桌椅等	在"十一学子社会实践成长体系"中能够胜任"值日生""楼道安全员""文明监督岗"等职务,能胜任照顾生病的同学、家人等"工作",能胜任社区卫生打扫、志愿者服务等"工作"
劳动习惯和品质	养成良好的生活习惯,能始终坚持早睡早起,讲个人卫生,饮食有规律、不挑食。同时始终坚持自己的事情自己做	具有规则意识和安全意识,能有始有终地完成劳动任务。对于劳动过程中遇到的困难能想办法去克服,坚毅力得到不断提升,也能和同伴合作,诚实守信	具有家庭服务意识和家庭责任感;具有公共服务意识和社会责任感,着意培养自己的责任力
劳动精神	在学校育人目标"五力模型"之下,养蓄坚毅力、责任力、智慧力和创新力,具有奋斗、创新的劳动精神和锐意进取的坚毅品质,以及民族传统优良品质,如奉献精神、工匠精神、劳模精神能在自己身上得到体现和发展,并且以获得学校劳动课程葵花奖、红柳奖、紫藤奖、茉莉奖、青松奖为荣		

二、劳动课程学段目标

十一学校劳动课程学段目标见表2。

表2 十一学校劳动课程学段目标

课程素养	一至二年级	三至四年级	五至六年级	七至九年级
劳动观念	懂得人人都要劳动、劳动成果来之不易的道理，尊重他人的劳动付出	懂得"一分耕耘，一分收获"的道理，尊重劳动，尊重普通劳动者，初步形成热爱劳动的态度	懂得劳动创造财富、劳动来不得半点虚假、"业精于勤荒于嬉"等道理，认识到普通劳动者的光荣与伟大，初步树立劳动最光荣、劳动最崇高、劳动最伟大、劳动最美丽的观念	懂得劳动创造美好生活的道理，认识到劳动是推动人类社会进步的根本力量，牢固树立劳动最光荣、劳动最崇高、劳动最伟大、劳动最美丽的观念
劳动能力	初步学会规范使用相应工具，能够完成比较简单的个人物品整理与清洗，居室和教室等卫生保洁、整理与收纳，垃圾分类等劳动任务，参与简单的家庭烹饪，具有初步的个人生活自理能力。在学年考核中，60%的学生能获得茉莉奖	了解常用材料的作用与特征，能规范使用常用的劳动工具；初步掌握家庭生活中常用的清洁与卫生、整理与收纳基本技能；认识常用家用器具并掌握家用小器具的使用方法；能够制作简单的日常饮食，初步学会简单的家务劳动技能，具有生活自理能力。在学年考核中，70%的学生能获得茉莉奖	能根据劳动任务选择合适的材料和工具、技术与方法，安全、规范、有效地开展种植、养殖、手工制作等生产劳动；进一步掌握家庭生活中常用的清洁与卫生、整理与收纳基本技能；了解家庭常用器具的功能特点并能够规范、安全地操作与使用；初步掌握基本的家庭饮食烹饪技法，生活自理能力和家务劳动能力得到提升。在学年考核中，80%的学生能获得茉莉奖	能根据个体、家庭、学校、社区的发展需要，提出具有一定创造性的解决方案，制订合理的劳动计划，并安全规范地加以实施，能对劳动过程与劳动成果进行反思和总结，进一步提高创造性劳动能力、合作能力；进一步加强家政知识和技能的学习与实践，能够进行家用器具的简单修理，具有良好的生活自理能力和家务劳动能力。在学年考核中，80%的学生能获得茉莉奖
劳动习惯和品质	喜欢劳动，具有主动劳动、积极参加劳动的愿望，初步形成劳动安全意识、"自己的事情自己做"的意识、以自己的劳动服务他人的意识，劳动过程中遵守纪律，不怕脏、不怕累，初步养成有始有终、认真劳动的习惯	对劳动过程中遇到的问题具有好奇心和探究欲望，形成家用电器使用安全意识、器具保养意识以及公共服务意识，懂得在劳动中遵规守约，初步学会与他人合作劳动，珍惜劳动成果，初步养成有始有终、专心致志的劳动习惯和品质	在劳动过程中自觉遵守劳动纪律，形成诚实劳动、合法劳动的意识，在集体劳动中团结协作，进一步增强与他人合作劳动的意识，形成关爱他人、积极参与社区建设的劳动意识和公共服务意识，初步形成劳动效率意识和劳动质量意识，增强家庭责任感和社会责任感，初步养成持之以恒的劳动品质	形成劳动效率意识和劳动质量意识；主动承担一定的家庭清洁、烹饪、家居美化等日常生活劳动，增强家庭责任意识；进一步增强公共服务意识，提升以自己的劳动创造美好生活的社会责任感；初步形成职业意识和生涯规划意识；强化诚实劳动的劳动习惯和品质

共享的力量
——区域推进劳动课程建设的创新实践

续表

课程素养	一至二年级	三至四年级	五至六年级	七至九年级
劳动精神	初步感知到劳动的艰辛与乐趣。珍惜自己和他人的劳动成果	在劳动过程和日常生活中做到勤俭节约、不怕困难	在劳动中主动克服困难，初步形成不怕辛苦、积极探索、追求创新、爱岗敬业、乐于奉献的精神	具有为社会发展和国家建设付出辛勤劳动的意愿，形成不畏艰辛、锐意进取、精益求精、不断创新的精神

课程结构与内容

一、课程结构

十一学校为落实劳动教育区级规划"三张课表"，从课程理念、课程育人目标、课程结构、课程实施、课程评价等多个维度构建了"教育即生长"劳动课程建构逻辑图（如图1所示），形成了富有学校文化特色的"种子课程"劳动教育课程体系。

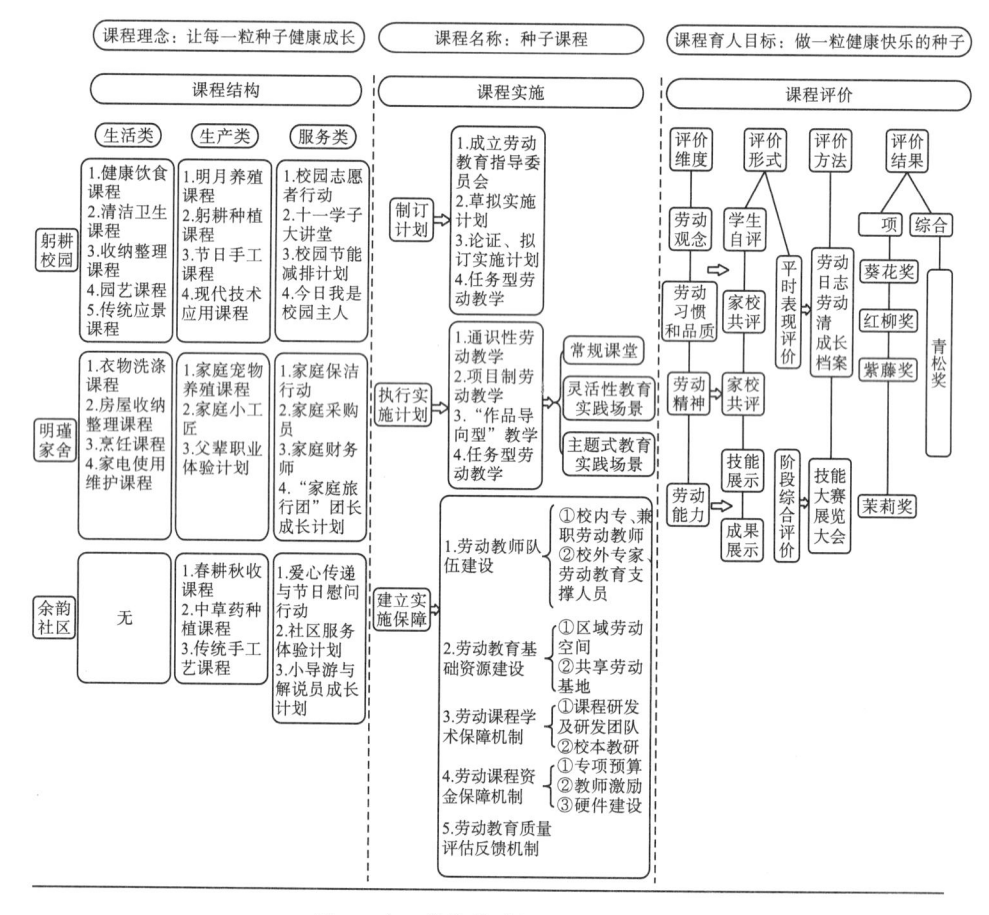

图1 十一学校劳动课程建构逻辑图

二、课程内容

（一）课程内容结构

"种子课程"按照学生劳动空间（场域）划分为"躬耕校园""明瑾家舍""余韵社区"三个版块。其中"躬耕校园"和"明瑾家舍"版块分别设置了生活类课程、生产类课程和服务类课程，"余韵社区"版块设置了生活类课程和服务类课程（如图2所示）。

（余韵社区）生产类： 春耕秋收课程、中草药种植课程、传统手工艺课程

（余韵社区）服务类： 爱心传递与节日慰问行动、社区服务体验计划、小导游与解说员成长计划

（明瑾家舍）生活类： 衣物洗涤课程、房屋收纳整理课程、烹饪课程、家电使用维护课程

（明瑾家舍）生产类： 家庭宠物养殖课程、家庭小工匠、父辈职业体验计划

（明瑾家舍）服务类： 家庭保洁行动、家庭采购员、家庭财务师、"家庭旅行团"团长成长计划

（躬耕校园）生活类： 健康饮食课程、清洁卫生课程、收纳整理课程、园艺课程、传统应景课程

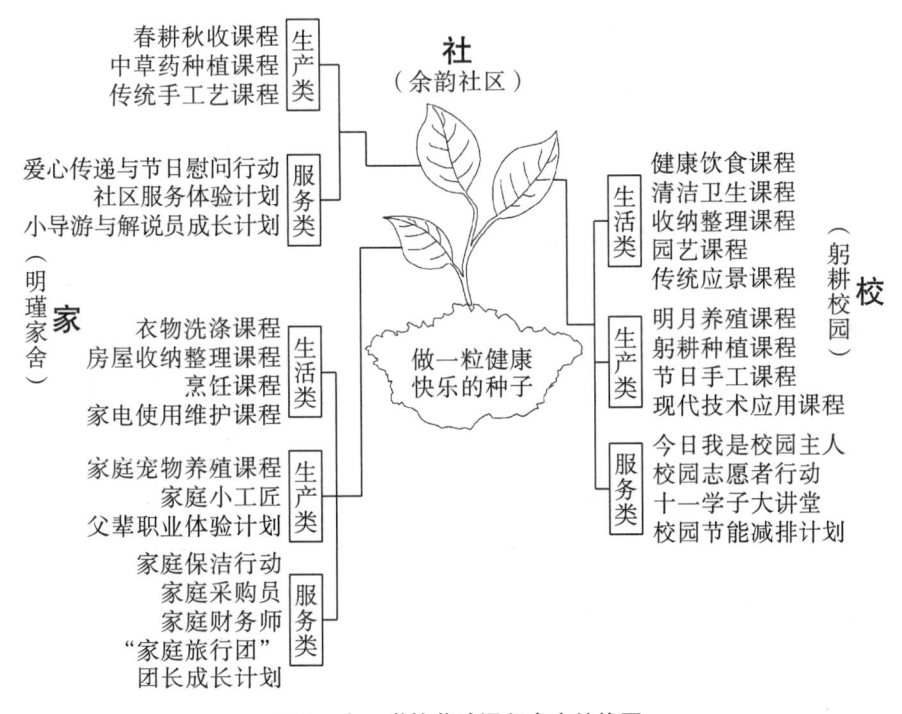

（躬耕校园）生产类： 明月养殖课程、躬耕种植课程、节日手工课程、现代技术应用课程

（躬耕校园）服务类： 今日我是校园主人、校园志愿者行动、十一学子大讲堂、校园节能减排计划

中心主题：做一粒健康快乐的种子

图2　十一学校劳动课程内容结构图

（二）年级课程设置

1. "躬耕校园"课程

"躬耕校园"课程立足校园空间。在"躬耕校园"课程中，生活类课程设置了学生在学校里正常独立生活所需掌握的各项基本技能的课程，生产类课程设置了在校园中易于实现的生产课程，服务类课程设置了着重培养学生主动服务学校的意识和学校责任感的课程。

（1）生活类课程设置。

生活类课程包括五大课程：健康饮食课程、清洁卫生课程、收纳整理课程、园艺课程、传统应景课程。其中健康饮食课程重在加深学生对食物营养的认识，在潜移默化中引导学生传承饮食文化，弘扬节俭美德，生成感恩之心。清洁卫生课程和收纳整理课程让学生通过清洁整理知道劳动中的学问、审美、快乐等人生哲学。园艺课程和传统应景

共享的力量
——区域推进劳动课程建设的创新实践

课程重在让学生建立对四时变化的敏感、对土地的热爱、对生活的感恩。

健康饮食课程、收纳整理课程、园艺课程、传统应景课程均涵盖一至九年级，清洁卫生课程涵盖一至三年级（见表3至表5）。

表3 "躬耕校园"课程——生活类（一至三年级）

年级		一年级		二年级		三年级		实施场域	实施人员
学期安排		一上	一下	二上	二下	三上	三下		
生活类	健康饮食课程	认识常见食物营养	设计每日食谱	制作蔬菜沙拉	制作泡菜	制作水果沙拉	奶茶DIY	教学区域家	劳动教师家长
	清洁卫生课程	科学洗手法	学用扫把与拖把	清洗红领巾	清理洗手池	清理窗台	清理图书角	教学区域家	劳动教师家长
	收纳整理课程	书包柜收纳整理	课桌收纳整理	抽屉收纳整理	巧叠衣物	做好值日生	变废为宝——自制收纳盒	教学区域家	劳动教师家长
	园艺课程	认识水果	了解茶叶	认识蔬菜	了解中国茶文化	认识花卉	煮茶叶	教学区域	劳动教师
	传统应景课程	认识春节	清明做青团	认识二十四节气	认识法定节假日	认识国际节	节日课程——端午节	教学区域	劳动教师

表4 "躬耕校园"课程——生活类（四至六年级）

年级		四年级		五年级		六年级		实施场域	实施人员
学期安排		四上	四下	五上	五下	六上	六下		
生活类	健康饮食课程	制作青团	制作蒸蛋	制作豆浆	榨果汁	煮荷包蛋	制作果冻	教学区域家	劳动教师家长
	清洁卫生课程	清理讲台	配置清洁剂					教学区域家	劳动教师家长
	收纳整理课程	变废为宝：自制笔筒	图书角收纳整理	讲台收纳整理	垃圾分类	认识职业收纳师	教室收纳整理	教学区域家	劳动教师家长
	园艺课程	自制水果茶	采茶叶	自制水果拼盘	家庭园艺	茶艺表演	自制水果捞	教学区域家	劳动教师家长
	传统应景课程	做月饼	制作咸鸭蛋	情系重阳	包粽子	节气课程——元宵节	缝制端午小香囊	教学区域	劳动教师

表5 "躬耕校园"课程——生活类（七至九年级）

年级		七年级		八年级		九年级		实施场域	实施人员
学期安排		七上	七下	八上	八下	九上	九下		
生活类	健康饮食课程	烘焙小饼干	包抄手	学做凉菜	学做冰粉	创意面点	炒土豆丝	教学区域	劳动教师
	收纳整理课程	收纳整理行李箱	收纳整理卧室	收纳整理教室	整理校园公区	班级收纳师	校园收纳师	教学区域	劳动教师首席导师
	园艺课程	饮茶与健康	中国茶文化	茶叶生产与加工	自制水果拼盘	水果膳食营养	茶叶评鉴	教学区域	劳动教师
	传统应景课程	自制咸鸭蛋	自制中秋花灯	巧手包包子	节气课程——上巳节	南北节气差异	大国之地方节气	教学区域	劳动教师

(2) 生产类课程设置。

生产类课程包括四大课程：明月养殖课程、躬耕种植课程、节日手工课程、现代技术应用课程。明月养殖课程和躬耕种植课程让学生在田园农作中亲近自然。节日手工课程和现代技术应用课程注重学生工艺技能和劳动创造的培养，让学生在劳动过程中发现美、欣赏美、创造美。明月养殖课程、躬耕种植课程、节日手工课程均涵盖一至九年级，现代技术应用课程涵盖四至九年级，均在每周一节劳动课上完成授课（见表6至表8）。

表6 "躬耕校园"课程——生产类（一至三年级）

年级		一年级		二年级		三年级		实施场域	实施人员
学期安排		一上	一下	二上	二下	三上	三下		
生产类	明月养殖课程	认识金鱼	饲养金鱼	认识兔子	饲养兔子	认识蚕宝宝	饲养蚕宝宝	教学区域劳动基地	劳动教师
	躬耕种植课程	水培豆芽	土培香葱	种植萝卜	种植大白菜	种植龙须牡丹	微景观制作	教学区域家	劳动教师家长
	节日手工课程	教师节——节日手工贺卡	拨浪鼓咚咚咚	扎染手绢	活字印刷真神奇	十二生肖纸杯	自制川剧脸谱	教学区域	劳动教师
	现代技术应用课程								

表7 "躬耕校园"课程——生产类(四至六年级)

年级		四年级		五年级		六年级		实施场域	实施人员
学期安排		四上	四下	五上	五下	六上	六下		
生产类	明月养殖课程	神秘来客——金翅雀		认识孔雀	饲养孔雀	认识家禽	饲养家禽	教学区域 劳动基地	劳动教师
	躬耕种植课程	种植草莓	种植仙人掌	种植土豆	盆景设计	种植向日葵	压花艺术	教学区域 家	劳动教师 家长
	节日手工课程	春节:新春吊饰	五彩宫扇	彩绘油纸伞	大红剪纸	母亲节——巧手编花篮	陶泥龙舟	教学区域	劳动教师
	现代技术应用课程			蘑菇种植	温室育种	无人机趣味航拍	认识新能源	教学区域 校外基地	劳动教师 基地教师

表8 "躬耕校园"课程——生产类(七至九年级)

年级		七年级		八年级		九年级		实施场域	实施人员
学期安排		七上	七下	八上	八下	九上	九下		
生产类	明月养殖课程	认识芦丁鸡	饲养芦丁鸡	认识家鸽	饲养家鸽	认识小黄鸭	饲养小黄鸭	教学区域 劳动基地	劳动教师 基地教师
	躬耕种植课程	种植玉米	种植水稻	川派盆景	中草药种植技术体验	水稻流程管理	现代化农业生产技术	教学区域 劳动基地	劳动教师 基地教师
	节日手工课程	春节——财神手偶	多民族头饰	中秋节——彩色灯笼高高挂	手工皮影戏	手工青花瓷	端午——陶艺龙舟	教学区域	劳动教师
	现代技术应用课程	无土栽培	了解智能机器人	交互式智能平板管理	制作电机动力车	报警装置设计	学习3D打印	教学区域 家	劳动教师 家长

(3)服务类课程设置。

服务类课程包括今日我是校园主人、校园志愿者行动、十一学子大讲堂、校园节能减排计划四大课程,注重让学生在分享和奉献中收获快乐。今日我是校园主人和校园志愿者行动涵盖一至九年级并在每周固定的劳动课时间上完成授课,十一学子大讲堂授课时间为每个月第一周上午第三节上课前时间段(见表9至表11)。

表9 "躬耕校园"课程——服务类(一至三年级)

年级	一年级		二年级		三年级		实施场域	实施人员
学期安排	一上	一下	二上	二下	三上	三下		
服务类 今日我是校园主人	我是校园主人	我是文明倡导者	我是班级环创解说员	我是校园保洁员	我是间餐发放员	我是食堂小帮手	我是安全监督员	教学区域	劳动教师 首席导师
服务类 校园志愿者行动	迎新活动		光盘行动		公益募捐		教学区域 校外	劳动教师 首席导师
服务类 十一学子大讲堂	榜样的力量						教学区域	首席导师

表10 "躬耕校园"课程——服务类(四至六年级)

年级	四年级		五年级		六年级		实施场域	实施人员
学期安排	四上	四下	五上	五下	六上	六下		
服务类 今日我是校园主人	我是节能监督员	我是校园安保员	我是校园小木匠	我是话剧员	我是校园广播员	我是图书管理员	教学区域	劳动教师 首席导师
服务类 校园志愿者行动	万人植树		文艺汇演		交通指挥		教学区域 校外	劳动教师 首席导师
服务类 十一学子大讲堂	劳动模范						教学区域	首席导师

表11 "躬耕校园"课程——服务类(七至九年级)

年级	七年级		八年级		九年级		实施场域	实施人员
学期安排	七上	七下	八上	八下	九上	九下		
服务类 今日我是校园主人	我是校医	我是值周教师	我是校园园艺师	我是校园维修师	我是校园小导游	我是校园主持人	教学区域	劳动教师 首席导师
服务类 校园志愿者行动	迎新活动		支教服务		敬老爱老		教学区域 校外	劳动教师 首席导师
服务类 十一学子大讲堂	大国工匠						教学区域	首席导师

2. "明瑾家舍"课程

"明瑾家舍"课程立足家庭空间。在"明瑾家舍"课程中,生活类课程设置了学生在家中正常独立生活所需掌握的各项基本技能的课程,生产类课程设置了在家中易于实现的生产课程,服务类课程设置了着重培养学生主动服务家庭的意识和家庭责任感的课程。

(1) 生活类课程设置。

生活类课程包括四大课程:衣物洗涤课程、房屋收纳整理课程、烹饪课程、家电使用维护课程。家校联合培养学生的劳动意识,让他们能够将在学校内习得的劳动技能运用到家庭生活中，促使他们在日常生活中锻炼自身的劳动能力，并能逐渐掌握生活自理技能，增强其自律性（见表12至表14）。

表12 "明瑾家舍"课程——生活类（一至三年级）

年级		一年级		二年级		三年级		实施场域	实施人员
	学期安排	一上	一下	二上	二下	三上	三下		
生活类	衣物洗涤课程	洗汗巾	洗袜子	洗内裤	脏衣服分类	洗红领巾	清洗小件外套	家	学生家长
	房屋收纳整理课程	整理书桌	叠被子	玩具收纳	洗碗筷	叠衣服	整理书柜	家	学生家长
	烹饪课程	洗水果	制作水果茶	洗菜与择菜	打鸡蛋	厨具使用与调料辨别	煮米饭	教学区域	劳动教师
	家电使用维护课程					安全用电	灯光控制	教学区域	首席导师劳动教师

表12 "明瑾家舍"课程——生活类（四至六年级）

年级		四年级		五年级		六年级		实施场域	实施人员
	学期安排	四上	四下	五上	五下	六上	六下		
生活类	衣物洗涤课程	擦皮鞋	洗书包					家	学生家长
	房屋收纳整理课程	贴身衣物收纳整理	整理鞋柜	整理衣橱	垃圾分类	整理餐桌	整理茶几	家	学生家长
	烹饪课程	健康膳食	清爽凉拌菜	制作月饼	制作面包	制作水果拼盘	制作番茄炒蛋	教学区域	劳动教师
	家电使用维护课程	洗衣机使用与维护	电饭煲使用与维护	电热水壶使用与维护	电风扇维护与维修	空调使用与维护	电视使用与维护	教学区域	首席导师劳动教师

表14 "明瑾家舍"课程——生活类（七至九年级）

年级		七年级		八年级		九年级		实施场域	实施人员
	学期安排	七上	七下	八上	八下	九上	九下		
生活类	衣物洗涤课程								
	房屋收纳整理课程	整理行李箱	卧室整理与收纳	厨房整理与收纳	阳台整理与收纳	卫生间整理与收纳	客厅整理与收纳	家	学生家长
	烹饪课程	包饺子	包粽子	帮做年夜饭	炒回锅肉	认识茶叶	制作奶茶	教学区域	劳动教师
	家电使用维护课程	微波炉使用与维护	自行车维护与维修	电冰箱使用与维护	榨汁机使用与维护	电烤箱使用与维护	电熨斗使用与维护	教学区域	首席导师劳动教师

(2) 生产类课程设置。

生产类课程包括家庭宠物养殖课程、家庭小工匠和父辈职业体验计划三大课程，让学生因地制宜地展开劳动活动，使他们能够将校内理解和掌握的劳动基础知识运用于生活实践中并得到拓展（见表15至表17）。

表15 "明瑾家舍"课程——生产类（一至三年级）

年级	一年级		二年级		三年级		实施场域	实施人员
学期安排	一上	一下	二上	二下	三上	三下		
生产类 家庭宠物养殖课程	金鱼养殖课程		白兔养殖课程		蜗牛养殖课程		家	学生家长
生产类 家庭小工匠	剪窗花	种植大蒜	纸芯做笔筒	土培香葱	缝纽扣	种植百合	家	学生家长

表16 "明瑾家舍"课程——生产类（四至六年级）

年级	四年级		五年级		六年级		实施场域	实施人员
学期安排	四上	四下	五上	五下	六上	六下		
生产类 家庭宠物养殖课程	桑蚕养殖课程		青蛙养殖课程		芦丁鸡养殖课程		家	学生家长
生产类 家庭小工匠	制作中国结	绳编钥匙扣	制作灯笼	自制风铃	自制衍纸书签	种植土豆	教学区域 劳动基地	劳动教师
生产类 父辈职业体验计划			牙医体验计划	导购员体验计划	摄影师体验计划	禁毒宣传员体验计划	教学区域 家	劳动教师 学生家长

表17 "明瑾家舍"课程——生产类（七至九年级）

年级	七年级		八年级		九年级		实施场域	实施人员
学期安排	七上	七下	八上	八下	九上	九下		
生产类 家庭宠物养殖课程	乌龟养殖课程		仓鼠养殖课程		黄鸭养殖课程		家	学生家长
生产类 家庭小工匠	生活用品大改造	自制日历牌	自制收纳盒	缝制端午香囊	自制肥皂	自制饮水机	家	学生家长
生产类 父辈职业体验计划	营养师体验计划	交警员体验计划	社区安全宣传员体验计划	家庭医生体验计划	小电工体验计划	花艺师体验计划	教学区域 家	学生家长 劳动教师

(3) 服务类课程设置。

服务类课程包括家庭保洁行动、家庭采购员、家庭财务师、"家庭旅行团"团长成长计划四大课程，为学生提供了更多开展劳动实践的机会，有利于增强学生的家庭服务意识和家庭责任感，巩固学生的劳动技能（见表18至表20）。

表 18 "明瑾家舍"课程——服务类(一至三年级)

年级	一年级		二年级		三年级		实施场域	实施人员
学期安排	一上	一下	二上	二下	三上	三下		
服务类	家庭保洁行动	清洗吸管杯	清洗运动鞋	清洗餐厨用具	清洗窗户	清洗洗手池	清洗便池	家	学生家长
	家庭采购员					了解采购员	制作采购表	家 教学区域	学生家长 劳动教师
	家庭财务师					制作收入支出明细表	家庭玩具财务师	家 教学区域	学生家长 劳动教师
	"家庭旅行团"团长成长计划					认识天气	认识地图	家 教学区域	学生家长 劳动教师

表 19 "明瑾家舍"课程——服务类(四至六年级)

年级	四年级		五年级		六年级		实施场域	实施人员
学期安排	四上	四下	五上	五下	六上	六下		
服务类	家庭保洁行动	清洗电热水壶	清洗电风扇	清洗电饭煲	清洗微波炉	清洗电冰箱	我为书柜做保洁	家	学生家长
	家庭采购员	认识超市导购区	常用文具采购员	个人书籍采购员	家庭零食采购员	家庭绿植采购员	生鲜食材采购员	家 教学区域	学生家长 劳动教师
	家庭财务师	家庭休闲食品财务师	家庭日常开支财务师	家庭文娱财务师	家庭三餐财务师	家庭教育财务师	家庭绿植财务师	家 教学区域	学生家长 劳动教师
	"家庭旅行团"团长成长计划	认识标志牌	制作必备物品清单	我会求救(上)	我会求救(下)	制作路线图	制作日程安排图	家 教学区域	学生家长 劳动教师

表 20 "明瑾家舍"课程——服务类（七至九年级）

年级		七年级		八年级		九年级		实施场域	实施人员
学期安排		七上	七下	八上	八下	九上	九下		
服务类	家庭保洁行动	我为衣橱做保洁	我为房间做保洁	我为厨房做保洁	我为阳台做保洁	我为卫生间做保洁	我为客厅做保洁	家	学生家长
	家庭采购员	衣帽服饰采购员	洗护清洁用品采购员	厨房烹饪调料采购员	宠物用品采购员	家庭电器采购员	小型家具采购员	家教学区域	学生家长劳动教师
	家庭财务师	家庭宠物财务师	家庭衣帽服饰财务员	家庭保险财务师	家庭医疗财务师	家庭储蓄管理员	家庭投资财务师	家教学区域	学生家长劳动教师
	"家庭旅行团"团长成长计划	我会急救（上）	我会急救（下）	做旅行手账	写旅行攻略	我是"家庭旅行团"团长（上）	我是"家庭旅行团"团长（下）	家教学区域	学生家长劳动教师

3. "余韵社区"课程

"余韵社区"课程立足社区空间。在"余韵社区"课程中，生产类课程设置了在社区中易于实现的生产课程，服务类课程设置了着重培养学生主动服务社区的意识和社会责任感的课程。

（1）生产类课程。

生产类课程包括四大课程：春耕秋收课程、中草药种植课程、传统手工艺课程。学校与社区深度合作开展春耕秋收课程，社区提供合作场地和专业技术人员，学生在专业技术人员的指导下进行耕种、采摘等生产劳作。小学阶段的主题为"四季课程"，学生在课程中体验一年四季的耕种和采摘过程；中学阶段以"水稻的一生"为主题，完整体验水稻生长的全过程。中草药种植课程面向中学生开设。学生在学校与社区合作的中草药种植基地中学习传统文化知识，了解健康生活理念，体验中草药从种植、养护到加工和处理的全过程（见表21至表24）。

表 21 "余韵社区"课程——生产类（一至二年级）

年级		一年级		二年级		实施场域	实施人员
学期安排		一上	一下	二上	二下		
生产类	春耕秋收课程	四季课程除草松土	四季课程春摘草莓	四季课程种植油菜	四季课程夏取樱桃	校社联合劳动基地	劳动教师
	传统手工艺课程	主题折纸月圆中秋	主题剪纸浓情端午	主题折纸欢度国庆	主题剪纸躬耕劳动	校社联合传统手工基地	技术人员及劳动教师

表22 "余韵社区"课程——生产类（三至四年级）

年级		三年级		四年级		实施场域	实施人员
学期安排		三上	三下	四上	四下		
生产类	春耕秋收课程	四季课程秋收鲜橙	四季课程种植南瓜	四季课程种植花生	四季课程春摘番茄	校社联合劳动基地	劳动教师
	传统手工艺课程	传统手工制陶一期	传统手工制陶二期	纸鸢逢秋风自制风筝	纸鸢醉春烟自制风筝	校社联合传统手工基地	技术人员及劳动教师

表23 "余韵社区"课程——生产类（五至六年级）

年级		五年级		六年级		实施场域	实施人员
学期安排		五上	五下	六上	六下		
生产类	春耕秋收课程	四季课程种植玉米	四季课程夏取西瓜	四季课程秋收雪梨	四季课程种植土豆	校社联合劳动基地	劳动教师
	传统手工艺课程	编制手绳饰品	编制中国结	走近蜀绣第一期	走近蜀绣第二期	校社联合传统手工基地	技术人员及劳动教师

表24 "余韵社区"课程——生产类（七至九年级）

年级	七年级		八年级		九年级		实施场域	实施人员
学期安排	七上	七下	八上	八下	九上	九下		
春耕秋收课程	水稻的一生备种	水稻的一生育苗	水稻的一生收割	水稻的一生插秧	水稻的一生打谷	水稻的一生米宴	校社联合水稻种植基地	技术人员及劳动教师
中草药种植课程	认识采摘中草药秋季篇	认识采摘中草药春季篇	种植养护中草药秋季篇	种植养护中草药春季篇	加工处理中草药秋季篇	加工处理中草药春季篇	校社联合中草药种植基地	劳动教师
传统手工艺课程	川派竹编制作竹扇	川派竹编竹制工具	川派竹编竹制茶具	川派竹编瓷胎竹编	手工制作川剧脸谱	手工制作元宵花灯	校社联合传统手工基地	技术人员及劳动教师

（2）服务类课程。

服务类课程包括爱心传递与节日慰问行动、社区服务体验计划、小导游与解说员成长计划三大课程，让学生在参与社会公益活动中受到启迪，懂得奉献爱心，珍惜幸福生活。爱心传递与节日慰问行动课程开设了八个节日慰问课程——劳动节、中秋节、端午节、国庆节、建党建军节、元旦节、重阳节、父亲母亲节。学生在这些节日慰问课程中，深入社区协助布置应景装饰、组织活动演出等。社区服务体验计划课程旨在让学生了解社区工作者的日常工作内容，更深入地了解社区运行样态，体验内容包括社区服务的方方面面。小导游与解说员成长计划课程旨在立足社区，培养学生的主人翁意识，锻炼学生的组织协调能力、应变能力和语言表达能力。课程的实施场所以学生自己的家庭为基点，逐步向社区、社会延伸。学生具备一定劳动能力之后，课程场所将转变为周边的重要场馆和景观所在地，有效拓展劳动教育的实践空间和学生的生命宽度（见表25至表27）。

表25 "余韵社区"课程——服务类（三至四年级）

年级	三年级		四年级		实施场域	实施人员
学期安排	三上	三下	四上	四下		
服务类 爱心传递与节日慰问行动	明净蜡梓路行动	躬耕劳动节日慰问行动	月圆中秋节日慰问行动	我为空巢老人献爱心	三根松社区	社区工作人员及劳动教师
社区服务体验计划	清理城市牛皮癣	养护社区行道树	社区引导员体验日	社区敬老员体验日	三根松社区	社区工作人员及劳动教师
小导游与解说员成长计划	家庭小导游行动	小区小导游行动	街道小导游行动	社区小导游行动	兴隆湖及周边区域	劳动教师

表26 "余韵社区"课程——服务类（五至六年级）

年级	五年级		六年级		实施场域	实施人员
学期安排	五上	五下	六上	六下		
服务类 爱心传递与节日慰问行动	明净鹿溪河行动	端午安康节日慰问行动	欢度国庆节日慰问行动	我为清洁工献爱心	三根松社区	社区工作人员及劳动教师
社区服务体验计划	社区咨询员体验日	社区走访员体验日	社区卫生员体验日	社区文创员体验日	三根松社区	社区工作人员及劳动教师
小导游与解说员成长计划	鹿溪河小导游行动	鹿溪智谷小导游行动	鹿溪河生态区小导游行动	麓湖美术馆解说员行动	兴隆湖及周边区域	劳动教师

表27 "余韵社区"课程——服务类（七至九年级）

年级	七年级		八年级		九年级		实施场域	实施人员
学期安排	七上	七下	八上	八下	九上	九下		
服务类 爱心传递与节日慰问行动	明净兴隆湖行动	建党建军节日慰问行动	元旦佳节节日慰问行动	我为留守儿童献爱心	寄情重阳节日慰问行动	献爱父母节日慰问行动	三根松社区	社区工作人员及劳动教师
社区服务体验计划	社区安全员体验日	社区民政员体验日	社区网格员体验日	社区消防员体验日	文明劝导员体验日	服务站小站长体验日	三根松社区	社区工作人员及劳动教师
小导游与解说员成长计划	国科大校园导游行动	成都农科中心解说员行动	兴隆湖湿地公园导游行动	光电所解说员行动	林盘景区导游行动	超算中心解说员行动	兴隆湖及周边区域	劳动教师

课程实施与评价

一、课程实施

（一）落实课程实施场域建设

"躬耕校园""明瑾家舍""余韵社区"劳动教育课程分别在学校、家庭、社区三个场域落实和开展。

1. 学校教育阵地建设

（1）细分劳动课程。根据学生实际情况和教学内容，因时因势调整劳动项目和组织形式。

（2）建设劳动实践场所。在校内设置多个劳动实践场所，包括种植区、养殖区、木工坊等，给学生提供更多实践操作和体验的机会。

（3）建立劳动合作机制。学校和社会企事业单位建立合作机制，为课程搭建平台。

2. 家庭教育阵地建设

（1）引导家长积极参与。加强家长引导，让家长认识到劳动教育的重要性，鼓励家长让孩子充分参与平时家务劳动。

（2）组织协同劳动活动。学校定期组织或鼓励家长参与亲子劳动活动，让孩子和父母共同完成一次劳动任务，培养孩子的团队合作意识和责任感，同时也增进亲子关系。

（3）家庭劳动宣传教育。通过家长会、家长群等渠道，向家长倡导劳动教育的重要性和实施方法，提醒家长更好地在家庭教育中融入劳动教育。

3. 社区教育阵地建设

（1）组织志愿者活动。社区定期或不定期组织学生参加一些有益社会的志愿者活动，让学生有机会感受到自己的付出对社会的正面影响，增强学生的社会责任感。

（2）开展社区文化活动。社区定期或不定期组织学生参加各种积极的文化活动，通过多元化的学习体验，学生了解传统文化，并在其中挖掘劳动的深层意义和价值。

（3）建立协同育人机制。社区与学校合作，为学生提供更多的劳动实践机会，为社区公共设施的改善和人文环境的提升贡献自己的力量。

（二）凝练课堂价值，充分发挥"关键"引领作用

劳动是实践性很强的综合型学科，教育开展的场地和空间基本不受限制，作为学校教育的主阵地——课堂，其作用显得更为重要。在国家对基础教育类学校的课程安排里，劳动课需要每周设置一节，现实中劳动和劳动教育随时随地都在发生，必须充分发挥这一节"劳动课"对学校实施劳动课程的"关键"引领作用。

（1）每班每周一节劳动课，设专职劳动教师1~2名，兼职劳动教师若干。

（2）定期开展劳动教育研讨活动。

(3) 建设劳动教育专用教室,如工具房、木工房、烹饪教室、创客教室等。

(4) 按学校工作计划,以劳动课表为主线,结合学校其他活动及常规管理工作制订学年(学期)劳动教育计划和学生劳动清单,形成"1+N"("1"为每周一节劳动课,"N"为若干劳动场景和劳动任务)的学校劳动课程实施模式。

(三)规划主题活动,促进学习效果的持续性生成

1. 劳动日

集体劳动日,即以集体(学校、年级、班级)为单位设置的劳动日活动。以集体完成确定的劳动任务为活动目标,实现对全员的劳动教育。

我的劳动日,即以个人为主体的劳动教育,近似于"值日生"的内涵,但更加确立其主体性和自我教育价值。

2. 劳动周

根据学校实际,结合学校课程规划的"小学程",每学期开展劳动周活动(见表28),按照"制订计划—定义任务—联合社会—培训技能—考核评价"程序实施。

表28 2022—2023下学期劳动周课程安排

年级	年级劳动周主题	实施人员	实施场域	时间	具体项目
一年级	"我是劳动小能手"	级部全体教师	学校操场教室	5月5日—5月11日	1. 叠被子大赛 2. 剪窗花大赛 3. 班级环创大赛 4. 明净校园行动 5. 表彰大会
二年级	"明月与沃田"	级部全体教师	学校操场劳动基地	4月19日—4月26日	1. 制作兔子窝 2. 兔子领养仪式 3. 除草与松土 4. 种植大白菜
七年级	"劳动最光荣"	级部全体教师	学校操场劳动基地	4月26日—5月6日	1. 致敬劳动模范 2. 明净校园行动 3. 明净兴隆湖行动 4. 社区绿化行动 5. 表彰大会
八年级	"端午情意浓"	级部全体教师	教室劳动基地	6月15日—6月21日	1. 花灯设计大赛 2. 粽子制作大赛 3. 端午折纸大赛 4. 遥控赛龙舟大赛 5. 端午市集 6. 表彰大会

3. 学校传统劳动项目

(1) 细化劳动课程,拟定各年级日常劳动清单。

学校结合《成都市大中小学劳动教育项目清单(试行)》,拟定《四川天府新区十一

学校学生日常生活劳动清单（试行）》，发动各年级学生家长参与。

（2）依托种植和养殖教育内容，开展"生命课程"。

"生命课程"依托学校种植区和养殖区，持续开展各类养殖和种植活动，其教育意义涵盖热爱生命、尊重生命、感恩父母、照料弱小等。

（3）以展促学，开展各类劳动展评活动。

学校结合各类节假日、学校艺术节、其他学科活动，搭建线上线下平台，持续不断开展"十一种子"劳动作品展示、劳动技能比拼活动。

二、课程评价

（一）课程评价原则

1. 导向性原则

以劳动课程素养为导向，关注学生的劳动观念、劳动能力、劳动习惯和品质、劳动精神四个方面的发展状况，以及在劳动过程中的体现。通过评价的积极引导作用，促进劳动育人价值的实现。

2. 发展性原则

学校着眼于学生劳动课程素养的动态发展，正确对待劳动中出现的问题，鼓励学生不断改进和提高。结合学校每月开展的"学月之星"的评价，设立"学月劳动之星"，名额为每班一名；在期末摘星活动中，设立"学期劳动之星"，名额若干，充分肯定学生在劳动中的进步。

3. 系统性原则

学校结合育人体系，在实施"种子课程"之劳动教育课程中，以培育具有智慧力、坚毅力、责任力、健康力、创新力的"五力学子"为育人目标，依据学生年龄特征和学习特点，确定循序渐进的评价目标——各年级依据学校育人目标，分解并确定年级育人目标，在年级育人目标中明确劳动教育的育人目标。学校注重过程性评价与结果性评价相结合，发挥教师、家长和学生等多元主体评价作用，兼顾家庭劳动实践评价与社会劳动实践评价，采用多样化评价方式，如项目实践、交流对话、技能测试等，持续地反馈信息。

（二）课程评价细则

1. 评价要素概括

学校围绕劳动素养从评价维度、评价形式、评价方法、评价结果四个维度制定了劳动课程评价逻辑图（如图3所示）。其中评价维度包括劳动观念、劳动习惯和品质、劳动精神、劳动能力。前三者采用平时表现评价的评价方式，劳动能力采用阶段综合评价的评价方式。其中，劳动观念、劳动习惯和品质采用学生自评和家校共评的评价方式，劳动精神采用家校共评的评价方式，劳动能力采用技能展示和成果展示的评价方式。平时表现评价采用劳动日志、劳动清单和成长档案三种评价方法，分别对应"葵花奖""红柳奖""紫藤奖"三种单项奖。阶段综合评价采用技能大赛和展览大会的评价方式，对应"茉莉奖"单项奖。综合奖只设"青松奖"一种奖项。

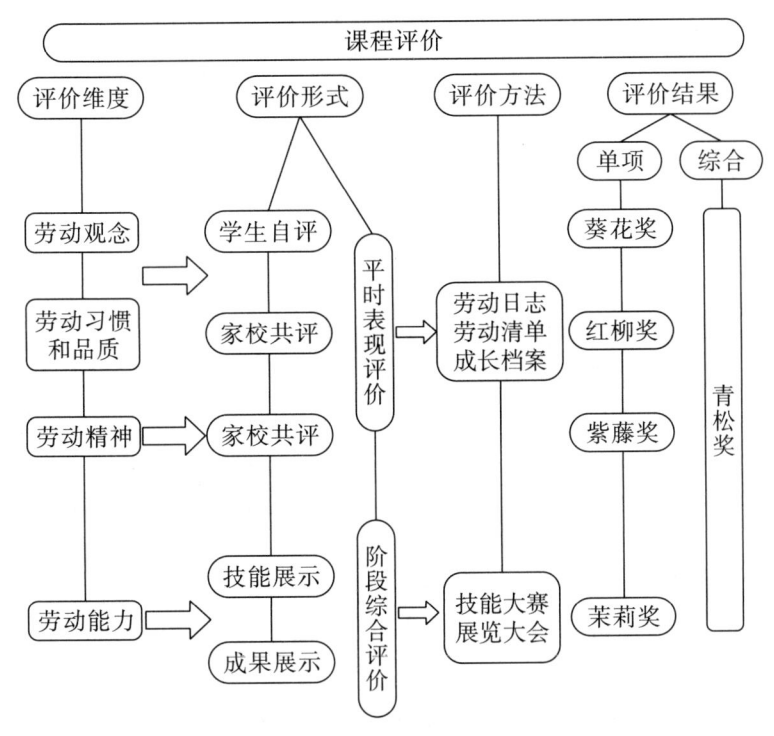

图 3　十一学校劳动课程评价逻辑图

2. 课程评价量表（见表 29）

表 29　十一学校劳动课程评价量表

评价维度		发展性评价指标（各年级每学期不同）	评价方法	评价主体					评价结果	
				自评 20%	同学评 20%	家长评 30%	教师评 30%	合计得分 100%	单项	综合
平时表现评价	劳动观念	……	劳动日志 劳动清单 成长档案						葵花奖	青松奖
	劳动习惯和品质	……							红柳奖	
	劳动精神	……							紫藤奖	
阶段综合评价	劳动能力	……	技能大赛 展览大会						茉莉奖	

组织与保障

为全面推进与实施劳动课程，学校成立以副校长为组长的课程领导小组，由五育发展中心、行政服务中心、教·学研究中心和后勤保障中心具体负责劳动课程的开发、组织、教研、物资经费等管理工作。

一、组织结构

学校成立劳动课程研发项目小组，人员构成如下：

组　长：副校长

副组长：五育发展中心主任、教学服务部主任

成　员：胡瑞、冯媛媛、唐鹏举

人员职责：组长为组织劳动课程的主要决策人，负责学校劳动课程的总体策划、宏观调控及管理。副组长组织教师研发劳动课程项目，对课程进行指导、评估。成员负责课程的具体工作，对课程的开发、组织、实施、评价与物资经费进行管理。

二、相关保障

（一）制度保障

学校将劳动课纳入课表，保障每班每周一节劳动课、每期一周劳动周、每年一月劳动月。建立《课程研发制度》《学生选课制度》《课程审议制度》《课程评价制度》等，保障劳动课程的顺利开展。按学校教师考核制度对教师开展劳动教育的情况进行考核，对表现优秀的教师予以表彰。

（二）场域保障

学校占地面积约58.83亩，建筑面积3.9万平方米，建有环形跑道、塑胶运动场、篮球场、室内运动中心、室内攀岩馆、中草药基地、行走的图书馆等劳动场地，提供基础劳动场域，保障各类劳动课程的有效实施。做好与家长的沟通交流工作，保障家庭中劳动项目的开展。加强与三根松社区、鹿溪智谷社区、四川省科技馆、四川丝绸博物馆的联系，为学生提供丰富的公益劳动场域。

（三）经费保障

学校在教师培训、外出交流、场域建设、硬件配置、课程实施与评价等方面提供充足的经费保障，并且做好财务公开，强化监督检查，保证劳动教育经费足额高效使用。

（执笔：十一学校　田华、胡瑞、冯媛媛、唐鹏举）

扬劳动之帆　育生命自觉

——元音中学劳动课程方案

课程理念

一、指导思想

根据《中共中央　国务院关于全面加强新时代大中小学劳动教育的意见》《大中小学劳动教育指导纲要（试行）》，为切实落实《义务教育劳动课程标准（2022年版）》的要求，培养学生正确劳动价值观和良好劳动品质，发展学生的基本劳动能力和劳动习惯，构建全面培养学生核心素养的劳动教育体系，在成都市首批劳动教育试点区域天府新区构建的以公园城市理念为引领的"12345"劳动教育工作体系和学校"育生命自觉"办学理念的指导下，四川天府新区元音中学（以下简称"元音中学"）积极架构了"生命成长"劳动课程顶层设计。

二、学校办学理念

元音中学秉承元音书院文脉，坚守元音人"兴教育"初心，以"培育生命自觉"为办学宗旨，汇聚深刻理解时代精神的卓越教育人，用创新的激情守护单纯梦想，用专业的行动陪伴生命成长，用团队的力量肩负时代使命。

三、学校育人目标

元音中学的育人目标是"培养学识广博、身心强健、格局高远的未来公民"。

学识广博：广泛涉猎人文、科学等各领域的知识和技能，灵活掌握和运用人类优秀智慧成果，形成积极主动地认识发展变化着的内外世界和改造内外世界的能力。

身心强健：深刻理解生命的意义和人生的价值，具有认识自我和调整自我的能力，能选择适合自己的运动方式坚持锻炼，从而练就强健的体魄，具有乐观尚美的精神气质。

格局高远：坚守现代公民基本的道德准则和行为规范，具有向外链接的思维方式和创造未来的社会责任感，从而拥有崇高的人格力量和能成功协作的人性魅力。

四、劳动课程理念

紧扣学校办学理念"教天地人事，育生命自觉"，学校确立了"生命成长"的劳动课程理念。学校创新多元化育人模式，打造多样态的生命成长环境，通过全方位人文浸润和全素养课程体验，唤醒学生生命自觉，培育生命向内生长的力量，并以此设置了生命体验、生命创造两大课程内容版块，从身体力行到创造力培养，完成学生的"生命成长"。

课程目标

一、劳动课程总目标

元音中学劳动课程总目标见表1。

表1 劳动课程总目标

目标	日常生活劳动	生产劳动	服务性劳动
劳动观念	在日常生活劳动中，通过独立自主性和手脑并用锻炼，逐步树立正确的劳动观念	在生产劳动中，体会劳动的艰辛与快乐，树立正确的劳动价值观，懂得劳动创造人、劳动创造财富、劳动创造美好生活的道理	在服务性劳动中，让学生了解劳动的价值，懂得尊重他人劳动成果，树牢劳动最崇高、劳动最伟大、劳动最美丽的观念
劳动能力	通过衣、食、住、行、用等各方面内务劳动，学生养成自己的事情自己干、独立自主的习惯	通过土壤改良、蔬菜种植等生产劳动，学生掌握相关劳动技能	通过参与社会公益劳动、校内外职业体验等，锻炼学生与人的沟通能力、领导能力以及相关职业技能
劳动习惯和品质	养成安全劳动、规范劳动、独立自主的习惯，具有吃苦耐劳、勤劳节俭、自律自强、诚实守信、团结合作、认真负责、勇于担当的良好品质		
劳动精神	理解和感悟先辈、劳模的劳动精神，继承中华民族勤俭节约、兢兢业业的优良传统，秉持精益求精、追求卓越的工匠精神，学习艰苦奋斗、百折不挠的革命精神，高扬开拓创新、砥砺奋进的时代精神		

二、劳动课程学段目标

元音中学劳动课程学段目标见表2。

表2 劳动课程学段目标

素养	七年级	八年级	九年级
劳动观念	懂得劳动成果来之不易的道理。树立"自己的事情自己做"、独立自主的劳动观念	能够尊重劳动、热爱劳动、积极参与劳动，树立正确的劳动观念	树立劳动最光荣、劳动最崇高、劳动最伟大、劳动最美丽的正确观念
劳动能力	通过家庭以及学校内务整理、大扫除、树木养护、蔬菜种植等各类劳动，能够熟练掌握相关劳动技能、技巧	在各类劳动项目中提升发现问题、探索问题、解决问题与创新创造的能力	能够胜任校内外相关公益性活动和职业体验，习得一定职业技能，锻炼社交能力与处理事务的能力
劳动习惯和品质	在劳动过程中，形成独立、自主、自强的优良品格，养成自己事情自己做的习惯	懂得珍惜他人劳动成果。养成不怕脏、不怕累、有始有终、认真劳动的习惯	具有吃苦耐劳、勤劳节俭、自律自强、诚实守信、团结合作、认真负责、勇于担当的良好品质
劳动精神	学习勤俭节约、不怕困难的劳动精神	学习劳动模范的光荣事迹，继承不怕脏、不怕累的劳动精神	学习勇于发现、勇于探索、勇于创新的劳动精神

课程结构与内容

一、课程结构

元音中学劳动教育课程结构紧扣学校"教天地人事，育生命自觉"的办学理念，构建了"生命成长"的劳动教育课程体系，在此课程体系之下，提出生命体验、生命创造两大版块课程内容。生命体验版块主要包含生产劳动、日常生活劳动、服务性劳动三类课程；生命创造版块主要包含项目式劳动、特色劳动课程、劳动周三类。以发展劳动技能、培养应用创造、感悟生命价值为目的，通过学科劳动课堂、劳动实践、劳动成果大赛、劳动节日、劳动研学、家庭实践和职业体验七种形式实施，最终围绕"5433"评价体系对学生劳动过程与结果进行精细、精心、精准的评价（如图1所示）。

共享的力量
——区域推进劳动课程建设的创新实践

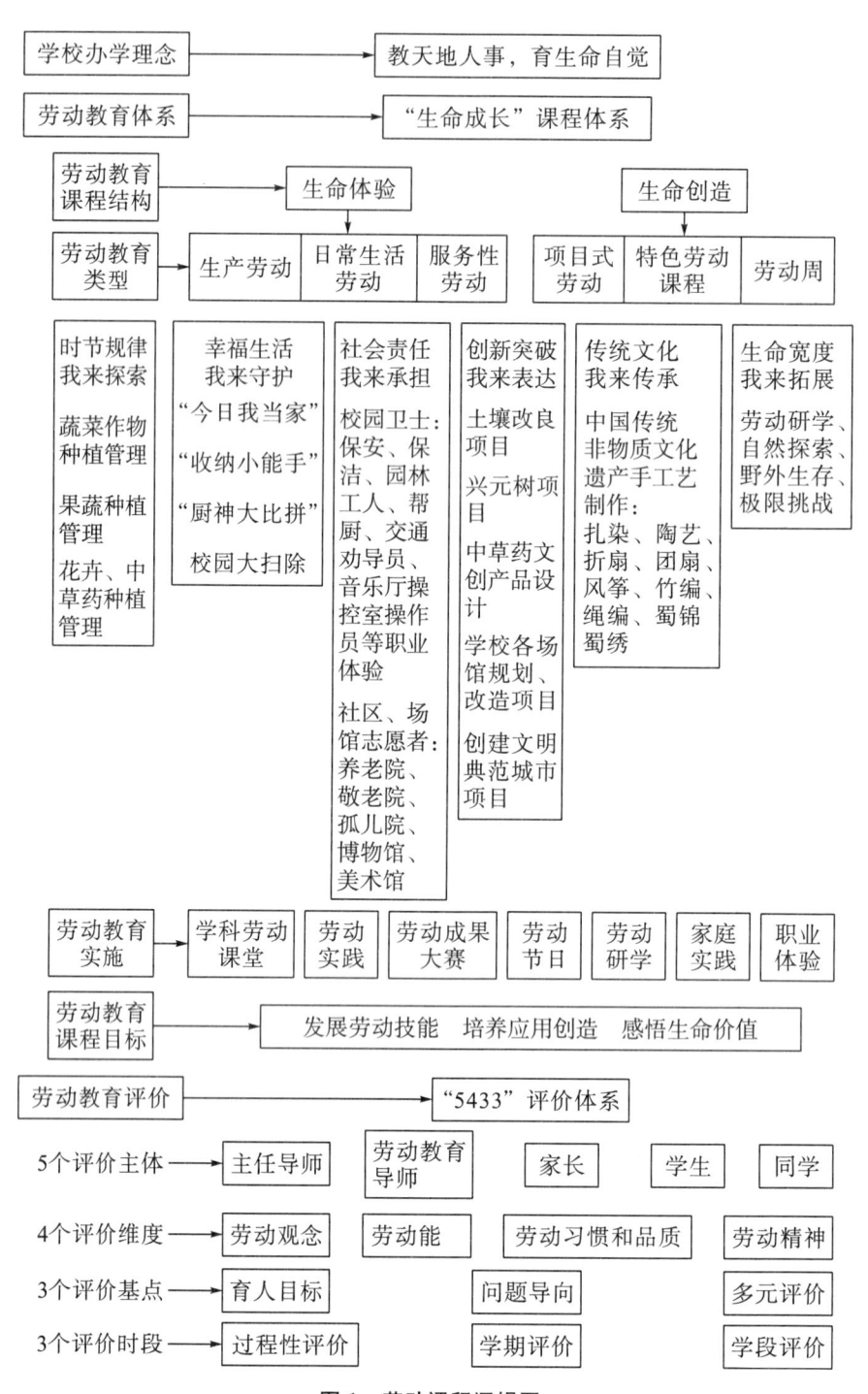

图1 劳动课程逻辑图

二、课程内容

（一）课程内容结构

元音中学劳动教育实施基于生产劳动、日常生活劳动、服务性劳动三大劳动类型，以"理论+实践"的形式，主要通过学科劳动课堂、劳动实践、劳动成果大赛、劳动节日、劳动研学、家庭实践等方式开展。理论课程主要开展主题班会活动、劳模精神浸润、生物地理等学科劳动相关知识学习等，实践课程主要结合元音中学场地、文化、背景等在地性特点，以"项目式"开展，主要有主题空间改造、非物质文化遗产手工艺工作坊、土壤改良，以及校内外职业体验、社区公益性活动等，学生在动手实践前会提前设计项目方案，经过研究、探讨，而后动手实践，最终指向学生的思考、创新、创造能力的培养以及社会意识与社会责任感的提升（如图2所示）。

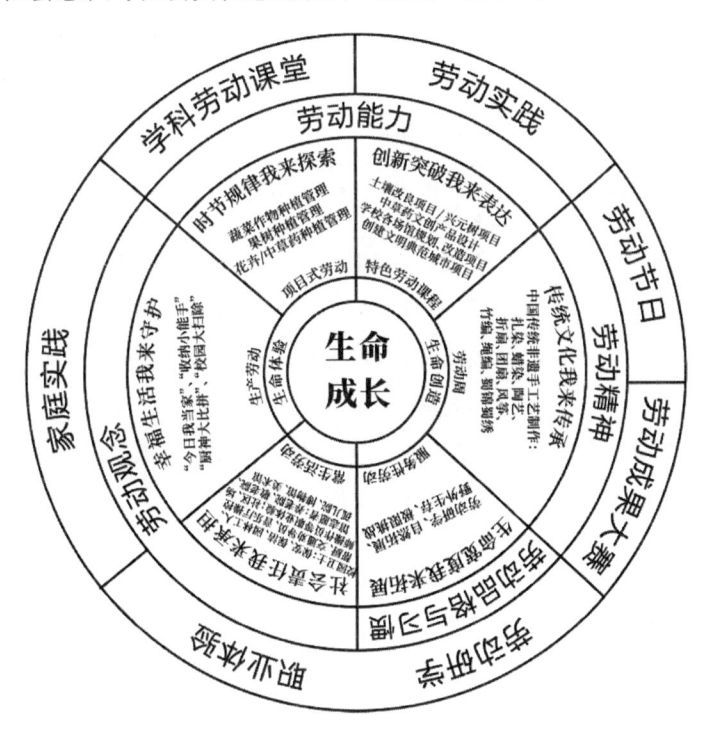

图2 劳动课程图谱

（二）年级课程设置

元音中学依据初中三个年级学生发展规律，将劳动教育划分为三个学段的课程内容。七年级注重学生基本技能的学习和观念、习惯的养成，因此在课程设置上，主要以符合该学段学生的蔬菜种植劳动、日常内务整理、基础性服务岗位体验为主；八年级学生注重学生研究性学习、实践能力的提升以及与家校社的深入链接，因此在课程设置上主要围绕项目式劳动课程以及部分家庭、学校、社会中较为复杂的劳动任务；九年级学生劳动观念和能力都有较大的提升，因此在课程设置上，更加注重学生职业技能的提升与社会意识、社会责任感的养成，如各行各业职业体验以及公益性劳动等。

1. 生命体验课程

生命体验课程主要围绕生产劳动、日常生活劳动和服务性劳动三大版块设置基础性劳动实践课程（见表3）。

表3 生命体验类课程计划表

年级	课程内容		
	时节规律我来探索	幸福生活我来守护	社会责任我来承担
七年级	二十四节气知识科普	打扫卧室	元音校园守护者
	蔬菜知识学习	整理书柜	元音美化师
	蔬菜作物种植	衣物分类	职业体验（图书管理员）
	蔬菜作物管理	学习使用各种家电（洗衣机、微波炉等）	职业体验（社区志愿服务）
	作物生长调研	洗鞋子	文明城市，从我做起
	—	洗床上用品	—
	蔬菜作物自然笔记	我是厨神（烹制主食以及家常菜肴）	—
八年级	蔬菜作物种植	学校公区卫生打扫	职业体验（食堂文明劝导员）
	蔬菜作物管理	教室卫生打扫	—
	果蔬种植	校园周边垃圾清理	职业体验（多媒体操控员）
	果蔬管理	功能教室卫生清理	元音主持达人
	作物生长调研	教师办公室卫生打扫	职业体验（我是厨房小帮手）
八年级	原生植物自然笔记	我是厨神（烘焙、各类名小吃烹饪）	职业体验（学校行政小帮手）
	花卉种植	物品收纳	社区志愿者
	—	—	公益服务（养老院献爱心）
	—	—	公益服务（孤儿院献爱心）
	—	—	校园各场馆管理、清理
九年级	花卉管理	家具简单维修	职业体验（体育器材管理员）
	花艺课程	家电简单维修	职业体验（食堂卫生管理员）
	中草药种植	疏通下水道	校园"卫"士
	中草药管理	更换水龙头、灯泡	职业体验（校外交通劝导员）
	—	设计美化教室、房间	公益服务（养老院献爱心）
	—	校园卫生清理	公益服务（孤儿院献爱心）

2. 生命创造课程

生命创造课程主要围绕项目式劳动、劳动特色课程、劳动周三大版块设置综合性劳动实践课程（见表4）。

表4　生命创造类课程计划表

年级	课程内容		
	创新突破我来表达	传统文化我来传承	生命宽度我来拓展
七年级	创建文明典范城市项目	纸鸢	劳动研学、自然探索
	校服优化设计项目	剪纸	
	校园文化氛围营造	泥塑	
	校园上（放）学期间交通现状及优化方案	楹联	
	中草药价值的校园文创产品制作	扎染	
八年级	土壤改良项目	陶艺课程	野外生存、极限挑战
	兴元树项目	折扇、团扇	
	创建文明典范城市项目	陶艺课程	
	运动场使用状况及改造方案研究	陶瓷手工艺	
九年级	创建文明典范城市项目	竹编、绳编	职场达人、职业体验
	食堂用餐高峰合理规划方案设计	蜀锦蜀绣	
	—	川剧变脸	

（三）劳动教育周

元音中学劳动教育周以校外各类劳动实践基地劳动研学为主要形式，包含生产劳动（作物种植、收获、管理等）、日常生活劳动（内务整理、烹饪等）和服务性劳动（服务性岗位体验、公益服务等）（见表5）。

表5　劳动教育周课程计划表

时段	周一	周二	周三	周四	周五
8:00—8:30	无安排	内务整理起床洗漱	内务整理起床洗漱	内务整理起床洗漱	内务整理起床洗漱
8:30—9:00		早餐	早餐	早餐	早餐
9:00—10:00	开营仪式	晨练	晨练	晨练	晨练
10:00—12:00	生产劳动（农事劳动技能学习）	生产劳动（种植劳动）	生产劳动（作物管理）	生产劳动（农业技术体验）	生产劳动（劳动成果收获）
12:00—12:30	午餐	午餐	午餐	午餐	野炊

续表

时段	周一	周二	周三	周四	周五
12：30—14：00	午休	午休	午休	午休	生活劳动
14：00—16：00	研究性学习（自拟课题）	研究性学习（考察探究）	研究性学习（方案确立）	研究性学习（操作实施）	返校
16：00—17：30	非遗手工艺	素质拓展	非遗手工艺	素质拓展	完成研究性学习报告
19：00—20：30	劳动观念培养（视频观看）	劳动文化学习（视频观看）	榜样的力量（视频观看）	农业科技（视频观看）	
20：30—21：30	洗漱休息	洗漱休息	洗漱休息	洗漱休息	

课程实施与评价管理

一、课程实施

元音中学劳动教育课程积极落实"区级、校级、班级"三张课表，固定"每年一周、每期一天、每周一节"三个时段，充分挖掘校园内外丰富的劳动教育资源，以"紧扣育人目标，融合性思考、浸润式建设、项目化实施、系统性评价"为思路，通过学科劳动课堂、劳动实践、劳动成果大赛、劳动节日、劳动研学、家庭实践、职业体验七种形式开展。

学科劳动课堂包括学生在教室进行的劳动讲座、劳动主题班会、劳动与学科融合课程等，由班导师和学科教师任课；劳动实践主要是学生在校园内从事的种植、管理、清理等任务，由学校劳动项目组教师组织授课；劳动成果大赛主要以赛促学，将学生的劳动过程与成果进行可视化展呈与评比，由学校相关部门人员与劳动项目组教师组织活动、比赛；劳动节日主要在与节日、节气相关的时间节点上开展相应活动，如植树节、五一劳动节、春节等，由班导师和劳动项目组教师组织实施；劳动研学主要通过校外劳动实践基地开展活动，包含一日研学、劳动周等，由教官和校外劳动实践基地教师组织授课；家庭实践主要体现在节假日期间学生在家中从事的一系列日常生活类劳动，由家长和主任导师共同安排组织学生；职业体验主要在校内外各部门、工作岗位以及公益服务地点从事相关职业、服务工作，由劳动项目组导师与社会相关工作人员组织实施。

二、课程评价

劳动课程评价是劳动课程体系建设的重要组成部分，对于劳动课程的目标实现、学生劳动素养的提升、劳动课程的实施成效具有至关重要的保障作用。评价基于"5433"的评价体系，围绕五个评价主体（主任导师、劳动教育导师、家长、学生、同学），确立四个评价维度（劳动观念、劳动能力、劳动习惯和品质、劳动精神）；基于三个评价基点（关注育人目标，着眼国家需求；遵循问题导向，解决关键问题；坚持多元评价，立足终身成长),分成三个评价时段(过程性评价、学期评价、学段评价),以学期对学生劳动过程与成果进行科学评价,并不断反思总结,不断优化评价体系,全面推进劳动育人。

(一) 生命体验劳动课程评价

1. 评价方式

(1) 过程性评价。对于学生在劳动过程中的表现,从劳动观念、劳动能力、劳动习惯和品质、劳动精神四个方面进行评价,科学地观察和评估学生的劳动学习、实践情况。

(2) 结果性评价。每学期末对每位学生的劳动学习、实践成果和劳动核心素养进行评价。

2. 评价主体

评价主体包括主任导师、劳动教育导师、家长、学生、同学五个主体。主任导师对学生劳动规则遵守情况和劳动过程中的表现进行评价,劳动教育导师对学生劳动知识与技能学习、掌握情况进行评价,家长主要对学生家庭劳动(内务整理情况、是否积极参与家务劳动情况)做出评价,学生主要对个人劳动整体情况做出评价与反思,同学之间相互对对方劳动情况做出评价。

3. 评价量表

此评价量表主要在学期末针对学生劳动四个核心素养,通过自我评价、队员评价、导师评价三个方面,对学生一学期的劳动表现进行整体评价。评价结果纳入学生本学期综合考评结果。该表每项1~5分,最低1分,最高5分,以整分计算(见表6)。

表6 劳动核心素养整体评价表

评估项	观测要素	自我评价	队员评价	导师评价	总分
劳动观念	学生能够在真实劳动中体会艰辛和快乐,能够热爱劳动,积极参与劳动,能够树立正确的劳动价值观				
劳动能力	能够熟练掌握农事劳动中的相关技能,能够独立种植、管理好蔬菜作物				
劳动习惯和品质	能够遵守劳动纪律和相关安全规范,能够做到独立思考、独立探究、认真负责、有始有终				
劳动精神	能够在劳动中体悟先辈、模范的劳动精神,在劳动过程中不怕脏、不怕累				
整体评价与发展建议(综合性评语)					

（二）生命创造劳动课程评价

元音中学项目式劳动课程学习和实践采用过程性评价与结果性评价两种形式。

1. 过程性评价

表7作为过程性评价思路表，为劳动课程项目式实施的四个阶段（实验探究阶段、方案制定阶段、土壤改良阶段、作物种植阶段）提供思路和参考。

表7 过程性评价思路表

评价实施的主要环节	评价的主要内容	实施评价的主要方式与实施办法	评价工具
实验探究阶段	实验开展情况	质性评价、教师及时反馈	评价量表
方案制定阶段	方案设计开展情况、学生参与度	质性评价、量性评价、教师及时反馈	
土壤改良阶段	实施开展情况、学生参与度、学生积极性评估	质性评价、量性评价、实地评估	
作物种植阶段	学生观察和记录情况、学生参与度、作物管理情况、作物长势情况	质性评价、量性评价、作物长势观察和记录、评估	

表8用于劳动项目实施过程中对学生表现、学习、实践情况等方面进行评价，通过过程性评价，能够及时发现学生存在的问题，有针对性地做出优化和调整。

表8 土壤改良项目过程性评价表

评价项目	评价标准	评价等级 A	B	C	D
实验探究阶段	1. 是否积极参与实验探究				
	2. 与同学分工协作情况				
	3. 实验探究过程中，能够保持独立思考，有所发现				
方案制定阶段	1. 是否能够积极参与方案探讨、设计				
	2. 个人对方案设计的贡献				
	3. 对实验研究结果的利用情况				
土壤改良阶段	1. 是否有明确的分组、分工				
	2. 个人参与实践程度				
	3. 实践过程中，能否及时发现问题，有效解决问题				
作物种植阶段	1. 种植过程中，是否明确分工、协作				
	2. 是否遵守相关劳动规定				
	3. 知识、技能学习和掌握情况				

2. 结果性评价

结果性评价量表在劳动项目式实施完结或阶段性完结时，对学生的劳动实践成果进行评价，通过评价能够得出学生在该劳动项目的综合表现情况以及劳动项目现阶段存在的问题，进而优化下一阶段的劳动项目实施（见表9）。

表9　土壤改良项目成果评价表

评价项目	评价标准	评价等级 A	B	C	D
实验探究成果	1. 是否形成实验成果报告				
	2. 相关学科知识掌握情况				
	3. 实验成果报告的可利用性				
土壤改良成果	1. 土壤改良是否达到预期数值				
	2. 土壤是否正常种植蔬菜作物				
	3. 相关知识掌握情况				
蔬菜作物种植成果	1. 作物收获情况				
	2. 是否掌握相关农事技能				
	3. 成果转换情况				

组织与保障

一、组织结构

学校成立劳动项目工作组，保障劳动课程的实施，由校长担任劳动项目组组长，统筹学校劳动相关工作，由师培课程中心负责劳动课程的研发、实施和考核，由学教中心负责组织相关学生活动，由行政、后勤负责经费和物资保障等方面工作。

二、相关保障

（一）课程建设保障机制

学校强化课程领导力意识，整合校内外优质课程资源，以新课程理念学习、学校特色课程开发与实施、课例研究和典型课程开发为抓手，将特色课程开发、理论学习和实践技能作为校本培训的重点，定期举办劳动专题讲座、学术沙龙等活动，将理论学习和实践研究有机结合，充分调动在职教师参与劳动课程建设的积极性，不断探索、完善学校特色课程体系，全面提升教师开发与实施劳动特色课程的能力。

（二）劳动课时保障机制

学校严格落实每周一节劳动课的实施、开展，劳动课进入班级课表，由学校专职教师组成的劳动教育导师组进行授课，其他学科教师不得随意侵占课时。劳动日和劳动周由师培课程中心和学校服务中心联合商议方案，并组织实施。

（三）场域实施保障机制

学校为每个班级划分校内劳动实践基地开展农业生产劳动，并协调行政、后勤部门，充分利用学校各类场馆（音乐厅、体育馆、操场、食堂、办公室等），实施多样化、有特色的劳动课程，做到校园处处是课堂，处处有劳动。

（四）劳动经费保障机制

学校联动行政、后勤部门，建立完善的劳动经费申请、报销流程，保障劳动工具、器材等物资充足，并设有劳动器材库房，由专员看管，防止锄头、铲子等工具随处散落，引发安全事故。同时，学校设立特色劳动课程建设专项资金作为特色课程研究、实践、物化成果的经费保障。

（执笔：元音中学　李佳芮）

创享劳动　德高慧美

——湖畔路中学劳动课程方案

课程理念

一、学校整体课程建设依据

（一）学校办学理念

四川天府新区湖畔路中学（以下简称"湖畔路中学"）地处天府新区高层次人才汇聚、新经济企业蓬勃生长的兴隆湖畔，是一所科技智慧与丰蕴文化相融合的新优质公办初中。学校秉承"湖润厚德、畔养博慧"的教育理念，积极践行"绿色优质，轻负高效"的现代教育改革思想，坚持"立德树人"的伟大使命，以"做最好的自己"为校训，让师生都成长为德高、慧美、身健的时代新人。

湖润厚德，就是用"润物细无声"的方式和方法来培育师生水一样崇高的思想境界和水一样良好的行为习惯。

畔养博慧，就是运用"土地是万物的本原"和"土地是人类最初的摇篮"的方式和方法，引领师生具有大地和水一样宽阔厚实的智慧学识与智力能力。

（二）育人目标

学校以"培育德高、慧美、身健的时代新人"为育人目标，德高即品德高尚，慧美即聪慧美才，身健即身心健康，注重全面发展与个性发展相结合，让每一个师生找到兴趣，发现特长，发掘潜能，得到适性发展，成长为有品德、有才干、身心健康、听党话、跟党走、爱祖国的时代新人。

二、学校劳动课程理念

学校秉承"湖润厚德、畔养博慧"的教育理念，以"润养教育"思想为指导，构建"创享劳动、德高慧美"的润养劳动课程体系。创享劳动，是劳动课程的实施方式，指学生在知行合一、学创融通的创造性项目劳动实践中，享受劳动创造的乐趣、美好和幸福。德高慧美，是劳动课程的育人目标，指学校劳动课程开发践行以劳树德、以劳增智、以劳健体、以劳育美的劳动教育课程理念。

课程目标

一、劳动课程总目标

学校全面落实课程标准中关于劳动素养的要求，明晰年级间的梯度差异和内在联系，认真分析初中学生学习特点，在不同中寻求课程设置和实施中的契合点，确立学校润养劳动课程总目标为培养德高、慧美、身健的新时代劳动者（见表1）。

表1 湖畔路中学润养劳动课程总目标

总目标	培养德高、慧美、身健的新时代劳动者		
素养目标	品德高尚	聪慧美才	身心健康
劳动观念	润养尊重劳动观： 尊重劳动，尊重普通劳动者，树立劳动最光荣、劳动最崇高、劳动最伟大、劳动最美丽的观念	润养劳动创美观： 懂得劳动创造人、劳动创造财富、劳动创造美好生活的道理	润养幸福劳动观： 了解不同职业劳动者的辛苦与快乐，理解劳动对于个人生活、家庭幸福的意义
劳动能力	润养基本劳动力： 学生具备基本的劳动知识和技能，能正确使用常用的劳动工具	润养劳动智造力： 提高智力和创造力，具备完成一定劳动任务所需要的设计能力、操作能力以及团队合作能力	润养劳动健体力： 能在劳动实践中增强体力
劳动习惯和品质	润养诚信规范劳动品质： 学生养成安全劳动、规范劳动、有始有终等习惯。具有诚实守信、吃苦耐劳等品质	润养合作劳动品质： 具有团结合作、珍惜劳动成果等品质	润养奉献劳动品质： 具有自觉自愿、认真负责、无私奉献的高尚情怀
劳动精神	润养奋进创新劳动精神： 继承中华民族勤俭节约、敬业奉献的优良传统，弘扬开拓创新、砥砺奋进的时代精神，感知爱岗敬业、甘于奉献的劳模精神	润养精益求精劳动精神： 学生能领会"劳动是一切幸福的源泉""幸福是奋斗出来的"的内涵与意义，以及精益求精、追求卓越的工匠精神	润养艰苦奋斗劳动精神： 培育百折不挠、艰苦奋斗的革命精神

二、年级具体目标

结合课程标准中关于初中学段劳动素养要求和学校课程总目标，细致分析各年级学生发展特点，拟定学校三个年级的劳动课程目标（见表2）。

表 2　润养劳动课程年级目标

素养	七年级	八年级	九年级
劳动观念	润养尊重劳动观：愿意主动分担家务，养成劳动习惯，学会与他人合作劳动，体会劳动光荣，尊重普通劳动者，初步形成热爱劳动、热爱生活的态度	润养劳动服务观：在参与课程中进行团队合作，展现劳动创意、锻炼劳动能力、增强劳动意识、培养劳动品质，从而自觉向榜样学习，增强公共服务意识和社会责任感	润养创美劳动观、职业规划观：学生在创意劳动实践中感受到劳动的乐趣，获得劳动成就感，提升劳动能力，注重劳动效率和劳动质量，获得初步的职业体验，形成初步的职业和生涯规划意识
劳动能力	润养家庭劳动力：在日常生活劳动中，比较熟练地运用家政技能，提高生活自理能力；润养劳动设计力：能在生产劳动中发现存在需求和问题，进行劳动方案的选择和劳动过程的规划	润养劳动问题解决力：能在生产劳动中选择适当的材料和工艺、工具和设备，综合运用劳动技能解决问题；润养基本劳动力：能在服务性劳动中，初步掌握现代服务业劳动的基本知识与技能	润养劳动创造力：在生产劳动中，能根据事实情况，对方案进行必要的改进和优化，发展创造性劳动能力；润养劳动提升力：在服务性劳动中，熟悉公益劳动与志愿服务的组织、实施，提升运用相关的劳动知识与技能服务他人、学校、社区的基本能力
劳动习惯和品质	润养诚信劳动品质：具有持续参加劳动的积极性，在劳动过程中持之以恒，诚实守信，有责任担当	润养规范劳动品质：养成主动劳动、积极劳动、任劳任怨、自觉遵守劳动规范和劳动法规的习惯	润养艰苦劳动品质：具有认真负责、吃苦耐劳、不断探索、锲而不舍的劳动品质
劳动精神	润养艰苦奋斗劳动精神：树立勤劳、奋斗、奉献的精神	润养精益求精劳动精神：能不断追求品质，精益求精，牢固树立勤俭、奋斗、奉献的劳动精神	润养精益求精劳动精神：能不断追求品质，精益求精，牢固树立勤俭、奋斗、创新、奉献的劳动精神

课程结构与内容

一、课程逻辑结构图

学校依据"润养教育"哲学，秉承"湖润厚德、畔养博慧"理念，以"培育德高、慧美、身健的时代新人"为育人目标，践行以劳树德、以劳增智、以劳健体、以劳育美的劳动教育课程思想，构建学校"创享劳动、德高慧美"的劳动课程理念，以"培养德高、慧美、身健的新时代劳动者"为劳动课程目标，构建了以"日常生活劳动、生产劳动、服务性劳动"三类劳动为基准的润养劳动课程体系（如图1所示）。

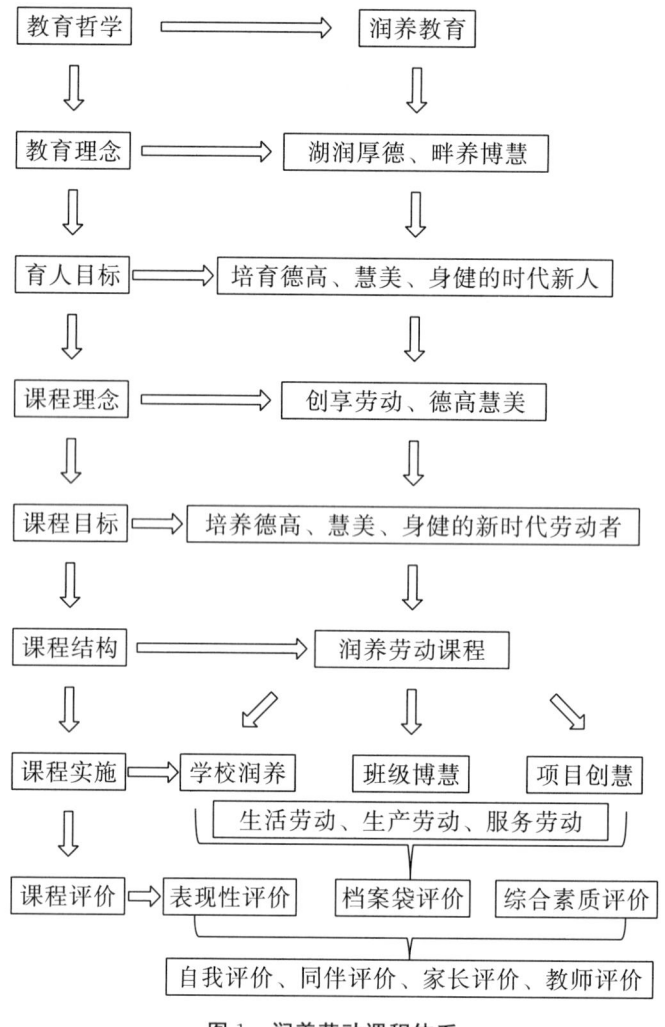

共享的力量
——区域推进劳动课程建设的创新实践

图1 润养劳动课程体系

二、课程内容

（一）课程内容结构

学校润养基础性劳动项目以课程标准的3类劳动9个任务群为指导，开发了18个劳动项目；按照年级不同，学情各异，分为"润养生活""润养生产""润养服务"。学校将润养基础性劳动项目课程与国家基础性课程安排到每周一节的劳动课程表中，由劳动教师讲授、实践，完成教学，实现厚植劳动素养，润泽学生品德。润养融合性劳动项目将"3劳动""9任务群"融会贯通，以融合性劳动项目开展劳动实践，通过班级博慧和项目创慧两个层级的不断深入，实现慧增劳动能力、凝聚劳动智慧，最终实现学生德高、慧美、身健的育人目标。润养劳动课程内容结构如图2所示。

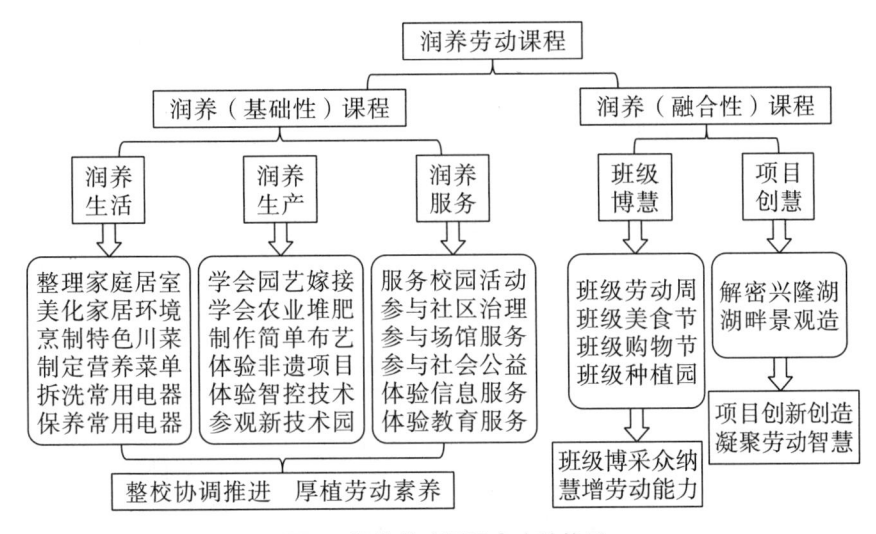

图 2 润养劳动课程内容结构图

（二）课程设置

1. 润养基础性劳动项目课程

学校为保证各年级劳动教育课程常态化开展，根据《成都市大中小学劳动教育项目清单（试行）》和《义务教育劳动课程标准（2022年版）》，依托兴隆湖和科学城相关企业劳动教育资源，结合实际情况，围绕日常生活劳动、生产劳动和服务性劳动，以任务群为基本单元开发润养基础性劳动项目课程清单。学校各年级各班依托兴隆湖周边劳动教育资源开展劳动实践，使劳动课程情景化、生活化，学生在生活劳动中形成劳动光荣、劳动最美的观念，在生产劳动中不断培育良好的劳动习惯和品质，在服务劳动中培养吃苦耐劳、精益求精的精神。润养基础性劳动项目课程见表3。

表 3 润养基础性劳动项目课程清单

类型	七年级			八年级			九年级		
	任务群	劳动项目	场域	任务群	劳动项目	场域	任务群	劳动项目	场域
日常生活劳动	整理与收纳	整理家庭公区	家庭	烹饪与营养	制定营养菜单	家庭学校	家用电器使用与维护	拆洗常用电器	家庭
		美化家居环境	家庭		烹制特色川菜	家庭		保养常用电器	家庭
生产劳动	农业生产劳动	学会园艺嫁接	种植园	工业生产劳动	制作简单布艺	家庭	新技术使用与体验	体验智控技术	学校
		学会农业堆肥	种植园	传统工艺制作	体验非遗项目	学校		参观新技术园	科学城
服务性劳动	公益劳动与志愿服务	服务校园活动	校园	公益劳动与志愿服务	参与场馆服务	兴隆湖	现代服务业劳动	体验现代信息服务	科学城
		参与社区治理	社区		参与社会公益	社区		体验现代教育服务	科学城

2. 润养融合性劳动项目课程

润养融合性劳动项目课程分为班级博慧课程和项目创慧课程。

（1）班级博慧课程。

班级博慧课程主要以班级为主体开展劳动周课程（见表4）。该课程将3类劳动和9个任务群进行重组融合，凸显主题性、项目性、融合性，由班主任和劳动教师以及相关学科教师，根据学校的课程清单按照一定周期开展。

表4　润养融合性劳动项目课程之班级博慧课程

类别	任务群	课程设置	课程主要内容	场域	达成目标
日常生活劳动	清洁与卫生	班级劳动周	班级承担学校卫生清洁工作，在班主任带领和组织下，对学校环境卫生进行维护，为期一周	校园	能熟练使用卫生工具，能与他人进行分工合作，形成合作意识，理解个体劳动与学校发展的直接关系，形成对学校发展负责任的态度，提升劳动关心他人、服务他人的公共服务意识和社会责任感，体悟参与学校建设的自豪感与幸福感
日常生活劳动	整理与收纳				
服务性劳动	公益劳动与志愿服务				
日常生活劳动	烹饪与营养	班级美食节	班级学生自主设计制作营养健康的美食，通过自主设计策划的营销方式进行售卖，感受到劳动带来的快乐	校园、教室、区角	能根据市场调研设计精美食品方案，合理利用食材进行搭配，掌握烹饪技巧，增强健康生活的能力。充分认识现代服务业劳动的特征与独特社会价值，能在劳动中认真履行职责，具有规范劳动、安全劳动的习惯与品质
服务性劳动	现代服务业劳动				
生产劳动	农业生产劳动	班级购物节	班级学生自主设计制作各类手工艺品、文创品；种植物，养植物，烹美食；自制玩具等商品在校园设置摊位进行售卖。学生根据各自商品特点策划售卖方案	校园、教室、区角	能利用自身优势熟练掌握工业品、艺术品、美食烹饪的制作方法和技能，提升产品质量意识、精益求精、追求品质的劳动精神。合理正确高效运用现代营销手段，提升现代服务技能，了解现代服务所具备的优势与面临的挑战，具有诚实劳动、诚信经营的劳动品质
日常生活劳动	烹饪与营养				
日常生活劳动	家用电器使用与维护				
服务性劳动	现代服务业劳动				
生产劳动	工业生产劳动				
生产劳动	传统工艺制作				

续表

类别	任务群	课程设置	课程主要内容	场域	达成目标
生产劳动	新技术使用与体验	班级种植园	班级在各自种植基地进行种植劳动实践活动，充分考量土地条件，合理种植各类蔬菜瓜果，精心管理，科学施肥，运用新技术进行现代农业体验	校园、种植基地	掌握农业种植的技术要领，掌握结合自然条件进行合理规划种植作物的技能，会系统思考，全盘考虑，关注农业安全，应对极端天气，形成辛勤、诚实、创新、创造的劳动品质，树立劳动光荣、技能宝贵、创造伟大的精神
生产劳动	农业生产劳动				
服务性劳动	公益劳动与志愿服务				

(2) 项目创慧课程。

项目创慧课程主要为劳动项目开发课程，是由学校社团组织或者学科融合课程组开发的融合性劳动项目课程（见表 5）。该课程融合"3 类劳动"和"9 个任务群"，并嵌入学科知识。课程周期相对较长，最长达到一个学期。劳动教师主要为社团教师和学科融合指导教师。

表 5　润养融合性劳动项目课程之项目创慧课程

类别	任务群	融合学科	课程设置	课程内容	劳动场域	达成目标
生产劳动	农业生产劳动	生物、化学、物理、语文、数学、美术、信息技术	解密兴隆湖	参观体验兴隆湖规划馆，实地考察兴隆湖整体布局和水生态情况，了解兴隆湖水生态的构成特点，提出水生态保护设想，寻求专家讲解指导，联系化学、生物等学科知识进行方案撰写并实施，进行模型制作探索和环保宣传	兴隆湖、规划馆、校园、社区	认识劳动创造美好生活和价值的道理，树立劳动最光荣、劳动最崇高、劳动最伟大、劳动最美丽的思想观念，并在活动中体会劳动的快乐；增强学生的环保意识和社会责任感；增强学生的智力和创造力；培养积极的劳动精神，形成不畏困难、不断创新的精神；形成初步的职业意识和生涯规划意识
服务性劳动	现代服务业劳动					
服务性劳动	公益劳动与志愿服务					
生产劳动	农业生产劳动	数学、美术、信息技术、物理	湖畔景观造	调查分析校园林木花草种植情况，对校园区角空地进行测量规划，设计能彰显校园文化特色的美化方案，执行种植行为，完善校园景观打造	校园、区角	掌握测绘工具的使用方法，掌握现代信息数据的分析方法，身体力行感知园林景观打造的过程，体验园林设计的职业特点，熟练掌握花草林木种植的土地条件和技术要领，进一步提高创造性劳动能力、合作能力；获得初步的职业体验，形成初步的职业意识和生涯规划意识
服务性劳动	现代服务业劳动					

3. 德育主题劳动项目课程清单

学校根据德育主题和各种节日节气，结合学校位置特点，利用家、校、社各方资源，制定学校德育与劳动相融合的德育主题劳动项目课程清单（见表6）。课程充分利用节日节气特点，合理利用学校现有的资源，充分调动学生参与劳动的广泛性，大力整合学校、家庭、社区的劳动教育资源，极大地扩充学生参与劳动的场域，让学生在劳动中受到教育，在劳动中得到锻炼，在劳动中获得成长。

表6 德育主题劳动项目课程清单

月份	课程主题	课程内容	学科融合	实施场域	实施主题
2月	展寒假硕果启兔跃新程	七、八、九年级：寒假优秀德育作业展	德育	操场	全体师生
3月	衣着穿戴	七、八、九年级：衣着整理穿戴、礼仪礼节	艺术、道德与法治	教室	劳动教师
4月	科创向未来劳动促成长	七、八年级：校外航天科学探究旅程	科创	校外	班主任、劳动教师
5月	育传统美德扬爱国之心	七、八、九年级：端午传统节日——包粽子	语文、历史	学校食堂	全校师生
6月	健康保护	七年级：疾病防控宣传	生物、语文	教室、社区	班主任
		八年级：社区公益服务			家长志愿者
		九年级：文明小卫士			劳动教师
8月	日行一善	七、八年级：社区公益劳动、志愿者服务	道德与法治	社区	家长
	角色互换	九年级：认识父母职业、代入父母工作（职业体验三天）	—	家	家长
9月	致敬辛勤的老师	七、八、九年级：制作问候卡	艺术	教室	劳动教师
	中秋月圆	七、八、九年级：糕点制作与分享	—	家	家长
10月	伟大祖国	七、八年级：参观博物馆；祖国发展，家国情怀	历史、地理	校外	家长
	低碳生活	九年级：环保宣讲，垃圾分类	生物、化学	社区	家长
11月	工匠精神	七、八年级：参观加工厂，劳动安全宣讲	物理、化学	校外实践	班主任、劳动教师
	认识周边的变化	九年级：健康出行，公交体验	地理	校外实践	家长
12月	绿色生活	七、八、九年级：光盘行动 节约粮食	语文	食堂	劳动教师
	发明与创造	九年级：家用电器使用与维护	物理	教室	劳动教师

课程实施与评价

一、劳动课程实施

（一）润养基础性劳动项目课程

1. 整体安排（见表 7）

表 7　湖畔路中学润养基础性劳动项目课程实施

劳动类型	任务群	年级	课程内容	实施场域	实施主体	实施路径	实施时间
日常生活劳动	整理与收纳	七年级	整理家庭公区	家庭	教师＋家长	课堂教学＋实践	2月假期综合劳动实践作业
			美化家居环境	家庭	教师＋家长	课堂教学＋实践	每周一节劳动课＋4月主题劳动实践作业
	烹饪与营养	八年级	制定营养菜单	家庭学校	教师＋家长	课堂教学＋实践	每周一节劳动课＋4月主题劳动实践作业
			烹制特色川菜	家庭	教师＋家长	课堂教学＋实践	每周一节劳动课＋5月主题劳动实践作业
	家用电器使用与维护	九年级	拆洗常用电器	家庭	教师＋家长	课堂教学＋实践	每周一节劳动课＋4月主题劳动实践作业
			保养常用电器	家庭	教师＋家长	课堂教学＋实践	每周一节劳动课＋5月主题劳动实践作业
生产劳动	农业生产劳动	七年级	学会园艺嫁接	种植园	教师＋家长	课堂教学＋实践	4月班级劳动周
			学会农业堆肥	种植园	教师＋家长	课堂教学＋实践	5月班级劳动周
	工业生产劳动	八年级	制作简单布艺	家庭	教师＋家长	课堂教学＋实践	每周一节劳动课＋10月主题劳动实践作业
	传统工艺制作		体验非遗项目	劳动基地	教师＋基地导师	实地参观体验	11月劳动周
	新技术使用与体验	九年级	体验智控技术	科学城	教师＋企业员工	实地参观体验	3月劳动周
			参观新技术园	科学城	教师＋企业员工	实地参观体验	4月劳动周

续表

劳动类型	任务群	年级	课程内容	实施场域	实施主体	实施路径	实施时间
服务性劳动	公益劳动与志愿服务	七年级	服务校园活动	校园	教师＋校园物管	实践体验	3月劳动周
			参与社区治理	社区	教师＋社工	实践体验	7—8月假期综合实践劳动活动
	公益劳动与志愿服务	八年级	参与场馆服务	兴隆湖	教师＋场馆员工	实践体验	7—8月假期综合实践劳动活动
			参与社会公益	社区	教师＋社工	实践体验	7—8月假期综合实践劳动活动
	现代服务业劳动	九年级	体验现代信息服务	科学城	教师＋企业员工	实践体验	2月假期综合劳动实践作业
			体验现代教育服务	科学城	教师＋企业员工	实践体验	10月劳动周

2. 实施方式

学校采用"四个一"整体推进策略实施润养基础性劳动项目课程，即每周一节基础性常规劳动课，每周一次主题性劳动实践作业，每个节日一次德育主题劳动项目，每个假期一项综合性劳动实践活动。

（1）每周一节基础性常规劳动课。

学校按照课程标准，依据省、市、区课程方案，根据学校实际将劳动课程安排进入每周课表，由专职或兼职劳动教师授课，每周至少一课时。其包含三种课型：一是劳动方案设计课，二是劳动项目实践课，三是劳动成果分享课。

（2）每周一次主题性劳动实践作业。

学校依据润养劳动课程清单和学校德育主题劳动项目课程清单，根据学生年级特点，分阶段、分月份、分周次布置相关主题性劳动实践作业，制定分年级、分学期的劳动手册，规划劳动行为。班主任、家长、社区工作人员在学生劳动手册上对学生劳动情况进行记录填写。学校德育处、班主任、劳动教师对学生的劳动手册进行不定时抽查评价。学校根据评价情况评选出每月的劳动能手、每学期的劳动之星。

（3）每个节日一次德育主题劳动项目。

学校根据德育主题劳动项目课程清单，结合各个节假日的特点和德育教育内容，综合考量学生劳动实际和劳动能力，设置具有鲜明节日特点的主题劳动。在学校，班主任按照学校安排的主题劳动项目在主题班会课时间带领全班同学集体开展，做好过程记录和总结反思；在家庭，学校布置主题劳动项目，给予相关劳动实践指导意见，发放劳动任务清单，交由家长协助指导完成。

（4）每个假期一项综合性劳动实践活动。

学校根据润养劳动课程清单和德育主题劳动项目课程清单，依据学生年级特点，制定劳动实践手册，明确劳动实践要求，在每个寒、暑假期为学生布置一次综合性劳动实践活动。放假前夕，班主任发放劳动实践手册，讲清劳动实践内容，要求学生在家长引导和帮助下完成,填写劳动实践手册,以备考评。收假报到入校时,班级、德育处对学生劳动实践情况进行评价并评奖,颁发"最美劳动者"奖状。

(二)班级彰显创新与趣味开展博慧课程

1. 整体安排(见表8)

表8 润养课程之班级博慧课程实施

类别	任务群	课程设置	实施主体	实施场域	实施要求
日常生活劳动	清洁与卫生	班级劳动周	班主任	校园	1. 对校园进行整体划片分区 2. 组建劳动周服务小队若干 3. 整体协调分配劳动任务 4. 组建劳动评估小组 5. 劳动评估小组进行督查和评估 6. 评选劳动能手,奖励劳动之星
日常生活劳动	整理与收纳				
服务性劳动	公益劳动与志愿服务				
日常生活劳动	烹饪与营养	班级美食节	班主任+家长志愿者	校园、教室、区角	1. 设计美食节方案 2. 分配竞选餐食任务 3. 场地布置 4. 嘉宾邀请卡制作 5. 美食烹饪及安全防范 6. 设计美食售卖方案 7. 品尝美食并评选舌尖上的最佳美食 8. 颁发奖励,总结反思
服务性劳动	现代服务业劳动				
生产劳动	农业生产劳动	班级购物节	班主任+家长志愿者	校园、教室、区角	1. 设计购物节方案 2. 征集售卖商品 3. 分配竞选售卖物品及摊位 4. 商品售卖广告海报设计 5. 商品摊位布置 6. 商品售卖及安全防范 7. 评选最受欢迎商品及金牌销售员 8. 颁发奖励,总结反思
日常生活劳动	烹饪与营养				
日常生活劳动	家用电器使用与维护				
服务性劳动	现代服务业劳动				
生产劳动	工业生产劳动				
生产劳动	传统工艺制作				

续表

类别	任务群	课程设置	实施主体	实施场域	实施要求
生产劳动	新技术使用与体验	班级种植园	班主任+家长志愿者+劳动教师	校园、种植基地	1. 种植园区域规划及分配 2. 种植任务竞选及分配 3. 家长志愿者培训种植技术 4. 种植及维护管理 5. 家长志愿者培训施肥及病虫害防治 6. 收获种植成果及评选种植能手 7. 颁奖及总结反思
生产劳动	农业生产劳动				
服务性劳动	公益劳动与志愿服务				

2. 实施方式

班主任设计劳动实践的具体方案，审查考量各个细节的落实情况，制定安全保障和应急预案，充分协调学校、家长、学生三方参与，分配各方任务和角色，选定劳动开展场域，深入总结劳动实践开展情况。班主任要将创新和特色贯穿到整个劳动实践中，让劳动有趣、有活力、有创新，彰显班级个性。班主任要将劳动意识潜移默化地贯穿到博慧课程中，促使学生运用脑力和体力开展趣味劳动，让学生用脑想办法，设计合理的劳动程序；让学生用行动做实事，及时呈现劳动成果。

（三）项目团队精心指导落实项目创慧课程

1. 整体安排（见表9）

表9 润养课程之项目创慧课程实施

类别	任务群	融合学科	课程设置	实施主体	实施周期	实施场域	实施要求
生产劳动	农业生产劳动	生物、化学、物理、语文、数学、美术、信息技术	解密兴隆湖	项目组教师+相关企事业专业工作人员	2~3个月	兴隆湖、规划馆、校园、社区	1. 组建项目组 2. 招募项目成员 3. 制定项目劳动方案 4. 对接企事业单位 5. 考察、体验、学习项目劳动知识与技能 6. 分工合作制造项目劳动成果 7. 分享汇报项目劳动成果 8. 评选项目劳动优秀策划人及劳动能手 9. 项目劳动总结
服务性劳动	现代服务业劳动						
	公益劳动与志愿服务						
生产劳动	农业生产劳动	数学、美术、信息技术、物理	湖畔景观造	项目组教师+园林种植专业人员	5~8个月	校园、区角	
服务性劳动	现代服务业劳动						

2. 实施方式

项目劳动创慧课程一般以月为基本单位进行开发落实，有的是一个学期或者一个学年。开发团队根据具体劳动项目设计规划周期，做好各阶段的劳动项目内容分配。根据劳动项目内容及相关劳动和学科知识，项目团队吸纳多个学科教师参与项目劳动的实施。在劳动项目开展过程中，学科融合教师或企事业专业工作人员提出专业指导意见，劳动教师进行劳动指导和建议。整个过程包含背景分析和前期调查、方案设计、劳动实践、成果检验、反思总结五个主要环节。项目背景要与学生生活实际相联系，贴近生活实际；其余四个环节要让学生在劳动项目推进中创新创造，无论是方案的优化，还是劳动成果的精益求精，都要让学生在做项目中体会劳动创造的意义。

二、劳动课程评价

（一）评价原则

1. 发展性原则

注重以学生发展为目标，力争学生在劳动学习实践过程中，学有所获、劳有所得，获得学业成长与劳动技能发展。

2. 导向性原则

注重引导学生热爱劳动，养成劳动的好习惯，尊重劳动人民，体悟劳动辛苦，珍惜劳动成果。

3. 系统性原则

注重将知识与实践相结合，注重个人与集体相配合，注重学校、班级、个人的系统推进，将劳动课程有序落实。

（二）评价主体

1. 自我评价

学生自主对劳动课程中的表现根据评价表进行客观准确评价，目的是让学生认知劳动过程中的优点与不足，引导学生进行自我总结。

2. 同伴评价

主要是小组内部成员之间的相互评价，引导同学之间相互学习，互相借鉴，共同发现问题，帮助解决问题。

3. 教师评价

以课程教师和项目组教师评价为主，教师主要从劳动过程中学生的知识运用、技能获得等方面进行评价指点，目的是为学生的进一步发展提供合理、科学的建议和指导。

4. 家长评价

家长是学生成长过程中的重要角色，无论是在家庭生活劳动中，还是在学校各类生产劳动、服务性劳动中，家长的评价都将给予学生更多的动力和信心。

学生劳动实践评价实现主体多元、标准多维（见表10）。

表10 湖畔路中学学生劳动实践评价表

评价内容		自我评价	同伴评价	教师评价	家长评价	总评	备注
劳动准备	1. 劳动工具准备充分						
	2. 制定了周全的劳动方案						
	3. 预设了突发情况的解决方案						
	4. 有安全保障方案						
劳动过程	1. 主动积极参与劳动						
	2. 主动承担劳动项目中的重要角色，担负重大任务						
	3. 在劳动过程中任劳任怨，不偷奸耍滑，不挑三拣四，不拈轻怕重						
	4. 服从小组劳动任务安排，服从调配，服从管理，有责任意识						
	5. 劳动过程中主动建言献策，为高质量完成劳动项目提供帮助						
	6. 规范劳动，按照方案有序进行						
	7. 有安全意识，劳动过程中注意防范安全						
劳动成果	1. 实现劳动目标，完成劳动计划						
	2. 形成劳动成果性材料，能应用和推广						
	3. 形成实物成果，方便他人使用						
	4. 将学科知识转化为能力，获得新的劳动知识，习得劳动技能						
	5. 认识劳动意义，传承劳动精神，热爱劳动，尊重劳动人民						
评价方法：根据评价内容在相应评价栏中给予"优、良、中、差"四个等级的评价，如有单独建议，填于备注栏。							

（三）评价类型

1. 过程性评价

以月为单位在学生绩点考核册上根据学生的劳动评价表进行评分。评价表上记录劳动日期、劳动时长和劳动内容，一月（四周）期满，附上劳动剪影，写上劳动感悟，家长对孩子的劳动进行评价，并由劳动实践学科教师评价签字。

2. 总结性评价

一学期结束，根据学生全期各项劳动课程的过程性评价档案和学校各班绩点考核得分两大指标，对每位学生及班级进行结果性评价，授予"劳动之星""劳动示范班级"称号。

（四）评价方法

1. 表现性评价

学生自己、同伴之间、教师和家长根据学生在劳动过程中的表现进行评价，是即时性的，能即时对学生劳动进行鼓励和纠正。

2. 档案袋评价

学校将学生在劳动实践活动中的具体表现情况、成效情况，通过评价表和劳动实践情况表的形式记录，存入学生劳动实践成长档案，以促使学生的实践劳动技能得到提升。

3. 综合素质评价

学生将劳动实践的表现、学校的总结性评价等内容登记录入成都市综合素质评价记录管理系统，该系统对其进行综合素质评定，作为其升学的重要凭证。

组织与保障

一、组织机构

（一）成立湖畔路中学劳动教育工作领导小组和劳动教育教研组

1. 劳动教育工作领导小组

学校校长担任组长，负责劳动教育全面工作；副校长担任副组长，负责劳动教育校级和班级课时，劳动教育教师及劳动教育教研组的协调工作。德育处具体负责劳动教育方案制定、劳动教育活动的开展（校内课余时间和校外劳动教育）和考评工作。教务处具体负责劳动教育课程安排、劳动教育师资、劳动教育教研组工作。安全处具体负责劳动教育活动安全管控。总务处具体负责劳动教育的后勤保障工作。

2. 劳动教育教研组

劳动教育骨干教师担任组长，负责组织开展劳动教育常规教研活动，完成润养劳动课程实施的具体落实工作，参加各级各类劳动教育课程培训活动，将先进的劳动教育做法转化为学校劳动教育策略。各组员认真开展好各年级的劳动教育课程，在劳动活动课和项目课开展过程中需进行劳动指导和建议。教研组定期开展围绕班级博慧、项目创慧、德育主题劳动项目课程的联合教研活动，共同研讨各劳动项目的开展实施策略和方式。

（二）具体措施

德育处负责活动安排、标准制定、劳动过程和结果考评、劳动技术指导等。

年级组负责督促、协助各班按要求开展好劳动教育课，对年级各班劳动情况进行评估并记入班级考评，组织好本年级劳动教师按要求参加劳动项目课程。

班主任分配落实责任，组织督促、指导学生对劳动项目实施推进，评价每个学生的劳动情况，录入学生个人综合素质测评。

二、相关保障

师资建设。劳动教师注重更新教育教学观念，转变"劳动即体力劳动""劳动教育即德育"等观念，将"教育劳动"转变为"劳动教育"。关注以劳树德、以劳增智、以劳健体、以劳益美、以劳促创新等多方面的功能实现。

课程资源。学校建立校、家、社三结合的教育网络，实现课内课外、校内校外相结合；委派专人开拓并管理劳动教育实践基地。劳动教师要充分利用和开发学校潜在的教育资源，引入与学生生活实际、社会生产服务相关的劳动项目，特别是兴隆湖周边的劳动课程资源，让学生感受新信息和新科技。

教育管理。教师应关注个体差异，区别对待劳动能力不同的学生，注重在活动中调动学生的积极性，依靠学生固有的经验，充分挖掘学生的潜能，并注重实施跨学科融合教学，全面培养学生的专业能力、社会能力等综合劳动能力。

（执笔：湖畔路中学　吴云莹、赵雪友）

阳光润心　以劳育人

——特教学校劳动课程方案

课程理念

一、学校办学理念

四川天府新区特殊教育学校（以下简称"特教校"）成立于2020年5月，是一所全日制公办培智类特殊教育学校。学校在"生活即教育"哲学理念的引领下，提出了"让每一个生命阳光绽放"的办学理念，即通过教育，每一个师生都能享受生命的阳光，主动生长，实现生命的价值。

二、劳动课程理念

特教校作为四川天府新区唯一一所培智类特殊教育学校，在《中共中央　国务院关于全面加强新时代大中小学劳动教育的意见》《全面加强新时代大中小学劳动教育实施方案》《培智学生义务教育劳动技能课程标准（2016年版）》和学校办学理念的指导下，以"生活即教育"哲学理念为引领，建立了"阳光润心　劳动育人"的具有学校特色的劳动课程体系，即以生活为基础，激发每个生命参与生活的活力；以实践为路径，引导每个生命在生活劳动实践中将技能内化；以康复为手段，促进每个生命在劳动中全面康复；以综合运用为目的，助力课程回归生活、教育回归儿童。

基于此，学校劳动课程以"阳光润心　劳动育人"为理念，将阳光的生气勃勃融入学校劳动教育，以生活世界为基点，使课程贴近生活，让学生参与劳动的每一个过程中，弯腰动手做力所能及的事。在具体的劳动实践中，学生体会劳动的艰辛，习得劳动的技能，收获劳动的果实，培养劳动的情感，充分发挥自己的潜能，培养学生具备基本的生活技能和幸福生活的能力，从生活自理走向职业自立，让学生"阳光生活，明亮未来"。

课程目标

一、劳动课程总目标

学校劳动教育课程目标是通过日常生活劳动、服务性劳动和简单生产劳动的学习，帮助学生形成独立或半独立的生活能力，了解劳动的意义与价值，并掌握一定的劳动技术和操作方法，养成良好的日常生活劳动习惯，形成基本的劳动意识，树立正确的劳动观念，为参与就业和融入社会生活打下基础。

二、劳动课程学段目标

根据《义务教育劳动课程标准（2022年版）》《培智学生义务教育劳动技能课程标准（2016年版）》的要求，学校劳动课程建设组对课程目标进行了归纳和整理，结合特殊学生年龄和身心特点，对劳动课程学段目标进行校本化解读与表述（见表1）。

表1 劳动课程学段目标

素养	低段（一至三年级）	中段（四至六年级）	高段（七至九年级）
劳动观念	1. 养成主动劳动的意识 2. 初步具有爱护工具、节约材料的意识，珍惜劳动成果 3. 初步具有安全意识和环保意识	1. 形成为他人服务的意识，初步形成正确的劳动价值观 2. 具备质量意识、安全意识和环保意识	1. 形成为他人、为集体、为社区服务的意识 2. 具备质量意识、安全意识、环保意识和职业意识
劳动能力	1. 能正确使用、整理或清洗个人物品 2. 能打扫、整理家庭环境和校内环境 3. 初步学会使用手工工具对劳动材料进行加工	1. 能清洗、晾晒、折叠厚薄适中的衣物 2. 掌握清扫、保洁的技能 3. 学会使用常见的生活用具、家用电器 4. 会使用厨房用具，掌握基本的食材加工技能和厨房劳动技能 5. 认识手工缝纫所需材料和工具，初步学会简单的手工缝纫技能	1. 能熟练地进行打扫、清洗、整理等家务劳动 2. 能熟练地使用常见的家用电器 3. 会几种简单的食材加工技能 4. 能参与有一定技术要求的公益劳动和生产劳动 5. 掌握几种职业的劳动技能，为将来就业奠定基础
劳动习惯和品质	初步养成自己的事自己做的劳动习惯和品质	养成自主参与劳动，积极服务他人的劳动习惯和品质	积极参与劳动，具有认真负责、遵守纪律、团结协作、勤俭节约、爱护公物、珍惜劳动成果的劳动习惯和品质
劳动精神	具备不怕挫折、克服困难的精神	树立不畏艰辛、积极探索的精神	树立坚持不懈、勇敢拼搏的精神

课程结构与内容

一、课程结构

为进一步构建富有学校特色的课程模式，学校梳理、构建了"阳光润心　劳动育人"劳动课程。"阳光润心　劳动育人"劳动课程以《培智学生义务教育劳动技能课程标准（2016年版）》为纲领，以"四好教育"为核心，以学校劳动教学、家庭劳动教育和社会劳动实践为实施路径，结合学校课程资源以及学生劳动生涯所需，遵循学生认知规律和身心发展水平，从小学一年级贯穿至九年级，设置了"4+4+4"劳动课程体系，以启光课程教授学生自我服务技能，培养好照顾的劳动者；以增光课程教授学生家务劳动技能，培养好家人；以闪光课程教授学生公益劳动技能，培养好帮手；以焕光课程教授学生简单生产劳动技能，培养好公民。课程涵盖学生、家庭、学校和职业等方面，让学生在劳动中掌握劳动技能，锤炼劳动品质，培养劳动精神，从而实现个人价值，获得明亮的未来（如图1所示）。

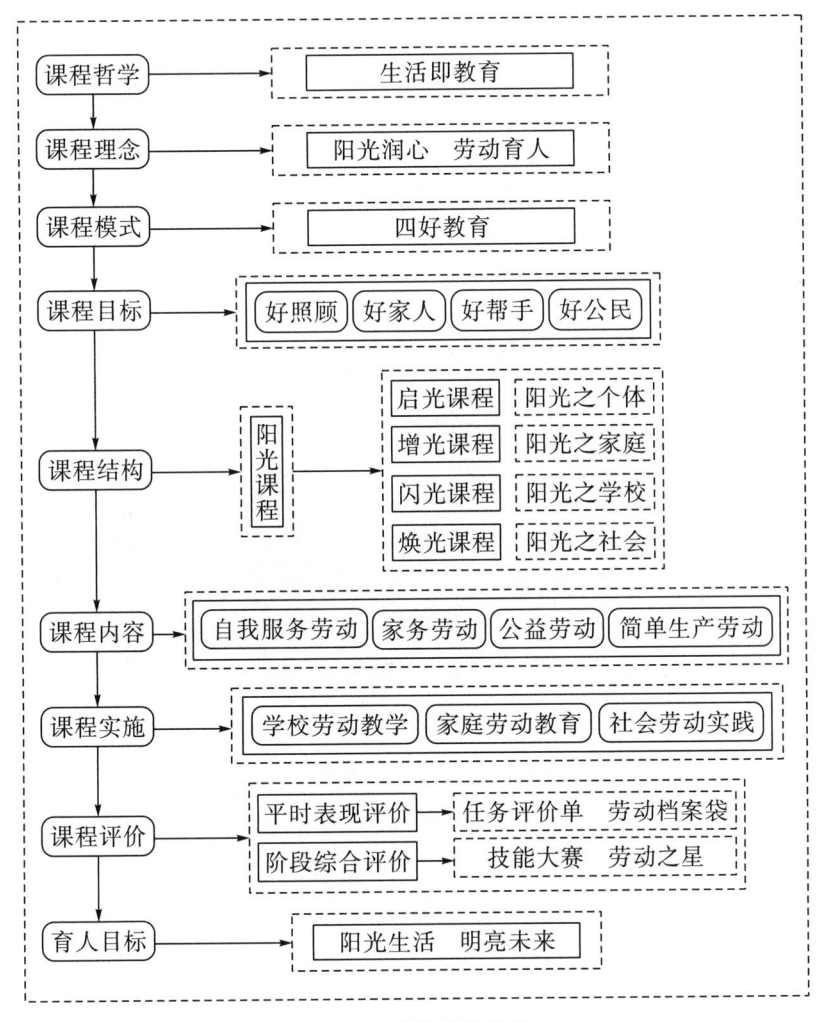

图1 劳动课程结构图

二、课程内容

（一）课程内容结构

学校的课程内容由启光课程、增光课程、闪光课程和焕光课程组成。启光课程以培养"好照顾的劳动者"为目标，设置了物品使用、洗涤晾晒、整理收纳三大版块，旨在培养学生自我服务的能力，使学生能够自我照顾，适应家庭节奏，掌握自理技能。增光课程以培养"好家人"为目标，设置了清洁整理、择洗切配、蒸炒煮炖三大版块，旨在培养学生基本的家庭劳动能力，使学生能够遵守家庭规则，掌握家事技能，分担家庭责任。闪光课程以培养"好帮手"为目标，设置了校园清扫和社区保洁两大版块，旨在培养学生基本的学校劳动能力和社区劳动能力，使学生能够遵守学校和社会规则，承担义务劳动，掌握服务技能。焕光课程以培养"好公民"为目标，设置了农业种植、汽车清洗、艺术手工和面点制作四大版块，旨在培养学生基本的职业劳动能力，使学生能够热爱工作岗位，遵守工作规则，掌握职业技能。

课程从培养好照顾的劳动者开始，以培养好公民为最终目标，让学生能够实现个人价值，获得阳光的生活、明亮的未来。在课程设置方面，依据学生发展和所处学段按比例设置课时，做到低段以个人劳动为主，辅以家庭劳动习惯引导；中段以家庭劳动和学校劳动为主，按需尝试社区劳动；高段以社区劳动和职业劳动为主，整合其他劳动类型形成综合劳动能力。同时根据学生个人能力和兴趣设置选择性实施课程，做到以生为本。劳动课程内容结构如图 2 所示。

图 2 劳动课程内容结构图

（二）年级课程设置

不同年级课程内容与不同学段各有侧重，低年级以自我服务劳动、简单家务劳动和简单公益劳动为主；中年级在巩固自我服务劳动技能的基础上，提高家务劳动和公益劳动的难度；高年级段在拔高的过程中，侧重学生简单生产劳动技能的培养（见表 2、表

3)。课程的设置随学生年级的升高体现出由易到难、由简到繁的螺旋式上升的发展规律。

表2 低、中、高年级劳动课程

劳动内容	劳动课程	低年级（一至三年级）	中年级（四至六年级）	高年级（七至九年级）
自我服务劳动	整理收纳	洗手，洗脸，如厕，刷牙，叠放小件衣物，整理学习用品	仪容仪表整理（洗头、洗澡），整理自己的房间，叠放厚重衣物，叠被子	整理衣柜 按季节存放衣服、鞋、被褥等物品
	物品使用	使用勺子或筷子，自己穿春夏的衣服，自己脱衣服、系红领巾	独立穿秋冬的衣物，正确使用洗涤用品和工具、使用和清理雨具	能够搬运重物，使用炉具、洗衣机、空调等家用电器
	洗涤晾晒	晾晒小件衣物	洗涤小件衣物（手帕、袜子、内裤等），晾晒常见衣物	按季清洗和晾晒服装、鞋、被套、床单、毛毯等
家务劳动	清洁整理	摆放碗筷，清扫地面，开关锁门窗，清洗小件衣物	更换、整理卧具 刷洗餐具、茶具、炊具	打扫、整理卫生间，擦玻璃
	摘洗切配	清洗常见的水果，清洗常见的蔬菜	协助择菜、洗菜、切菜、配菜等	择菜，洗菜，切菜，配菜 做好厨房卫生清洁等
	蒸炒煮炖	认识常见厨房用具，认识厨房常见调味品	煮速食产品 加热饭菜	煎鸡蛋，炒土豆丝，煮腊肠，蒸蛋花，炖排骨汤等
公益劳动	校园服务	摆放桌椅，使用并清洗黑板擦，使用清洁工具等，开关教室或楼道的灯、门窗，浇花	清扫走廊、操场、校园	桌椅维护，教室卫生保持，劳动角管理，教室灯具和多媒体管理 体育器材摆放 通过手工制作、绘画创设教室环境，利用废旧材料进行简单创意改造变成盆栽花盆或垃圾桶等
	社区保洁	参与社区垃圾清理	社区垃圾简单分类，清扫社区绿化区	参加社区公益劳动志愿者活动，社区美化
简单生产劳动	四季种植	使用小铲子、小钉耙、浇水壶等工具，简单的翻土、挖坑、浇水等劳动	使用劳动工具，如锄头、铁铲等 认识果蔬特征 观察植物生长过程	能够种植常见的果蔬2种，学会照料
	艺术手工	简单的剪纸、粘纸、撕纸，使用儿童剪刀	认识陶艺制作所需物品及设备	制作简单陶艺品 设计简单作品
	面点制作		使用烘焙物品及设备	烘焙简单糕点，如蛋挞、饼干等 初步设计糕点的简单造型
	汽车清洗		认识汽车清洗所需用品及设备	使用工具清洗汽车

表3 劳动周主题实践活动表

年级	劳动周主题	时间	具体项目
低年级 (一至三年级)	个人清洁我能行	4月26日—4月30日	叠衣服大赛 洗红领巾大赛 餐前准备大赛 餐后整理大赛 阳光之星评选
中年级 (四至六年级)	清扫烹饪我在行	5月5日—5月11日	清扫校园行动 制作速食品 垃圾分类 清洗餐具 阳光之星评选
高年级 (七至九年级)	劳动最光荣	5月13日—5月18日	汽车清洗行动 种植向日葵 制作书签 蛋挞烘焙 阳光之星评选

课程实施与评价管理

一、课程实施

(一)学校劳动教学

学校劳动教学由劳动课堂和劳动实践组成。

1. 劳动课堂

学校劳动教育立足课堂教学,低、中段每周1节劳动教育课,高段每周2节劳动教育课,以课标和劳动教育清单为纲领,分学段实施课程内容,培养学生劳动技能。在具体实施过程中,教师首先进行学情分析,然后根据学情和课标选择教学内容,随后确定教学目标、撰写教学设计,接着实施教学,最后进行评价反馈。在课堂教学过程中教师采用理论+实践的形式丰富课堂形式,激发学生的学习兴趣,提升学生课堂参与度;在教学后及时进行反思和总结,并就课堂教学中出现的问题进行研讨,以提升课堂教学效果,促进学生能力的提升。

2. 劳动实践

学校劳动实践由班级一人一岗值日活动、主题实践活动和劳动技能比赛三部分组成。

(1)班级一人一岗值日活动通过设置不同的劳动岗位,学生在每日的劳动中习得劳动技能,锻炼劳动品质。各班分别设置了擦黑板、摆放桌椅、扫地、拖地、倒垃圾等劳动岗位，由各班班主任和劳动教育教师根据学生实际能力水平和劳动实践需要，对学生进行岗位分配，然后学生承担岗位所对应的劳动，一个月进行一次岗位调整。

（2）主题实践活动以学校阳光节日为指导，在每年的清明节、植树节、中秋节和元旦节到来之际，由学校德育处制定活动方案，班主任召开主题班会进行文化探究，全校师生共同参与实践。主题实践活动见表4。

表4 主题实践活动

阳光节日	劳动主题	活动内容
清明节	探究传统习俗	文化探究、制作青团
植树节	我为地球添抹绿	爱护环境、植树活动
中秋节	中秋美食制作	文化探究、制作月饼
春节	春节扫尘	文化探究、清洁与整理

（3）劳动技能比赛在每年的5月和11月由学生发展与活动中心组织和策划。各班劳动教育教师根据前期所教内容向学生发展与活动中心上报比赛内容和学生能力分组。学生发展与活动中心根据教师上报情况，综合确定5~10个难度不一的比赛项目，分低、中、高三个比赛段和若干小组，采用分项目、分学段和分能力的方式进行比赛。

（二）家庭劳动教育

家庭劳动教育在每日学校劳动教学之外，以日常家务劳动和实操练习的方式实施，围绕学生生活自理和家务劳动开展，通过在日常生活中真实场景中训练，丰富劳动教育的实施途径，帮助学生劳动技能熟练化和生活化。

日常家务劳动由每天的家务劳动组成，包含饭前准备、餐后整理、扫地、拖地等，固定时间开展。实操练习由教师选择具体的教学内容，在学校由教师教学后以劳动任务单的形式告知家长，学生居家学习任务、操作方法和指导方法。学校每学期确定主题开展家长培训，为家长提供有针对性、系统性的劳动教育的方法和策略，以提高家庭劳动教育的实效性。一方面，学校为家长提供科学有效的家庭劳动教育指导理念与方法；另一方面，为家长提供与劳动项目相关的微课资源，通过视频提供劳动指导。

（三）社会劳动实践

社会劳动实践以具体劳动项目组织开展，通过集体性的外出劳动实践，学生参与社会、服务社会、融入社会，扩大学生生活范围，提升学生劳动技能，训练学生社交技能，增强学生服务意识。

社会劳动实践采用项目评估—社区评估—外出报备—组织实践的方式开展。在进行社会劳动实践前教师先对开展的劳动项目进行评估，主要评估劳动内容的社会性，是否需要到社区、社会进行实践；再进行社区评估，主要评估社区是否能为学生提供实践场所和实践指导。在前两项评估均通过后向学校进行报备，再设计实践方案，对接社区，组织学生开展社会劳动实践。

二、课程评价

学校劳动教育课程评价秉持生成性、系统性、差异性的原则，既重视教学目标是否达成，又关注在真实生活情境下学生劳动技能的动态形成和劳动过程中的参与度。学校劳动教育课程评价主要采取平时表现性评价和阶段综合性评价等方式（如图3所示）。

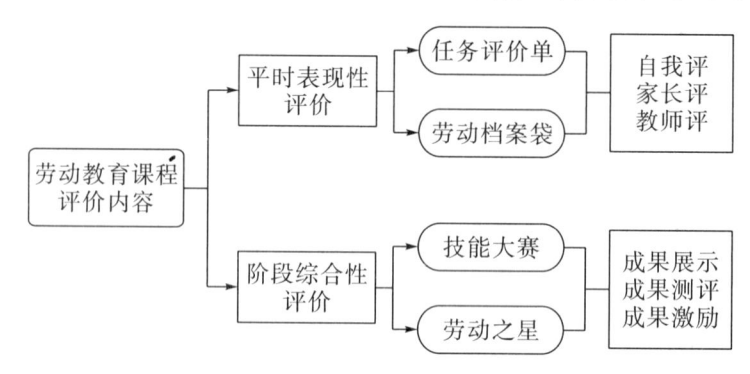

图3 劳动教育课程评价方式

（一）评价方式

1. 平时表现性评价

平时表现性评价秉持以评价促进学生学习发展的原则，以劳动任务群为单位，以任务评价单、劳动档案袋等方式，通过自我评、家长评、教师评"三位一体"互动评价形成平时评价结果。

2. 阶段综合性评价

阶段综合性评价是学段结束时进行的综合评价，反映学生劳动课程学习的水平和核心素养的阶段性达成情况。通过"技能大赛"给予学生劳动光荣的情感体验，将正确的劳动观念内化给学生；通过"劳动之星"荣誉奖励，将劳动教育评价结果融于荣誉评选中，引导学生享受劳动带来的身体和精神生长的愉悦感和成就感。

（二）评价实施

1. 平时表现性评价实施

平时表现性评价实施采用任务评价单和劳动档案袋等评价工具。

任务评价单。任务评价单的设计包括两个级别的指标：一级指标为劳动任务，二级指标为劳动任务评价内容。评价主体为自我、家长和教师，旨在充分联动家校，形成三线并进的互动评价形式。评价方式为量化和质性相结合，通过量化星级计分评价学生劳动项目完成情况，通过教师及家长的质性评语实现对学生劳动过程的随时关注、即时点评。以六年级学生种植项目为例（见表5）。

表5　劳动任务评价表

任务名称	劳动项目	评价内容	评价主体		
			自我评	家长评	教师评
我和小苗交朋友	种苗	种苗步骤是否掌握	☆☆☆	☆☆☆	☆☆☆
		工具使用是否正确	☆☆☆	☆☆☆	☆☆☆
		种苗是否成功	☆☆☆	☆☆☆	☆☆☆
	培土	培土步骤是否掌握	☆☆☆	☆☆☆	☆☆☆
		工具使用是否正确	☆☆☆	☆☆☆	☆☆☆
	生长	小苗生长情况	☆☆☆	☆☆☆	☆☆☆
	浇水	能否及时给小苗浇水	☆☆☆	☆☆☆	☆☆☆
		浇水能否及时记录	☆☆☆	☆☆☆	☆☆☆
教师的话：					
家长的话：					

注：请对照清单中的每一个项目，根据完成情况打★，有所了解打★，基本掌握打★★，熟练掌握打★★★。

劳动档案袋评价。劳动档案袋评价旨在关注学生在劳动过程中的点滴进展，促进学生良好劳动习惯的养成。劳动档案袋主要是从时间、地点、过程等方面记录劳动过程，用文字和图片相结合的方式丰富劳动感受。以六年级学生种植项目为例（见表6）。

表6　劳动档案袋

番茄成长周记图					记录者：
日期项目	浇水	除草	松土	晒太阳	施肥
本周植物生长情况照片：					

2. 阶段综合性评价实施

阶段综合性评价实施主要以劳动技能大赛和劳动之星评选的方式进行。

劳动技能大赛。 劳动技能大赛在每个学期末进行,主要是给学生创设展示平台,引导学生将自己本学期获得的劳动技能进行展示,并在此过程中利用阶段综合评价表进行量化认定。以一年级为例(见表7)。

表7 阶段综合评价表

主题	劳动项目	总体评价	
		平时表现性评价(50%)	阶段综合性评价(50%)
自我服务劳动技能	学习洗手		
	学习整理自己的书包		
	学习叠放小件衣物		
家务劳动技能	学习清洗水果		
	学习摆放碗筷		
	学习清洗蔬菜		
公益劳动技能	学习摆放桌椅		
	学习擦黑板		
简单生产劳动技能	学习使用浇水壶		
	学习使用儿童剪刀		

劳动之星评选。 根据劳动任务项目群,分项设置劳动之星奖章。以一年级为例,借助奖章的形式引导学生体会劳动的价值,养成劳动习惯、提升劳动技能、树立正确劳动观念(见表8)。

表8 劳动之星奖章表

主题	项目	具体要求
自我服务劳动技能	清洁达人	根据阶段综合评价表,达成自我清洁的相关目标
自我服务劳动技能	收纳达人	根据阶段综合评价表,达成物品规整的相关目标
家务劳动技能	小小帮厨	根据阶段综合评价表,达成照顾家人的相关目标
公益和简单生产劳动技能	小小志愿者	根据阶段综合评价表,达成种植养护、手工制作的相关目标

组织与保障

一、组织结构

立足特色发展，学校成立劳动课程建设领导小组，对课程规划、体系构建、教学指导和经费保障等进行管理。领导小组由校长担任劳动课程开发的主要决策人和负责人，宏观调控、指导学校劳动课程的开发。学生发展与活动中心、教师发展与服务中心、后勤与安全服务中心负责人担任副组长，组织实施劳动课程开发，教师研发劳动课程项目和实施课程计划，对课程进行指导、评估、调查，以及课程开发过程中物资经费管理工作。劳动教研组为主干力量，进行劳动教研和劳动课程的具体教学工作（如图 3 所示）。

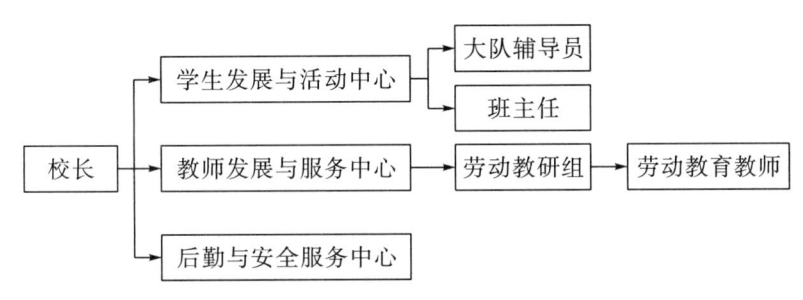

图 3 劳动课程建设领导小组

二、相关保障

（一）课时保障

学校将劳动课纳入课表，低、中段保障每班每周 1 节劳动技能课，高段保障每班每周 2 节劳动技能课。班级一人一岗值日活动，保障日常常规清洁劳动，帮助学生养成良好的劳动习惯。每期一次的劳动技能比赛，丰富劳动教育的实施途径。劳动与阳光节日活动相结合，促进劳动技能的综合应用。家校社联动，拓宽劳动教育渠道。

（二）场域保障

校内设置教室、走廊、操场、厕所、功能室等劳动场域，保证日常教学和实践需求。学校设立了阳光厨房、阳光餐厅、阳光汽修厂、阳光理发店和阳光超市等情景教室，最大限度地再现了生活中的劳动场景。依托情景教室，教师组织学生开展丰富的情景实操。学校还提供了丰富的课堂教学资源，设有美劳教室和一块 40 平方米的劳动实践基地，且各类种植工具配备齐全，为劳动教育所需资源提供保障。此外，学校整体环境较好，绿化多，给孩子种植活动提供了一定的场所。做好家校沟通，保障家庭劳动项目的开展。与社区加强联系，为学生进行养老院、社区、公共绿化等方面公益服务和志愿服务提供丰富的社会实践场域。

（三）经费保障

学校把劳动教育相关经费纳入学校总体经费预算内，以保障课程建设培训、策划、实施等必要费用的支出。

（执笔：特殊教育学校　辜思、张洁、党艺宁、程乾、游小利）

第三部分

基于课程标准的劳动精品课例与项目式案例

第一章 基于课程标准的劳动精品课例

课堂是劳动教育课程实施的主要阵地,是渗透和发展学生劳动素养的重要场域。课堂中劳动素养培育具身认知发展统一,既是落实核心素养的关键环节,也是促进学生全面发展的重要途径。

天府新区以习近平新时代中国特色社会主义思想为统领,紧扣发展学生"劳动知识获取、劳动能力培养、劳动品格与习惯养成、劳动精神培育"核心素养发展要求,围绕劳动教育的目标和内容要求,从提高劳动教育效果出发,把握劳动教育任务特点,围绕"劳动课程标准"中"情境创设、准备阶段、实施阶段、反思阶段"的劳动过程,依托"讲解说明、淬炼操作、项目实践、交流反思、榜样示范"关键环节,选择适宜的劳动教育方式,提炼出具有情境性、时代性、思维性、创造性特质的天府劳动课堂样态,探索出基于课程标准的"劳动方案规划课、劳动实践指导课、劳动技能应用课、劳动交流汇报课"四种课型。

一、劳动方案规划课

劳动方案规划课是指从现实生活的劳动需求出发,筹划设计劳动方案,形成课前规划劳动准备、课中规划实施内容、课后规划实践拓展的课程内容,综合运用所学知识和技能解决问题,完成整体方案设计的学习过程的课型(如图1所示)。

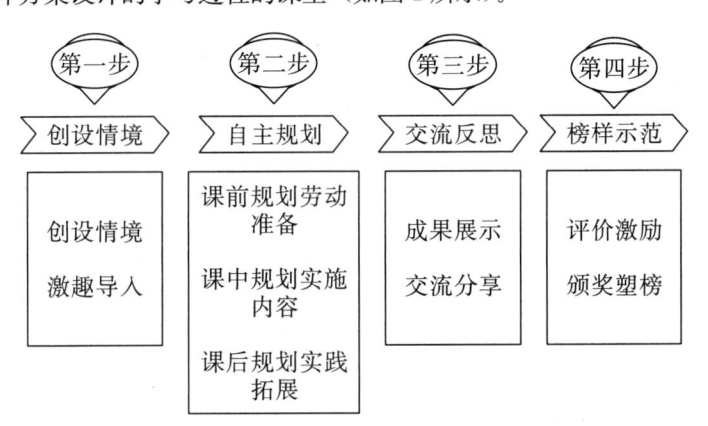

图1 劳动方案规划课流程

二、劳动实践指导课

劳动实践指导课是指围绕劳动知识和劳动技能方面的学习内容,设计一条"创设情境、讲解说明、淬炼操作、交流反思"学习链，紧抓情境创设、讲解示范等环节来指导学生对劳动过程中的关键步骤、技能要点、劳动中出现问题及时解决等核心点进行"掌握、理解、运用"，引领学生在适时激励、启迪中形成正确价值观、必备品格和关键能力的学习过程的课型（如图2所示）。

图2 劳动实践指导课流程

第一步 创设情境 —— 创设情境 激趣导入
第二步 讲解说明 —— 看微课知方法 忆步骤悟难点
第三步 淬炼操作 —— 认工具识材料 忆步骤强标准 重实践解问题
第四步 交流反思 —— 交流反思 评价激励 颁奖塑榜

三、劳动技能应用课

劳动技能应用课是指围绕劳动知识与技能学习内容，引领学生将个体的劳动知识、技能、行为方式等在劳动实践中所需的胜任力迁移到新劳动情境或新劳动项目的学习过程的课型（如图3所示）。

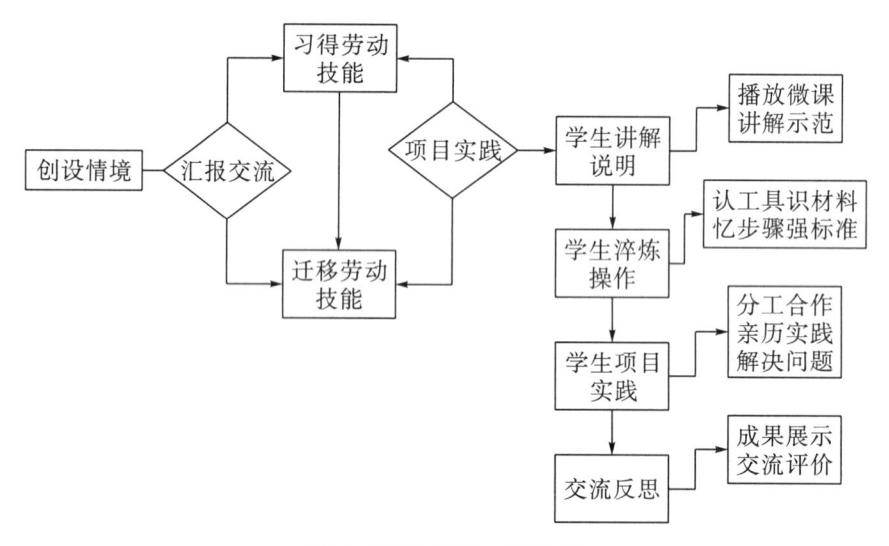

图3 劳动技能应用课流程

四、劳动交流汇报课

劳动交流汇报课是指学生围绕学习后的劳动实践收获内容，进行一种有组织、有计划、有目的的公开课程讲授形式活动，旨在通过课堂向特定人群汇报自己在劳动实践领域或劳动技能方面的进步与提高，展示自己收获与体会的学习过程，从而提升劳动教育实践合作、交流分享能力的课型（如图4所示）。

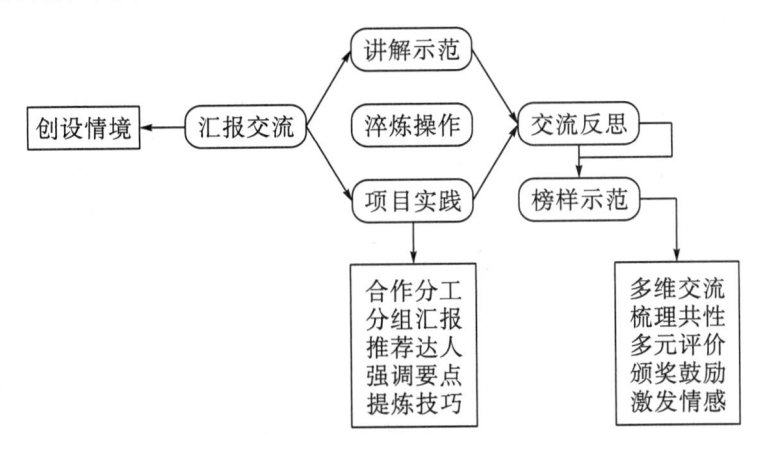

图4 劳动交流汇报课流程

天府新区立足"手中有本领、脑中有智慧、心中有光芒"区本化劳动课程目标，提出"注重实践、强调本真、探索创新、素养育人"课堂主张，聚焦四种课型，探索"试点校分类研讨＋集团校主题展示＋区域教研统整示范"共建共享成长路径。"试点校分类研讨"指区域将四种课型研修任务统筹发布到各学校，学校依据研修任务清单开展校本研修，通过"组内研修＋专家进课堂＋校课例成果展示"等方式，推选出校级最佳课例，参加集团主题展示活动。"集团校主题展示"指集团聚集力量每月开展一次主题展示活动，通过"同课异构、异课同构"等方式，推选出集团内研讨的最佳课堂，参与区级教研示范课例。"区域教研统整示范"，指区域搭建课例展示平台，通过"成果展示＋榜样示范＋专家引领"等方式，提升研修质量、固化课型样态。

总之，四种课型研修重构了多样课堂样态，探索了多元教学方式，搭建了学生实践与展示的舞台，有效破解了劳动素养课堂中落地的教学困境，有助于实现青少年劳动素养的培育，更是新时代促进中小学生德智体美劳全面发展的崇实务本之举。

第一节 劳动方案规划课

劳动场景我规划
——校园"三星堆体验区"劳动规划课案例

劳动类型/任务群：生产劳动、服务性劳动
年级/学段：四年级
课时计划：1课时

共享的力量
——区域推进劳动课程建设的创新实践

一、背景分析

（一）选题依据

2022年，教育部印发《义务教育劳动课程标准（2022年版）》（以下简称《课程标准》），明确指出："能在劳动实践中增强体力，提高智力和创造力，具备完成一定劳动任务所需要的设计能力、操作能力及团队合作能力。"在总目标第二条发展初步的筹划思维，形成必备的劳动能力方面指出："能从目标和任务出发，系统分析可利用的劳动资源和约束条件，制订具体的劳动方案，发展初步的筹划思维，发展基本的设计能力。"

无论是素养要求还是第二学段的内容要求，《课程标准》都表明学生动手操作之前，需要对所要操作的对象进行规划和设计，对劳动对象进行设想，提升创造力，同时提升学生的团队合作能力。因此，我们结合学校项目课程"打造三星堆体验区"来设计本节课。

（二）学情分析

通过低段在家庭和学校内进行的日常生活劳动、简单生产劳动、服务性劳动，学生已经具备一定的生产生活技能，并且对学校内的环境和各场域有了较为清晰的认识和体验。四年级的学生发展了一定的空间想象能力和逻辑思维能力，经过前期对教室门口小微种植生态空间的设计和打造，已经具备一定的劳动规划、实践和团队协作能力。学生虽然尚未进行"主题活动体验区"的场景设计和规划，但是在日常生活中参与各种体验活动的经历等，可以作为本次项目设计的借鉴。因此，此次在校园里"打造三星堆体验区"需要充分了解三星堆文明，并通过不断地学习、探究与合作来完成规划设计。

二、教学目标

（一）劳动观念

在核心任务驱动下，挖掘三星堆留下的劳动智慧，感受古蜀人民劳动文化的灿烂与多样性，体会劳动促进社会文明发展的劳动观念。

（二）劳动能力

经历在校园"打造三星堆体验区"场景设计过程，通过学习与探究获取"主题活动体验区"设计与规划方案的相关知识、原则等，通过设计、创新、反思、修订的过程体验劳动项目方案设计的流程与步骤等，发展劳动方案规划设计能力、操作能力，提升劳动工作的规划、统筹综合能力。

（三）劳动习惯和品质

在设计"三星堆体验区"过程中，通过发现问题，研究与讨论，形成钻研与探索、有始有终的劳动习惯，培养认真设计与合作创新的劳动品质。

（四）劳动精神

明白在面对劳动困难、解决劳动问题时需要精益求精、追求卓越的工匠精神，树立认真完成劳动任务、不怕困难的劳动精神。

三、教学重点

前置内容重点：了解1~2个著名景点的规划。

教学重点：在规划项目、规划用地、规划细节三个环节中，小组合作，熟练掌握规划方法，完成校园"三星堆体验区"场景方案设计。

四、教学难点

在设计"三星堆体验区"场景过程中，学会与小组成员沟通，撰写、创造、优化本组设计。

将本节课学习的"规划项目、规划用地、规划细节"三个方法进行迁移运用。

五、设计思路

围绕"核心任务：完成'三星堆儿童体验区'方案设计"，我们设计了三个大环节和三项子任务（如图1所示）。

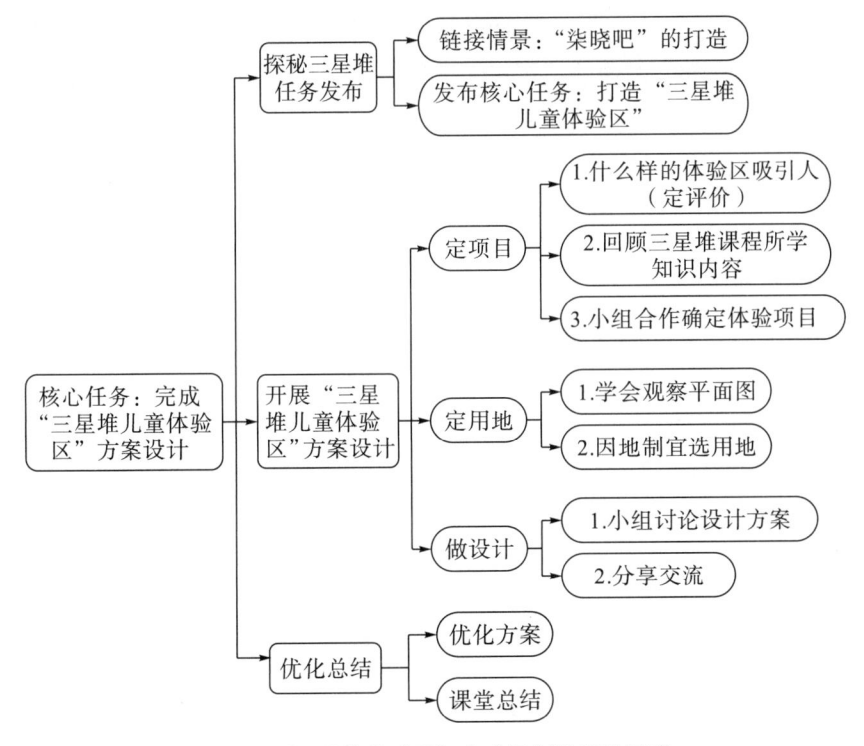

图1 "三星堆体验区"劳动规划课设计思路

（一）任务发布

为了唤醒学生设计的激情，我们以七小儿童城市劳动设计的成功案例——"柒晓吧"（学校水吧）作为导入，快速引发学生劳动能创造美好生活的共鸣，进而发布项目任务。

（二）方案规划

开展方案规划，完成方案设计，挑战三项子任务。

1. 规划项目

三星堆劳动智慧非常多，如何选定自己想设计的项目，需要先制定标准，再链接旧知，唤起三星堆文化记忆，从而定下体验项目。根据实际情况，引导学生认识到项目太多时可以进行分类和优化项目类别。

2. 规划用地

根据真情境，发布真问题，引导学生发现不同的用地适宜不同的项目，所以我们在做设计的时候要做到因地制宜。

3. 规划细节

这是最重要的一个环节。为了避免学生对细节制定的碎片化思维，我们链接"柒晓吧"，使用微课，让学生从中提炼设计的劳动要素，从而在设计和规划的时候有章可循。

在劳动方案设计的时候，最重要的就是优化和总结，在反思和自省的过程中实现思维的进一步发展与提升。以小见大由此及彼进行延伸，将那些优秀的规划和设计以图片和视频的形式呈现在学生的面前，充实学生见闻，激发他们创造的热情，鼓励他们继续在课后的优化和设计中绽放最精彩的自己。

六、教学准备

（一）教师准备

授课PPT，三星堆体验区规划用地图片，发布任务微课、水吧案例设计微课、优化总结微课。

（二）材料准备

教具：项目空白卡片8~10张，智慧平板8~10个，对应板贴。

（三）学生准备

课前自行学习和了解关于三星堆文化的相关知识（必做），了解主题活动体验区场景规划的案例等（选做）。

七、教学过程

前置课堂：

> ※劳动之寻

在我们天府新区，有许多或宏伟或精美的建筑。

小朋友们是否了解过这些在我们身边的博物馆、广场，以及其他建筑是怎么设计出来。

一起来了解一下吧！（展示相关图片）

请小组查阅资料讨论后回答：

◎我喜欢的一个设计是哪个？为什么？

◎我了解到它的设计者是谁？

◎它的设计时间是什么时候？用了多久建成的呢？

教学过程：

> ※劳动之启——探秘三星　任务发布

教师利用学校劳动设计的成功案例"柒晓吧"（学校水吧）激发学生"劳动创造美好生活"的积极性。

任务发布。邀请神秘嘉宾利用视频的方式正式提出"三星堆儿童体验区"方案设计征集。

同学们，今天这节劳动课我们要继续畅游三星堆。感受劳动创造美好生活的例子。这是哪啊？

（预设："柒晓吧"）

没错，"柒晓吧"从前只是一辆废弃的公交车，经过孩子们的设计与创造，成为我们学校最受欢迎的水吧。看来劳动的确能创造美好生活。

通过这段时间的学习，孩子们已经对三星堆文化有了一定的了解，现在我们也有一个创造的机会摆在眼前，一起来看一看吧。

【微课】七小龙（学校吉祥物）：同学们，三星堆文化如璀璨的明珠，看你们学得这么认真，我为你们申请了一块宝贵的用地。通过我们的劳动设计与实践，它将变成三星堆儿童体验区！

同学们，挑战已经摆在我们的面前，通过设计和劳动，我们将在这片区域打造三星堆儿童体验区。

> ※劳动之探——梦回古蜀 展开方案设计

（一）开启规划

1. 规划项目

（1）思维开启，规划项目标准。

教师引导学生思考喜欢怎样的三星堆儿童体验区。制定体验区项目设定的评价标准。

师：同学们想一想，你们喜欢怎样的三星堆儿童体验区呢？

学生举手作答。

师：你们说得很好，那我们来排排序，看看哪几点是大家都觉得很重要的呢？

师：看来，在设立体验项目的时候，我们就要紧抓体现三星堆特色、有趣、可操作、能学到一定劳动技能，这四个标准设计体验区。

【教师板书】规划设计四标准：有特色、有趣味、可操作、获技能。

（2）回忆三星堆，规划项目内容。

教师引导学生简单回忆关于三星堆的知识内容，链接项目打造。

师：第一个挑战出现了，规划项目！哪些项目更适合作为体验区项目呢？别着急，一起来看看：这段时间，关于三星堆，我们都学到些什么？

师：回顾前置课程，我们穿越时空遇见了古蜀国王，了解了古蜀国的衣食住行。见识了精美青铜、独特陶艺、黄金面具、古朴玉璧。感谢考古和修复人员，让我们得以窥见这段神秘的历史。

（3）小组讨论，确定规划项目。

教师和学生一起梳理体验区可以进行体验的项目，引导学生在设立项目时要有一定的依据，要体现一定的劳动价值。

教师示范后，让学生分小组讨论，分类整合后制定项目。

（预设）

生：我想设计的体验项目是挖宝藏，体验区项目名称叫作考古挖掘区。

师：我喜欢你的体验区，你想体验生产劳动的快乐，现在请你拿出马克笔写下你的体验项目名称，并贴在小黑板上。

师：在我们脑力劳动的过程中，创造力非常重要。请有不同答案的孩子来分享。

师：孩子们规划的项目都非常精彩，可是我发现……（项目太多放不下了）你们有什么好办法来解决吗？

师：看来优选精选、分类整合思维也能运用到劳动方案设计中。现在请各小组代表将你们想选择的项目贴上自己小组的名称。

师：孩子们，给大家两分钟时间完成下面两项任务。

①讨论确定小组选择的体验区项目名称，填写在设计单对应的位置（见表1）。

表 1　规划体验区项目名称填写表

步骤一	规划项目
体验区名称	

②把它写在分发给各组的空白卡纸上。

2. 规划用地

（1）规划初启，学看平面。

教师引导学生观看四楼露台真实场景，启发学生如何规划用地，教导学生看平面图。

（2）选定项目，规划用地。

教师引导学生思考用地的不同类型。

教师引导学生根据所选项目理解在做设计的时候需要因地制宜。

师：项目已定，回归用地。仔细观察我们的平面图（如图 2 所示），你们有什么发现？

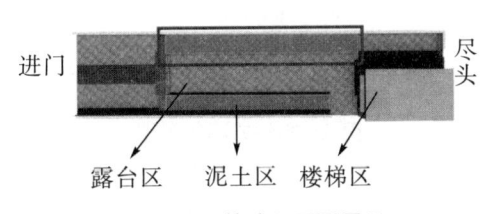

图 2　项目基地平面图展示

师：我们拥有的用地类型多样，请你们认真思考，你们规划的项目放在哪个位置更合适？请小组内讨论，像这样圈画用地，并说清你们的理由。

师：时间到，请大家来说一说。

（预设：我打算放在泥土区）

师：为什么呢？

生：因为这样就不用再去运泥土了。

师：请你把你的项目卡纸贴到相应位置。

师：请剩下的各小组都来贴一贴。

师：贴完后，你发现大家都是如何选择用地的呢？

（预设：选择适合的区域来放置自己的项目）

师：这样看来，在劳动方案设计中，因地制宜是个好点子！

3. 规划细节

（1）播放视频，提炼标准。

教师播放微课视频，学生从微课中提炼出体验区的评价标准。

（2）简单讲解，规划内容。

师：有了精彩的项目，再选择适宜的区域。接下来我们就要确定项目设计细节。设计是需要方法的，请参照我们"柒晓吧"的微课，学习劳动设计的细节吧！（播放介绍

学校水吧设计的具体细节）

请各小组讨论：具体设计规划时，我们需要注意哪些细节？

【教师板书】规划细节：劳动区域布局、劳动工具准备、劳动人员安排、劳动安全、劳动习惯。

（二）制定规划

1. 出示提示，引导规划

温馨提示：

请各小组设计一份三星堆体验区规划劳动方案，设计时围绕"劳动区域布局、劳动工具准备、劳动人员安排、劳动安全、劳动习惯"等细节进行规划（如图3所示）。

图3 规划方案展示图

2. 小组合作，实施规划

规划提示：

（1）参照要求，请小组讨论设计自己的体验区。
（2）分工合作效率高，请围绕劳动规划细节进行分工，发挥专长，合作共进。
（3）最后汇总讲述小组分区的设计细节。
（4）设计时长10分钟。讲述汇报2分钟。

3. 规划设计方案，绘制平面图

小组合作完成体验区方案打造设计，绘制平面简图。

（三）汇报规划

1. 梳理规划，陈述汇报

各小组打开投票软件。各小组陈述自己的方案设计具体细节，并讲述设计时遇到的问题和相应解决方案，以及存在的难题和疑惑。其他小组一边听一边为设计最好的小组投票。

2. 陈述汇报，反思规划

在各小组陈述及倾听的过程中，学生反思规划方案与优化规划方案。教师根据票数公布人气小组，并请其讲解本组的设计思路，答疑解惑。

师：孩子们，到这里，我们的劳动方案设计就结束了吗？来听听七小龙有什么好建

议？（播放微课）

师：你认为影响规划方案精美程度的重要因素是什么？（预设回答：时间、知识储备、生活经历等）

师：看来，充足的劳动时间能让我们进一步优化方案。如果有更多时间，你想优化哪里呢？（预设：更详细的细节）

师：在这节课上，孩子们遇到问题解决问题，优化方案，看来这也是我们做劳动方案设计的必经之路。

> ※劳动之思——总结拓展　迁移运用

（一）优化规划，交流反思

师：有反思才会有进步。同学们，今天我们学习了三星堆儿童体验区劳动方案的设计。其实，像这样的劳动方案设计都可以利用"一定项目，二定用地，三定方案细节，最后优化"的思路来完成。

（二）拓展规划，激发创造

师：一方小地，我们用想象让它丰富。而天地广阔，又有哪些值得我们学习的伟大设计呢？让我们一起来看看吧！

我们美丽的学校，熟悉的兴隆湖、天府国际会议中心、城市会客厅，以及西博城，这些建筑的规划落地，渗透着无数设计师、规划师的心血。

迈出天府新区，苏州博物馆、上海天文馆、北京鸟巢，以及世界许多知名建筑，也是这样通过设计、劳动、规划造就的一个个奇迹。

师：看了这些，再看看课前收集到的资料，你们有什么启发？

（预设：学生可能会从设计师的伟大，这些建筑设计的神奇与美妙，完成伟大设计需要的知识、技能、意志品质等方面来回答）

师：设计出这些伟大建筑的设计师、规划师、城市建设者，即使我们不知道他们的姓名，他们也值得我们感恩和致敬。

师：列夫·托尔斯泰曾说，劳动能唤起人的创造力！这节劳动课我们感受到劳动不仅只有体力劳动，还有创意满满的脑力劳动。

接下来就请你们继续优化自己的方案设计，将其转换为一份图文并茂的三星堆儿童体验区方案设计，我们将在年级内公开投票，最终确定6~7种项目进行实践，传承纪念三星堆文明。

※劳动之获

(一) 点评分享，回顾规划（见表1）

表1　三星堆体验区方案设计评价表

评价方面	说明	自评	互评
项目确定	能结合前期所学的关于三星堆的知识、劳动技能合理确定本小组的体验项目	☆☆☆☆☆	☆☆☆☆☆
用地规划	能够看懂露台平面图，区分不同的用地，并将自己的项目因地制宜地选择区域	☆☆☆☆☆	☆☆☆☆☆
细节设计	能围绕劳动区域布局、劳动工具准备、劳动人员安排、劳动安全、劳动习惯等制定本体验区的方案细节	☆☆☆☆☆	☆☆☆☆☆
方案优化	在观看每个小组的方案设计后，能获得其他组考虑得更周到的设计启发，弥补本组设计的不足	☆☆☆☆☆	☆☆☆☆☆
合作能力	在设计过程中，不游离于课堂之外，积极参与本组的讨论和设计，遇见分歧时能用正确的方式沟通解决	☆☆☆☆☆	☆☆☆☆☆
感受收获	实践中感受方案设计的一般方法，并拥有迁移的能力，从本次设计中感受到建筑、场馆设计的智慧	☆☆☆☆☆	☆☆☆☆☆

(二) 师生互动，总结反思

通过这节劳动规划课，我学到了＿＿＿＿＿＿＿＿＿＿＿＿＿＿＿＿＿＿＿＿＿＿＿＿。
课外拓展：

延伸课内话题，引导学生通过查资料的方式，了解、浏览更多身边的或中外的知名设计，在班级内举行一场"伟大的设计"展示大会，激发学生对项目设计规划的兴趣。

八、板书设计（如图4所示）

图4　板书设计图

（执笔：天府七小　王馨雯、刘迎梅、单素丽）

制作阳光端午粽

劳动类型/课型：日常生活劳动/劳动实践规划课
劳动任务群：烹饪与营养
学段/年段：小学第二学段/三至四年级
课时计划：1课时

一、背景分析

（一）选题依据

《义务教育劳动课程标准（2022年版）》提出，小学第二学段学生需要掌握一定的日常生活劳动技能，学会制作简单的日常饮食。日常生活劳动任务群中要求学生使用简单的烹饪器具对食材进行切配，能简单地运用蒸、煮等烹饪方法加工食材，在劳动中培养初步的食品安全意识，树立健康饮食的观念。结合劳动课标要求，教科院附小（含西区）已开展小小面点师、创意水果拼盘、清爽凉拌菜等食育课程。结合部编版语文教材三年级下册第三单元综合性学习"中华传统节日"的教学目标——引导学生了解传统节日，在传统节日的各种实践活动中感受中国味、中国情，设计"制作阳光端午粽"课，旨在教授学生制作端午粽，正确认识烹饪劳动的价值，加深热爱劳动的观念。

（二）学情分析

三年级学生通过第一学段食育课程洗菜和择菜、削水果皮、打鸡蛋的学习，已经掌握日常简单烹饪工具、器皿的使用方法和注意事项，也在学校和家庭中参与简单的烹饪劳动，初步了解了食物的营养价值和科学的使用方法，初步养成了有始有终、认真劳动的习惯。

二、教学目标

（1）在学习、探究、梳理、反思的过程中，完成制作阳光端午粽规划方案。
（2）熟知制定规划方案的流程和步骤，明晰规划方案内容、方法以及注意事项。
（3）具备完成一定劳动任务所需的规划思维、团队合作能力，具有责任担当素养、整合信息素养。
（4）具有持之以恒、善于思考的劳动精神。

三、教学重点

知道劳动方案的基本要素，按要求自主完成不同样态的方案设计。

四、教学难点

明晰劳动方案要素，掌握制定劳动规划方案的方法。

五、设计思路

围绕核心任务"制作端午粽"，教师设计了三大内容帮助学生完成"阳光端午粽规划方案"（如图1所示）。

```
完成"阳光端午粽规划方案"
├── 发布制作端午粽任务
│   ├── 链接情节：语文三下综合性学习"中华传统节日"
│   └── 发布核心任务：制作端午粽
├── 展开"端午粽制作"规划
│   ├── 确定口味
│   │   ├── 粽子口味小调查
│   │   └── 小组合作确定探究口味
│   ├── 确定内容
│   │   ├── 1.劳动场所
│   │   ├── 2.食材准备
│   │   ├── 3.制作工具
│   │   ├── 4.制作方法
│   │   ├── 5.参与人员
│   │   └── 6.劳动安全保障
│   └── 形成方案
│       ├── 1.小组讨论
│       ├── 2.设计方案
│       └── 3.交流与分享
└── 反思总结
    ├── 1.反思优化方案
    └── 2.课程总结
```

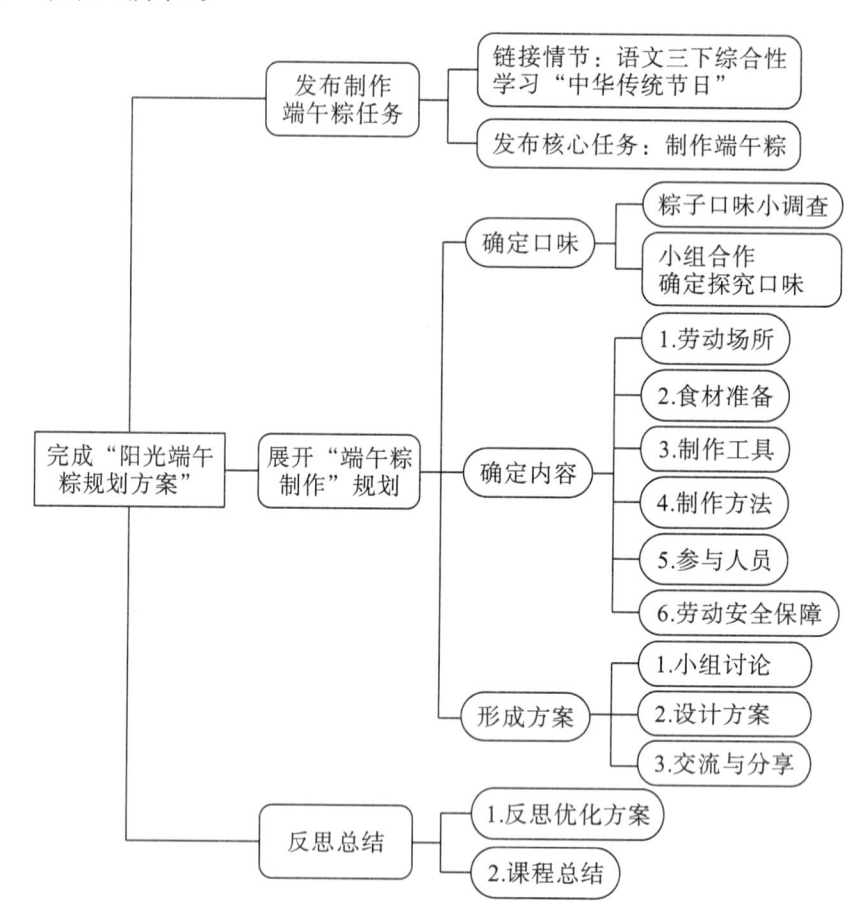

图1 阳光端午粽设计思路图

（一）任务发布

教师以语文三年级下册综合性学习"中华传统节日"导入，激发学生对传统节日美食文化的探究兴趣，引入"制作端午粽"的任务发布。

（二）方案规划

1. 确定口味

通过语文综合性学习，学生已了解端午节很多传统美食，从古至今最有名的是端午粽，由此设问："你喜欢什么口味的端午粽？"小组合作探讨，最终确定口味。

2. 确定内容

根据"制作端午粽需要哪些准备"这一问题，学生确定以下内容：一是劳动场所，二是食材准备，三是制作工具，四是制作方法，五是参与人员，六是劳动安全保障。

3. 形成方案

在教师的指导下，学生全面了解规划内容并对规划进行任务分解，通过小组讨论、设计方案、交流评价三个环节完成劳动规划方案的制定。

（三）反思总结

1. 反思优化方案

教师与学生一起聚焦到本节课的不足，寻找解决问题的方法，商讨改进措施并对方案进行优化。

2. 课堂总结

教师引导学生总结劳动规划方案制定的方法，并进行迁移运用。

六、教学准备

（一）教师准备

微课资源：1个端午节视频《味道》。
工具材料：35张空白卡片，1张板贴。

（二）学生准备

学生通过前期自主学习，了解端午节并完成"端午节小调查"任务单（见表1）。

表1 "端午节小调查"任务单

◇我了解的端午节历史源起： 端午节又名：_____。它的由来：_____ _____。
◇我了解的端午节风俗习惯：_____ _____。
◇过端午节时会吃：_____，其中粽子我最爱吃_____口味，粽子是由_____制作出来的，我观察到它的外包装是_____形状的，装饰的图案有：_____。

七、教学过程

> ※粽之启——发布任务

（一）链接语文，激发兴趣

【教师活动】
引导学生回顾"中华传统节日"综合性学习活动，聚焦端午节。

（二）发布核心任务：制作端午粽

【教师活动】
（1）发布核心任务：制作端午粽。
（2）引导学生思考如何制作端午粽。

【学生活动】
（1）分享"端午节小调查"任务单。
（2）围绕"如何制作端午粽"这一问题，提出解决方法。
（3）确定采用规划方案的形式来探索制作端午粽。

【设计意图】"端午节小调查"任务单为学生提供信息查找方向，对节日起源和风俗等内容都能展开有针对性的了解。

> ※粽之探——研制"端午粽制作"计划

（一）确定粽子口味

1. 粽子口味小调查

【教师活动】
在学生中发起小调查：你喜欢什么口味的粽子？
【学生活动】
学生根据自身喜好进行回答。

2. 确定探究口味

【学生活动】
按照之前的学习小组进行探究，共同商讨确定小组想要探究的粽子口味。

（二）确定规划方案内容

1. 探究规划方案内容

【教师活动】
（1）引导学生思考，设计"阳光端午粽规划方案"需要哪些内容。

(2) 指导学生组内讨论，并填写"内容要素单"。
(3) 板书学生所提到的内容要素，并做补充。

【学生活动】
(1) 组内讨论规划方案的内容要素，完成"内容要素单"（见表2）。

表2　内容要素单

小组讨论：一份完整的方案包括哪些内容要素？请把你们想到的列出来。
1. _____ 2. _____ 3. _____ 4. _____ ……

(2) 班级分享，确定方案内容。

【设计意图】通过内容要素的罗列与分享，在班级内确定规划方案的主要内容要素：食材准备、制作方法、制作工具、劳动场所、参与人员、劳动安全保障。

2. 探究规划方案评选标准

【教师活动】
(1) 出示两份《制作包子规划方案》。
(2) 概括设计方案时的三个标准：内容完整清晰、具体可操作、能习得技能。

【学生活动】
(1) 对比两份方案，说一说更喜欢哪一份方案，原因是什么。
(2) 思考得出本节课的方案评选标准。

【设计意图】通过同种事物的两份不同规划方案的对比，帮助学生发现优秀方案的设计标准，指导学生进行方案设计，也可在最后评比环节成为评选标准。

（三）形成规划方案

1. 小组讨论，设计方案

【教师活动】
发布任务：请各小组根据小组商定的口味，设计一份阳光端午粽规划方案（见表3）。

表3　阳光端午粽规划方案模版

小组：_____	制作口味：_____
方案内容	制作准备
劳动场所	
食材准备	

续表

制作工具	
制作方法	
参与人员	
劳动安全保障	
你的补充：	

【学生活动】

（1）小组内围绕劳动规划进行分工，讨论设计要求。

（2）组员分享自己领取的任务设计细节。

2. 交流与分享

【学生活动】

（1）陈述方案（见表4、表5），讲清楚设计思路，并说一说设计中遇到了哪些问题。

表4　A组阳光端午粽规划方案

小组：　A组　　　　制作口味：　红豆粽

方案内容	制作准备
劳动场所	食育空间
食材准备	粽叶、糯米、红豆、红枣、白糖
制作工具	8把勺子、4个盆子、1个蒸锅、8把剪刀、8捆细绳子
制作方法	洗一洗：将糯米、红豆、红枣、粽叶洗一洗 泡一泡：将红豆、糯米、粽叶泡在水中 和一和：将食材和在一起，加白糖搅拌均匀 包一包：将粽叶折成漏斗型，放入食材，盖上粽叶，用绳子捆紧 煮一煮：用蒸锅煮粽子
参与人员	成员1：洗、泡食材 成员2：把材料混合起来，搅拌均匀 成员1、2、3、4：参与包粽子 成员3、4：煮粽子 成员1、2、3、4：合力参与包装
劳动安全保障	1. 正确使用刀具切红枣 2. 正确使用剪刀 3. 煮粽子时需要戴隔热手套
你的补充：包装	可以用抽真空的方式包装粽子

表5　B组阳光端午粽规划方案

小组：__B组__　　　　制作口味：__鲜肉粽__

方案内容	制作准备
劳动场所	食育空间
食材准备	粽叶、五花肉、糯米、酱油、盐、料酒
制作工具	蒸锅、剪刀、绳子、勺子、盆子、漏勺
制作方法	切配食材：将五花肉切成条，将糯米、粽叶洗干净，提前浸泡糯米 腌制食材：用酱油、盐、料酒腌制五花肉 包粽子：先将粽叶折成漏斗型，再加入少量糯米，接着放入五花肉，然后再加一层糯米，最后盖上粽叶，用绳子捆紧 煮粽子：用蒸锅煮粽子
参与人员	全组同学
劳动安全保障	1. 正确使用刀具切五花肉 2. 正确使用剪刀 3. 煮粽子时需要戴隔热手套
你的补充	

（2）学生根据评价表（见表6），评选最优方案。

表6　阳光端午粽规划方案评价表

维度	标准	自评	互评
劳动场所	能根据制作端午粽的实际需求，选择合适的劳动场所	☆☆☆☆☆	☆☆☆☆☆
食材准备	能根据不同口味的粽子规划所需食材，食材内容完整、无遗漏	☆☆☆☆☆	☆☆☆☆☆
制作工具	能根据不同食材选择恰当的烹饪器具，器具齐全、无遗漏	☆☆☆☆☆	☆☆☆☆☆
制作方法	能根据实际提炼概括制作方法，制作方法清晰完整、有逻辑性、可操作性强	☆☆☆☆☆	☆☆☆☆☆
参与人员	能根据实际劳动需要，科学合理地规划参与人员	☆☆☆☆☆	☆☆☆☆☆
劳动安全保障	能充分考虑制作过程中的安全注意事项	☆☆☆☆☆	☆☆☆☆☆
总星数			
填表说明：每一项评价5颗星为优秀，4颗星为良好，3颗星为一般，1~2颗星为加油。			

【设计意图】

规划方案表的填写，帮助学生形成完成一定劳动任务所需的规划思维，锻炼学生的团队合作能力以及信息整合素养。

※粽之思——反思总结

（一）反思优化方案

【教师活动】

（1）引导各小组找出小组方案的优点。

（2）根据评价表总星数确定最优方案。

【学生活动】

（1）分享本小组的方案优点。

（2）根据评价表，对最优方案提出修改意见。

（3）最优方案小组根据修改意见，修订完善劳动场所、食材准备、制作工具、制作方法、参与人员、劳动安全保障等内容。

【设计意图】

学生利用详细的方案评选标准进行自评和互评，发现自身的优点与不足。评选出最优方案后进行集中修改，最终形成制作端午粽规划方案优秀模版，各小组在学习优秀模版后进行组内方案的修改和完善。

（二）课外延伸拓展

【教师活动】

（1）引导学生从方法、标准、素养达成等方面进行学习分享。

（2）介绍中国千年饮食文化的背景知识。

【学生活动】

（1）分享本节课的收获。

（2）综合运用本节课所学到的知识，尝试拟写制作其他美食的规划方案，例如，制作清爽凉拌菜、制作面点、制作沙拉等。

（3）制定其他活动方案，例如，班级六一活动、生日会策划、爱心义卖会、班级运动会等。

（4）利用课下时间观看美食纪录片《风味人间》《餐桌上的中国史》《鲜生史》。

【设计意图】

教师通过对话的形式引导学生对本课所学进行分享，帮助学生再次梳理制作端午粽规划方案的方法。教师为学生介绍中国饮食文化相关知识，激发学生对中国饮食文化的热爱之情，将课堂所学知识迁移运用。

八、板书设计（如图 2 所示）

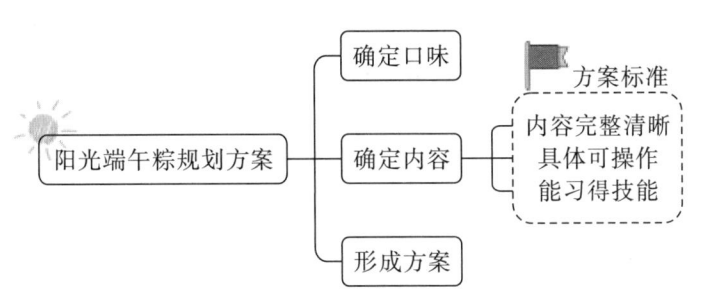

图 2　阳光端午粽规划方案

[执笔：教科院附小（含西区）　袁源、吕欢]

第二节　劳动实践指导课

"签"约幸福　书绘真情
——制作叶脉书签

劳动内容/任务群：生产劳动/传统工艺制作
劳动课型：劳动实践指导课
学段/年级：小学高段/六年级
课时计划：1 课时

一、背景分析

（一）选题依据

生活即教育，劳动教育更是学生真实生活的需要。为了让即将离开校园的六年级学生留下幸福童年的痕迹，并以个性化的方式表达情感，我们设计了一堂劳动、语文、美术融合的课程："'签'约幸福　书绘真情——制作叶脉书签"。

根据学校办学理念"幸福教育，做最好的自己"，我们选择了代表学校文化的黄桷兰叶，采其叶引导学生设计、制作一份独有的幸福印记，以此赠予同学或老师留作纪念。通过跨学科的项目学习，学生可以运用语文、劳动和艺术等知识，创作精美的书签，更好地表达情感。叶脉书签的设计与制作是一项手工艺体验，可以让学生感受手工艺的创意和价值，培养学生的创新思维、动手能力和审美情趣。

（二）学情分析

六年级学生已初步形成了劳动创造财富、劳动创造幸福的观念，能规范、安全地操作与使用常用器具进行劳动，能够在劳动过程中交流劳动感悟、总结劳动得失。因此，这节课主要采用了沉浸式、探究式、体验式学习方式，让学生真实经历制作叶脉书签这一劳动过程，引导学生养成安全劳动、规范操作的劳动习惯和团结合作、认真负责的劳动品质，感悟"劳动创造美，劳动能个性化表情达意"。

二、教学目标

（1）熟练掌握制作叶脉书签的七大步骤——选、煮、洗、刷、染色、塑封、美化，制作一枚精美的叶脉书签。

（2）在制作过程中，体会坚持不懈、乐于探究的劳动乐趣；在小组合作的过程中形成团队合作能力和认真负责的品质。

（3）感受我国传统工艺的魅力和祖国文化的博大精深，树立"劳动创造幸福"的观念，深化精益求精、追求卓越的工匠精神。

三、教学重点

（1）熟练掌握制作叶脉书签的七大步骤——选、煮、洗、刷、染色、塑封、美化，制作一枚精美的叶脉书签。

（2）通过课堂实践探究，突破叶脉书签制作的关键点——有效去除叶肉和表皮。

（3）通过分享交流和成果展示，提高团队合作能力和创意表达能力。

四、教学难点

（1）熟知去除叶肉和表皮的科学方法，并规范、安全地操作。

（2）能对叶脉书签进行创意表达，并乐意交流、分享。

五、设计思路

本节课的核心任务：用黄桷兰叶制作叶脉书签，并寄情于"签"，憧憬未来。本课以"调研劳动需求—设计方案与探究—优化方案再实践—劳动体认与成果展示"四个教学基本环节为主线（如图1所示），真实地呈现劳动实践的全过程。

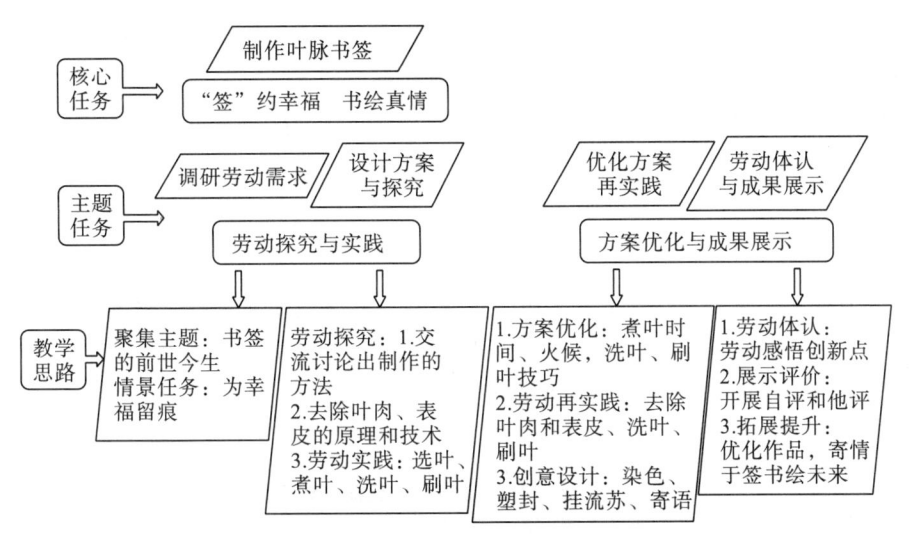

图 1 制作叶脉书签教学设计思路

六、教学准备

(一)教师准备

1. 上课资源

PPT、叶脉书签制作方法微课、工具使用微课、活动记录单和评价表。

2. 工具材料(见表 1)

表 1 制作叶脉书签所需工具

煮叶	电磁炉、不锈钢锅、10%的氢氧化钠溶液、镊子
洗叶、刷叶	玻璃板、牙刷、双氧水、手套
装饰	染色剂、冷裱膜、流苏、画笔

(二)学生准备

废报纸、旧书、黄桷兰叶、颜料笔、贴纸或花草等装饰物。

七、教学过程

前置课堂：

※劳动之问

师：一年不只有四季，还有一种季节，叫作"毕业季"。它没有四季那么漫长，却比四季更美好！正值毕业季的我们，可以为相处六年的老师、同学留下什么美好的纪念呢？

生：可以拍毕业照、写纪念册或买一些精美的礼物赠予老师、同学……

生：可以制作一枚叶脉书签赠予他人留作纪念。

◎你们认为哪种礼物更有意义？为什么？

※劳动之源

师：同学们，黄桷兰是我校幸福文化的象征。如果用它为原料，亲自设计、制作的书签会更有意义，让我们看到它时既有未来可奔赴，亦有幸福可回首。

请以小组为单位查一查叶脉书签的相关资料，了解它的前世今生、类别、制作方法等并记录下来（见表2）。

表2 "制作叶脉书签"小组探究记录表

第___小组	小组成员：
来历	
意义	
结构	
类别	
制作	
创意	

课堂呈现：

※劳动之展——创设情境，激发兴趣

1. 现场展示学习成果

（1）请学生交流分享课前查阅的相关资料（书签来历、意义、结构、类别、制作及创意）。

（2）教师小结：方寸书签，如一面镜子，窥千年文化，映人生百态。它既承载着中华民族沃土中的文化，又是我国传统手工艺的体现，展现着绚丽多彩的世界。

2. 引出本课主题

今天，我们就一起来做一做叶脉书签，将你们真挚的情意寄托于"签"中，为你亲爱的老师或同学送上一份特别的礼物吧！

【设计意图】

从学生真实的劳动需求出发，尊重学生的兴趣爱好，力求活动主题适合学生的年龄特征和心理需求，同时让课堂兼备知识性、实践性和趣味性，充分激发学生劳动的兴趣，提升学生的综合素养。

※劳动之备——微课讲解，明确步骤

1. 微课展示

（1）出示叶子和叶脉书签，提问：这么漂亮有意义的书签是怎么做成的呢？比较叶脉书签与叶子区别，初步推理得出制作书签的方法。

（2）同学们说得真好，那是否正确呢？请看微课视频《叶脉书签的制作》。

2. 梳理步骤

学生根据微课视频梳理制作叶脉书签的步骤和注意事项（教师板书要点）。

第一步：选叶

选择叶脉粗壮、细密的成熟黄桷兰叶。

第二步：煮叶

在不锈钢锅内将提前配好的氢氧化钠溶液（10%浓度）煮沸后，适量放入洗净的叶子，再煮5~10分钟，用镊子轻轻翻动，防止叶片叠压，使其均匀受热。

（注意事项：叶片加热时长一般为10~15分钟，不同叶片用时不同。加热至叶片变至黑绿色时，才可捞出试刷一下，叶肉能轻松脱落即可）

第三步：洗叶

用镊子取出叶片，用流水反复冲洗，洗去叶片表面的氢氧化钠溶液。

第四步：刷叶

将叶片平铺在玻璃板上，用废旧牙刷轻轻刷去叶片的表皮和叶肉，一边刷一边用小流量的自来水缓慢冲洗，直到只留下叶脉。

（注意事项：选择毛质柔软的旧牙刷。刷叶时，一定要有耐心，动作缓慢轻柔。刷净的叶脉先用双氧水去色漂洗，再用清水冲洗，晾干）

第五步：染色

当叶片晾至半干时，用染色剂染上自己喜欢的颜色，再用吸水纸吸去多余水分。

（注意事项：用吸水纸将叶片双面盖住，然后夹在旧书或废报纸中晾干、压平）

第六步：塑封

打开冷裱膜，将染好色的叶脉放在膜的对角线，轻轻压平，就塑封好了。

（温馨提示：尽量一次性打开冷裱膜，避免多次重复，影响整体效果）

第七步：创意书签

叶脉在塑封好后，根据自己的想象，可采用绘画、雕刻、拼贴、挂流苏等方法制作出属于你的叶子创意品。

3. 学生观看微课，学习工具使用

电磁炉、氢氧化钠、不锈钢锅等的安全使用方法。

4. 小组分工

根据活动需要进行小组分工（见表3）。

表 3　"制作叶脉书签"小组分工表

第＿＿小组		
分工	职责	负责人
助理人员（家长）	（1）关注小组成员劳动习惯（工具摆放、安全规范、有始有终）和劳动品质（自觉自愿、认真负责、团结合作、持之以恒等）。（2）提醒使用工具和材料后及时还原，养成良好的劳动习惯。（3）提醒煮叶时不争抢，刷叶时动作轻柔、刷干净	
安全员	（1）提醒所有人员戴好手套，搅拌动作轻柔，避免烫伤。（2）提醒煮叶时，一人操作，不争抢。（3）所有工具放在安全位置。（4）其他不规范行为的提醒	
主操作员	统筹安排小组成员，负责每一个步骤的操作	
操作员	选叶、煮叶、洗叶、刷叶、染色、塑封	
清洁人员	清理现场垃圾，操作完成后收纳整理工具和材料	

※劳动之行——实践操作，探究表达

1. 教师引导

优良的黄桷兰叶片选好了，首先，我们就要去除叶肉和表皮，怎样去除效果最佳呢？

2. 教师讲解

（1）技术原理。

10%的氢氧化钠溶液煮叶片效果最佳，因为氢氧化钠属于强碱性，将它溶解在水中，制成一定浓度的氢氧化钠溶液，能使叶子的细胞壁变得柔软，易于加工。

（2）操作提醒。

①学生需要戴上塑胶手套按正确步骤操作，完成劳动任务。

②操作时，注意安全与规范；家长注意学生是否有良好的劳动习惯（工具摆放、安全规范、有始有终）。

③人人参与，团结合作，不懂就问，大胆沟通。

3. 填写小组记录表（见表 4）

表 4　"制作叶脉书签"小组记录表

小组成员		
劳动步骤	我们的做法	改进方法
选叶		
煮叶		
洗叶		

续表

刷叶		
染色，塑封		
创意书签秀		

4. 在实践中探究分享

（1）学生小组合作制作。

（2）师生随机分享、交流。

实践一：去除叶肉表皮

展示分享一：煮叶榜样示范——发现亮点，投屏分享"煮"叶巧法。

榜样1分享：我在家尝试煮叶时，发现火候要适中，轻轻搅拌，用镊子分开叠加的叶子，使其均匀受热，这样叶肉容易与叶脉分离。

榜样2分享：煮到5分钟之后，时刻观察叶子颜色的变化，发现叶子颜色变黑后才能捞取，还可尝试刷一刷。

展示分享二：洗叶榜样示范——发现亮点，投屏分享"洗"叶巧法。

榜样分享：我从课前资料了解，由于黄桷兰叶较硬，需要在水中煮沸7~10分钟，根据火候来决定。待叶子变黑后，捞取一片叶子，放入盛有双氧水的盆中，小心翼翼地洗净。

展示分享三：刷叶榜样示范——发现亮点，投屏分享"刷"叶巧法。

榜样1分享：把叶片平铺在玻璃上或盆中，用毛质柔软的牙刷轻轻顺着叶脉的方向刷，不要乱刷。

榜样2分享：在刷叶时一定要有耐心，动作缓慢轻柔！一边刷一边用小流量的自来水冲洗，直到只留下叶脉。

展示分享四：晾、染经验分享——发现亮点，分享"晾、染"叶巧法。

榜样分享：把刷净的叶脉片漂洗后放在玻璃片上晾干时，可以用卫生纸吸水。当晾到半干半湿状时染上所需的染料，然后夹在旧书或报纸中，吸干水分后取出，即可成为叶脉书签母板。

实践二：学生实践创意书签的制作

步骤一：优化方案再实践。

（1）各小组拿出自己优化后的设计方案回顾一下，梳理出实践要点。（教师投屏优秀方案，板书关键点）

（2）教师再次出示提醒事项后，学生分小组煮叶、洗叶、刷叶、染色、塑封。

步骤二：创意书签我来做。

（1）创意书签秀。

①教师提供装饰用品：透明贴纸、冷裱膜、流苏等。

②学生个人创作：学生完成设计方案、塑封、写赠语、贴纸、挂流苏等活动。

（2）教师总结：通过大家的团结合作、积极探索、精心制作，现在精美的书签已经做好。书签虽小，却凝聚了同学们的创意与真情，它具有独特的幸福含义，所以说，劳动能创造幸福，劳动能表情达意！

5. 对照记录表，优化制作方案（略）

6. 教师总结

同学们，劳动就是这么奇妙，做中疑、疑中思、思中探、探后行，我们就能创造出意想不到的劳动成果。

【设计意图】

六年级的学生已具有一定的探究学习能力，课前查阅了相关资料，也有一些孩子尝试制作书签，通过探究怎样去除叶肉和表皮效果最好，培养学生面对问题自己想办法解决；通过搜集、分析信息获取证据，然后实践得出结论，获得劳动自信，体现"做中学""学中做"的探究性学习方式；培养学生运用科学探究方法解决生活中简单问题的习惯。

※劳动之获——"签"约幸福，书绘真情

1. 劳动体认

（1）各小组复盘成员的劳动实践过程，聚焦每组劳动实践中的创新点，填写"叶脉书签制作"劳动任务自我评价表（见表5）。

表5 劳动任务自我评价表

评价内容	活动表现（☆☆☆）
我会用电脑或手机查阅有关书签和叶脉书签的资料	
我知道叶片的结构及叶脉书签的制作原理	
我知道叶脉书签制作的基本步骤	
我会运用科学知识探究制作书签的方法	
我会正确使用所有劳动工具	
我善于交流沟通，能及时大胆地发表自己的意见	
我能和同伴合作、分享，愿意接受他人的意见	
我经常会反思并调整自己的想法	
我能耐心、持之以恒地完成该劳动任务	
我能对自己及同伴做出公平、公正的评价	
综合评价	

（2）小组合议后填写"叶脉书签制作"小组劳动体认表（见表6）。

表6　小组劳动体认表

劳动任务	
劳动成员	
劳动纪律	工具摆放正确、整齐（　）　操作安全规范（　）　成员服从安排、劳动认真负责（　）　团结合作、文明有礼（　）
探究方法	观察　思考　查资料　探究　动手　交流　记录
劳动步骤	煮叶，洗叶，选叶，染色，塑封，刷叶，创意
劳动成果	叶脉完整（　）　精致美观（　）　创意独特（　）　有纪念意义（　）
劳动体认	学习身边的榜样： 劳动感悟： 创新点：

2. 成果展示

（1）小组代表对照小组劳动体认表说说自己小组的劳动表现及感悟。（从劳动观念、劳动能力、劳动精神、劳动习惯和品质方面来说）

（2）学生根据评选标准（见表7），投票选出2个优秀小组。

表7　优秀小组评选标准

1	能按照设计任务规范、安全地完成制作步骤
2	有良好的探究合作氛围，沟通交流顺畅
3	能在探究合作中进行反思，集思广益，形成集体观点
4	叶脉书签效果好：叶脉完整，叶肉去除干净，符合主题，书签精美

3. 课内外延伸与拓展

（1）课内拓展。教师提供《书签史话》阅读资料，让学生全面了解书签历史，从书签中见微知著，感受中华传统工艺的魅力。

（2）课外拓展：

文化传播——课后将书签赠予老师或同学，表达毕业情意。

精神引领——查阅其他中国传统工艺文献资料，深入了解文化历史。

文化创新——积极探索书签的其他制作方案，培养学生创新思维。

【设计意图】

通过自我评价表和小组体认表引导学生关注自己劳动过程中各方面表现，提高学生劳动素养；阅读《书签史话》，不仅让学生了解书签文化历史，也提升学生对经典传统文化的兴趣；赠送书签和创意表达，能让师生感受到彼此的情谊。

八、板书设计

"签"约幸福　书绘真情
——制作叶脉书签

　　第一步　　选叶　　　　粗壮细密　充分成熟
　　第二步　　煮叶　　　　5～10 分钟　轻轻翻动
　　第三步　　洗叶　　　　镊子夹出　反复冲洗
　　第四步　　刷叶　　　　力道适中　顺脉而刷
　　第五步　　染晾　　　　半湿半干　用吸水纸
　　第六步　　塑封　　　　反复刮膜　排出气泡
　　第七步　　创作　　　　丰富想象　智慧创作
　　　　　　劳动表情达意　　劳动创造幸福

（执笔：万安小学　周相丽、张兴玉）

皮蛋"诞"生记

劳动类别/课型：生产劳动/劳动实践指导课
劳动任务群：农业生产劳动
年级/学段：七年级/下学期
课时：1 课时

一、背景分析

（一）选题依据

《义务教育劳动课程标准（2022 年版）》第四学段农业生产劳动任务群提出，体验当地常见的种植、养殖等生产劳动，选择 1～2 种优良养殖产品，开展系列劳动实践，了解中国传统农业特点。《成都市大中小学劳动教育项目清单（试行）》在初中阶段生产劳动任务群"农业生产劳动"中，也列举了"参与四季劳作"劳动项目，要求学生根据节气的特点选择农业生产劳动方式，掌握农副产品保鲜与加工劳动实践的技巧与方法。学校历来坚持"以劳育人，以劳增智"育人理念，构建了如制作中秋月饼、立冬包饺子、腊八煮粥制蒜、惊蛰昆虫创意手工、谷雨耕种、清明享青团等一系列与中国二十四节气相关的劳动课程。松花蛋是我国的传统风味食品，最初人们用腌制等方式对蛋进行加工仅仅是出于长期储藏的目的。经过历史的演变，我国已有端午节食用松花蛋的习俗。因此在端午节来临之际设计本次活动，旨在通过劳动实践，学生体会中国传统农业的魅力，感受传统农业生产技术的历史渊源，理解劳动创造美好生活的道理，为课程的开展奠定资源基础。

（二）学情分析

七年级的学生具备一定的生活经验，对肉蛋加工类的劳动具有强烈的学习兴趣，前期学生掌握了一些制作月饼、煮粥制蒜等方法，而且七年级的学生普遍能够熟练运用网络搜索资源，所以他们对于生产劳动有自己的思考。但是，在传统农业生产实践过程中学生仅仅对获得某项劳动技能表现出自豪感，很少能形成传承并发扬的精神，养成专心致志的劳动品质。因此，在尊重学生的个体差异性、获得某项劳动技能的过程中，教师需要引导学生去感受一些农副产品中所蕴含的人文价值与工匠精神，培养学生将传统劳动与现代创新性劳动相结合的精神，同时在制作过程中注重学生劳动习惯的养成与劳动规范安全意识的提高。

二、教学目标

了解传统节日习俗和皮蛋的由来，让学生体会古代人民的独特智慧和人类创造力，在加工皮蛋的过程中体验劳动的艰辛和快乐，形成劳动质量意识。

分享小组收集的加工皮蛋的制作方法，培养自学能力和资料查询、收集的能力；以小组分工合作的方式完成皮蛋的制作，培养学生动手操作能力、自理能力和耐心细致的观察实践能力。

通过皮蛋加工制作过程中的规范操作，学生养成有始有终的劳动习惯，养成吃苦耐劳、责任担当的劳动品质，提高运用所学知识解决问题的能力。在劳动活动过程中培育积极的劳动品格，追求精益求精的工匠精神。

三、教学重难点

重点：了解皮蛋的历史演变，运用恰当的辅助工具制作皮蛋。
难点：掌握皮蛋规范操作的加工方法。

四、教学思路（如图 1 所示）

课前准备：教师课前投放学习任务单，引导学生搜索了解端午节习俗的历史演变和松花蛋的来源、常规规范制作方法等相关资料，用于课堂分享。

课中重点：教师通过微课讲解皮蛋的制作方法及安全规范操作，学生理解掌握关键步骤之后，现场实践操作，最后总结收获。

课后拓展：对皮蛋的传统制作方法的改进。

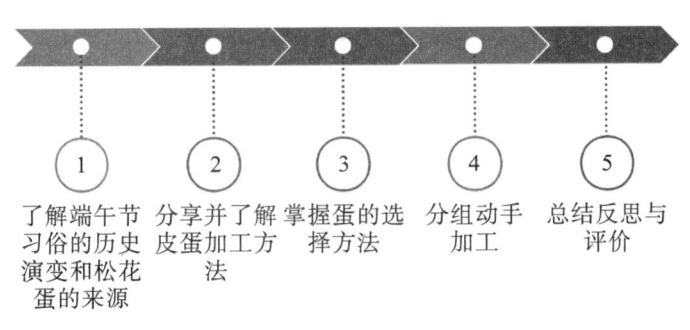

图 1 皮蛋"诞"生记教学思路演示图

1. 了解端午节习俗的历史演变和松花蛋的来源
2. 分享并了解皮蛋加工方法
3. 掌握蛋的选择方法
4. 分组动手加工
5. 总结反思与评价

五、教学准备

1. 场所准备

教室。

2. 工具及材料准备

学生准备：橡胶手套（10 双）、铁盆、煮茶器、玻璃罐子、塑料袋、牙刷、小刀、鸡蛋/鸭蛋（30 个）、4 个坏鸭蛋、皮蛋粉 2 袋（每袋 150 克）、红茶（30 克）、食盐（30 克）、清水（250 毫升）、10 个好鸭蛋。

教师准备：制作 PPT、下载微视频（端午节习俗、粽子礼盒中配双蛋的由来以及松花蛋的由来）、录制加工皮蛋的微课。

六、教学过程

（一）劳动之启

1. 汇报分享：认知体验感受

教师播放视频《端午节习俗——松花皮蛋的由来》，学生现场展示学习效果，述说端午习俗吃皮蛋的寓意。

生 1：我们接到探究任务之后全组成员积极查阅资料，知道了吃皮蛋的寓意：驱邪避凶——皮蛋外表呈现出一种灰黑色，形状奇特，被视作能够驱除邪恶力量和消除灾难的食物。祭祀屈原——端午节也是祭祀中国历史上著名的爱国诗人屈原的日子，吃皮蛋表达对屈原的怀念之情。丰收与吉祥——农历五月初五，正值农作物的生长季节，吃皮蛋也象征着丰收的希望和祝福。

2. 汇报分享：历史沿革和形成原理

生 1：视频播放内容——明代茶店老板在炉灰中发现最初的皮蛋，后经不断摸索改进，利用石灰、草木灰包裹鲜蛋，使皮蛋的制作日臻完善，并成为一种风靡大江南北的新食品……

生 2：松花蛋上的松花是由禽蛋中的蛋白质分解成氨基酸后与碱性物质反应生成的。制作松花蛋时会加入碱性物质，这些物质透过蛋壳上的细孔进入蛋白，与氨基酸反应，生成氨基酸盐。这些氨基酸盐不溶于蛋白，因此以几何形状结晶出来，形成了漂亮的松花。

3. 汇报分享：种类特点、价值及产地风味

生 1：我们小组汇报的是松花蛋的特点。松花蛋是我国特有的一种食品，经过强碱作用后，原本具有的含硫氨基酸被分解产生硫化氢及氨，再加上浸渍液中配料的气味，就产生特有的味道。而皮蛋的颜色则是因蛋白质在强碱作用下，蛋白部分会呈现红褐或黑褐色，蛋黄则呈现墨绿或橙红色。在茶色的蛋白中有松针状的白色结晶或花纹；蛋黄呈半凝固状，切开后蛋块色彩斑斓。食之清凉爽口，香而不腻，味道鲜美。

生 2：我们小组汇报的是松花蛋的分类和价值。根据松花皮蛋的颜色及成品可分为墨绿皮蛋、黄金皮蛋、盐皮蛋三类。因为腌制的方法不同，所以出现了色差。松花蛋除了独特的风味，还含有丰富的营养成分，如优质蛋白质，卵磷脂，维生素 B2、B12 等，具有滋补健身的功效，是广大消费者的健康食品之一。但是松花蛋不宜与甲鱼、李子、红糖同食。松花蛋最好蒸煮后食用且应配以姜末和醋，不宜长时间存放在冰箱里。

生 3：我们小组汇报的是松花蛋的产地风味，不同地区的松花蛋风味不同，各有特色。江浙地区的松花蛋醇香美味，四川地区的松花蛋口感独特，海南地区的松花蛋风味独特，陕西地区的松花蛋口感细腻并有长时间保鲜的优势。每一种松花蛋都有着迷人的特点，值得大家品尝。

【设计意图】

通过了解松花蛋的来历，体会古代人民的独特智慧和创造力，激发学生感受生活中劳动之美以及对中国传统美的热爱。通过小组合作收集皮蛋的相关资料并进行分享，培养学生自学能力和资料查询收集能力，感受劳动创造美好生活，培养学生热爱劳动的积极情感。

（二）劳动之行

1. 微课讲解，梳理步骤

第一步：备蛋（选蛋）。

一观、二听、三光照：

一观——外观选择法。观察蛋的外壳，新鲜蛋外壳新鲜，表面有一层霜状的粉末，并带有光泽。蛋壳颜色发乌、油滑的是陈蛋。二听——振动选择法。将蛋放在耳边轻轻振动，听其有无声音。如无声沉重则为新鲜蛋，有声则为陈蛋。三光照——对光照选择法。将蛋握在手中，对着灯光上下左右来回轻轻转动，利用灯的光线作用来观察，若蛋的空头大，蛋内浑浊或有墨块，说明蛋不新鲜。

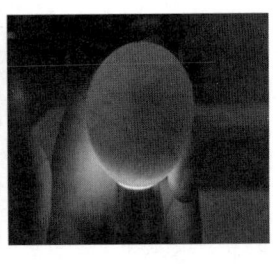

一听　　　　　　　二观　　　　　　　三光照

［注意事项：将新鲜的鸭（鸡）蛋清洗干净，晾干水分。要用牙刷刷洗干净，注意蛋一定不能有一点水分］

第二步：拌料。

将煮好的茶叶水放凉备用。先在铁盆里加入皮蛋粉、食用盐，然后倒入茶叶水，边倒边搅拌。搅拌成糊状，再放置一会儿，让皮蛋粉和茶叶水有充足的时间产生化学反应。

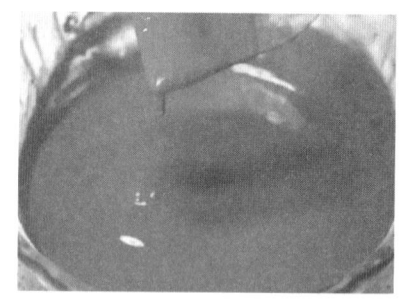

共享的力量
——区域推进劳动课程建设的创新实践

〔注意事项：全程戴好橡胶手套（禁止用手直接去抓，石灰会伤害皮肤）；拌料时一定要不停搅拌，防止结块；注意黏稠度〕

第三步：裹料。

调好的糍糊是比较浓稠的，将鸭蛋放进去滚上一圈，可以黏到蛋壳上几乎不滴落。

（注意事项：这一步必须戴手套操作，滚料时注意均匀覆盖）

第四步：密封腌制。

所有鸭蛋裹上糍糊后放入一个塑料袋密封保存，放在阴凉处 6 天左右（温度 30 摄氏度左右）。

（注意事项：注意时长与密封的温度）

【设计意图】

通过选蛋、拌料、裹料、密封腌制等皮蛋制作的学习与观摩，学生初步掌握皮蛋制作劳动知识与技能，身体力行地感受劳动质量意识，认识劳动能创造价值，让学生体验劳动的艰辛，树立正确的劳动观念，培养积极的劳动精神。

2. 实践操作，探究表达
(1) 合作分工，统筹合理。

教师引导学生进行小组分工，出示分工表（见表1）。强调工具规范摆放，养成劳动好习惯。

表1 小组分工安排表

小组成员	职务	职责
1	安全员	提醒操作人员全程戴好手套，不直接用手触碰原料；提醒辅助人员注意配料的安全；检查所有工具是否放在安全位置；其他安全注意事项提醒
2	监督员	提醒工具和材料及时还原，养成良好劳动习惯；检查拌料的黏稠度、蛋滚料的均匀程度、密封效果等
3	主操作员1	统筹安排小组成员分工，负责每个步骤的操作
4	主操作员2	负责每个步骤的操作
5	清洁人员	主要负责每一步产出的垃圾，清理现场，并在操作完成时收纳整理工具和材料，不能浪费原料

(2) 实践操作，探索表达。

出示操作提示：

①按照步骤实践操作，操作时注意劳动习惯养成。

②遇到困难，相邻同学可以相互协助。

强调安全事项：

①小组尽量在自己的课桌上操作，动作幅度不要过大，以免误伤他人。

②全程务必佩戴手套，操作时务必小心，避免对自己或他人造成伤害。

交流汇报：

①学生小组合作制作。

②教师适时分享、交流、点拨。

分享一：优秀榜样示范——发现亮点，投屏分享"拌料"巧方法。

生1方法分享：皮蛋粉、食盐、清水比例为30∶3∶25，糯糊黏稠度最佳。

生2方法分享："拌料"时要先放固体再倒茶水，边倒边搅拌，出现糯糊能挂勺即可，这样的糯糊才能黏到蛋壳不滴落。

分享二：优秀榜样示范——发现亮点，投屏分享"裹料"巧方法。

采访操作员2介绍经验：均匀裹料首要注意的是糯糊的黏稠度，再者就是要让蛋在料中滚一圈即可，让料均匀覆盖，不要反复。

分享三：问题解决示范——发现、探究问题，投屏分享"密封"问题解决。

生1解决问题方法分享：直接套袋密封，用橡皮筋套牢。

生2解决问题方法分享：放在玻璃罐中，罐口用塑料袋密封，绳子套牢。

生3解决问题方法分享：放在玻璃罐中，罐口用泥巴密封。

教师总结：拌料是整个皮蛋加工过程中最关键的一步，直接决定了皮蛋是否能成功裹料。《诫子书》中"淫慢则不能励精，险躁则不能治性"，裹料的时候一定要耐心、细心、不疾不徐，脚踏实地地去完成，这就是一种工匠精神。

【设计意图】

通过分工合作，身体力行参与皮蛋的加工过程，逐步掌握皮蛋加工方法，培养学生动手操作能力和耐心细致的观察实践能力，增强团队合作意识。操作过程中强调安全事项，旨在培养学生安全规范的劳动意识。通过交流汇报，学生认识劳动的魅力与价值，劳动能创造美好生活，体验劳动创造美味之旅，激发学生热爱劳动的情感。

（三）劳动之思

1. 课堂回顾反思

今天你学会了什么？再次回顾皮蛋加工过程中的操作流程及其安全规范。

2. 课堂评价反思

通过这一节的劳动学习和实践，你有哪些收获？请对照以下项目，做自我评价（见表2）。

表2 劳动评价指标

评价维度	评价指标	自评等级（A、B、C、D）
劳动观念	通过加工皮蛋的学习与实践，认识到劳动创造美好生活的道理。在实践过程中体验劳动的艰辛与快乐，形成劳动质量意识	
劳动能力	在资料收集分享和加工皮蛋的实践中，培养信息搜索加工、小组分工合作、动手操作的实践劳动能力	
	通过松花蛋的资料分享介绍，感受松花蛋的历史人文，体会古代人民的独特智慧和人类创造力	
劳动习惯和品质	通过皮蛋的加工，能自觉自愿养成继承传统文化、发扬传统文化的良好习惯	
	在劳动实践中，学习新时代背景下的团队合作、沟通交流、协商共建的人际交往方式	
劳动精神	在加工实践中，能积极弘扬精益求精、追求卓越的工匠精神，彰显为传承与发扬传统文化而努力学习的新时代奋斗精神	
总评等级（A、B、C、D）		
自评意见		
备注		

3. 课堂思辨

（1）任务驱动思考：松花蛋的发源地之争议？松花蛋的加工是否能够申遗？

（2）自主思考，发表看法。

七、课外延伸拓展

学生回家亲自动手加工皮蛋,成功后给家人分享成果,并用照片、文字记录过程和感想。

分小组收集资料,围绕"松花蛋的发源地之争议?""松花蛋的加工是否能够申遗?"撰写小论文。

【设计意图】

通过课堂总结交流,分享完成劳动任务的好方法、良好的劳动习惯,交流各自的劳动感受和收获,重视安全规范意识。通过课外回家加工皮蛋馈赠家人,体会劳动的艰辛与快乐,增强家庭责任感和分享意识。通过课外思考延伸可以进一步激发学生挖掘历史人文的深度和对国家传统文化的传承和热爱。

八、板书设计

加工皮蛋

蛋的选择方法:"一观、二听、三光照"。

皮蛋的加工:

(1)制作流程:备蛋—拌料—滚料—密封腌制(注意时长)。

(2)注意事项:全程戴好橡胶手套(禁止用手直接去抓,石灰伤皮肤),拌料时注意黏稠度,防止凝固。滚料时注意均匀覆盖,阴凉处密封。

(执笔:湖畔路中学　赵倩)

我把环保"袋"回家
——自制环保手提袋

劳动类别/课型:生产劳动/劳动实践指导课

劳动任务群:传统工艺制作

学段/年段:小学低段/一年级

课时计划:1课时

一、背景分析

(一)选题依据

本节课以《义务教育劳动课程标准(2022年版)》和学校"种子教育"办学思想为指导,以《成都市大中小学劳动教育清单》和学校劳动课程建构逻辑图为依据,以本校一年级学生实际劳动学情为基础,改变以往劳动教学"形式单一,内容枯燥"的情况,以宣传环保精神为目的,以自制环保袋为抓手,创设以学生为主的劳动课程。

（二）学情分析

本校学生大多来自本地乡镇，父母在外务工的占比较大。在日常的家庭生活中，一年级的学生已初步接触牛皮纸、剪刀、双面胶，了解了这些常见工具的基本用途，能正确使用这些工具。经过近一学年的学习，大部分学生具备在劳动过程中自我管理和团队合作的能力。此外，一年级学生的共同特点是开朗活泼、求知欲旺盛、愿意动手，有一定的劳动热情。但该阶段的学生缺乏必要的劳动知识和能力，尚未养成良好的劳动习惯。因此，一方面需要教师通过生活化的有趣情境和真实劳动体验激发学生劳动动机，让学生在体验中获得必要的劳动知识和能力；另一方面教师需要抓住学生良好劳动习惯养成的关键期，让学生在劳动体验中感知劳动成就自我，体验劳动创造美好生活的乐趣。

二、教学目标

认识了解、尝试学习使用简单的手工工具，掌握剪刀和打孔器的安全使用方法。

在教师的示范指导下掌握制作环保手提袋的步骤及方法，并能够自己动手创作环保手提袋。

通过制作环保手提袋，体验劳动的乐趣和成就感，感受劳动的魅力，树立正确的劳动价值观和积极的生活态度。

通过反复尝试、改进和调整，形成勤劳、认真、负责、创新、合作的劳动精神，激发劳动创造力和学习热情。

三、教学重点

掌握剪刀和打孔器的安全使用方法。
掌握制作环保手提袋的步骤及方法。

四、教学难点

能够自己动手创作环保手提袋。

五、设计思路（如图 1 所示）

情境引入 → 学习制作手提袋 → 制作手提袋 → 展示评价 → 总结反思 → 课外延展

图 1 "我把环保'袋'回家"课程设计思路

六、教学准备

（一）教师准备

1. 微课资源

环保手提袋制作步骤的微课。

2. 工具材料

组成部分和重点流程词卡、主题词卡、牛皮纸袋（9个）、宽度为0.9厘米的双面胶（37卷）、手绳（74根）、8开的牛皮纸（37张）、打孔器（19个）、装饰精美的环保手提袋（1个）、矿泉水（2瓶）、各种大小形状的纸质手提袋若干。

（二）学生准备

上一节课变废为宝制作的纸花。

七、教学过程

※劳动之展——创设情境，激趣导入

（一）教师引入情境

师：同学们，瑞瑞老师昨天和A老师有一段情境对话，你们想不想听？

（二）学生观看情境视频（略）

（三）教师导入课题

师：同学们，你们想不想做呀？

师：今天，我们就一起来制作环保手提袋，我们把环保"袋"回家！

【设计意图】

教师让学生观看创设的情境视频，了解塑料袋的危害，知道解决办法，激发学生的学习兴趣，从而引出本课的学习任务，为后面的教学做铺垫。

※劳动之备——学习与发现

（一）明确组成部分

师：这个手提袋作用可大了，你们知道它分为哪几个部分吗？我们从上往下看。这是提手，提手要穿过扣眼，然后是袋身，最后是袋底。

师：现在，给你们30秒时间，赶紧记住它们的名字吧！

师：接下来，请你们来说，我来贴！

（师生互动，教师贴组成部分词卡）

（二）认识材料工具

师：每个部分都需要哪些材料和工具呢？

预设1：袋身需要用纸。

预设2：袋底也需要用纸。

师：是呀，我们需要用纸来做袋身和袋底。

预设3：袋身和袋底还需要用胶黏贴。

师：是的，这节课，我们选用双面胶，因为它操作方便。

预设4：提手需要绳子。

师：没错，它是手提袋的好朋友，我们只要一穿一拉就可以了。

预设5：扣眼需要打孔器。

师：它是我们今天的新朋友，一起来看大屏幕！

（学生观看打孔器使用教学视频）

师：下面，我请一个同学来给这张纸打个孔，谁来挑战？

师：操作真标准呀，让我们把掌声送给他。

（三）微课讲解

师：接下来，我们就一起进入"牛皮纸变变变"！

1. 微课展示

师：观看前，请认真思考，老师一共用了多少个步骤？分别是哪几个步骤？
学生观看微课，了解环保手提袋制作的过程。

2. 梳理步骤

师：谁知道老师一共用了多少个步骤？

预设：一共有四个步骤。

师：你刚才看得真仔细，那分别是哪四个步骤呢？

（教师比画相应动作给学生提示，并根据学生的回答贴重点流程词卡）

第一步：折袋身。

第二步：折袋底。

第三步：捏轮廓。

第四步：装提手。

师：你觉得哪一步最难？为什么？

预设：我觉得第二步最难。

师：不用担心，待会儿瑞瑞老师会和你们一起来解决。

【设计意图】

通过探究手提袋的组成部分和制作需要的材料工具，培养学生的探究意识和根据劳动需要选择工具材料的能力。通过观看微课教学视频，学生对制作流程有一个初步认识，为后面的动手制作打下基础。

※劳动之行——合作与探究

（一）明确评价标准

师：同学们，你们觉得这样一个手提袋应该具备什么样的要求呢？
师：它应该？（教师往手提袋里装2瓶矿泉水）结实耐用。
师：它应该？（教师指向轮廓折痕）轮廓平整。
师：它还应该？（教师指向手提袋全貌）外形美观。

（二）明确制作要求

制作步骤分先后，折完口袋捏轮廓；
遇到问题别担心，举手寻帮他人到；
打孔距离要看清，安全小心别忘记；
保护环境很重要，热爱劳动顶呱呱！

（三）制作手提袋

师：接下来，请大家跟着老师完成手提袋的变变变！请组长打开1号袋！
教师在投影仪下示范操作并提示注意事项，学生跟着重复注意事项并且小组合作制作手提袋。

第一步：折袋身。
注意事项：由下向上进行翻折，不要完全覆盖，留出大约一个大拇指的宽度。
师：做完这个步骤的小朋友请击掌。提前完成的小朋友可以帮一下你们的组员哦！
第二步：折袋底。
注意事项：
(1) 由下向上翻折时不宜太长或太窄。
(2) 左右两边的角由外向内翻折后要形成一条直线。
(3) 再次由下向上翻折时要超过中间直线大约一个大拇指的宽度。
(4) 贴双面胶的时候要注意不多贴并且粘贴牢固。
第三步：捏轮廓。
注意事项：左右两边翻折时要保证上下等宽，并且保证轮廓平整，折痕清晰。
第四步：装提手。
注意事项：打孔时要把两侧袋口压紧并且孔的位置不要离袋口太近。
师：同学们，如果你还有疑问，请不要着急，可以看向大屏幕！
（循环播放每个步骤的微课视频）
【设计意图】
教师通过投影仪下的示范讲解，培养学生的观察能力和安全规范的劳动意识，帮助

227

学生掌握制作环保手提袋的方法。教师通过在体验制作的过程中发现问题和解决问题，培养学生的合作意识和解决问题的能力。

> ※劳动之获——展示评价与总结反思

大屏幕上再次呈现评价标准：结实耐用、轮廓平整、外形美观。

（一）组内评价

师：接下来，请同学们根据这三个标准，在小组内评选出最佳手提袋，并请组长将手提袋拿到讲台上展示。

（二）组外评价

师：下面我们将选出班上的最佳手提袋。请你将上节课制作的小花投放进你心仪的手提袋里吧，投完后请迅速回到座位上。

（三）分享展示

师：恭喜×组的手提袋成为本节课的最佳手提袋，大家掌声祝贺！

师：我们一起来看一看，这个手提袋符不符合这三个标准呢？

师：大家的眼光真好。接下来请获奖的小朋友到台前来分享一下自己的获奖感言吧！

（四）总结反思

师：同学们，你们今天有哪些收获呢？谁来给大家分享？

预设1：我本来以为自己做不出来，但是在组员的帮助下，我竟然做出来了，我很开心！如果同学以后遇到了困难，我也会主动去帮助他们。

预设2：我今天学会了如何使用打孔器。

预设3：我以前经常使用塑料袋，原来塑料袋的危害那么大。从今天开始，我可以自己制作环保袋了，我要开始保护环境。

师：今天，你们都是热爱劳动、慧心巧手的环保大师。请全体起立，举起右拳，让我们一起为了美好的家园宣誓！

全体师生：我把环保"袋"回家，劳动创造美好家园！

【设计意图】

通过组内评价和小组之间评价，引导学生从劳动观念、劳动能力、劳动习惯和品质、劳动精神上有所感悟，强化学生热爱劳动和保护环境的意识，让学生感受劳动的魅力，树立正确的劳动价值观和积极的生活态度。

八、课外延伸拓展

鼓励学生尝试按照自己的喜好对环保手提袋进行装饰且坚持长期使用，并呼吁身边人减少塑料袋的使用，保护环境；延伸课内话题，引导学生了解其他变废为宝的方式，提升学生的综合素养。

九、板书设计

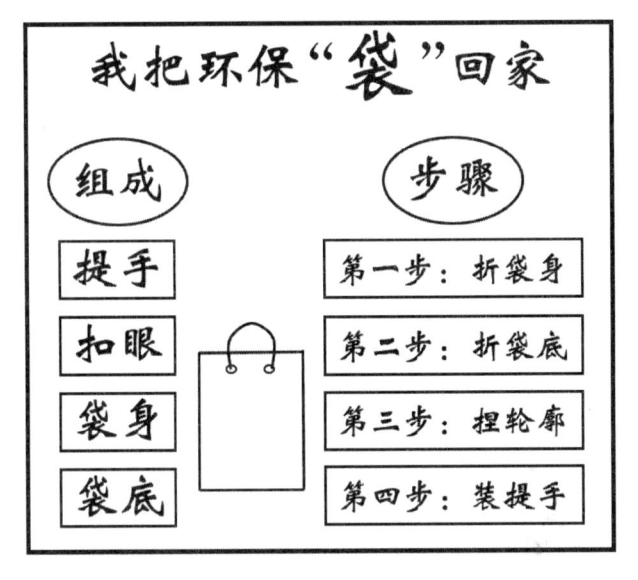

我把环保"袋"回家

组成：提手、扣眼、袋身、袋底

步骤：
第一步：折袋身
第二步：折袋底
第三步：捏轮廓
第四步：装提手

（执笔：十一学校　胡瑞）

开心田园
——种植花生

劳动类别/课型：生产劳动/劳动实践指导课
劳动任务群：农业生产劳动
年级/学段：九年级
课时计划：1课时

一、背景分析

（一）选题依据

《义务教育劳动课程标准（2022年版）》在小学中高阶段生产劳动版块设置了"农业生产劳动"任务群，要求学生学习种植与养护一种或两种当地常见的蔬菜、盆栽花草、果树等，通过简单的种植，初步学习种植的基本方法。此外，《培智学校义务教育劳动技能课程标准（2016年）》和学校劳动教育课程方案中均要求学生学习简单的生产劳动技能，比如，学习种植当地农作物。花生作为人们喜食的一种农作物，因其丰富的营养价值和经济价值，被人们广泛种植。基于此，学校选择当地经济性农作物花生作为教学主题，设计了以"开心田园——种植花生"为主题的劳动实践指导课，希望学生通过亲自实践，在感知、体验、探究的基础上，深入了解种植花生的方法，具有热爱劳动、吃苦耐劳的精神品质，为将来更好地融入社会、参与社会劳动奠定基础。

（二）学情分析

本次教学对象为培智学校九年级学生，本班共有学生 10 名，其中自闭症 1 人，智力障碍儿童 9 人。该班学生口语表达能力和认知理解能力总体较好，无肢体残疾学生。学生动手能力较强，已基本掌握了简单的生产和生活技能，为后续学习种植花生打下了基础。

此外，九年级的学生大多来自农村，对种植充满亲切感，耳濡目染的过程中，对种植活动虽没有亲身体验，但并不陌生。同时该班大部分学生家里都有劳动用地，且家长都有劳动种植经验，保证了学生回家实践的场所、时间和指导。学习农耕劳动技能，能增强学生热爱劳动的意识，培养学生良好的劳动习惯，提高其劳动技能综合应用能力。

A 层（小唐、小杨、小苏、小李）：该层学生认知和理解能力较好，注意力和课堂参与度较高，实践动手能力较强，在学习中善于思考，乐于帮助同伴。

B 层（小高、小陈、小刘）：该层学生课堂注意力和参与度较高，其中小高和小刘认知和理解能力弱于 A 层学生，因此在学习理论知识时需要反复练习。小陈认知和理解能力较好，但其上肢动作能力较差，在实践动手时不适合做太繁重的体力劳动。

C 层（小艾、小伟、小尹）：该层学生认知和理解能力普遍较弱，在学习过程中需要教师及同伴的辅助。但其实践动手能力相对较强，因此，在种植过程中，需要给予一些方法和流程上的语言和肢体的提示。

二、教学目标

（一）前置课目标

通过课堂学习，了解花生的外形特点、生长习性，以及种植工具的使用方法，更好地认识花生，为劳动实践课奠定理论基础。

（二）本课目标

通过参加劳动实践活动，体验劳动的艰辛和乐趣，初步形成喜欢劳动、积极参加劳动的态度；通过参与种植活动，提高科学种地的意识。

A 层学生能认识种花生的工具及掌握工具的正确使用方法；掌握种花生的方法流程，独立完成种植。B 层学生能认识种花生的工具及掌握工具的正确使用方法，了解种花生的方法流程，能在语言提示下完成种植。C 层学生能认识种花生的工具，能在他人的辅助下完成种花生中的 1~2 个步骤。

在劳动过程中遵守劳动纪律和安全规范。初步养成认真负责、有始有终的劳动习惯和品质。

能在劳动过程中不怕脏、不怕累，坚持完成劳动任务，培养吃苦耐劳的精神品质。

三、教学重点

熟练掌握种植花生的步骤与方法。

四、教学难点

能按照正确步骤种植花生。
能掌握种植花生中每一个步骤的方法与技巧。

五、设计思路

首先回顾总结前置课对花生的外形特点、生长习性以及种植方法的认识，为种植花生奠定理论和情感基础。然后对种植花生所需工具进行认识，学习种植花生的方法。随后分组进行劳动实践，将理论知识转化为实践知识。最后根据学生活动中的表现进行总结提升。

六、教学准备

（一）教学场所

班级教室：理论知识复习。
劳动实践基地：劳动实践。

（二）工具材料

学生准备：劳动服装。
教师准备：锄头、肥料、浇水壶、花生种子、录制种花生的流程微课、劳动任务卡、劳动称号贴纸。

七、教学过程

（一）劳动之启——复习旧知，激趣新知

第一，教师出示并读谜语"麻屋子，红帐子，里面住个白胖子"，请A、B层学生通过谜语猜物品。

师：同学们，今天，老师要请你们来猜一个谜语，看看哪位同学猜得又快又准。请认真听，然后说一说谜底是什么物品。

A、B层学生：花生。

第二，教师给C层的学生分发食物盲盒，请同学们摸一摸，说一说盲盒里是什么物品。

师：同学们，这个盲盒里有一个宝贝，请你们摸一摸，并告诉老师是什么？

C 层学生触摸并回答：花生。

第三，教师将花生分发给学生品尝，请学生说一说花生的用处。随后教师结合图片讲解花生的用处。

师：同学们，你们知道花生有哪些用处？

生：可以直接吃、榨花生油、煮花生……

师：同学们说得没错，花生有许多用处。它可以直接食用、可以榨成油、可以做成各种好吃的，如花生酱、花生酥等。花生在我们身边是非常常见的，营养又美味。

第四，教师进行课堂提问，引导学生回忆种植花生所需工具和材料，根据学生回答的情况进行口头表扬或代币奖励。

师：通过前几堂课的学习，相信同学们都知道种植花生需要用到哪些工具了。接下来，老师要考考你们啦，请回忆一下种花生需要用到哪些工具和材料呢？看看哪位同学说得又快又准。

生：需要锄头、浇水壶这些工具，需要花生种子、水、肥料这些材料……

第五，PPT 出示种植工具（锄头和浇水壶的图片）、种植材料（花生种子、水和肥料的图片），一一复习种植工具的使用方法。

第六，引出并板书课题：种植花生。

师：我们已经知道了种植花生所需要的工具。今天，就让我们一起学习如何种植花生，争取几个月之后，我们也能收获美味的花生吧！

（二）劳动之探——微课讲解　探索新知

第一，播放种植花生的微课，了解种植花生的完整过程。

师：请同学们认真观看视频，想一想视频中是怎样种植花生的，分组讨论并回答。

生：挖了土、挖了很多小坑、将花生扔进了坑里、浇了水……

第二，播放视频，让学生再次观看，然后对学生的回答进行点评、表扬、并奖励代币。同时通过 PPT 出示梳理种植流程、方法和注意事项，并在黑板上张贴图片和相应词条。

（1）第一步：松土。

方法：双手一前一后握住锄头，轻举—重放—后拉，把泥土挖松。

注意事项：不要举太高，有杂草的地方要除掉，注意锄头使用安全。

（2）第二步：挖坑。

方法：从上到下挖出一行一行的坑。

注意事项：坑的深度为一个拳头深，坑与坑之间间隔一本书的距离。

（3）第三步：播种。

方法：在坑中放入两三颗花生种子。

注意事项：检查种子是否完好。

（4）第四步：埋土。

方法：用锄头将坑旁边的泥土翻回坑里，覆盖种子。

注意事项：把土轻轻地压实，保证种子与土壤能充分地接触。

(5) 第五步：浇水。

方法：用浇水壶浇入足量的水。

注意事项：保证种子周围的土完全浸湿。

(6) 第六步：施肥。

方法：将肥料放在两坑中间。

注意事项：肥料的量要适度，化肥不能黏到花生种子，否则种子会坏掉。

第三，通过小游戏"组装火车"，带领学生再次复习种植花生的流程和方法。

师：同学们，你们学会了吗？让我们通过一个小游戏再来复习一遍吧，请同学们将种花生的图片按照正确的步骤排好。

（三）劳动之备——分工准备　统筹合理

教师根据学生能力水平，将 A、B、C 层学生按照组间同质、组内异质的形式分成两组，出示、分发并讲解劳动任务卡（见表1），分别为每名学生贴上劳动称号。

表1　劳动任务卡

劳动任务	种植花生
劳动称号及分工	A层种植指挥员：根据种植流程示范种花生，再指导组内其他成员完成相应的劳动，解决其他成员遇到的问题 B层松土员、挖坑员、埋土员：正确使用劳动工具，完成松土、挖坑、埋土 C层播种员、浇水员、施肥员：正确使用劳动工具和材料，完成播种、浇水、施肥
劳动工具	A层：锄头、水壶 B层：锄头 C层：水壶
方法流程	第一步：松土 双手一前一后握住锄头，轻举—重放—后拉，把泥土挖松 第二步：挖坑 从上到下挖出一行一行的坑 第三步：播种 在坑中放入两三颗花生种子 第四步：埋土 用锄头将坑旁边的泥土翻回坑里，覆盖种子 第五步：浇水 用浇水壶浇入足量的水 第六步：施肥 将肥料放在两坑中间
安全知识	切忌锄头空挥失去平衡 看看周围再挥锄，安全第一

（四）劳动之行——分组合作　实践操作

第一，教师带领学生前往劳动种植基地进行种植花生实践劳动。

师：刚刚我们一起学习了种花生的方法流程，接下来就需要同学们大展身手了！

第二，每组 A 层的学生先进行种植实践，其余学生分别站在种植区域两侧进行观看学习，教师针对操作方法进行一对一指导，对过程中遗忘的内容进行引导提示，对存在的问题进行指导，强调注意事项。

第三，随后 B、C 层学生根据自己的劳动称号完成相应实践，A 层学生负责指导并解决种植过程中的问题。教师巡视，针对学生解决不了的问题再次进行指导。

第四，种植结束后，请学生分享今日劳动感受，根据学生的完成情况评选出今日劳动之星：最佳指挥员、最佳松土员、最佳挖坑员、最佳埋土员、最佳播种员、最佳浇水员、最佳施肥员。

（五）劳动之思——总结拓展　课外实践

第一，教师总结点评，并请学生进行分享。

师：在刚刚的劳动实践中，老师看到同学们都非常投入，汗流浃背，即使满手泥土，脸上仍洋溢着开心的笑容，非常棒哦，老师给你们点个赞。通过刚才的学习，相信同学们对种植花生都有了一定的了解，谁能来分享一下如何种植花生呀？

生：松土、挖坑、播种、埋土、浇水、施肥……

师：嗯，说得很不错，种植花生一共有六个步骤，同学们要记住哦。但种植花生并不是到这里就结束了，春种秋收，在等待秋天收获的同时，我们要好好呵护我们的花生，定时浇水、除草、施肥，坚持不懈，直到收获丰硕的劳动果实。

第二，老师将花生种子分发给学生，回忆课堂上种花生的方法及步骤，让学生在家中进行种植。拍摄花生的种植、生长过程，制成属于自己的"花生成长簿"（见表2）。一个月后，学生将种植成果进行展示与分享。

表 2　花生成长簿

时间	观察情况描述	图片

八、板书设计

（执笔：特殊教育学校　辜思、吴仟）

第三节　劳动技能应用课

建造小鸟之家

劳动类别/课型：生产劳动/劳动技能应用课
劳动任务群：传统工艺制作
学段/年段：第二学段/五年级
课时计划：1课时

一、背景分析

（一）选题依据

《义务教育劳动课程标准（2022年版）》要求学生初步体验简单的种植、养殖、手工制作等生产劳动任务群，其中，在进行传统工艺制作时能读懂基本的实体图、示意图、装配图等。《成都市大中小学劳动教育项目清单（试行）》小学中高段日常生产劳动任务群——工业生产劳动中要求学习制作简单的木工制品，如木质小玩具、相框等。根据劳动需要学校开展了"元·滋味"综合课程，设计并制作了"建造小鸟之家"劳动教育课程设计方案，以及选择合适的材料和工具制作简单作品，将劳动教育和科学、技术、工程、数学、艺术进行统整，通过跨学科教学培养学生发现问题、分析问题、判断问题、解决问题的能力，提升劳动实践能力。

（二）学情分析

学校积极开展"校园：一方乐之味"木制工艺品制造课程。通过学习木制工艺品制作前期课程，小学五年级学生了解木制工艺品的基本结构，学会了木制工艺品的基本搭建方式，正确掌握了材料和工具的使用方式，在团队合作的方式下确定了"建造小鸟之家"的活动方案。依据课程目标和内容，结合理论课程学习和课外劳动实践，围绕劳动观念、劳动能力、劳动精神、劳动习惯和品质等方面，凝练劳动教育课程的体验和收获。

二、教学目标

（1）能规范迁移和运用"制作木笔筒"木制工艺品制作的方法、步骤、流程。
（2）科学迁移规范使用劳动工具的方法和安全注意事项。
（3）在"建造小鸟之家"过程中自主合作探究，掌握木制工艺品制作的劳动技能，形成解决问题的能力，强化关爱生命、热爱自然的观念，初步具有不畏艰辛、积极探索、追求创新的精神。

三、教学重点

规范迁移和运用"制作木笔筒"木制工艺品制作的方法、步骤、流程。

四、教学难点

将习得的技能进行规范迁移，并创造性地进行木制工艺品建筑的设计、建造和优化。

五、设计思路（如图1所示）

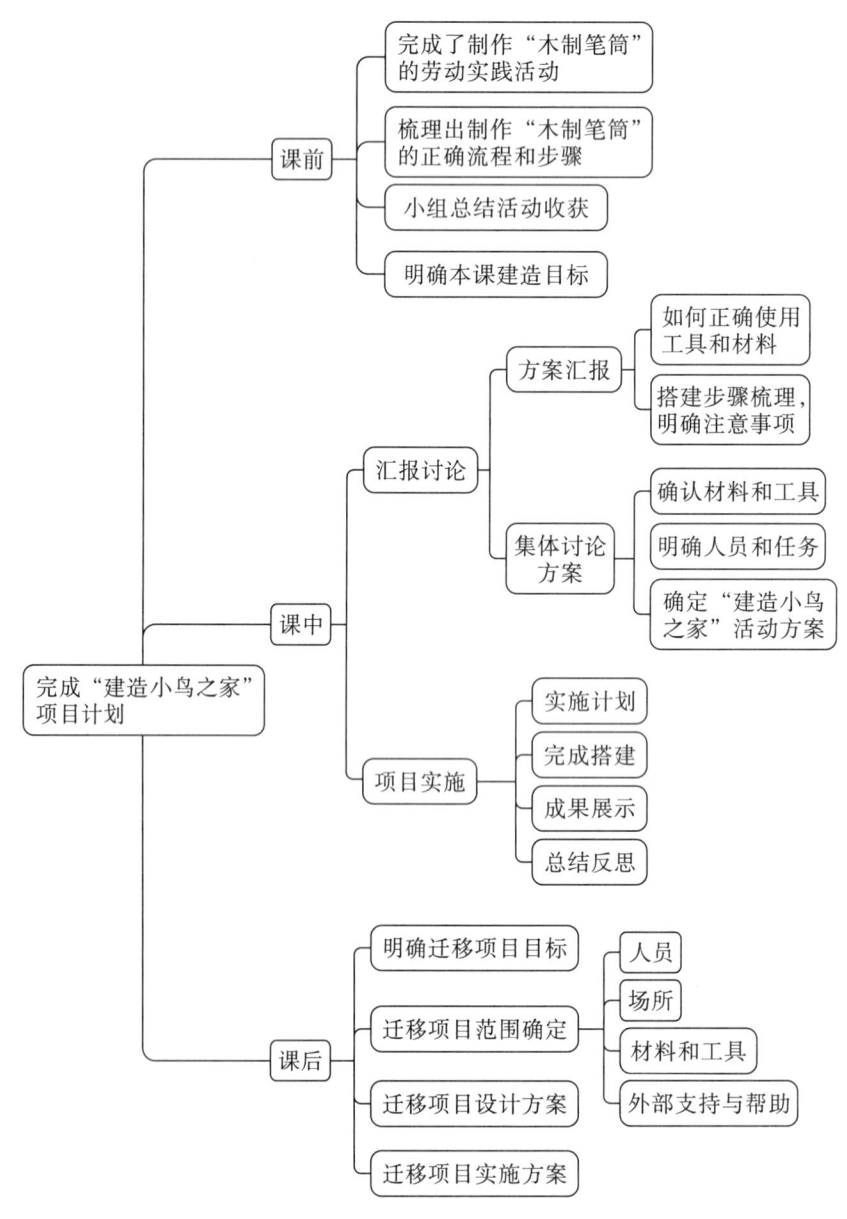

完成"建造小鸟之家"项目计划：

- 课前
  - 完成了制作"木制笔筒"的劳动实践活动
  - 梳理出制作"木制笔筒"的正确流程和步骤
  - 小组总结活动收获
  - 明确本课建造目标
- 课中
  - 汇报讨论
    - 方案汇报
      - 如何正确使用工具和材料
      - 搭建步骤梳理，明确注意事项
    - 集体讨论方案
      - 确认材料和工具
      - 明确人员和任务
      - 确定"建造小鸟之家"活动方案
  - 项目实施
    - 实施计划
    - 完成搭建
    - 成果展示
    - 总结反思
- 课后
  - 明确迁移项目目标
  - 迁移项目范围确定
    - 人员
    - 场所
    - 材料和工具
    - 外部支持与帮助
  - 迁移项目设计方案
  - 迁移项目实施方案

图1 "建造小鸟之家"课程设计思路

（一）课前

通过第一课时的学习，学生完成了"木制笔筒"的制作，梳理了制作"木制笔筒"的正确步骤和流程，进行了小组总结和反思。

（二）课中

前置学习，小组汇报→观看微课，淬炼方法→学生回顾，提炼步骤→小组合作，建构鸟屋→展示成果，分享体会→评价反思，榜样示范。

（三）课后

参与"小小工艺家"评选活动，将劳动成果进行展示与分享。自主探究其他工艺品的设计与制作，完成一个木质工艺品的全过程探究。

六、教学准备

（一）教学场所

劳动实践活动教室。

（二）课前准备

1. 教师准备

微课资源；PPT；工具材料：有孔正方形木板1块（20cm×20cm×5mm），正方形木板1块（20cm×20cm×5mm），长方形木板1块（20cm×28cm×5mm），长方形木板1块（22cm×30cm×5mm），梯形木板1块〔（20～28）cm×20cm×5mm〕，热熔胶枪及胶棒2套，金属问号钩1个（安装使用），仿生装饰绿植10米（装饰使用）。

2. 学生准备

丙烯颜料（涂色使用），重点流程和劳动习惯提醒卡，安全提醒卡，小组合作分工表。

七、教学过程

※劳动之启

趣味导入，揭示课题：
教师播放视频，激发学生劳动兴趣，引发学生劳动实践期待。
师：同学们，视频中展示了我们上一节课劳动活动案例。

※劳动之获

学生交流汇报，习得方法：

学生交流"制作木制笔筒"中的收获。

预设：

生1：通过上节课的学习，我的收获是，制作木制笔筒正确的步骤是核对图纸—安装材料—美化外观。（步骤与方法）

生2：我们搭建木制工艺品用到了热熔胶枪和胶棒。我们把胶棒从胶枪尾部插进枪膛，给胶枪通电加热，然后用融化的胶黏合木质材料。使用的时候注意不要触电和烫伤。（安全）

生3：我认为我们要认真对待劳动。在家庭、学校和社会里充当好劳动者的角色，主动承担起日常的家务活动，还应该主动帮助家庭、学校和社会分担一些自己力所能及的劳动任务，学习多种劳动技能，从劳动中体现自己的价值。（习惯和精神）

生4：我们要尊重劳动、热爱劳动、辛勤劳动、诚实劳动、创造性劳动。（精神）

教师明确课题：建造小鸟之家（师板书）。

※劳动之移

迁移方法，学生实践：

师：本节课，我们要用到第一课时中习得的知识与技能来进行"小鸟之家"的创作，下面有请一位同学为我们介绍本节课所需材料与工具。

1. 准备材料，认识工具

（1）介绍工具材料。

学生介绍工具材料。（略）

（2）观察工具置放位置，明确工具作用。

学生观察工具与材料的置放位置，明确其作用。

（3）强调安全规范。

学生示范热熔胶枪的使用方法，讲解注意事项。强调热熔胶枪使用时先插电源，开启热熔胶枪开关并等待直至绿灯亮起再使用，强调手握枪柄且枪头不可对向他人，胶枪不使用时应关闭开关。

2. 播放微课，萃取流程

（1）播放微课，巩固步骤。

教师播放微课，学生认真观察，了解操作流程，熟知制作步骤。

（2）观看微课，附属流程。

学生自主观看微课，复述劳动流程，学生边看边填写"建造小鸟之家"记录表中的任务一（见表1）。

表1 "建造小鸟之家"记录表中的任务单

任务一	
"建造小鸟之家"的步骤	
序号	步骤
1	
2	
3	
4	

（3）学生回顾，梳理步骤。

学生投屏记录表，板书或贴磁卡提示步骤关键词：

第一步：一读——读图纸。

第二步：二黏——黏房体。

第三步：三美——做美化。

第四步：四安——后安装。

3. 强调标准，明确事项

师：同学们，在建造小鸟的家时，你将用上哪些标准方法呢，请分享（见表2）。

表2 "建造小鸟之家"步骤及注意事项表

序号	步骤	注意事项
1	一读——读图纸	读取图纸信息，核对材料尺寸、数量安装位置等 【板书：读图纸——尺寸、数量、位置】
2	二黏——黏房体	不用手碰枪头，使用完毕立即关闭开关，切断电源 【板书：黏房体——正确使用工具，操作注意安全】
3	三美——做美化	选取与鸟类栖息地环境和谐的装饰性色彩进行外观美化 【板书：做美化——环境和谐，珍爱生命】
4	四安——后安装	鸟屋固定安装在合理位置。寻求帮助进行安全安装 【板书：再安装——位置、安全】

【设计意图】

通过淬炼操作，学生逐步掌握正确使用工具的方法。在本环节中运用了微课、多媒体展示、对比发现等手段，详细讲解劳动步骤、劳动注意事项，培养学生规范的劳动意识和劳动能力。

※劳动之行

小组合作，制作鸟屋：

师：通过同学们的分享，结合板书，大家可以清晰地提炼出建造小鸟之家所需要的材料、工具，搭建的流程、方法和注意事项。

师：接下来进入实践阶段，请各小组成员合理分工，利用桌上预留的材料、工具，根据图纸搭建你们自己的小鸟之家。

1. 人员分工，明确任务（每组6人）

师：请各组分享你们组内的人员分工安排。

生1：我们组的安排是……（见表3）。

表3 人员分工安排表

成员（姓名）	角色	工作
1	组长	填写任务单
2	安全员	随时提醒安全事项
3	操作员1	读图纸
4	操作员2	黏房体（墙体）
5	操作员3	黏房体（底部和屋顶）
6	操作员4	美化外观

2. 操作提醒，强调安全

（1）按照步骤实践操作，操作时注意劳动习惯养成。

（2）如果有个人的创意想法也可以大胆尝试。

（3）遇到困难，相邻同学可以相互协助。

（4）尽量在自己的工作台上操作，动作幅度不要过大，以免误伤他人。

（5）热熔胶枪通电使用时务必小心，避免对自己或他人造成伤害。

3. 小组合作，自主探究

学生实践，教师巡视、指导、拍摄劳动过程的典型情况照片，照片要有代表性、对比性，例如，桌面整洁与散乱，流程规范与不规范等，便于劳动结束后进行总结反思。

4. 交流问题，分享策略

预设问题1：为什么我们的小鸟之家不够牢固？

生1：成因——黏结材料时摆放位置出现偏差，导致最终成品各面之间无法紧密衔接，影响其稳定性。解决方案——安装材料要注意位置摆放的精准性，要知道"差之毫厘，失之千里"。

生2：成因——热熔胶枪使用时，开关开启后等待时间不够，导致热熔胶未充分加热，影响黏合性能，使建筑材料黏合不牢固，后期产生断裂、开胶等现象。解决方案——使用热熔胶枪时要保证足够的加热时间，让热熔胶棒充分加热和熔化，再进行黏结。

预设问题2：为什么我们的团队合作不够和谐？

生1：成因——分工不合理，每位成员的职责和任务不明确。分工时出现一人多职或多人一职的情况，导致某项工作多人负责或无人负责。解决方案——项目开始之初就要明确好组内每位成员的工作和任务，保证大家能够各司其职，推进工作。分工时要考虑到组内成员的优势,做到事半功倍。

生2:成因——部分成员缺乏团队奉献精神,只想做自己感兴趣或做过的工作,不接受全组统筹安排。组内出现一言堂或划分小团体现象,不能团结协作,导致工作无法有效推进等。解决方案——成员之间应该以集体荣誉为先,不要过分计较个人得失和考虑个人喜好。

【设计意图】

这部分是本课的难点,能否成功完成小鸟之家的建造,需要小组既有分工又有配合,更需要教师在学生劳动过程中不断地指导,才能有条不紊地完成任务。

※劳动之展

作品展示,成果分享:

(1) 教师提示各组相互交换鸟屋进行观赏,展示成果。
(2) 各小组相互观赏其他小组的作品,分享本课感受。
(3) 教师展示劳动过程中拍摄的照片,要求学生看照片,找出劳动过程中的亮点与问题。
(4) 教师引导。

师:各组同学认真观看其他组作品,对比各组作品的优缺点,做好评价准备。

※劳动之思

交流反思,总结收获:

1. 评价交流

在劳动过程中是否做到了以下几点(见表4)。

表4 劳动评价指标

评价维度	评价指标	自评等级 (A、B、C、D)
劳动观念	通过学习与实践,认识到劳动对个人生活、社会进步、国家富强和人类发展的重要意义	
劳动能力	在劳动实践中,培养基于认知能力的信息加工、分析综合、逻辑推理等高阶思维的能力	
	通过建造小鸟之家的劳动活动,培养创新思维能力	
劳动习惯	具备艰苦奋斗、精益求精的品质,劳动过程中不分活轻活重,不论高低贵贱认真对待任何事情;具备健康的劳动体魄与心理,豁达开朗,积极乐观,学会正确面对挫折,放平心态,没有过高地评价自己	
劳动品质	在本次劳动活动中充当好劳动者的角色,主动承担任务,收获多种劳动技能,从劳动中体现自己的价值	

续表

评价维度	评价指标	自评等级 (A、B、C、D)
劳动精神	在实践中积极弘扬追求品质、勇于创新的工匠精神，彰显为传承与发扬传统文化而努力学习的新时代奋斗精神	
总评等级（A、B、C、D）		
自评意见		
等级说明	A：我能全部做到	
	B：我能做到其中的大部分	
	C：我能做到其中的少部分	
	D：我不能做到	

【设计意图】

通过课堂总结交流，分享完成劳动任务的好方法、良好的劳动习惯，交流各自的劳动感受和收获，激发文化自信、职业启蒙。感受传统技艺之美，闪耀智慧火花，以及劳动带来美妙享受、劳动创造美好生活的探究之情。

2. 总结反思

（1）学生分享成功经验或失败原因。

（2）教师引导。

师：今天的活动有成功的喜悦，也有失败的沮丧，重要的是我们深度体验了我国传统工艺，感受到了劳动可以化腐朽为神奇的魅力。

预设：

生1：随时把工具和材料还原让我养成了良好劳动习惯。

生2：制作木制工艺品的过程让我体验到了精益求精的劳动精神。

生3：传统木制工艺品制作技艺是国家瑰宝，我为此感到骄傲和自豪。

生4：本节课我们科学地迁移已有知识和技能，我对木制工艺品的制作产生了浓厚的兴趣。

3. 教师总结

师：建造小鸟之家的劳动过程是艰辛漫长的，劳动结果是美好快乐的。如果我们一直坚持用认真严谨的态度对待劳动，养成良好的劳动习惯，就可以创造财富和美化生活。

※劳动之创

小组讨论，设计创新：

（1）学生分享自己知道的其他木制工艺品。

师：同学们，木材还可以制成哪些精美的工艺品？（教师注重对学生劳动的肯定和

引导）

预设：

生1：花瓶

生2：画框

生3：……

（2）各小组选择一个最熟悉和喜欢的产品，设计制作流程。

师：接下来请大家组内设计一个木制工艺品的制作流程，可以借鉴这样的思维导图完成你们的创作（如图2所示）。

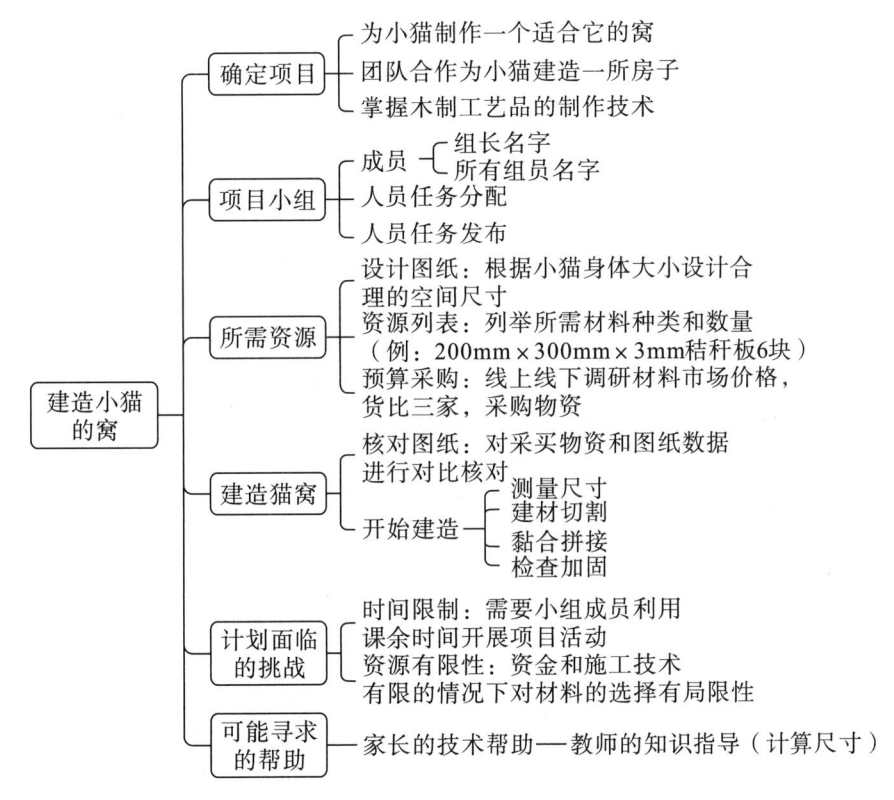

```
建造小猫的窝
├── 确定项目
│   ├── 为小猫制作一个适合它的窝
│   ├── 团队合作为小猫建造一所房子
│   └── 掌握木制工艺品的制作技术
├── 项目小组
│   ├── 成员
│   │   ├── 组长名字
│   │   └── 所有组员名字
│   ├── 人员任务分配
│   └── 人员任务发布
├── 所需资源
│   ├── 设计图纸：根据小猫身体大小设计合理的空间尺寸
│   ├── 资源列表：列举所需材料种类和数量（例：200mm×300mm×3mm秸秆板6块）
│   └── 预算采购：线上线下调研材料市场价格，货比三家，采购物资
├── 建造猫窝
│   ├── 核对图纸：对采买物资和图纸数据进行对比核对
│   └── 开始建造
│       ├── 测量尺寸
│       ├── 建材切割
│       ├── 黏合拼接
│       └── 检查加固
├── 计划面临的挑战
│   ├── 时间限制：需要小组成员利用课余时间开展项目活动
│   └── 资源有限性：资金和施工技术有限的情况下对材料的选择有局限性
└── 可能寻求的帮助
    └── 家长的技术帮助——教师的知识指导（计算尺寸）
```

图2 制作流程演示图

（3）小组学生代表分享本组设计的木制工艺品的制作选材、方法和流程。

（4）教师小结。

师：制作一个木制工艺品不容易，想要把它制作精美更是难上加难。希望大家今后能够充分发扬工匠精神，精益求精、坚持不懈，做出更多更好的工艺品。

（5）参与"小小工艺家"评选活动，将劳动成果进行展示与分享。

八、板书设计

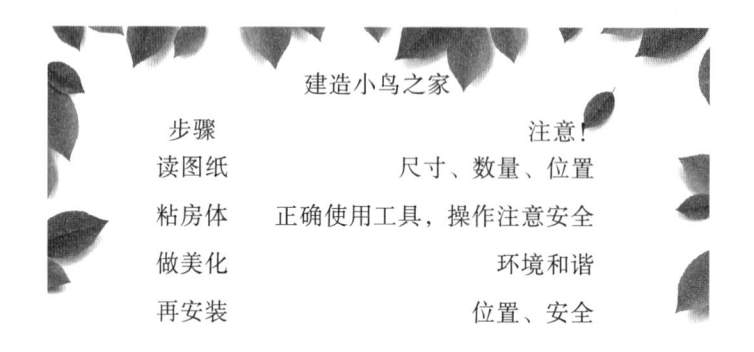

```
          建造小鸟之家
    步骤              注意！
    读图纸            尺寸、数量、位置
    粘房体            正确使用工具，操作注意安全
    做美化            环境和谐
    再安装            位置、安全
```

九、实践拓展

师：同学们，今天我们学习了如何建造小鸟之家，课后还可以进行工艺品的完善，施工过程一定要注意安全。还可以用学到的方法尝试制作其他木制工艺品，用劳动创造更多美好，让劳动之家常在！

（执笔：元音小学 黄婧维、郝丹）

巧手包粽子

劳动类别/项目：日常生活劳动
年级/学段：七年级
课时计划：1课时

一、背景分析

选题依据：《义务教育劳动课程标准（2022年版）》日常生活劳动七至九年级烹饪与营养任务群指出，独立制作3~4道菜，了解科学膳食与身体健康的密切关系，增进对中华饮食文化的了解。包粽子是中国传统节日端午节的习俗之一，通过包粽子及对其进行创意取名的过程，学生感受传统节日的魅力，体验民俗文化，感受传统菜肴中蕴含的人文价值和工匠精神，树立传承中华优秀传统文化的观念，初步养成精益求精、追求品质的劳动精神。

学情分析：七年级的学生具有一定的烹饪经验，对烹饪与营养有较为浓厚的兴趣，前期学生掌握了一些简单菜肴的烹饪方法，对日常生活劳动、烹饪与营养也有自主的思考。但是，在烹饪的过程中学生仅对获得某项劳动技能表现出自豪感，未能充分感受传统节日和美食蕴含的人文价值与工匠精神，与此同时烹饪过程中劳动习惯养成、劳动规范安全操作等方面的意识还有待提高。因此，在教学过程中既要激发对人文价值、工匠精神的引领，培养学生做事严谨、精益求精的态度；还要注重引导学生将学到的步骤和方法进行迁移与运用，能规范、正确地使用劳动工具，强调操作过程中的安全注意事项，培养安全规范的劳动意识。

二、教学目标

（1）掌握从包白米粽子迁移至包创意粽子的步骤及方法。
（2）学会粽子的各种创意名称表达。
（3）学会在劳动实践中观察、记录，以及交流讨论中发现问题、解决问题劳动的能力。
（4）通过包各类创意粽子及对其进行创意取名的过程，感受传统节日的魅力，体验民俗文化，感受传统菜肴中蕴含的人文价值和工匠精神，初步养成精益求精、追求品质的劳动精神。

三、教学重点

前置课重点：对端午节、粽子知识的了解与认识。
教学重点：熟知并规范迁移操作包粽子剪、折、翻、放、压、裹、捆的步骤和技能。

四、教学难点

（1）掌握迁移包白米粽子至包创意粽子的步骤及方法。
（2）学会粽子各种创意名称表达。

五、设计思路

课前学习制作白米原味粽，掌握包白米原味粽子的基本方法→迁移包红枣粽的相关知识→动手包红枣粽→粽子的创意作品表达，总结反思→传统节日文化的情感探讨（如图1所示）。

① 学习包白米原味粽，掌握包粽子的基本方法
② 学习包红枣粽
③ 动手包红枣粽
④ 粽子的创意表达，总结反思
⑤ 传统节日文化的情感探讨

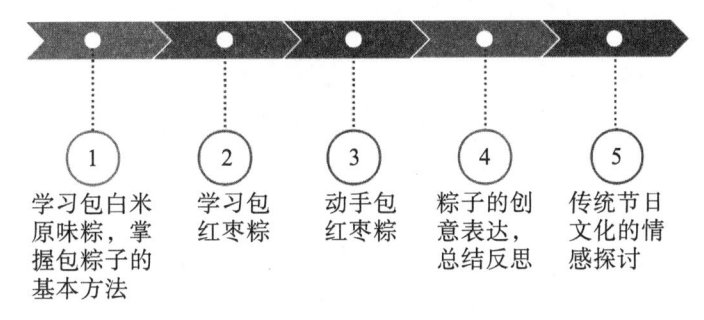

图1　"巧手包粽子"课程设计思路

六、教学准备

（一）教师准备

制作PPT、录制包粽子的微课、重点流程和劳动习惯养成的词卡、安全提醒词卡。

（二）材料准备

工具：剪刀（6把）、勺子（36把）、棉线（1团）、碗（6个）。
材料：箬叶（72张）、泡好的糯米（6斤）、洗净的红枣（36颗）。

七、设计思路与教学过程

※劳动之展——创设情境，激发兴趣

视频展示，激发兴趣：

（1）回顾旧知，出示上节课学生学习端午节包白米原味粽子的视频，引发学生迁移劳动技能体验劳动实践的兴趣。

（2）教师导语：同学们，端午节来临时，我们会发现市场上有琳琅满目、五花八门的端午粽，这些创意的粽子是怎样制作而成的呢？今天就让我们一同尝试用包白米粽子的方法来探究制作创意粽子吧！

【设计意图】

通过回顾旧知，出示上节课学生学习端午节包白米原味粽子的视频，引发学生迁移劳动技能体验劳动实践兴趣；通过引导，学生学会加工烹饪，制作出有创意的美食，感受劳动创造美，从而激发学生对传统美食的兴趣，体验到劳动的成就感和幸福感。

※劳动之结——交流汇报，习得方法

1. 现场分享粽子文化

学生现场分享端午节包粽子的起源、粽子的种类、屈原的爱国故事、学科融合、成果展示等。

2. 现场展示学习成果

（1）学生汇报交流做白米原味粽的方法、步骤及注意事项。

①剪一剪：取两张粽叶，剪去两头，使粽叶平整。

②折一折：将两张粽叶尾部相对重叠，在中间二分之一处用手将叶子折成直角。

③翻一翻：左手拇指压在直角处，右手将粽叶翻折成漏斗状。

④放一放：用勺子舀适量糯米放入漏斗中。

⑤压一压：用勺子将糯米压实、压平。

⑥裹一裹：将上端粽叶压下来，盖住漏斗上方。再将两边粽叶用大小拇指轻轻压

住，裹严，剩余粽叶尖端捏后向一侧折叠，裹住粽子。

⑦捆一捆：用棉线自上而下捆好粽子，打结。

（2）学生汇报交流上节课获得操作知识、技能、劳动品质、劳动精神方面的内容。

【设计意图】

以"现场交流传统节日文化"增进学生对中国传统文化的认同，培养文化自信、民族自信情感，同时引导学生结合包粽子步骤，发现生活中常见的食材，经过加工烹饪，可以制作出传统的美食，感受劳动创造美好生活，从而激发学生对传统美食的兴趣，体验到劳动的成就感和幸福感。

※劳动之移——迁移方法，学生实践

1. 微课准备——播放微课，学生淬炼操作

（1）微课学习。学生观看学习包红枣粽的完整过程，在观看的过程中将步骤及关键信息在导学单上勾画出来，尤其注意每一个步骤和标红色强调的部分。（播放微课视频）

（2）梳理步骤。学生讨论后梳理制作步骤和注意事项，将讨论梳理的步骤和关键词进行阐述并粘贴词条。

第一步：剪一剪。

取两张粽叶，剪去两头，使粽叶平整。

（注意事项：头部剪2厘米，尾部剪3~5厘米，注意剪刀使用安全）

第二步：折一折。

将两张粽叶尾部相对重叠，在中间二分之一处将叶子折成直角。

（注意事项：粽叶尾部相连接重叠）

第三步：翻一翻。

左手拇指压在直角处，右手将粽叶翻折成漏斗状。

(注意事项：漏斗下方要紧密，否则会漏米）

第四步：放一放。

用勺子舀适量糯米放入漏斗中，然后放入喜欢的馅料，最后再次放入糯米覆盖馅料。

（注意事项：糯米与漏斗口齐平，不能太少以免干瘪；也不能太多，煮粽子时易散）

第五步：压一压。

用勺子将糯米和馅料压实、压平。

（注意事项：压实、压平）

第六步：裹一裹。

将上端粽叶压下来，盖住漏斗上方。再将两边粽叶用大小拇指轻轻压住，裹严，剩余粽叶尖端捏后向一侧折叠，裹住粽子。

（注意事项：整个过程都要用手压住，否则一不小心会漏米）

第七步：捆一捆。

用棉线自上而下捆好粽子，打结。

(注意事项：上、中、下各捆三圈左右会更加稳固)

2. 微课准备——工具摆放，关注习惯

学生讲解工具摆放。

3. 分工准备——合作分工，统筹合理

学生讨论进行小组分工，展示分工表（见表1）。

表1 小组分工表

小组成员	职务	职责
1	安全员	提醒操作人员剪刀不对着人，使用时不剪到手，用完后平放；提醒辅助人员注意剪刀的位置；检查所有工具是否放在安全位置；其他安全注意事项提醒
2	监督员	提醒工具和材料及时还原，养成良好劳动习惯；检查漏斗下方是否紧密、馅料是否压实、粽子是否裹紧等
3	主操作员1	统筹安排小组成员分工，负责每个步骤的操作
4	主操作员2	负责每个步骤的操作
5	主操作员3	负责每个步骤的操作
6	清洁人员	主要负责每一步产出的垃圾，清理现场，并在操作完成时收纳整理工具和材料，不能浪费粮食

※劳动之行——实践操作，探究表达

1. 实践一：学生实践红枣粽

（1）操作提醒：

①按照步骤实践操作，操作时注意劳动习惯养成。

②如果有个人的创意想法也可以大胆尝试。

③遇到困难，相邻同学可以相互协助。

（2）安全强调：

①尽量在自己的课桌上操作，动作幅度不要过大，以免误伤他人。

②铝丝的切面尖锐，操作时务必小心，避免对自己或他人造成伤害。

（3）交流汇报：

①学生小组合作制作。

②学生交流遇到了哪些问题，分享如何解决问题。

(4) 学生总结。

裹粽子是整个包粽子过程中最关键的一步，直接决定了能否成功做成一个既不漏米又完整好看的粽子，包裹粽子时一定要耐心、细心、不疾不徐，脚踏实地地去完成。

【设计意图】

这一环节学生通过淬炼操作，自主完成劳动任务，逐步掌握包红枣粽方法。强调安全事项，培养学生安全规范的劳动意识。鼓励学生在安全的前提下进行创作，培养创新劳动意识。

2. 实践二：学生实践创意粽子（创意形状与创意馅）

（1）创意形状——学生尝试包各类形状的粽子，在劳动过程中发现问题、解决问题。

（2）创意馅——小组分工，思考营养搭配，学生在劳动过程中发现问题、解决问题。（关注劳动步骤、劳动方法、劳动工具、劳动安全、劳动习惯、劳动审美、劳动思维、劳动创造等方面）

（3）合作创作——分工合作完成创意粽子作品。小组学生代表分享展示本组的创意作品（见表2）。

表 2　创意粽子设计思路及探究

创意作品	设计思路	创意探究（如何解决问题）

※劳动之获

1. 评价与分享（见表3）

表 3　劳动课程评价说明

巧手包粽子评价表				
评价方面	说明	自评	互评	
操作规范	按照包粽子步骤进行操作，在劳动过程中遵守安全注意事项	☆☆☆☆☆	☆☆☆☆☆	
合作探究	小组分工合作中，能探究、发现、解决问题	☆☆☆☆☆	☆☆☆☆☆	

续表

巧手包粽子评价表			
习惯养成	包粽子的各类工具摆放整齐且桌面整洁	☆☆☆☆☆	☆☆☆☆☆
主题鲜明	能做出3个完整的粽子	☆☆☆☆☆	☆☆☆☆☆
造型美观	粽子造型有创意,富有特色,创意名称有寓意	☆☆☆☆☆	☆☆☆☆☆
感受收获	实践中感受包粽子的严谨、坚持、创新精神	☆☆☆☆☆	☆☆☆☆☆

2. 思辨与讨论

(1) 出示材料一:

我们要注重节日精神和节日形式,恢复传统节日独特的文化记忆,不能一过端午节就是仅仅吃粽子。

——王永威

(2) 出示材料二:

出示中国文化被韩国申遗相关资料。

> 1. 中国节日"被韩国"。2005年由韩国申报的"江陵端午祭"被联合国教科文组织正式确定为"人类口头和非物质遗产代表作"。
> 2. 中医"被韩国"。2014年,韩国向联合国教科文组织申请的初刊本被列入世界记忆遗产名录。但该书95%的内容均辑录自中医著作,并非原创。
> 3. 中国风水"被韩国"。从2003年开始,韩国对"中国风水"进行了重新梳理,还将其列为韩国国家遗产名录和申报世界遗产项目。
> 4. 韩国的申遗项目拔河得到了超过半数的成员国的支持,被联合国列为世界人类非物质文化遗产。

以上两段材料告诉我们,恢复传统节日有利于民族文化的继承与发展,有利于增强年轻一代对民族文化的认同感和民族的自豪感、归属感,有利于培养学生爱国意识,有利于建设发展中国特色社会主义先进文化。

(3) 传承中国传统节日文化,新时代背景下的我们将如何做呢?

◎论一论:我国传统文化继承与发扬的现状及困难。

_____

_____

◎思一思:面对以上现状及困难,你将怎样做?

你的观点:_____

_____

3. 评价与反思

通过这一节的劳动学习和实践,你有哪些收获?请对照以下指标,做自我评价(见表4)。

表 4　劳动课程评价指标

评价维度	评价指标	自评等级（A、B、C、D）
劳动观念	通过学习与实践，认识到劳动对个人生活、社会进步、国家富强和人类发展的重要意义	
劳动能力	在劳动实践中，培养基于认知能力的信息加工、分析综合、逻辑推理等高阶思维的能力	
	通过创意粽子的设计，培养创新思维的能力	
劳动习惯	通过包粽子，能自觉养成继承传统文化、发扬传统文化的良好习惯	
劳动品质	在生活实践中，培养新时代下的合作探究、沟通交流、协商共建的人际交往方式	
劳动精神	在实践中，能积极弘扬不断追求品质、勇于创新的工匠精神，彰显为传承与发扬传统文化而努力学习的新时代奋斗精神	
总评等级（A、B、C、D）		
自评意见		

【设计意图】

通过课堂总结交流，学生分享完成劳动任务的好方法、良好的劳动习惯，交流劳动感受和收获，激发学生的文化自信、职业启蒙。感受包粽子与传统文化融合之美，以及劳动带来的美妙享受、劳动创造美好生活的探究之趣。

4. 延伸与拓展

播放视频《走向世界的端午节》，感受中华传统节日文化与世界的交流，促进世界文明发展的魅力。

◎思一思：感受中华传统节日文化与世界的交流，促进世界文明发展的魅力。

你将怎样做？（可采用小课题研究方式）

小课题报告：＿＿＿＿＿＿＿＿＿＿＿＿＿＿＿＿＿＿＿＿＿＿＿＿＿＿＿＿＿＿＿＿＿

＿＿＿＿＿＿＿＿＿＿＿＿＿＿＿＿＿＿＿＿＿＿＿＿＿＿＿＿＿＿＿＿＿＿＿＿＿＿＿

【设计意图】

本环节旨在引导学生通过思辨与小课题研究，深入探究中国传统文化，为成为传统文化的传承者和研究型人才打下基础。通过观看视频了解中国传统节日文化被世界人民接受和喜爱，激发学生增进对传统文化的认同，培养文化自信、民族自信。

八、板书设计

```
    步骤        流程         注意事项
    第一步      剪一剪       首尾不同  注意用剪
    第二步      折一折       从中间折  折成直角
```

第三步	翻一翻	翻成漏斗	保持紧密
第四步	放一放	适量放入	不多不少
第五步	压一压	均匀铺平	压至紧实
第六步	裹一裹	盖住上方	裹紧粽子
第七步	捆一捆	自上而下	捆紧打结

九、课外拓展

延伸课内话题，引导学生了解、发扬中国传统节日文化并开展路径探究，尝试用小课题研究方式记录中国传统节日。

（执笔：元音中学　杨媛婷）

第四节　劳动交流汇报课

废纸"百变君"

劳动类型/课型：生产劳动/劳动交流汇报课
劳动任务群：传统工艺制作
学段/年级：高段/五年级
课时计划：1课时

一、背景分析

《义务教育劳动课程标准（2022年版）》指出："选择1~2项传统工艺制作项目，如陶艺、纸工、布艺、编织、印染、皮影、木版画等，了解其特点及发展历史，初步掌握制作的技能与方法，读懂基本的实体图、示意图、装配图等。根据劳动需要，设计方案并选择合适材料和工具制作简单作品。"四川天府新区永兴小学践行环保教育已20多年，致力于构建学校环保课程，"废纸'百变君'"是学校环保课程中的特色项目，该项目是将废纸制成纸浆，用纸浆创作精美工艺品的一项环保手工制作活动。

学情分析：本项目在小学第三学段开展，通过前期纸浆制作与利用的课程学习，五年级大部分学生已经掌握纸浆制作与利用的劳动技能，对废纸再利用有了一定认识，废纸再利用意识也增强了，并能够主动参与校园卫生保洁和环境美化等劳动。通过项目学习，学生习得纸浆制作工艺品的劳动技能，树立废物再利用的环保观念，初步形成不怕辛苦、积极探索、勇于创新的精神。

二、教学目标

（1）在前期纸浆制作与利用的课程学习中，掌握纸浆制作与利用的劳动知识与技能，能正确使用劳动工具。

（2）在交流汇报中，能清楚表述、梳理、总结出纸浆制作与利用步骤，在制作作品过程中存在的问题和制作难点，初步形成劳动效率意识和劳动质量意识。

（3）在交流汇报中，能做到安全劳动、规范劳动、有始有终，养成团结合作、认真负责、珍惜他人劳动成果等习惯。

（4）懂得环保与生活的关系，感受"劳动创造美好生活"，从而树立劳动最美丽、劳动最光荣等劳动观；初步形成不怕辛苦、积极探索、勇于创新的精神。

三、教学重难点

重点：能清楚表述纸浆制作与利用的步骤和在制作作品过程中存在的问题。

难点：能在交流汇报活动中进行反思与评价，巩固纸浆制作与利用的步骤与方法。

四、教学思路

课前：梳理、整合制作纸浆作品的步骤，并按纸浆作品类型分成兴趣小组，利用碎片时间或居家时间完善纸浆作品。

课中：回顾所学，情境引入，提升表达愿望→学生分组合作，推选"百变星君"，完成全组方法及创意点梳理、整合→学生分组展示、汇报→师生互动，总结拓展。

课后：回家完善并向他人展示自己的纸浆作品，完成活动评价表。

五、教学准备

场所准备：多媒体教室。

工具及材料准备：

（1）学生：作品成果照片或制作过程的视频、纸浆作品、本组展示汇报所需素材、已填写的活动记录表和活动评价表。

（2）教师：教学课件、学生作品及制作作品过程的照片合辑、纸浆制作与利用的方法词卡、安全预案。

六、教学过程

（一）劳动之引——情境引入，欣赏成果

师：为建设和谐文明的生态环境，上节课我们把收集的废纸制成纸浆，再利用纸浆制成精美手工作品。现在我们来看看大家的作品。

观看照片合辑。

师：同学们有什么感受？这么精美的作品，是怎么做的呢？

生：作品很精美，很有创意。（简单说制作过程）

【设计意图】

情境引入，引导学生欣赏彼此纸浆作品成果，为后面分享交流做铺垫。

(二)劳动之展——各组汇报,展示作品

师:同学们是怎么推选出"百变星君"的呢?

※"天王星"组汇报——推荐方法和标准

生1:我们从作品的题材、技法、效果这三个方面来推选,小组共同打分,最终推荐出纸浆利用率高、制作精细、富有一定寓意和实用价值的一幅作品(见表1)。

表1 废纸"百变星君"作品推荐标准

项目	推荐标准	分值
题材	纸浆利用率达到90%(10分) 色彩明艳、饱满(6分) 主题突出(4分) 富有创意(10分)	30
技法	制作精细,结构合理(10分) 造型生动形象,作品具有完整性(10) 充分体现创造能力(10分) 充分体现设计制作能力(10分)	40
效果	作品美观大方(10分) 体现生态环保特点,富有教育意义(10分) 具备一定实用价值(10分)	30

学生展示推荐作品。

师:其他小组又是怎样制作作品的?制作的时候又是怎样突破难点,创新作品的?

※"北斗七星"组分享——平面画作品

学生分享:

学生分享推荐作品纸浆画《国宝丫丫》的意义和创意来源。

学生分享在制作时的方法。

学生质疑:

学生谈困惑,分享如何解决问题。

生:利用什么工具能快速捣烂大量、各种类型废纸?

如何使作品更具立体感?

作品完成后怎样才能妥善保管?

解疑小结:

生:要把大量废纸快速捣碎成纸浆,需要强化工具,如把搅拌棒换成电动捣碎机。可以用牙签进行点扎使作品更具立体感;制作完的作品可以嵌上一个相框,使作品更加精美,也便于保管和展示。

总结方法:

学生回顾纸浆画秘籍,总结方法(结构图):

捣碎纸浆,沥干纸浆

纸浆调色,加入乳胶

纸浆作画,牙签点扎

自然风干，画嵌相框

※"启明星"组分享——再生纸—花草纸（组长主持）

主持人播放视频《造纸术》，张贴古人造纸工序图。

生1：由此可知，纸浆是造纸术的一道重要工序。我们据此突发灵感，在纸浆上撒下花草做装饰。

学生展示花草纸作品，说明制作方法。

生2：制作的花草纸不仅可用作观赏，还有更多实用价值。例如，在花草纸上题字、写诗，制作成小小书签、手账本等。

主持人出示PPT制作花草纸结构图，并说明制作花草纸的关键点——纸浆要铺均匀。

准备纸浆

平铺纸浆

花草装饰

晒干揭下

学生展示工具（网框、纸浆、勺子、搅拌器、植物胶水、干花草、颜料、水盆），分享安全使用工具方法。

师：通过花草纸的制作，我们不仅知道了纸的发展演变，更了解了造纸术，了解了纸的发明历史。同时，能够让花草纸制作变得更加贴近生活，使用之处更广。

※"木星"组分享——制作立体手工作品的难点

组员分享难点：

生1：立体作品拼接有难度，例如，黑色钢琴架的琴腿需要用黏性较强的胶水或者速溶胶，拼接时可以请他人合作完成，操作时要注意安全。

生2："百变星君"现场展示拼接立体手工作品。我们在制作中发现了实际困难，可以通过学习新方法来解决问题，达到更好的效果。可以用纸浆给工艺品或废弃物做装饰，例如，把纸浆粘贴在喝完的咖啡杯上，制作成精美笔筒。

组长展示本组同学完成的作品介绍牌，汇报作品介绍牌意义。

组长PPT出示立体作品制作方法。

巧手建模

准备纸浆

纸浆装饰

自然风干

※技能提炼与总结

汇报收获：

生1：我发现他们的作品废纸利用率极高，但每幅作品都有不同的制作关键点和难点，例如，纸浆画制作关键点——牙签点扎，花草纸制作关键点——纸浆要铺均匀；立体作品制作难点——建好模型。

生2：我们在劳动实践中要不断地探索，去发现问题，解决问题。

生3：在交流时，我感受到了劳动的伟大，把一张张废纸，通过我们的劳动制作成一个个精美的作品,真是太棒了!

师小结:拾起地上的废纸,不是一件丢脸的事儿,而是一次次爱护环境的行动,是一名光荣的环保小卫士。(板书:环保"小卫士")

【设计意图】

通过小组共同评议推选最佳作品,并分享评议的过程与方法,让更多的学生以欣赏的眼光看待他人作品,同时也让学生明白在评选时应具有的公平性和规范性。展示学生精美代表作品,将3种纸浆利用的方法和注意事项进行梳理,引导学生进一步设想与探索,可以增强体验感与认同感,锻炼逻辑思维和创造能力。

(三)劳动之启——师生互动,总结拓展

1. 总结拓展

师:同学们利用纸浆制作的劳动创意真是巧妙呀!其实废纸类型还有很多,例如旧报纸、牛奶盒、草稿纸、擦手纸等,不同类型的纸可以有不同的利用方法,请看视频!(播放各类废纸利用合辑视频)

师:同学们想说什么?

生:原来,不同类型废纸还可以做成记账本、折纸、家庭用具、旧报纸剪贴画等,还真是实用小妙招,我都迫不及待想去生活中收集和创造一番呢!

2. 颁奖环节

采访获奖者,发表感言。

生1:我在制作作品时,遇到很多小问题,多次都想放弃,但是在组员的鼓励和帮助下,我一再坚持,最终找到了解决问题的办法,完成了这一幅作品。谢谢我的小伙伴们!

生2:我们能把废纸利用起来,为公园城市的建设贡献我们自己的一分力,我感到无比自豪。

师小结:在今后的生活中,同学们要继续参与垃圾减量、回收利用活动,创造出更多"宝贝"!做一名以劳动为荣的废纸"百变君"。(板书:废纸"百变君")

【设计意图】

探索是无限的,道路漫长,让学生用一双慧眼和巧手创造更多的精彩,养成追求创新、持之以恒的劳动品质,懂得劳动创造财富的道理,热爱身边的环境,从而明白劳动创造美好生活!

七、板书设计（如图 1 所示）

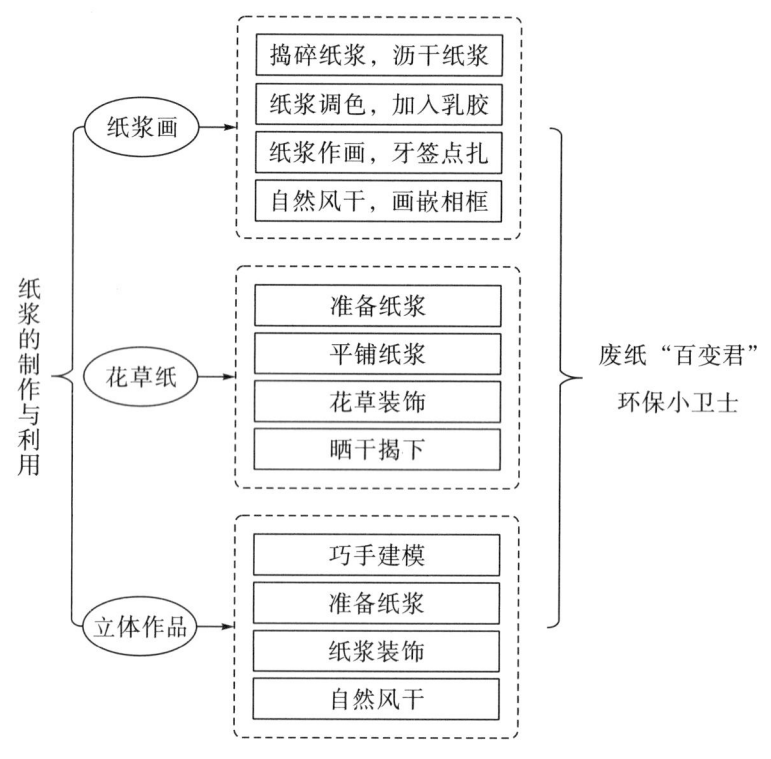

图 1 纸浆的制作与利用课程图

八、实践拓展

结合所学，学生回家完善并向他人展示自己的作品，完成活动记录表（见表 2）。

表 2 废纸"百变君"活动记录表

班级：_____ 姓名：_____

作品名称	
用到的材料	
制作步骤（写关键词）	

续表

我的作品创意（1. 总结方法；2. 用到的、改进的、独创的工具）	
我在制作过程中还存在的困惑（困难）	
作品价值或实用性	

交流分享课后，完善自己的作品并完成活动自我评价，在得分项"☆"前面的"□"里打上勾。

持之以恒，继续做好"小小百变君"，在日常生活中进行废纸收集、处理和利用。

九、附件

附表1：废纸"百变星君"作品推荐标准。

附表1　废纸"百变星君"作品推荐标准

班级：_____　　姓名：_____

项目	推荐标准	分值
题材	纸浆利用率达到90%（10分） 色彩明艳、饱满（6分） 主题突出（4分） 富有创意（10分）	30
技法	制作精细，结构合理（10分） 造型生动形象，作品具有完整性（10） 充分体现创造能力（10分） 充分体现设计制作能力（10分）	40
效果	作品美观大方（10分） 体现生态环保特点，富有教育意义（10分） 具备一定实用价值（10分）	30

附表2：废纸"百变君"活动评价表。

附表2　废纸"百变君"活动评价表

班级：_____　　姓名：_____

评审项目	评价标准	得分
劳动观念	能在生活中主动收集废品、利用废品创造作品（1星），敢于把作品向他人展示和宣传（1星），能体会劳动的快乐（1星）	□☆□☆☆□☆☆☆

续表

评审项目	评价标准	得分
劳动能力	能掌握纸浆制作与利用的知识与技能（1星），能正确使用劳动工具（1星），提高自己的创新意识（1星）	□☆□☆☆□☆☆☆
劳动习惯和品质	能运用废纸利用的方法，制作一个完整的作品（1星）。在日常生活中坚持废物再利用（1星），在创作的过程中能做到团结合作、认真负责、珍惜劳动成果等品质（1星）	□☆□☆☆□☆☆☆
劳动精神	在劳动过程中，能总结经验，钻研提高劳动效率的小窍门（2星）。养成大胆尝试、精益求精、锲而不舍的精神（1星）	□☆□☆☆□☆☆☆

（执笔：永兴小学　饶祺）

舌尖上的辣椒

劳动类别/项目：劳动实践指导课
劳动任务群：烹饪与营养
年级/学段：小学高段（五年级）
课时计划：2课时

一、背景分析

（一）选题依据

《大中小学劳动教育指导纲要（试行）》指出："小学中高年级主要围绕校园劳动和家庭劳动为内容开展劳动教育""小学中高年级学生要学会制作简单的家庭餐"。《义务教育劳动课程标准（2022年版）》指出："一至二年级学生参与简单的家庭烹饪，三至四年级学生能制作简单的日常饮食，五至六年级学生初步掌握基本的家庭饮食烹饪技法，制作简单的家常餐，具有食品安全意识。"《成都市大中小学劳动教育项目清单（试行）》在小学阶段的日常生活劳动版块设置了"烹饪与营养"任务群。

在劳动实践过程中，家长和教师发现学生对美食很感兴趣，对简单的家常餐制作比较熟练，但对烹饪家庭饮食还不是很熟悉，甚至有个别学生对家庭饮食烹饪还有一些畏惧，不敢烹饪，不想烹饪。学校作为成都市劳动教育试点校，现有劳动教育三大实践基地，包括蔬菜种植基地、果园种植基地和烹饪实践基地。为了学生在劳动实践基地中更好地学习家庭饮食的烹饪知识和技能，笔者设计了从低段到高段的一系列烹饪主题课程，引导学生学习烹饪方法和技能，增强生活自理能力和勤俭节约意识，培养家庭责任感。

（二）学情分析

通过烹饪主题课程的学习，五年级大部分学生已经掌握了简单的烹饪方法，能够独立完成简单食物的烹饪，如煮鸡蛋、水饺，蒸红薯，做青团，煮面条等。在进入高年级的学习生活之际，五年级学生对所学烹饪技术有了一定的提升和运用。但是在劳动过程中，大部分学生对烹饪食物的方法掌握不熟练，没有树立牢固的劳动观念，也没养成良好的劳动习惯，甚至个别学生不敢烹饪，不想烹饪。

二、教学目标

（1）在烹饪劳动实践中，学生进一步认识到日常饮食烹饪离不开劳动，知道人人都要劳动的道理；积极主动参与班级劳动活动，初步体会劳动对日常生活的重要性；懂得劳动创造美好生活的道理，牢固树立劳动最光荣、劳动最崇高、劳动最伟大、劳动最美丽的观念。

（2）在完成川菜烹饪的劳动过程中，学生能初步掌握川菜烹饪知识和技能，正确使用常见劳动烹饪工具；能在劳动实践中增强体力，提高智力和创造力，具备完成川菜烹饪所需要的操作能力及团队合作能力。

（3）学生能做到不浪费粮食，懂得珍惜劳动成果，养成珍惜劳动成果的习惯，继承中华民族勤俭节约的优良传统，并在劳动过程中遵守劳动纪律和安全规范。

（4）在川菜烹饪的过程中，学生能体会到劳动需要出力出汗，劳动需要不怕脏、不怕累的劳动精神，领会"劳动是一切幸福的源泉""幸福是奋斗出来的"内涵与意义，继承中华民族勤俭节约的优良传统。

三、教学重点

通过分享交流和劳动展示等劳动实践，学生完成辣椒川菜烹饪过程。

四、教学难点

在有序分工合作的基础上，学生展示每组川菜烹饪的劳动技能。

五、设计思路

本课主要设计了三个流程，分别是课前自主学习实践、课中交流展示、课后实践分享（如图1所示）。

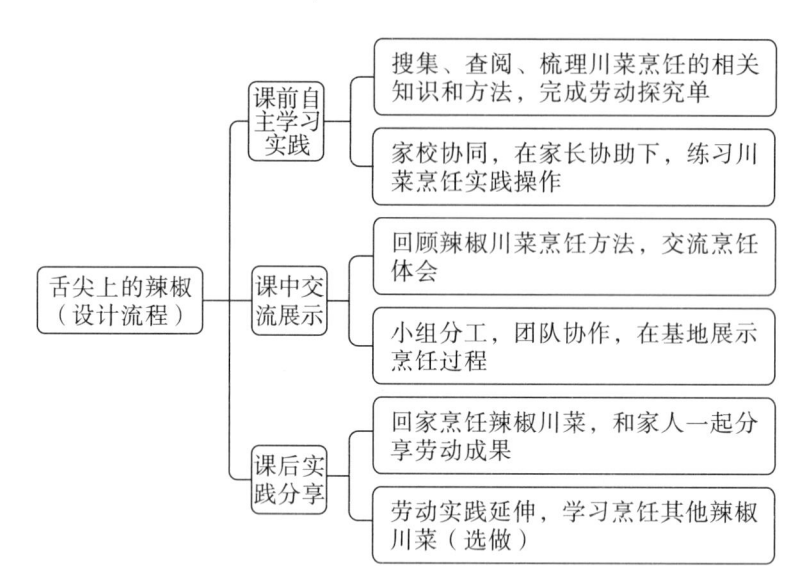

```
                                    ┌─────────────────────────────────────┐
                       ┌─课前自主──┤搜集、查阅、梳理川菜烹饪的相关    │
                       │  学习    │知识和方法，完成劳动探究单          │
                       │  实践    ├─────────────────────────────────────┤
                       │          │家校协同，在家长协助下，练习川       │
                       │          │菜烹饪实践操作                       │
                       │          └─────────────────────────────────────┘
舌尖上的辣椒──┤          ┌─────────────────────────────────────┐
(设计流程)    ├─课中交流─┤回顾辣椒川菜烹饪方法，交流烹饪       │
                       │  展示    │体会                                 │
                       │          ├─────────────────────────────────────┤
                       │          │小组分工，团队协作，在基地展示       │
                       │          │烹饪过程                             │
                       │          └─────────────────────────────────────┘
                       │          ┌─────────────────────────────────────┐
                       └─课后实践─┤回家烹饪辣椒川菜，和家人一起分       │
                          分享    │享劳动成果                           │
                                  ├─────────────────────────────────────┤
                                  │劳动实践延伸，学习烹饪其他辣椒       │
                                  │川菜（选做）                         │
                                  └─────────────────────────────────────┘
```

图 1　"舌尖上的辣椒"设计流程

在课前，学生搜集、查阅川菜烹饪的相关知识和方法，选择一种将要烹饪的辣椒川菜，梳理出具体的制作方法和步骤，完成"我用辣椒做道菜"的劳动探究记录单。并通过家校协同，学生在家长协助下，练习实践操作。

在课中，学生回顾辣椒川菜烹饪方法，并交流烹饪体会。通过小组分工，团队协作，学生在基地展示烹饪过程。

在课后，学生回家烹饪一份辣椒川菜，和家人一起分享劳动成果，或者学习烹饪其他辣椒川菜，感受劳动创造美好。

六、教学准备

（一）教师准备

微课资源：学生烹饪辣椒川菜的照片或视频、川菜大师烹饪视频。
工具及材料准备：
（1）烹饪辣椒川菜的食材和调料、菜刀、柴火、评价点赞牌。
（2）烹饪辣椒川菜关键点的词卡和安全预案。

（二）学生准备

烹饪川菜的照片或视频、本组展示汇报所需素材（已填写的探究记录单）、川菜烹饪工具（铲、勺、菜板、盘子碗筷、火钳等）。

七、教学过程

(一) 情景导入，交流实践体会

师：四川位于我国的西南内陆，简称川或蜀。四川盆地气候湿热，湿气重，吃辣椒有利于除湿暖胃。四川也是一个多民族聚居地区，各个民族的饮食文化相互融合，形成了独特的川菜文化。四川古代的文化和历史沉淀深厚，据考古学家发现，在 2000 多年前的汉代就有人在四川种植辣椒。辣椒作为一种主要的调味品，在川菜中被广泛采用，成为四川饮食文化的一部分。经过上节课的劳动学习和实践探索，各个小组都用辣椒烹饪了一道川菜。请大家一起来回顾自己的劳动过程吧！

学生观看各小组在家烹饪制作川菜过程的照片（视频）合辑。

师：同学们看完视频有什么感受呢？你们是怎样完成辣椒川菜的烹饪过程的，请同学们回忆自己的烹饪过程？

【设计意图】

情境引入，回顾烹饪过程，引导学生了解彼此的烹饪成果，为后面的分享交流做铺垫。

(二) 推荐"达人"，明细分工

学生分组合作，推选川菜烹饪小达人和川菜解说小达人，完成小组展示分工。

明确推荐方法和标准。

(1) 推荐方法：根据组员的分享，小组举手表决，民主推荐一名川菜烹饪小达人和川菜解说小达人。

(2) 出示推荐标准。

①烹饪前，学生能快速认真做好烹饪准备（包括食材和工具）。

②烹饪时，学生能熟练掌握川菜烹饪方法。

③烹饪后，川菜色香味略胜一筹者。

学生分小组推荐一名川菜烹饪小达人和川菜解说小达人。完成小组展示分工，包括洗菜、切菜、炒菜、收拾灶台和烧火等。

【设计意图】

明确推荐方法和标准，分工合作，提升学生的合作意识与能力，并在小组交流中学习同伴的烹饪经验，让自己和同伴的烹饪方法更得当。

(三) 分组汇报，成果展示

1. 虎皮青椒组分享

(1) 川菜解说员分享，小组制作。

①介绍制作川菜虎皮青椒所需要的食材和用具。

②根据学生分工表介绍本组同学完成虎皮青椒的分工（见表1）。

表 1　学生分工表

学生 1	负责清洗大青椒
学生 2	负责用刀把青椒切成段
学生 3	负责烹饪制作虎皮青椒并装盘
学生 4	负责收拾灶台和清洗锅铲
学生 5	负责烧火

③展示烹饪虎皮青椒过程（见表2）。（学生边制作川菜过程，解说员边讲解虎皮青椒的烹饪步骤）

表 2　虎皮青椒烹饪过程

第一步：请学生1清洗大青椒并装入菜篮中沥水。
第二步：请学生2用菜刀把青椒切成两段后装入菜篮子。在切的过程中，注意刀具的使用，不要割伤手指。
第三步：请学生5开始准备点燃柴火，把铁锅预热。注意：在点火的时候不要被火苗烫伤了。
第四步：请学生3负责烹饪制作虎皮青椒。
……

（2）交流烹饪过程中的注意事项。

师：烹饪虎皮青椒这道川菜，你们觉得最应该注意什么环节？

生1：我觉得，首先要控制好火候，在煎制青椒虎皮斑纹的时候，火不要烧太大，不然容易把皮煎糊。

生2：在准备阶段，切青椒的同学除了注意用刀安全，还要注意切完青椒以后不要用手揉搓眼睛。

生3：在起锅以后，我们还要注意放调料的时候不要一次性放太多，可以依次调整放的量，如果没把握的话，可以用一双专用筷尝味。

（3）小结劳动实践体会。

师：虎皮青椒重在虎皮斑纹的煎制和调料的恰当使用，劳动技能在不断的实践中得以提炼。

（4）学生回顾虎皮青椒烹饪要点：

清洗青椒，刀切段。
烧火放油，下调料。
倒入青椒，虎皮现。
盛入盘子，倒点醋。
青椒虎皮就完成了。

2. 青椒回锅肉组分享

（1）学生简要介绍川菜回锅肉的典故。

提到川菜必然想到回锅肉，它色香味俱全，颜色养眼，是下饭菜之首选，深受各地食客的喜爱，而它背后蕴藏着怎样的典故呢？

回锅肉，古时称为"油爆肉"，味道偏向于咸鲜，到了明清时期，辣椒的传入使回锅肉基本定型。……后来回锅肉又加入了豆瓣酱，起到了提味、提鲜的作用，味道更是鲜香无比。

师：听了同学的介绍，我更期待这道川菜了，这一道川菜之首的青椒回锅肉，又是如何烹制呢？请展示一下吧。

（2）川菜解说员分享，小组制作。

①介绍制作川菜青椒回锅肉所需要的食材和用具。

②介绍本组同学完成青椒回锅肉的分工。

③展示烹饪青椒回锅肉的过程（学生边制作川菜，解说员边讲解青椒回锅肉的烹饪步骤）。

（3）学生交流青椒回锅肉烹饪的关键步骤。

师：请问青椒回锅肉的烹饪关键是什么？

生1：豆瓣酱翻炒一定要炒熟。

生2：是的，之前在家里我做的青椒回锅肉的豆瓣就没炒熟，最后吃的时候就有一股生豆瓣酱的味道，这道菜吃起来就没那么香了。

师：怎样判断豆瓣酱是否炒熟呢？

生1：当回锅肉里的油炒成红油的时候，豆瓣酱基本被炒熟了。这时候放入青椒就非常合适。

师：在劳动实践中我们要学会探索，不断寻找解决问题的办法，这是劳动中相当可贵的品质。

（4）学生总结青椒回锅肉的烹饪方法：

清洗青椒和猪肉，刀切青椒变成块。

猪肉切块放水煮，熟后切片等待用。

放油下肉翻炒匀，放入豆瓣炒红油。

撒入青椒继续炒，加入调料装入盘。

3. 红椒炒肉组分享

（1）川菜解说员分享，小组制作。

①介绍制作川菜红椒炒肉所需要的食材和用具。

②介绍本组同学完成红椒炒肉的分工。

③展示烹饪红椒炒肉的过程（学生边制作川菜，解说员边讲解红椒炒肉的烹饪步骤）。

（2）组员总结红椒炒肉的烹饪方法：

清洗红椒切成条，猪肉洗净切成丝。

放油加料下肉丝，加入红椒齐翻炒。

炒熟调料放点葱，起锅装盘完成了。

师：刚刚我们展示了辣椒作为主食材的三个川菜烹饪过程，接下来要展示的是作为辅料的两份辣椒川菜。

4. 青椒土豆丝组分享

(1) 川菜解说员分享，小组制作。

①介绍制作川菜青椒土豆丝所需要的食材和用具。

②介绍本组同学完成青椒土豆丝的分工。

③展示烹饪青椒土豆丝的过程（学生边制作川菜，解说员边讲解青椒土豆丝的烹饪步骤）。

师：为什么要把土豆丝泡在清水盆中呢？

生1：把切好的土豆丝泡在清水中的主要原因是土豆中含有大量的淀粉，切丝后过一会儿就会氧化变色，切丝后用水泡一下就可以泡掉一部分的淀粉，这样炒出的土豆丝会爽脆一些。

生2：我们把泡好的土豆丝捞出来，水里面的土豆淀粉还可以沥干水，二次利用呢！

(3) 教师小结劳动实践中的收获。

师：原来清水泡土豆丝竟有这么大的学问呀！劳动实践不仅能提高我们的劳动技能，还能丰富我们生活中的科学知识。

(4) 学生总结青椒土豆丝的烹饪方法：

土豆削皮再切丝，泡入清水学问大。

青椒洗净切成丝，花椒生姜等待用。

油锅烧热放调料，土豆青椒一起炒。

放入调料再翻炒，装盘盛出搞定啦！

5. 青椒皮蛋组分享

青椒皮蛋组组长：刚刚同学们展示的四样辣椒川菜都是热菜，今天我们组就为大家带来一道凉菜制作，那就是青椒皮蛋。在夏天，吃着凉爽Q弹的青椒皮蛋，别提多美味了。

(1) 川菜解说员分享，小组制作。

①介绍制作川菜青椒皮蛋所需要的食材和用具。

②介绍本组同学完成青椒皮蛋的分工。

③展示制作青椒皮蛋的过程（学生边制作川菜，解说员边讲解青椒皮蛋制作步骤）。

(2) 组员总结青椒土豆丝的烹饪方法：

皮蛋剥壳切成瓣，放入盘中摆好看。

青椒洗净剁成碎，加入红油调味品。

淋在皮蛋盘中间，撒点葱花等你尝。

【设计意图】

将五个辣椒川菜的制作过程进行现场展示梳理，总结烹饪小技巧，更好地巩固烹饪川菜的劳动技能。在展示汇报中，交流烹饪川菜背后隐藏的文化和知识，让我们更全面地了解川菜。同时也为更好地烹饪川菜做铺垫。

（四）总结拓展，收获启示

1. 师生互动，总结拓展

师：同学们是否发现用辣椒烹饪川菜的共同点？

教师出示五个烹饪过程要点，学生对比，找出共同点，形成辣椒川菜秘籍通用版。

清洗食材

刀切所需

烹饪川菜

盛盘装菜

收拾灶台

师：根据每个辣椒川菜的制作特点（热炒和凉拌），还有很多具体而实用的其他妙招，期待同学们在平常的川菜烹饪中去学习和发现。

2. 大众评委总结点赞

师：五个川菜烹饪小组战胜了劳动的不容易，挑战了自己，练就了辣椒川菜的烹饪技能，坚持了热爱劳动的好习惯，习得了劳动好品质，劳动真是最光荣的。接下来，请参观的老师们作为大众评委在品尝辣椒川菜后为我们川菜烹饪小达人点赞吧！

师：人心齐，泰山移，合作的魅力无限大。请大众评委老师们给最佳合作小组点赞。

3. 全班总结反思

师：同学们，在烹饪这五道辣椒川菜中，你们有什么收获呢？

生1：在学习、练习和展示的劳动实践中，我学会了烹饪辣椒川菜的基本方法，习得了劳动技能。

生2：经过自己洗菜、切菜、烹饪的过程，我懂得劳动的辛苦，我才真正体会到平时妈妈做饭菜是多累呀，我会更加珍惜劳动成果。

生3：看着我通过劳动制作出来的辣椒川菜，不吃也觉得美美的，品上一口，瞬间觉得：劳动能创造美好，劳动能让我们幸福。

……

师：同学们，在这次劳动展示课上，你们觉得哪些地方需要改进呢？

生1：我们组在炒青椒土豆丝的时候，放调味的时候需要用专用筷尝一下，味道有点淡。

生2：我们组做甜椒炒肉的时候，火有点大，油放得有点少，炒出来有些黏锅，颜色不是特别好看。

……

师：是呀，劳动既要出力还要出汗，也要在不断地劳动实践中反思成长。它不是一件又苦又累的事，而是能够带给我们美好的事，让我们在劳动中体会幸福吧！（板书：劳动创造美好、幸福）

4. 观看川菜大师视频合辑

师：（播放视频）用好的烹饪方法来制作辣椒川菜，这个过程是享受的，说不定，你也会像这些川菜大师一样喜欢上我们的辣椒川菜！

师：同学们看到烹饪大师的辣椒川菜，你们是不是也想尝试一下呢？请同学们回家以后做一道辣椒川菜和家人分享，也可以尝试新的辣椒川菜的烹饪哦！

5. 教师课堂总结

烹饪是生活中一件经常做的事情，但我们的川菜大师却将普通的事做到了精益求精，用他们劳动的双手和勤劳让生活变得更加美好和幸福。我们从他们身上不仅收获了川菜烹饪的方法，也学习到了劳动精神。让我们用劳动把舌尖上的辣椒带出家乡，走向世界！（板书：舌尖上的辣椒）

【设计意图】

引导学生对比烹饪过程与技能找到川菜烹饪的共性关键点，既训练烹饪技能，又培养学生劳动的思维。拓展的视频重在引导学生学习川菜大师之所以成为大师，是他们将劳动平常事做到了一种极致，既激发学生的劳动参与度，也引导学生体会劳动精神，深化精益求精的劳动品质。

6. 拓展延伸

（1）结合辣椒川菜的烹饪方法，学生回家制作一份辣椒川菜与家人分享。

（2）学生尝试研究制作不一样的川菜美食，如麻婆豆腐、冷锅串串、宫保鸡丁等。（选做）

八、板书设计（贴词卡）

舌尖上的辣椒
——辣椒川菜烹饪汇报展示
清洗食材
刀切所需
烹饪川菜　　劳动创造幸福
盛盘装菜
收拾灶台

九、附件

附表1：大众评委点赞标准。

附表1　大众评委点赞标准

点赞标准	点赞量
烹饪过程动作熟练，流程清晰	1个赞（　　）2个赞（　　）3个赞（　　）4个赞（　　）5个赞（　　）

续表

点赞标准	点赞量
安全完成整个烹饪流程	1个赞（ ）2个赞（ ）3个赞（ ）4个赞（ ） 5个赞（ ）
烹饪的川菜菜品味美色佳	1个赞（ ）2个赞（ ）3个赞（ ）4个赞（ ） 5个赞（ ）

附表2：辣椒川菜烹饪小达人评选表。

附表2 辣椒川菜烹饪小达人评选表

点赞标准	点赞量
清洗：清洗食材干净，有序	1个赞（ ）2个赞（ ）3个赞（ ）4个赞（ ） 5个赞（ ）
切菜：按要求切菜，动作娴熟，安全有序	1个赞（ ）2个赞（ ）3个赞（ ）4个赞（ ） 5个赞（ ）
烹饪：方法正确合理，动作娴熟	1个赞（ ）2个赞（ ）3个赞（ ）4个赞（ ） 5个赞（ ）
烧火：能注意控制火候，安全操作	1个赞（ ）2个赞（ ）3个赞（ ）4个赞（ ） 5个赞（ ）
收拾：干净利索，灶台整理有序	1个赞（ ）2个赞（ ）3个赞（ ）4个赞（ ） 5个赞（ ）

川菜烹饪小达人推荐方法和标准：

（1）推荐方法：根据组员分享的川菜烹饪过程，小组举手表决民主推荐一名川菜烹饪小达人。

（2）推荐标准：①烹饪前，能快速认真做好烹饪准备（包括食材和工具）。②烹饪时能熟练掌握川菜烹饪方法。③烹饪后，菜品色香味略胜一筹者。

（3）推荐完成后，综合烹饪小达人和全组同学的烹饪经验，形成本组的烹饪小秘籍，准备汇报展示。

（4）组内分享、推荐，时间不超过10分钟。

（执笔：大林小学 李远勤）

第二章　基于课程标准的劳动课程项目式学习案例

项目式学习由克伯屈的"设计教学法"演变而来,是在建构主义和学习科学理论基础上产生的一种以学生为中心的教学方式。其主要特征是以小组合作形式,置身于真实情境中,完成具有挑战性任务或解决一个来自真实世界的问题。项目式学习由于其开放性、实践性、研究性,成为适合中小学生推进劳动教育课程活动的重要的学习方式之一。

天府新区各校依托劳动教育内容,围绕劳动教育"十大任务群",借助项目式学习,全面梳理、设计劳动课程主题框架;分层设计,建立项目式劳动教育体系;学科协同,拓宽劳动视野;历经过程,让劳动真实发生;重构评价,促进劳动认同;积极探索中小学劳动教育新样态,培养学生劳动精神,提升劳动核心素养。

天府新区在区域推进劳动教育过程中,参照国际通用的黄金标准PBL核心项目设计模型及深度学习教学实践2.0模型,立足课程教学实践研究,提出"确立专项性主题—梳理驱动性任务—开展持续性实践—强化反思与交流—重视综合性评价—实现劳动素养目标"劳动教育项目设计模型(如图1所示)。

图1　劳动教育项目设计模型

为了进一步纵深推进劳动教育高质量发展,梳理提炼了劳动教育项目实践双回路模型(如图2所示)及项目化实践记录模板。劳动课程项目实践双回路模型主要以劳动项目为圆心,以驱动型任务为半径,第一回路表现为项目式学习流程设计,围绕"项目准备—项目设计—项目实践—项目反思—项目评价"劳动流程开展项目式学习设计。第二回路表现为项目式学习流程实施路径。学校开展项目式学习按照流程的不同阶段开展活动,课程资源准备阶段主要提供工具材料、设计问卷调查、开放实践场域,设计开发项目阶段主要寻找驱动性问题、对标劳动素养、研制计划方案、确定劳动任务的开展,开展项目实践阶段主要明确劳动任务、合理小组分工、自主合作探究、多元成果展示,师生交流反思阶段主要进行多样交流方式、平等交流反思、反思劳动元素、提出改进建议,持续综合评价阶段主要关注学生表现、收集评估证据、开展多元评价。两个回路相互依托,相互循环,形成完整的闭环,共同实现劳动项目式学习目标。

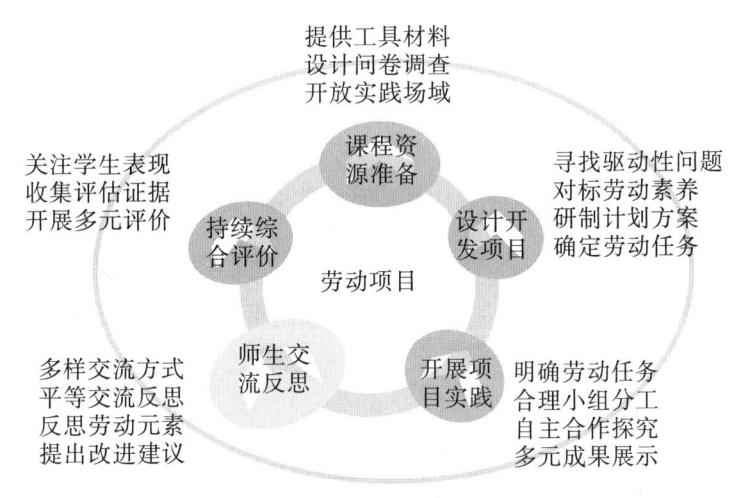

图 2　劳动教育项目双回路模型

项目化周期实践记录模版围绕劳动"项目简介—项目目标—项目过程—评价设计—项目反思"等内容进行设计开发。这一过程将零散的劳动教育内容整合为多项细节的系统模块,主要包括"项目活动背景、项目学情分析、项目总时长、项目时间轴、项目活动表、活动阶段实施、多元评价和师生活动反思"等内容(如图 3 所示)。

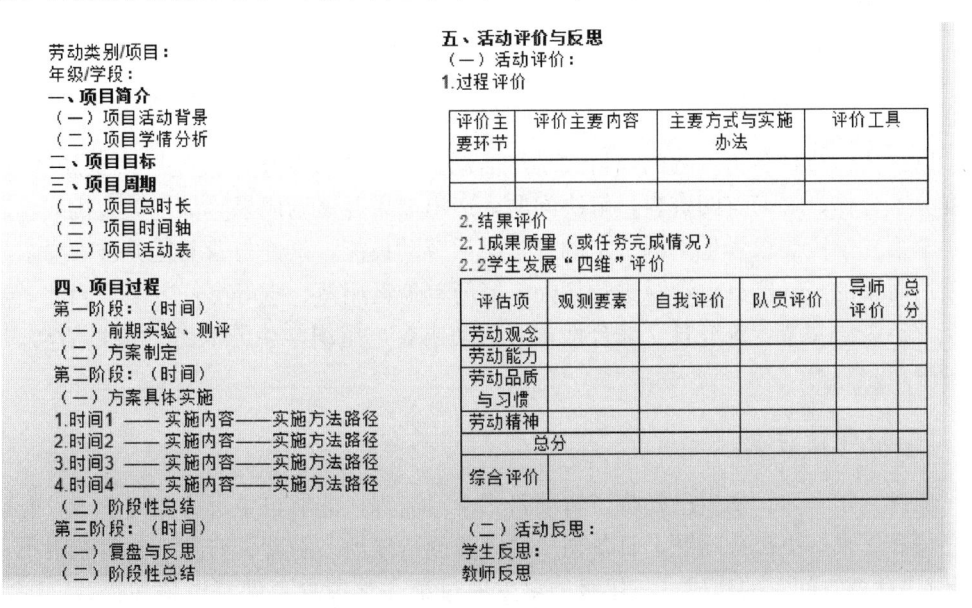

图 3　项目式学习案例模板

天府新区劳动项目式学习聚焦学生"综合育人"的全面发展，以"素养导向、五育融合、学段贯通、动态发展"作为项目式学习的着力点，探索"横向联通内容共享，纵向发展场域共享"项目化学习共享成长实施路径。"横向联通内容共享"即区域劳动课程下沉到学校校本课程，学校校本课程的项目化学习下沉到班级项目化学习，实现了内容共享；"纵向发展场域共享"充分挖掘实施场域广阔性特点，引领学生从"班级—学校、学校—家庭、学校—社区、学校—基地"开展劳动项目式学习，"横向联通内容共享，纵向发展场域共享"的劳动教育共享新格局形成，促进天府新区劳动教育纵深推进。

总之，劳动教育项目式学习可丰富劳动教育的内容，拓宽劳动教育实践的途径，有效落实劳动课标素养要求，全面提升"综合育人"价值，让新时代劳动教育在天府新区有效落地生根，为天府学子的终身发展和幸福人生奠定坚实的基础。

第一节　烹饪与营养任务群项目式学习案例

"粽"情端午
——自主制作端午粽劳动项目案例

劳动内容/任务群：日常生活劳动/烹饪与营养
学段/年段：小学中段
课时计划：10课时

一、项目简介

（一）选题背景

以"传统节日"为主题的项目式学习活动，对三年级学生来说是一个全新的领域，怎样分工合作，如何查阅资料，解决问题，产出成果并展示成果等都是极大挑战。课标中小学第二学段要求学生掌握一定的日常生活劳动技能，烹饪与营养任务群中要求学生能使用简单的烹饪器具对食材进行切配，能简单地运用蒸、煮等烹饪方法。因此，学校围绕三年级语文"传统节日"综合性学习活动内容，组织学生开展劳动项目活动"粽"情端午。

（二）学情分析

经过三年学习，学生已初步了解项目式学习流程，能够自主进行探究学习，能通过沟通与合作来解决部分问题，具备初步的审美创造能力。随着天府新区教科院附小（含西区）"食育空间"的建成，三年级的学生通过第一学段食育课程洗菜和择菜、削水果皮、打鸡蛋的学习，已经掌握日常简单烹饪工具、器皿的使用方法和注意事项。学生也在学校或家庭中参与了简单的烹饪劳动,初步具有科学制作饮品的意识和能力,初步了解食物的营养价值和科学的使用方法。

二、项目目标

(1) 在项目式学习过程中,自主完成端午粽的制作。
(2) 熟知制作端午粽的流程和步骤。
(3) 选择和运用恰当的劳动技能解决项目式学习中存在的问题,具备完成一定劳动任务所需要的设计能力、操作能力、团队合作能力、解决真实问题的能力。
(4) 在理论学习与实践探究过程中认真负责、有始有终,主动遵守劳动纪律,养成勤俭节约的习惯和不怕困难的劳动精神。

三、项目过程

(一) 设计思路

本项目"粽"情端午——自主制作端午粽,融合语文、数学、美术课程,完成端午粽的制作。项目围绕立项组队、劳动筹备、项目实施、成果展示四个阶段,学生完成真实问题:自主完成端午粽的制作。以学习小组为单位,展开探究学习,最终向全校师生展示成果,汇报交流(如图1所示)。

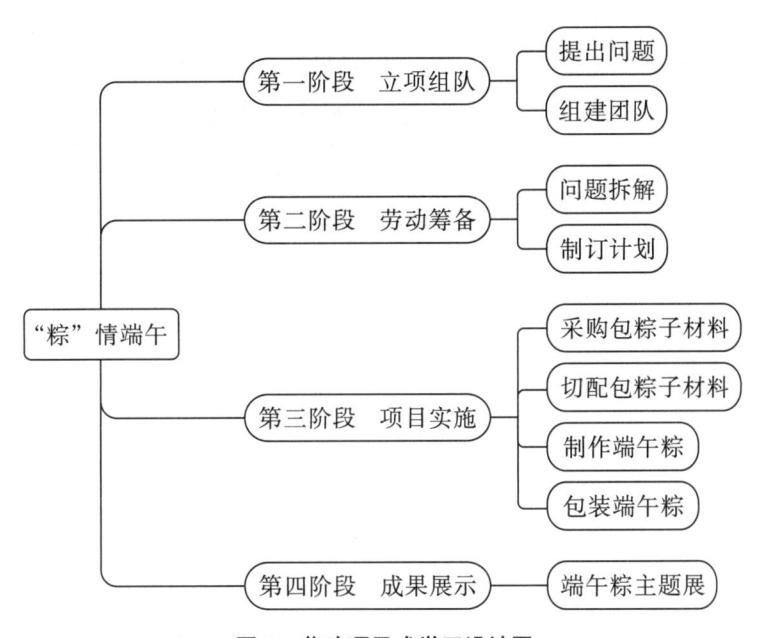

图1 劳动项目式学习设计图

具体的活动序列如下:
活动序列一:立项组队。根据学生日常生活经验与生活现状提出问题,学生围绕问题进行探究分组。

活动序列二：劳动筹备。学生对本小组研究问题进行拆解，制订详细的工作计划表，并列出资源需求。

活动序列三：项目实施。学生进行自主、探究学习：采购包粽子材料，切配包粽子材料，制作端午粽，包装端午粽。

活动序列四：成果展示。小组将阶段性成果进行整合梳理，进行"粽"情端午主题展。

（二）实施过程

【学生】三年级学生
【教师】三年级劳动教师、美术教师、语文教师、数学教师
【项目时间安排】2023年5月至2023年6月（共4周）
【项目实施过程】

第一阶段：立项组队（2023年5月第一周）

（1）提出问题。

随着时代变迁，今天人们吃的粽子大多是从商店、超市购买的，很少有家庭自己制作粽子。而过去家家户户都会自己包粽子，包粽子是传统文化之一。作为中华优秀文化传承人，学生如何自主制作端午粽，将这一美食文化传承下去成为该项目的核心问题。

关于学生喜欢的粽子口味，前期问卷调查结果有红豆粽、五花肉粽。根据项目开展人数要求，结合教学实际情况，教师与学生商定共制作50个端午粽。

【学生活动】

学生围绕"如何自主制作端午粽"这一核心问题，填写问题设计卡（见表1）。

表1 "如何自主制作端午粽"问题设计卡

端午节来临之际，你要自主制作端午粽，你认为要从哪些方面做准备？请你列出3～5条制作准备。		
核心问题：如何自主制作端午粽？		
分解核心问题	准备1	
	准备2	
	准备3	
	准备4	
	准备5	
判断准备事项是否有质量（请在方框内打"√"）	这些准备是否有现实意义？	□
	这些准备对同学们是否有挑战且可解决？	□
	这些准备同学们是否感兴趣？	□
你最感兴趣的准备事项		

【教师指南】

谈话导入，教师引导学生填写并分享"问题设计卡"，归纳概括并板书学生反馈次

数较多的准备事项。

(2) 组建团队。

【学生活动】

学生根据最感兴趣的准备事项自由分组，并填写团队分工表（见表2）。

表2 团队分工表

成员姓名	预期角色1	预期角色2	任务职责
团队协议			
内容	我们全体承诺，尊重并认真倾听他人的想法。 我们全体承诺，尽全力做好我们的探究。 我们全体承诺，按时完成我们的任务。 我们全体承诺，他人需要帮助时及时伸出援手。 我们全体承诺，＿＿＿＿＿＿＿＿＿＿＿＿（自行添加） 团队成员签名： 日期：		

【教师指南】

教师对角色进行定义和阐释，引导学生填写团队分工表。教师使用"角色竞选""多个志愿"的方式让学生公平竞争。其间鼓励学生充分发挥团结合作精神，完成小组任务。

【设计意图】

"问题设计卡"为学生的探究学习提供必要的支架，为学生解决问题提供更有价值的方向和引导，激发学生参与劳动探究的好奇心和积极性。学生根据自己的兴趣爱好选择需要担任的角色，培养学生责任担当意识，培育团结合作精神。

第二阶段：劳动筹备（2023年5月第二周）

(1) 问题拆解。

各学习小组对本组感兴趣的研究问题进行任务分解。

【学生活动】

学生在教师的指导下完成问题须知表（见表3）。

共享的力量
——区域推进劳动课程建设的创新实践

表3　小组问题须知表

待解决的问题	已经知道的内容	需要知道的问题

师：根据前面的分工，我们已经有了材料采购组、切配组、制作组、包装组四个小组。请每个小组根据任务完成问题须知表。

预设：5分钟时间填写，各小组分享。

材料组待解决的问题：自主制作端午粽需要哪些材料？材料组已经知道的内容：包粽子的材料有糯米、粽叶、肉、豆类等。需要知道的问题：为什么要有这些材料？制作50个粽子需要采购多少材料？在哪里进行采购？采购材料价格如何？

【教师指南】

教师帮助学生分析学习现状，思考本小组针对待解决问题、已经知道的内容，让每位学生明确自己的学习步骤。

师：同学们填好了表，就将抽象的问题变成了具体的问题，这样我们解决问题的逻辑就变得非常清晰了。

（2）制订计划。

各学习小组根据问题须知表商讨制订本组工作计划，并填写工作计划表（见表4）。

表4　小组工作计划表

主任务	主产品	子任务	子产品	课上/课下	所需课时	完成日期	负责人	资源需求
主任务1	主产品1	子任务1	子产品1					
		子任务2	子产品2					
		子任务3	子产品3					

【学生活动】

小组合作将主任务进行拆分，并列出子任务需要产出的产品。

师：同学们已经填完了工作计划表，请各小组代表分享。

预设：分别出示制作组工作计划表（见表5）、材料采购组工作计划表（见表6）、切配组工作计划表（见表7）、包装组工作计划表（见表8）。

表 5　制作组工作计划表

主任务	主产品	子任务	子产品	课上/课下	所需课时	完成日期	负责人	资源需求
学会制作粽子	包粽子制作指南	了解制作粽子所需要的烹饪工具	工具使用清单	课上	1课时	5月第二周	劳动教师、小C	讨论工具：白板
		了解蒸煮粽子的方法	步骤分解图	课上				
		确定包粽子步骤	思维导图	课下	1小时		小A	通过访谈、上网查阅等形式查找包粽子的资料
		明确操作中的安全注意事项	安全指南	课上	1课时		劳动教师、小B	讨论工具：白板

表 6　材料采购组工作计划表

主任务	主产品	子任务	子产品	课上/课下	所需课时	完成日期	负责人	资源需求
计划粽子所需材料	粽子材料采购清单	确定红豆粽所需材料	红豆粽材料清单	课上	1课时	5月第二周	小D、劳动教师	讨论工具：白板
		确定五花肉粽所需材料	五花肉粽材料清单	课上			小E、劳动教师	
		了解粽子材料价格	材料预算表	课下	2小时		小F、数学教师	家长

表 7　切配组工作计划表

主任务	主产品	子任务	子产品	课上/课下	所需课时	完成日期	负责人	资源需求
计划粽子材料切配	材料准备指南	确定红豆粽准备事项	红豆粽切配思维导图	课上	1课时	5月第二周	小G、劳动教师	讨论工具：白板
		确定五花肉粽准备事项	五花肉粽切配思维导图				小H、劳动教师	
		确定劳动工具	劳动工具清单				小I、劳动教师	食育空间
		明确操作中的安全注意事项	安全指南				小J、劳动教师	

表 8　包装组工作计划表

主任务	主产品	子任务	子产品	课上/课下	所需课时	完成日期	负责人	资源需求
计划粽子包装	粽子包装指南	确定包装盒设计	包装设计图	课上	1课时	5月第二周	小K、美术教师、语文教师	其他实物包装
		合理保存粽子	保存操作思维导图	课下	2小时		小L、劳动教师	保存食物的方法相关资料
计划粽子包装	粽子包装指南	确定包装材料采购计划	包装材料采购清单	课下	2小时	5月第二周	小M、数学教师	家长
		明确操作中的安全注意事项	安全指南	课上	1课时		小N、劳动教师	讨论工具：白板

【教师指南】

教师需考虑每一项子任务是在课上进行还是课下进行，根据项目的整体规划和学校的授课安排，确定每一项任务的完成日期。学生在完成计划表时，教师应给予学生相应的指导。

【设计意图】

本阶段通过问题拆解和制订计划两步，帮助学生完成劳动实践活动前准备工作。

第三阶段：项目实施（2023年5月第三周）

（1）采购包粽子材料。

【学生活动】

学生按照工作计划表得到的"粽子材料采购清单"（主产品）采购材料。

【教师指南】

数学教师指导学生在家长的陪同下完成采购任务。

（2）切配包粽子材料。

【学生活动】

学生按照工作计划表得到的"材料准备指南"（主产品）进行材料切配。

【教师指南】

劳动教师带领学生在食育空间进行劳动准备，指导学生对糯米、红豆、粽叶浸泡的把控和五花肉切配及腌制。教师全程提醒学生操作安全注意事项。

（3）制作端午粽。

【学生活动】

学生按照工作计划表得到的"包粽子制作指南"（主产品）制作端午粽。

【教师指南】

劳动教师指导学生包粽子的细节：粽子三角要立体，绳子要系紧等。提醒学生注意煮粽子的时间把控，全程提醒学生操作安全注意事项。

（4）包装端午粽。
【学生活动】
学生按照工作计划表得到的"包装制作指南"（主产品）购买包装材料及包装端午粽。
【教师指南】
语文教师指导学生了解端午粽文化，美术教师在文化知识的基础上指导学生进行外包装设计，劳动教师全程提醒学生包装安全注意事项。
【设计意图】
此阶段的设计主要是引导学生参与简单的日常生活劳动。学生通过自主制作端午粽，具备完成一定劳动任务所需要的设计能力、操作能力、团队合作能力。养成安全劳动、规范劳动的习惯。学生在包装设计中，对审美对象有感知、判断、评价与表达的能力，具有创新意识指导下的实践能力。

第四阶段：成果展示（2023年5月第4周）
端午粽主题展。
【学生活动】
将端午粽、包装样式、各小组子产品等作品在学校"六一课程嘉年华"活动中展出。每个学习小组派一名讲解员讲解学习制作过程。
【教师指南】
教师指导学生对展示台进行布展。教师对学生讲解内容、讲解风格、讲解材料准备进行指导。
【设计意图】
该阶段学校为学生提供展示平台，让学生体会劳动成就感和获得感，扩大项目的影响力，让更多的师生了解到自主制作粽子获得的劳动快乐，加深师生对项目价值与意义的认知。

四、评价设计

（一）表现性评价

利用小组工作计划表记录小组劳动任务的计划分工过程，可作为评价学生劳动学习与实践效果、劳动目标达成情况的依据。

各小组分享本组工作计划表后，小组之间使用TAG反馈性评价（如图2所示）表达自己友善且有价值的评价。

```
              TAG反馈性评价
        ┌──────────┼──────────┐
   T-tell：说说你喜欢   A-ask：问你想问   G-give：给出改进
   他们做的哪些部分      的问题            建议
```

图2　TAG反馈性评价

根据劳动课程内容和劳动素养要求设置"劳动任务评价表"（见表9），侧重学生卫生习惯、操作能力，以及自理、自立、自强意识等方面的评价。组长使用劳动任务评价表对组员开展评价。

表9 劳动任务评价表

小组类别	评价维度	评价标准 在下方打"√"		
		熟练掌握	基本掌握	未掌握
材料采购组	是否清楚所包粽子的制作材料			
	是否能合理规划并购买所需材料			
切配组	是否清楚所包粽子的材料如何准备			
	是否能按照指南正确切配材料			
制作组	是否能按照步骤正确包粽子			
	是否能运用烹饪器具煮粽子			
包装组	是否能设计一个既美观又有意义的粽子外包装			
	是否能考虑合理保存粽子			
	是否能合理规划并购买所需包装材料			
	是否能安全地进行粽子包装			

（二）综合性评价

利用劳动综合评价表（见表10）对学生进行综合性评价，反映学生劳动课程学习的水平和核心素养的阶段性达成情况，帮助学生了解自己劳动学习水平与实践状况。

表10 劳动综合评价表

评价小组：_____					
评价标准	自评	互评	师评	家长评	总星数
劳动观念：懂得"一分耕耘，一分收获的道理"，能够树立劳动最崇高、最美丽的观念	☆☆☆☆☆	☆☆☆☆☆	☆☆☆☆☆	☆☆☆☆☆	
劳动能力：能选择和运用恰当的劳动技能解决项目式学习中存在的问题	☆☆☆☆☆	☆☆☆☆☆	☆☆☆☆☆	☆☆☆☆☆	
劳动习惯和品质：有认真负责、有始有终，主动遵守劳动纪律、规范的习惯和品质	☆☆☆☆☆	☆☆☆☆☆	☆☆☆☆☆	☆☆☆☆☆	
劳动精神：具有勤俭节约、不怕困难的劳动精神	☆☆☆☆☆	☆☆☆☆☆	☆☆☆☆☆	☆☆☆☆☆	
填表说明：4~5颗星，表示完全达到；3~4颗星，表示基本达到；2~3颗星，表示部分达到；1颗星表示有待提高。					

五、项目反思

通过此次劳动项目活动，学生在动手实践中感受到自主制作端午粽所带来的文化自信。学生也在项目复盘中反思以下问题：

（1）分解核心问题不够全面，导致后续工作计划不够完善。

（2）在项目实施阶段，各小组人员安排不够有序，职责不明确，未按照计划时间完成劳动。

针对以上问题，也提出改进方法：

（1）引导学生充分地进行资料收集和调查，再进行核心问题分解。

（2）各小组应及时反馈项目实施进度，教师积极跟进，给学生提供必要帮助，及时纠正不科学的工作分配。

[执笔：教科院附小（含西区）　袁源、吕欢]

川味——辣椒文化
——大林小学劳动项目式学习案例

劳动类别/项目：生产劳动和生活劳动
年级/学段：小学全学段
课时计划：20课时

一、项目简介

（一）选题背景

《大中小学劳动教育指导纲要（试行）》指出，小学中高年级主要围绕校园劳动和家庭劳动为内容开展劳动教育。小学中高年级学生要学会制作简单的家庭餐。《义务教育劳动课程标准（2022年版）》指出，一至二年级学生参与简单的家庭烹饪，三至四年级学生能制作简单的日常饮食，五至六年级学生初步掌握基本的家庭饮食烹饪技法，制作简单的家常餐，具有食品安全意识。《成都市大中小学劳动教育项目清单（试行）》在小学阶段的日常生活劳动版块设置了"烹饪与营养"任务群，并列举了"参与四季劳作"劳动项目，以指导学生了解"二十四节气"的科学知识及传统农业文化，参与时令作物的种植、养护、收获等。

成都地处四川盆地，气候湿热，湿气重，吃辣椒有利于除湿暖胃。辣椒作为川菜的必备配料，发挥着重要的作用。由于生活水平提高，现代经济社会环境等多方面因素，在劳动实践过程中，家长和教师发现现在的学生只对辣椒及以辣椒为配料做出的川菜如火锅、串串香、麻婆豆腐等美食比较感兴趣，但对辣椒文化不了解，且对相关劳动技能不熟悉。甚至有个别学生对家庭饮食烹饪还有一些畏惧，不敢烹饪，不想烹饪。学校作为成都市劳动教育试点校，现有劳动教育三大实践基地，包括蔬菜种植基地、果园种植基地和烹饪实践基地。为了学生在劳动实践基地中更好地学习家庭饮食的烹饪知识和技能，学校劳动项目组根据春耕时节特点，设计了以"川味——辣椒文化"为主题的劳动项目实践活动。

（二）学情分析

从中段年级开始，学生已经有简单种植的劳动经验。通过之前烹饪主题课程的学习，中、高年级绝大部分学生已经掌握了简单的烹饪方法，能够独立完成简单的烹饪食物，如煮鸡蛋、水饺，蒸红薯，做青团，煮面条等。在进入高年级的学习生活之际，五年级学生对所学烹饪技术有了一定的提升运用。但是在劳动过程中，大部分学生对烹饪食物的方法掌握不熟练，没有树立牢固的劳动观念，也没养成良好的劳动习惯，甚至个别学生不敢烹饪，不想烹饪。

二、项目目标

在烹饪劳动实践中，学生进一步认识到日常饮食烹饪离不开劳动，知道人人都要劳动的道理；积极主动参与班级劳动活动，初步体会劳动对日常生活的重要性；懂得劳动创造美好生活的道理，牢固树立劳动最光荣、劳动最崇高、劳动最伟大、劳动最美丽的观念。

在完成川菜烹饪的劳动过程中，学生能初步掌握川菜烹饪知识和技能，正确使用常见劳动烹饪工具；能在劳动实践中增强体力，提高智力和创造力，具备完成川菜烹饪所需要的操作能力和团队合作能力。

学生能在劳动过程中养成安全劳动、规范劳动、有始有终的劳动习惯和吃苦耐劳、团结合作、珍惜劳动成果的劳动品质。

在川菜烹饪的过程中，学生能体会到劳动需要出力出汗，劳动需要不怕脏、不怕累的劳动精神，领会"劳动是一切幸福的源泉""幸福是奋斗出来的"内涵与意义，继承中华民族勤俭节约的优良传统。

三、项目过程

（一）设计思路

项目包括三个序列活动，分别是文化探究、劳动体验、文化艺术展示。具体的活动序列如下：

活动序列一：文化探究。学生根据自身学段特点，确定各学段探究辣椒内容，设计辣椒文化探究单。教师引导学生在课后进行收集整理，完成对辣椒文化探究。

活动序列二：劳动体验。在劳动课中，学生种植、养护和采摘辣椒。在劳动过程中，学生观察辣椒的生长过程，学习用辣椒烹饪川菜。学生在课中学习烹饪方法，在课后进行烹饪练习，最后在全校进行烹饪展示汇报。

活动序列三：文化艺术展示。在观察辣椒的生长过程中，学生完成辣椒绘画和辣椒自然笔记，并制作与辣椒有关的黏土手工艺品。最后学生参加辣椒文化展示活动。

"川味——辣椒文化"设计思路如图1所示。

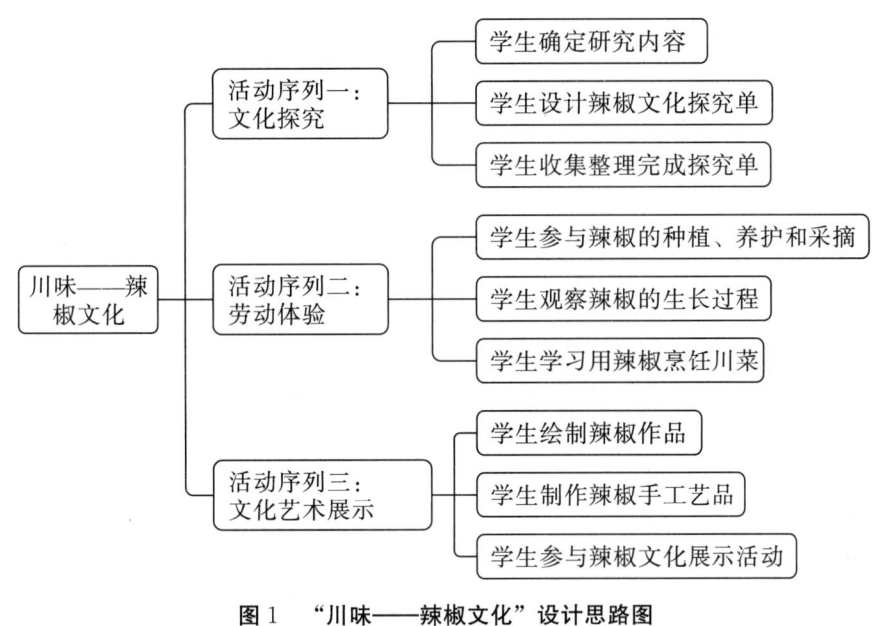

```
川味——辣椒文化
├── 活动序列一：文化探究
│   ├── 学生确定研究内容
│   ├── 学生设计辣椒文化探究单
│   └── 学生收集整理完成探究单
├── 活动序列二：劳动体验
│   ├── 学生参与辣椒的种植、养护和采摘
│   ├── 学生观察辣椒的生长过程
│   └── 学生学习用辣椒烹饪川菜
└── 活动序列三：文化艺术展示
    ├── 学生绘制辣椒作品
    ├── 学生制作辣椒手工艺品
    └── 学生参与辣椒文化展示活动
```

图1　"川味——辣椒文化"设计思路图

（二）实施过程

第一阶段：辣椒文化探究（2023年3月）

项目任务一：学生根据自身年龄特点，确定探究辣椒内容（见表1）。

表1　不同学段学生探究辣椒内容研究表

探究对象	探究原因	探究内容	探究主题
低段学生	低段学生由于对辣椒文化不了解，生活中只知道辣椒的品种，再加上低年级学生在填写方面有一定的困难，所以低段学生探究内容主要以绘画的形式记录辣椒的种类	辣椒种类	我眼中的辣椒
中段学生	中段学生已有一定的语言组织和表达能力，能对辣椒文化进行文字宣传，所以中段学生以语言形式宣传辣椒文化	辣椒宣传	我为辣椒代言
高段学生	高段学生在信息搜集方面已掌握一些方法，并对简单烹饪有一定的劳动经验，所以高段学生以查阅信息、劳动实践和劳动体会为探究内容	辣椒烹饪	我用辣椒做道菜

项目任务二：学生设计每个学段的辣椒文化探究单。学生根据讨论的探究内容，在教师的协助下分别设计出三个阶段学生的辣椒文化探究单（见表2）。

表 2　辣椒文化探究单

项目名称：我用辣椒做道菜

班级：_____　　　姓名_____

菜名	需要准备的食材	做菜步骤	劳动体会
图片			

项目任务三：学生回家填写辣椒文化探究单。学生利用网络工具和相关书籍进行搜索、查阅及整理，在家长协助下，完成辣椒文化探究单的填写任务。

【学生活动】

学生围绕辣椒讨论需要探究的内容，并设计出辣椒文化探究单，完成填写任务。

【教师指南】

教师根据低、中、高三个阶段学生特点，引导学生围绕辣椒讨论需要研究的内容，并鼓励学生自己设计辣椒文化探究单（低段学生需要在教师的协助下完成探究单的设计），完成探究单的初步填写任务。

【设计意图】

此阶段旨在确定辣椒文化的研究内容，通过学生自主讨论、设计，激发学生参与劳动项目活动的积极性。

第二阶段：劳动体验（2023 年 3 月至 6 月）

项目任务一：中、高段学生参与辣椒的种植、养护和采摘。

【学生活动】

中、高段的学生在劳动教师的带领下，在学校劳动基地种植、养护和采摘辣椒（见表3）。

表 3　辣椒养护安排表

活动时间	活动内容
3 月	学生在每周的劳动课中到班级种植基地进行除草耕地，理出排水沟，培土做成垄
4 月	学生分组对辣椒苗进行移栽。移栽后，利用劳动实践课，对辣椒苗进行水肥管理和调整植株
6 月	学生对结出的辣椒进行采摘

【教师指南】

辣椒种植与养护教师指导内容见表4。

表 4　辣椒种植与养护教师指导内容

指导时间	指导内容
3月	教师指导学生在基地进行辣椒秧苗土壤的准备，劳动教师带领中、高年级的学生利用生产工具如镰刀和锄头，整理土地、除草翻地、培土成垄
4月	教师指导学生选择天晴时移栽秧苗，先进行挖穴，穴距大概26厘米，每穴定植3株辣椒苗，随栽随浇水。移栽后，教师指导学生进行养护，如水肥管理、调整植株等。在辣椒开花坐果前，教师指导学生每隔3~4天浇水1次，保持土壤湿润。待坐果后，教师指导学生及时排水防涝，防止烂果。当辣椒花开放或果长1~2厘米时，教师指导学生将无效枝、无效花蕾等摘除，以减少养分消耗，这样可促进其他侧枝的生长
6月	教师指导学生采摘辣椒，即摘辣椒要顺着辣椒生长的方向摘。如果辣椒是垂下去的，教师提醒学生从下往上掰。为了不把枝条折断，教师还需提醒学生用一只手托扶着枝条，这样不仅摘起来快，而且还不会伤害到辣椒树

项目任务二：低段学生观察辣椒的生长过程。

【学生活动】

在美术课上，低年级学生到种植基地观察辣椒的生长变化，用绘画写生的方式记录。

【教师指南】

5月，美术教师利用课堂时间，结合美术课《长呀长》的教学设计，带领学生到种植基地观察辣椒的茎、叶、花和辣椒，指导学生用绘画写生的方式记录辣椒生长过程。在观察教学时，教师引导学生有序观察，重点从叶子的形状、朝向和颜色，对学生的绘画写生进行一一指导。再利用基地辣椒的照片，对学生的写生作品进行二次指导。

项目任务三：高段学生学习用辣椒烹饪川菜。

【学生活动】

6月，高段学生在劳动课堂中学习烹饪川菜的方法，回家后，在家长的协助和指导下，完成辣椒川菜的烹饪练习，并完成辣椒文化探究单后面部分的填写任务。最后在学校野炊实践基地进行"舌尖上的辣椒"川菜烹饪展示汇报。

【教师指南】

劳动教师在劳动课中播放用辣椒烹饪川菜的小视频，引导学生了解川菜烹饪的基本流程。从不同川菜的烹饪视频中，引导学生交流发现川菜烹饪的基本方法，鼓励学生回家参与辣椒川菜的烹饪劳动实践练习，继续完成劳动学科探究单的填写任务。

在学校劳动实践基地，教师带领学生进行全校劳动实践展示，并邀请参观教师作为大众评委在品尝辣椒川菜后为每组的川菜进行点赞评价。

【设计意图】

此阶段的设计旨在引导学生参与简单的生产劳动和家庭生活劳动。通过学生亲身劳动实践，引导学生珍惜劳动成果，体会劳动过程中不怕累、不怕苦的精神。

第三阶段：辣椒文化艺术展示（2023年6月）

项目任务一：学生绘制辣椒自然笔记。

【学生活动】

高年级学生在美术课上对观察到的辣椒生长过程进行美术创作，形成辣椒自然笔记。

【教师指南】

在美术课堂中，美术学科教师指导学生完成一幅关于辣椒的自然笔记作品。教师先为学生介绍自然笔记是什么，再介绍自然笔记的五个内容，即关注五个要素：时间、地点、天气、穿插到的内容（图画）、自己的发现和感悟（文字）。之后，教师利用PPT，为学生呈现几幅完成较好的自然笔记作品，再指导学生明确自然笔记的评价标准。接着鼓励学生分享在观察辣椒生长过程中的发现和感受。最后教师在学生创作辣椒自然笔记的过程中进行个别指导。

项目任务二：学生制作辣椒手工艺品。

【学生活动】

学生在美术课上，对观察到的辣椒进行工艺创作，利用超轻黏土进行辣椒形态的塑形。

【教师指南】

美术教师在课堂上指导学生用超轻黏土制作辣椒手工艺品。首先，教师引导学生欣赏一些用超轻黏土制作的手工艺品，激发学生制作兴趣。其次，介绍超轻黏土特性、用途及制作过程中的注意事项。最后，引导学生回忆自己在种植基地和生活中观察到的辣椒形态，加上自己丰富的想象，创作出心目中的可爱辣椒。

项目任务三：学生参加"川味——辣椒文化"宣传展示活动。

【学生活动】

中、高年级的学生先回顾此次以辣椒为主题的劳动项目实践活动中的过程及参与劳动的体会感悟，形成自己的展示演讲内容。并在班级中以小组为单位进行"川味——辣椒文化"劳动实践活动的展示，在年级中推荐一组同学代表学校参加"川味——辣椒文化"的劳动实践的宣传展示活动。

【教师指南】

劳动学科教师组织学生回顾参与以"辣椒"为主题的劳动项目实践活动过程以及在参与中的点滴感悟，引导学生对项目活动的三个阶段内容进行总结反思，形成自己的汇报展示文稿，并在班级内进行初级比赛，推荐优胜小组代表参加学校展示复赛。在教师的指导下，该组代表学校参加"川味——辣椒文化"的劳动实践的宣传展示活动。

【设计意图】

此阶段的设计旨在引导学生，将劳动与艺术相融合，提高学生的劳动技能和审美能力。同时，引导学生体会劳动创造美好生活的道理。

四、评价设计

（一）表现性评价

在学生参与劳动实践的过程中，我们对学生各个阶段的实践活动进行表现性评价。

例如，在第二阶段的"舌尖上的辣椒"川菜烹饪的劳动实践中，我们采用了"四维"发展评价表来评价学生参与劳动后的表现，以打星星为评价方式，学生自己、教师和家长为多元评价主体（见表5）。

表5 "四维"发展评价表

评估项	观测要素	自我评价	同学评价	教师评价	总星
劳动观念	是否认识到我们的饮食烹饪离不开劳动，是否知道人人都要劳动的道理，你会主动参与班级劳动活动				
劳动能力	是否掌握川菜烹饪知识、基本步骤与操作方法，能否正确使用常见劳动烹饪工具				
劳动习惯和品质	能否做到不浪费粮食，懂得珍惜劳动成果				
劳动精神	川菜烹饪的劳动过程中是否体会出劳动需要出力出汗，劳动需要不怕脏、不怕累的劳动精神				
整体评价与发展建议（综合性评语）					
备注	每项1~5星，最低1星，最高5星，打整数星				

在烹饪川菜的展示活动中，我们以参观的教师作为大众评委，在亲自品尝学生的川菜后，以点赞的方式对本阶段的展示活动进行评价。大众评委教师将根据"川菜烹饪小达人"和"最佳合作小组"的评价标准为每个川菜烹饪组点赞，点赞量最多的小组和个人获得荣誉称号（见表6）。

表6 辣椒川菜烹饪小达人评选表

点赞标准	点赞量
烹饪过程动作熟练，流程清晰	1个赞（ ）2个赞（ ）3个赞（ ）4个赞（ ）5个赞（ ）
安全完成整个烹饪流程	1个赞（ ）2个赞（ ）3个赞（ ）4个赞（ ）5个赞（ ）
烹饪的川菜菜品味美色佳	1个赞（ ）2个赞（ ）3个赞（ ）4个赞（ ）5个赞（ ）

（二）综合性评价

在整个劳动项目实践活动中，学生积极参与劳动实践。在每个项目阶段结束后，学生的表现性评价方式以学生自我评价、同学评价、教师评价、家长评价为主，最后形成综合性评定。评价维度从学生劳动实践中表现出来的劳动观念、劳动能力、劳动习惯和品质、劳动精神这四个方面进行评价。当学生完成整个劳动项目的时候，参与的教师、同学和家长为学生评星（见表7）。

表7 学生劳动教育综合评价表

班级：　　　　　　姓名：　　　　　　日期：

评价指标	自我评价	同学评价	老师评价	家长评价	分项综合性	综合评定
劳动观念	☆☆☆☆☆	☆☆☆☆☆	☆☆☆☆☆	☆☆☆☆☆	优秀（　） 良好（　） 合格（　）	劳动小博士（　） 劳动小明星（　） 劳动合格生（　）
劳动能力	☆☆☆☆☆	☆☆☆☆☆	☆☆☆☆☆	☆☆☆☆☆	优秀（　） 良好（　） 合格（　）	
劳动精神	☆☆☆☆☆	☆☆☆☆☆	☆☆☆☆☆	☆☆☆☆☆	优秀（　） 良好（　） 合格（　）	
劳动习惯品质	☆☆☆☆☆	☆☆☆☆☆	☆☆☆☆☆	☆☆☆☆☆	优秀（　） 良好（　） 合格（　）	

评价标准：
1. 劳动观念：尊重劳动，尊重普通劳动者，树立劳动最光荣、劳动最崇高、劳动最伟大、劳动最美丽的思想观念
2. 劳动能力：掌握基本的劳动知识和技能，正确使用常见劳动工具，增强体力、智力和创造力，具备一定的操作能力和团队合作能力
3. 劳动精神：继承中华民族勤俭节约、敬业奉献的优良传统
4. 劳动习惯：自觉自愿、坚持不懈地参与劳动，形成诚实守信、吃苦耐劳的品质。珍惜劳动成果，杜绝浪费

五、项目反思

（一）对项目方案设计的反思

此次劳动项目方案设计充分按照学生身心发展规律，在了解学生学情的基础上设计，设计合理。但在设计学校低段学生的项目活动时，由于低段学生年龄特点，低段学生参加的项目活动相对较少。

（二）对项目活动实施的反思

在此次劳动项目活动的实施过程中，大部分学生都能完成三个阶段的项目任务，但是，基于个别学生的客观原因，有少部分学生没有及时完成项目任务。比如，在辣椒文化探究阶段，由于个别学生家庭没有网络设备，劳动学科探究单填写不完整；在劳动实践阶段，个别学生由于家长不在家，对辣椒川菜的烹饪未认真练习。

（三）对项目活动中学生成长的反思

通过劳动项目活动的参与，学生进一步了解辣椒背后的文化及川菜烹饪的相关知识。在劳动实践过程中，学生基本掌握了辣椒种植的方法和烹饪辣椒川菜的劳动技能。

在辣椒文化艺术展示中，学生将劳动成果与美术相联系，实现劳动与艺术、劳动与审美的有机融合，充分感受劳动带来的美好。

（执笔：大林小学　李远勤）

第二节　农业生产任务群项目式学习案例

春分——给春天的一封信
——元音小学劳动项目式学习案例

劳动类别/任务群：日常生活劳动/烹饪与营养、生产劳动/传统工艺制作
学段/年段：第二学段/三年级
课时：6 课时

一、项目简介

（一）项目活动背景

1. 二十四节气蕴含丰富的劳动教育价值

《义务教育劳动课程标准（2022 年版）》指出，要注重从时令特点出发，选择农业生产劳动内容，要注重选择体现中华优秀传统文化的内容；要将劳动内容与当地的传统文化相联系，让劳动教育成为激发学生学习中华优秀传统文化、树立民族自豪感的重要渠道。二十四节气作为中华文化的优秀传统，其本身蕴含着丰富的劳动教育价值。二十四节气不仅蕴含着节气观察、节气劳动、节气物候、节气创造等劳动知识、技能，更是古人智慧的结晶。以二十四节气作为劳动教育的载体，不仅可以丰富学生的劳动知识，锻炼学生的劳动技能，更能激发学生对劳动的热爱，树立劳动最光荣、劳动最美丽、劳动最高尚的正确价值观。

2. 二十四节气蕴含系统的劳动课程资源

劳动教育要在教育和生产劳动两个独立系统的基础上，通过现代科学将二者结合在一起，共同致力于培养全面发展的人。二十四节气作为古人农业生产的刻度，围绕二十四节气形成的丰富农候经历，至今仍在农业生产中发挥着重要作用。随着节气而诞生的劳动仪式、饮食养生、节气文创等内容，体现着中国人对美好生活的追求，从节气观察，到节气劳动、节气食育、节气文创等创造性问题解决，是一个以节气为项目，系统完整的过程，为学生劳动教育提供了丰富的课程内容。

3. 二十四节气是以劳动为核心、"五育"融合的典型

《义务教育劳动课程标准（2022 年版）》指出，项目开发既要关注劳动知识和劳动技能的学习，更要关注劳动价值的引领、劳动精神的培育。要引导学生从现实生活中的

实际劳动需求出发，筹划设计劳动方案，综合运用所学知识和技能解决问题，在完整、真实、综合的实践过程中，激发学生的主动性和创造性。二十四节气作为中国古代人民智慧的结晶，以生产劳动为核心，包含节气观察、劳动实践、节气食育、节气文创等教育元素，体现了中国人创造性解决问题的智慧，是"五育"融合的典型。

4. 以二十四节气劳动教育项目为载体，有利于实现"五育"融合

劳动项目是落实劳动课程内容及其教育价值，体现劳动实践性特征，推动学生"做中学、学中做"的重要实施载体。以节气劳动作为载体，通过节气劳动教育各项目的学习，学生充分经历项目学习的过程，在项目过程中，学习劳动知识，掌握劳动技能，发展劳动素养，形成劳动价值观，在问题解决和项目学习中实现"五育"融合。

（二）项目学情分析

"节气劳动教育"课程是学校的特色劳动教育课程，一、二年级学生在每个节气来临之际都会进行节气课程学习。在科学课上学生已经学习了常见动植物的观测方法；在美术课上已经学习了简单的手工艺品的制作方法，具备初步的审美能力，有了安全使用劳动工具的意识和规范；在劳动课上或在家中已经有了烹饪简单菜肴的实际经验；在语文拓展课上已经开始学习如何创作一首儿童诗歌。

在此基础上，三年级的学生已具备实施完整节气劳动教育课程的基础，学生在节气教育里浸润了两年，对节气教育实践充满着浓厚兴趣和探索欲望。当然学生期望二十四节气教育给他们带来新的体验，劳动教育与节气教育的结合就成为学生的新选择，学生在节气劳动教育课程中体会到了传统文化在现代社会的活态传承，同时也在节气劳动教育课程中通过劳动实践获得了劳动知识、技能，逐步形成正确的劳动价值观和良好的劳动习惯。

二、项目目标

通过春分节气劳动项目式学习课程的开发和实施，学生能初步形成主动服务、劳动创造财富的观念，理解普通劳动者的光荣和伟大，形成主动服务他人、热爱自然的劳动品质。

学生学习制作春分节气笔记，逐步提升记录观测结果的能力。学生参与简单的节气文创产品制作劳动和农业生产劳动，初步掌握简单的手工技能，会使用简单的工具。学生能完成简单的节气食育等劳动任务，初步掌握基础知识、基本步骤与操作方法。

学生在春分节气劳动课程实践中，遵守劳动纪律和安全规范；体悟劳动成果的来之不易，珍惜劳动成果，逐步形成认真负责、有始有终的劳动习惯和品质。

通过春分节气劳动课程项目实践，学生逐步形成坚持不懈、积极探索和追求创新的精神。

三、项目过程

(一) 设计依据

1. 小学"节气劳动教育"课程项目框架

小学"节气劳动教育"课程项目框架如图1所示。

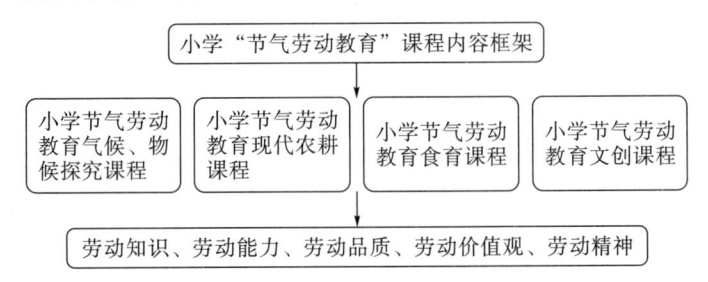

```
小学"节气劳动教育"课程内容框架
├── 小学节气劳动教育气候、物候探究课程
├── 小学节气劳动教育现代农耕课程
├── 小学节气劳动教育食育课程
└── 小学节气劳动教育文创课程
        ↓
劳动知识、劳动能力、劳动品质、劳动价值观、劳动精神
```

图1 小学"节气劳动教育"课程项目框架图

2. 春分节气劳动教育课程项目框架

春分节气劳动教育课程项目框架如图2所示。

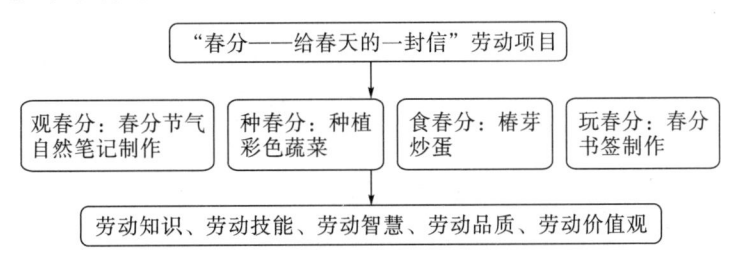

```
"春分——给春天的一封信"劳动项目
├── 观春分:春分节气自然笔记制作
├── 种春分:种植彩色蔬菜
├── 食春分:椿芽炒蛋
└── 玩春分:春分书签制作
        ↓
劳动知识、劳动技能、劳动智慧、劳动品质、劳动价值观
```

图2 春分节气劳动教育课程项目框架图

(二) 设计思路 (如图3所示)

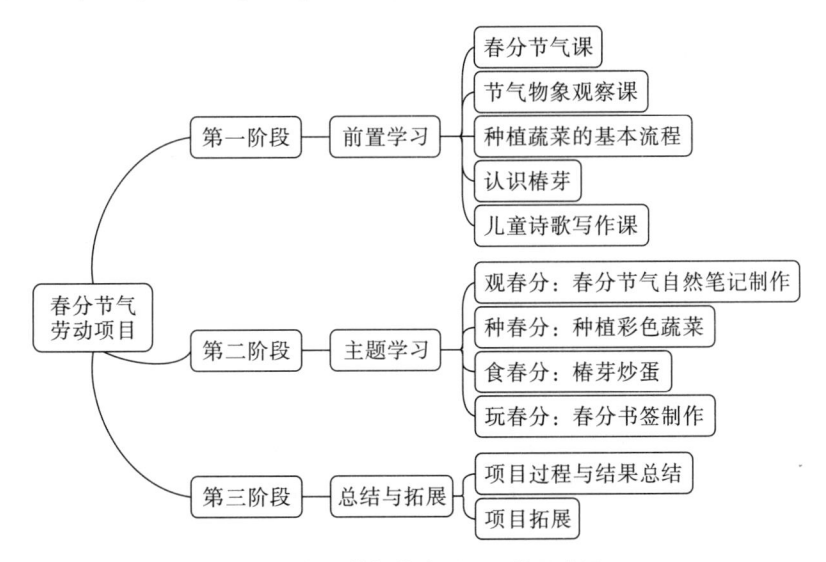

```
春分节气劳动项目
├── 第一阶段 —— 前置学习
│       ├── 春分节气课
│       ├── 节气物象观察课
│       ├── 种植蔬菜的基本流程
│       ├── 认识椿芽
│       └── 儿童诗歌写作课
├── 第二阶段 —— 主题学习
│       ├── 观春分:春分节气自然笔记制作
│       ├── 种春分:种植彩色蔬菜
│       ├── 食春分:椿芽炒蛋
│       └── 玩春分:春分书签制作
└── 第三阶段 —— 总结与拓展
        ├── 项目过程与结果总结
        └── 项目拓展
```

图3 春分节气劳动项目设计思路图

春分节气劳动项目实施过程共分三个阶段：

第一阶段前置学习，包含上一节二十四节气课"春分"，让学生对春分这个节气有充分的了解；学习观察春分节气物象的方法，让学生在具体方法的指导下完成自然笔记；了解种植蔬菜的基本流程，激起学生对种植彩色蔬菜的兴趣，也为种植实践打基础；认识椿芽，为烹饪椿芽打基础；儿童诗歌写作教学，学生习得写儿童诗歌的方法，便于在制作节气文创的时候诗图结合，制作出既具有劳动教育特点又具有文化特点的文创产品。

第二阶段主题学习，包含观春分：春分节气自然笔记制作；种春分：种植彩色蔬菜；食春分：椿芽炒蛋；玩春分：春分书签制作。

第三阶段总结与拓展，包含对学生的劳动学习过程、劳动学习结果进行反思评价，为以后的节气劳动教育学习提供借鉴和完善基础；通过春分节气劳动教育的闭环学习，在学生的学习中建立起相关节气劳动教育的模式，并逐步迁移到其他节气劳动教育中，实现思维方法的迁移。

（三）实施过程

1. 春分节气自然笔记制作具体的活动序列

活动序列一：通过前置课程学习，小组合作总结自然笔记的制作方法。

活动序列二：选择一种春分节气里的物象进行观测。

活动序列三：记录观测物象的特征。

活动序列四：查资料了解更多关于物象的知识，并记录下来。

活动序列五：小组合作制作一份自然笔记。

活动序列六：复盘及评价子项目，总结经验和不足。

活动序列七：总结绘制春分节气自然笔记的方法，构思清明节气的节气自然笔记。

2. 春分节气彩色蔬菜种植具体的活动序列

活动序列一：网络查询彩色蔬菜适合生长的环境。

活动序列二：观看农科院专家进行种植前准备。

活动序列三：小组合作测试土壤酸碱度。

活动序列四：通过前置性学习，了解并记录蔬菜种植步骤。

活动序列五：小组合作种植彩色蔬菜。

活动序列六：复盘及评价子项目，总结经验和不足。

活动序列七：请你用种植彩色蔬菜的方法实践其他蔬菜的种植。

3. 春分节气制作椿芽炒蛋具体的活动序列

活动序列一：班级分享对椿芽的认识。

活动序列二：观看制作椿芽炒蛋的视频。

活动序列三：记录制作椿芽炒蛋需要的原材料和工具，交流注意事项。

活动序列四：班级交流并记录椿芽炒蛋的步骤。

活动序列五：小组合作实践制作椿芽炒蛋。

活动序列六：复盘及评价子项目，总结经验和不足。

活动序列七：请小组设计一个不同的椿芽菜肴的制作流程。

4. 春分节气书签制作具体的活动序列

活动序列一：班级讨论创作儿童诗歌的经验。

活动序列二：学生尝试创作一首关于春分节气的儿童诗。

活动序列三：绘制节气书签物象图。

活动序列四：合理安排诗作和绘画的排版。

活动序列五：制作春分节气书签。

活动序列六：复盘及评价子项目，总结经验和不足。

活动序列七：采用书签制作方法，小组合作设计一个不同的文创产品流程。

5. 春分节气劳动项目拓展具体的活动序列

活动序列一：小组合作，总结出探索春分节气劳动项目的过程。

活动序列二：小组合作，构想下一个节气"清明"的劳动项目实践流程。

（四）具体内容

【学生】

观春分——学生学习制作春分节气笔记。

种春分——学生学习如何种植彩色蔬菜。

食春分——学生学习制作春分节气美食：椿芽炒蛋。

玩春分——学生学习制作春分节气特色的文创实体：节气书签。

【教师】

（1）教学春分节气认知课。

（2）制作春分节气劳动项目实践手册。

【项目时间安排】

本项目历时 2 周。

【项目实施过程】

第一阶段　观春分

活动内容：春分节气自然笔记制作。

【学生活动】

以小组合作的方式，总结自然笔记的制作方法，选择一种观测物象，制作一份自然笔记，构思清明节气的自然笔记。

【教师指南】

引导学生总结提炼自然笔记的制作方法，协助学生选定一种合适的观测物象，培养学生建立反思与重构的意识。

【设计意图】

自然笔记是一种通过手绘图文的记录方式来呈现学生在科学探索过程中的收获与发现，把这种传统又经典的教育方式布局在整个项目的开篇，能够很好地将人与自然连接在一起，为劳动教育活动的开展做好铺垫。同时，自然笔记并不是单纯的图文拼凑，抄写百科或书本内容。它需要学生调动自己的五感、观察、体验、测量和各种综合技能来进行真实客观的记录，呈现他们在劳动过程中的收获与发现。

第二阶段　种春分

活动内容：种植彩色蔬菜。

【学生活动】

种植前的准备工作（调查彩色蔬菜适合生长的环境，统计种植需要使用到的工具材料和场地等条件）。

【教师指南】

指导学生如何快速有效地收集相关材料，学习了解相关知识。

【学生活动】

了解并记录蔬菜种植步骤，小组合作完成一种彩色蔬菜的种植；总结和反思劳动活动中出现的问题、原因及解决方案。

【教师指南】

协助学生梳理彩色蔬菜正确的种植过程，引导总结和反思本次活动中的团队表现。

【学生活动】

探究其他蔬菜的种植方法。

【教师指南】

为学生创设情境，自主探究更多其他蔬菜的种植方法。

【设计意图】

种植活动具有综合性和多样性，对学生的劳动教育有着重要的意义和价值。此活动的设计不仅增进了学生对于植物的了解，对大自然的亲近，同时劳动实践活动能够帮助学生在数量、测量、空间、协作、规划、表现、审美等方面全面发展，从选种、栽培、管理、收获中获得书本以外的知识与技能。劳动的过程不可能一帆风顺，这样的实践活动可帮助学生建立起不怕困难、勤于探索的劳动精神，最终达成劳动教育的育人价值。

第三阶段　食春分

活动内容：制作椿芽炒蛋。

【学生活动】

分享对椿芽的认识，观看制作椿芽炒蛋的视频。

【教师指南】

指导学生如何快速有效地收集相关资料，学习了解相关知识。

【学生活动】

总结提炼制作椿芽炒蛋需要的原材料和工具，交流注意事项，梳理制作流程。

【教师指南】

提醒学生关注劳动过程中的重要节点，做好记录。

【学生活动】

炒制椿芽炒蛋，总结反思不足并设计一个不同的椿芽菜肴的制作流程。

【教师指南】

引导学生总结和反思本次活动中的团队表现。引导学生在活动中具备逻辑性、科学性和实践性，自主设计新式菜肴。

【设计意图】

烹饪活动的设计符合当下许多双职工家庭的实际需求，让学生增强自身的生存技能和独立意识。除了可以帮助学生将知识和生活实际相结合，落实学生的劳育培养，还能让学生体会到家长的不易，有利于稳定亲子关系，培养在家劳动的良好习惯和以劳为荣的正确理念，营造良好的社会风气。

第四阶段 玩春分

活动内容：制作春分节气书签。

【学生活动】

分享创作儿童诗歌的经验，小组合作创作一首有关春分的儿童诗歌。

【教师指南】

引导学生回顾和创作。

【学生活动】

制作春分节气书签（选定和绘制物象插图，合理设计和布局书签版面，制作春分节气书签）。

【教师指南】

协助学生选定与所创诗歌关系紧密的物象并合理绘制。

【学生活动】

复盘及评价。

【教师指南】

引导学生总结和反思本次活动中的团队表现。教师以鼓励和中肯的评价方式对学生的劳动活动表示赞美，促进学生的劳动积极性。

【设计意图】

节气书签制作活动对于学生的劳育、美育、智育都有着深远的意义。文创产品的设计需要学生把智慧、技能和天赋创造性地结合在一起，借助现代科技手段对我们传统的文化进行创造与提升，使它们的结合在新时代再次焕发光彩。活动的设计中融入美术、科学、人文等知识与技术，让学生在劳动的过程中习得、获得、悟得其价值和意义所在。

第五阶段 收获与拓展

（1）活动序列收获（见表1）。

表1 各活动阶段序列及收获表

活动阶段	活动序列	学生收获
第一阶段	前置学习	对春分节气有充分的认知，掌握对动植物的观察方法，知道种植蔬菜一般流程，对椿芽有初步的认识，掌握儿童诗歌的写作方法

续表

活动阶段	活动序列	学生收获
第二阶段	观春分	掌握制作节气自然笔记的方法
	种春分	掌握种植彩色蔬菜的方法
	食春分	掌握椿芽炒蛋的制作方法
	玩春分	掌握制作节气书签的方法
第三阶段	总结与拓展	明晰整个项目实施的流程，并反思优势与不足，为下个节气劳动项目的实施迁移打基础

（2）整个项目收获。

【学生收获】

收获一：在"观春分"中学习自然知识，感悟古人之慧；在"种春分"中习得种植技术，体会劳动之勤；在"食春分"中提高生存能力，品尝劳动之味；在"玩春分"中守正创新，让传统文化再创生机。

收获二："生活即教育"——成为家庭、学校和社会的共建者，培养劳动责任感，获得劳动成就感。

"劳动与生活相结合"——生活离不开劳动，劳动源于生活，把劳动习惯融入生活日常，让劳动成为生活的调色板，让生活因为劳动的丰富形式和种类而变得多姿多彩。

"劳动改变世界"——热爱劳动，勤于劳动，做最美的劳动人。

（3）项目拓展。

【学生活动】

小组合作，总结出探索春分节气劳动项目的过程。

【教师指南】

引导学生绘制春分节气劳动项目实施流程图。

【学生活动】

小组合作，构想下一个节气"清明"的劳动项目实践流程。

【教师指南】

任务驱动学生设计清明节气劳动探索流程。

【设计意图】

此阶段是项目实施的必要阶段，学生通过总结自己的优势与不足，优化下一个节气劳动项目的实践，并迁移当前节气劳动项目的探索方式。

四、评价设计

(一) 过程评价（见表2）

表2 评价说明表

评价实施的主要环节	评价的主要内容	实施评价的主要方式与实施办法	评价工具
在本项目阶段活动中	学：我能自主查阅资料完成前置学习任务	小组成员互相交流	评价量表见各活动量表
	问：我能积极主动针对项目提出自己的看法、意见或建议	小组成员互相交流 组与组之间相互交流	
	思：我能积极面对问题并提出合理的解决方案，和团队一起推进项目	小组成员相互交流	
在本项目阶段活动中	辨：我能辩证地看待问题，公平公正公开地参与组内讨论，接受不同但合理的意见	小组成员相互交流	评价量表见各活动量表
	行：我能在团队中扮演好自己的角色，积极配合团队，完成任务	小组成员相互交流	
	评：我能在活动的过程中不断总结经验、反思不足和完善方案	小组成员互相交流 组与组之间相互交流	

(二) 结果评价

1. 成果质量（或任务完成情况）（见表3至表6）

表3 春分节气自然笔记制作评价表

评价方面	说明	自评	互评
学	通过前置课的学习，我知道自然笔记由哪些部分组成	☆☆☆☆☆	☆☆☆☆☆
问	你知道选择哪种春分节气的物象进行观察呢	☆☆☆☆☆	☆☆☆☆☆
思	我能描述选择的物象有哪些特点	☆☆☆☆☆	☆☆☆☆☆
辨	我能够梳理出正确的制作步骤	☆☆☆☆☆	☆☆☆☆☆
行	我能绘制一份春分节气自然笔记	☆☆☆☆☆	☆☆☆☆☆
评	我能总结绘制春分节气自然笔记的方法，构思清明节气的自然笔记	☆☆☆☆☆	☆☆☆☆☆

表4 春分节气彩色蔬菜种植评价表

评价方面	说明	自评	互评
学	我知道彩色蔬菜适合生长在哪种环境中	☆☆☆☆☆	☆☆☆☆☆
问	我能列举彩色蔬菜种植前的准备工作	☆☆☆☆☆	☆☆☆☆☆
思	我能描述种植地的土壤条件	☆☆☆☆☆	☆☆☆☆☆
辨	我了解蔬菜的种植步骤	☆☆☆☆☆	☆☆☆☆☆
行	我能小组合作种植彩色蔬菜	☆☆☆☆☆	☆☆☆☆☆
评	我能自主探究其他蔬菜的种植	☆☆☆☆☆	☆☆☆☆☆

表5 制作椿芽炒蛋评价表

评价方面	说明	自评	互评
学	通过前置课的学习,我知道什么是椿芽	☆☆☆☆☆	☆☆☆☆☆
问	通过观察,我了解到制作椿芽炒蛋的基本流程	☆☆☆☆☆	☆☆☆☆☆
思	我知道做椿芽炒蛋时要用到哪些工具,以及注意事项	☆☆☆☆☆	☆☆☆☆☆
辨	我能清晰地说出椿芽炒蛋的详细步骤	☆☆☆☆☆	☆☆☆☆☆
行	我能烹制椿芽炒蛋	☆☆☆☆☆	☆☆☆☆☆
评	我能设计一个椿芽菜肴	☆☆☆☆☆	☆☆☆☆☆

表6 制作节气书签评价表

评价方面	说明	自评	互评
学	我知道如何创作一首儿童诗歌	☆☆☆☆☆	☆☆☆☆☆
问	我能创作一首观春分的儿童诗歌	☆☆☆☆☆	☆☆☆☆☆
思	我能绘制节气书签物象图	☆☆☆☆☆	☆☆☆☆☆
辨	我能合理布局诗作和绘画的排版方式	☆☆☆☆☆	☆☆☆☆☆
行	我能创制一个节气书签	☆☆☆☆☆	☆☆☆☆☆
评	我能设计一个节气文创产品并说明它的制作流程	☆☆☆☆☆	☆☆☆☆☆

2. 学生发展"四维"评价（见表7）

表7 "四维"发展评价表

评估项	观测要素	自我评价	队员评价	导师评价	总分
劳动观念	通过学习与实践,认识到劳动成果的来之不易,能积极、主动地参与劳动,体会劳动带来的快乐				

续表

评估项	观测要素	自我评价	队员评价	导师评价	总分
劳动能力	在劳动实践中，能采用一定的技术、工艺和方法，完成劳动任务，形成基本的动手能力，能在团队合作中学会综合运用多学科知识解决劳动问题，发展创造性劳动能力				
劳动习惯和品质	劳动过程中不分活轻活重，不论高低贵贱认真对待任何事情；具备健康的劳动体魄与心理，豁达开朗，积极乐观，学会正确面对挫折，放平心态，没有过高地评价自己。在本次劳动活动中充当好劳动者的角色，主动承担任务，收获多种劳动技能，从劳动中体现自己的价值				
劳动精神	在实践中，能积极弘扬不断追求品质、勇于创新的精神，彰显为传承与发扬优秀传统文化而努力学习的新时代奋斗精神				
整体评价与发展建议（综合性评语）					

（每项1~5分，最低1分，最高5分，打整数分）

五、项目反思

对整个节气劳动项目进行复盘，学生畅谈在活动中的收获以及经验，总结团队的优势和不足，思考下阶段的改进措施。同时，教师鼓励学生用劳动项目自我反思表的方式进行反思交流（见表8）。

表8 劳动项目自我反思表

一切为了更好的自己！	
元音小学_____劳动项目自我反思表	
劳动项目组成员_____	
第一部分 成果展示（照片）	第二部分 优势和不足
	例：在本次劳动实践活动中，我所在的团队在动手能力上表现优异，但在团队合作上有待加强。

续表

第三部分　下一阶段的改进措施	第四部分　写给自己的话
例：在团队协作方面，我所在的小组需要加强合作意识，懂得尊重他人，客观衡量和考虑大家提出的不同意见或建议。	
教师寄语_____	
天地元音·诗意生长	

（执笔：元音小学　郝丹、黄婧维）

给兔子一个舒适的"家"
——十一学校劳动项目式学习案例

劳动内容/任务群：生产劳动/农业生产劳动
学段/年级：中、低段/二年级
课时计划：12课时（不含饲养过程）

一、项目简介

（一）选题背景

《中共中央　国务院关于全面加强新时代大中小学劳动教育的意见》指出，"针对不同学段、类型学生特点，以日常生活劳动、生产劳动和服务性劳动为主要内容开展劳动教育"，"与德育、智育、体育、美育相融合"，"把劳动教育纳入人才培养全过程"。《成都市大中小学劳动教育项目清单（试行）》包含小学中、低年级开展小动物的照料活动。作为一所新开办的学校，十一学校地处天府新区科学城，学生有60％以上涉农。基于以上认识和项目式学习（PBL）模式，我们在实际工作中结合学校特点、学生特点，认真推敲学校劳动课程内容，充分挖掘课程资源及其背后的育人价值，基于此设计并实施了明月课程——给兔子一个舒适的"家"。

（二）学情分析

小学中、低年级的学生对动物和自然环境具有强烈的好奇心和求知欲，能够较好地理解简单的概念和指令，而且能够通过实践活动来加深对知识的理解。该年龄段的学生往往喜欢参与项目式学习活动，因此开展养兔项目对他们来说是非常合适的。学校目前只有一、二年级，学生日常和农村生活接触比较多，对农村生产劳动、养殖活动都有所接触，对于动物"宿舍"的建造、家畜家禽的饲养有一定生活经验。

（三）项目实施周期

该项目计划开展 12 个课时（不含饲养过程）。其中，前置性学习需要 2 个课时，于教室内集体开展；观摩学习、实践操作需要 10 个课时，于工具房、兔舍实地、操场上分组开展。

（四）教学活动开展形式

该项目式学习活动以小组协作分工合作形式开展。教师将学生分为若干学习小组，每个小组 5~6 人，在整个项目学习过程中，组员固定不变，并予以组员明确的分工和职责，以确保小组内学生之间充分交流和合作，同时确保每个小组最大限度地参与课程活动。

二、项目目标（见表 1）

表 1　给兔子一个舒适的"家"项目目标

素养目标	认识（理解）、具有（掌握）、养成（形成）
劳动观念	1. 培养学生对劳动的重要性和必要性的认识，让他们理解劳动的收获和价值，培养积极的劳动态度和价值观 2. 培养学生对动物与人类社会发展和环境保护的关系的认识，增强他们爱护动物、保护环境的意识 3. 学生亲自参与设计和搭建兔舍，感知通过劳动改善动物生活条件的重要性，培养对动物的关爱
劳动能力	1. 学习并掌握有关规划设计的简单知识、屋舍建造基本知识、生活中的简单几何知识、兔子饲养的基本知识 2. 认识了解、尝试学习使用简单的木工工具、泥瓦匠工具和材料，掌握常见工具——锯子、锤子、钉子的安全使用方法 3. 培养创新能力和空间想象力，能够发掘材料的特点和潜力，设计出实用、舒适、美观的兔舍 4. 关注和满足动物的基本需求，例如喂养、清洁、照顾等，培养观察力和动物养护能力
劳动习惯和品质	1. 通过反复尝试、改进和调整，培养耐心和细心 2. 培养团队合作与协作能力，能够共同完成项目，并理解到团队精神的重要性和价值 3. 培养按时喂养和清洁动物笼舍的良好习惯，以及对动物的责任心
劳动精神	1. 培养勤劳、认真、负责、创新、合作的劳动精神，增强社会责任感和自信心，激发创造力和学习热情 2. 体验到劳动的乐趣和成就感，树立正确的价值观和生活态度 3. 培养感恩和回报精神，激发对社会的责任感和对生命的尊重

三、项目过程

（一）设计思路

该项目采用PBL的学习方式，学生通过认识兔子—建设兔舍—了解兔子—照料兔子四个序次版块的学习以及实际体验，能正确选择合适的场所，亲自设计并建造兔舍，同时正确养育兔子，达到培养学生协作能力、解决问题的能力和责任感的目的（如图1所示）。该项目的学习任务涵盖建筑设计、工程学、工具使用、数学几何、食物供应、生物习性等方面的知识和技能。

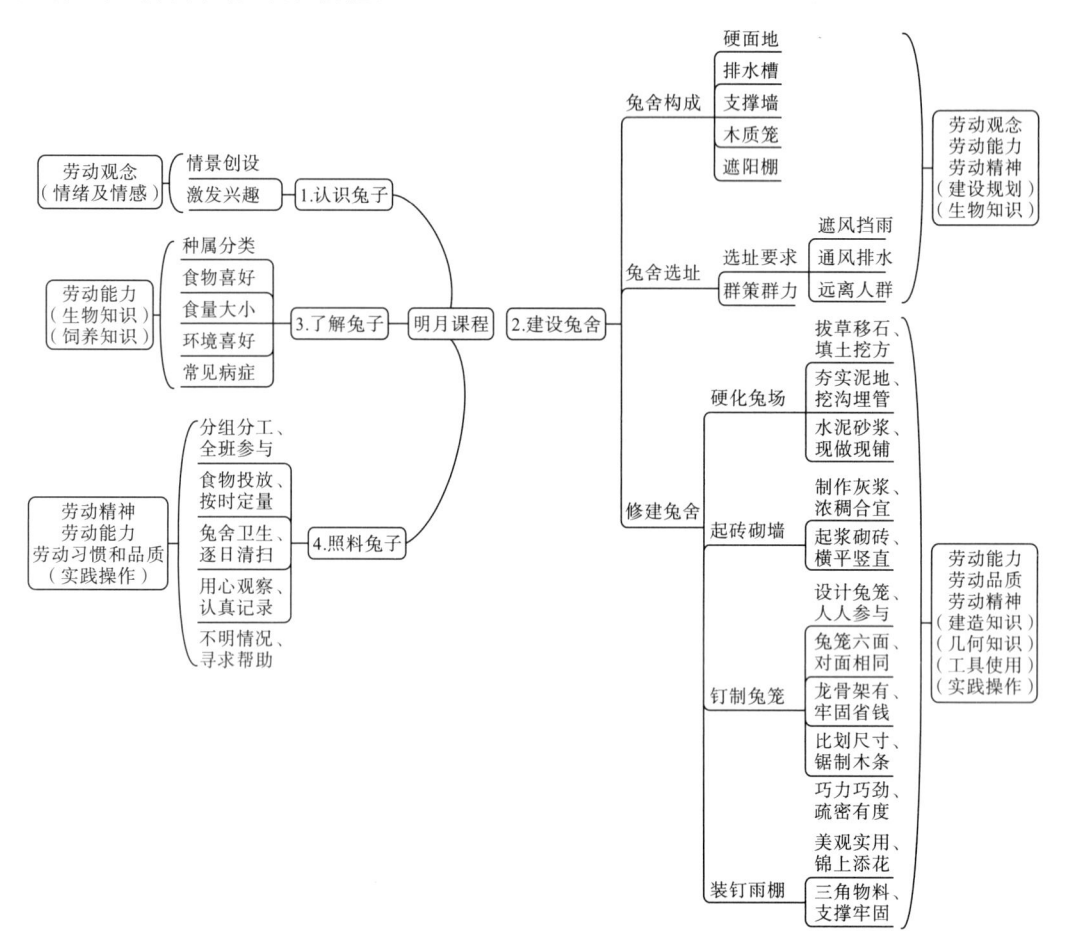

图1 给兔子一个舒适的"家"项目设计思路

（二）项目实施过程

1. 项目活动阶段概览

项目主要活动概览及所需材料见表2。

表2 项目主要活动概览及所需材料

阶段	主要活动概述	所需资料、设备等
项目活动前期	1. 激发学习兴趣，营造学习氛围 2. 帮助学生进行分组，掌握小组学习（活动）的方式 3. 明确学习任务及学习目标 4. 与本项目学习内容相关的基本常识梳理和掌握	1. 学生照顾小动物的经历或自己家人照顾小动物的经历材料 2. 教案、学案
项目活动中期	1. 认识并掌握兔子的习性中关联兔舍选址和建设的相关知识 2. 兔舍选址和设计 3. 平整、硬化所选兔舍地址的地面；了解混凝土知识，参与铺设混凝土 4. 砌兔笼支撑墙；认识泥瓦匠工具，了解砌墙知识，观摩砌墙 5. 钉制兔笼。认识木工基本工具，掌握锯子、锤子、钉子的使用方法，锯木条、钉制兔笼。了解立体几何关于面的基本知识。了解建筑学中"龙骨架"的基本知识	1. 工具房、兔舍场地 2. 工具及材料： (1) 修建材料：砂石、水泥、细沙、砖块、长木条、PVC管、合叶、门扣、铁钉、木螺丝、三角形铁架 (2) 劳动工具：镰刀、锄头、铁铲、砖刀、水泥抹子、灰浆桶、水平尺、垂线及垂线陀螺、锯子、墨斗、木工尺、锤子、十字改刀 3. 教案、学案 4. 相关指导教师的组织：泥瓦匠师傅、木工师傅、专业饲养员
项目活动后期	1. 兔子照料要求的商议和拟定 2. 兔子领养仪式 3. 小组分工照料、饲养小兔 4. 劳动明星评选和劳动过程影像展	1. 教案、学案 2. 领养仪式活动方案 3. 照料小兔日记本 4. 劳动明星评选方案

2. 活动过程具体设计（部分）

教学内容一：制定兔舍建设方案，设计兔笼（课时安排：2课时）（见表3）。

表3 教学内容一主要环节

活动主要环节	教师活动	学生活动	上课地点
一、激趣导入	1. 播放可爱兔子的视频 2. 激趣：你喜欢吗？想不想自己也养上一只这样的兔子？ 3. 我们就一起来养兔子。养兔前，当然先要给兔子准备一个"家"。这个"家"应该建在什么地方（选址要求） 4. 讲清任务和室外上课要求（安全教育）。在校园里寻找适合建兔舍的地方	1. 观看，聆听 2. 讨论、交流、发言： (1) 遮风避雨的地方 (2) 兔子会排泄，这个地方还要能很好通风，远离人的活动 3. 准备在校园里寻找适合修建兔舍的地方	教室
二、整队集合在校园里寻找建兔舍的场地	1. 组织管理，安全关照 2. 提前预设几个地方，带领学生前往，逐一组织学生交流：兔舍建在这里合适吗？	1. 排队前往 2. 观察、思考、发言	室外

续表

活动主要环节	教师活动	学生活动	上课地点
三、到达室外上课地点（提前预设的兔舍建设位置）	组织学生在上课地点就座	按要求入座	室外
四、讨论	1. 兔舍修在这里，符合什么样的选址要求 2. 在这里修一个兔舍，我们还要注意什么 （引导学生厘清兔舍的基本设施，并组织学生归纳）	1. 观察、思考、发言，回顾刚才所学 2. 讨论、全班交流： （1）光滑的地面——便于打扫兔子的粪便和食物残渣 （2）排水小沟——引流兔子的尿液 （3）支撑兔笼离地的矮墙——通风，减少兔子生病的可能 （4）舒适的兔笼——透光和遮阴兼得，要牢固 （5）稳固的遮阳棚——遮挡强烈的阳光和雨水	室外
五、工程规划	带领学生梳理工作内容，共同分配工作任务 （该内容为线条性的内容，具体涉及的内容由教师在后续教学活动中进行补充，特别是工具的添置、建设材料的购买、劳动技术的具体指导）	讨论、发言—— 兔舍建设主要内容： 1. 平整地面 2. 硬化地面 3. 修建排水沟 4. 设计制作兔笼 5. 制作雨棚 6. 购买小兔 7. 分配照顾任务 8. 照顾兔子	室外
六、实践任务：设计兔笼	激趣，提出任务： 1. 选好了兔舍的建造位置后，我们就要设计兔子的"家"。你希望它们的家是什么样的？ 2. 用画笔把自己心目中兔子的"家"描画出来。说不定你的设计会被正式采纳呢	1. 交流想法 2. 学生动笔描画自己想到的兔舍的样子	教室
七、下课	总结	1. 个人学习回顾 2. 兔笼设计作业展示	教室

教学内容二：认识泥瓦匠砌墙工具，砌兔笼支撑墙（课时安排：1课时）（见表4）。

表 4　教学内容二主要环节

环节	教师活动	学生活动
一、导入	1. 回顾上节课所学 2. 组织学生交流上节课学习心得 3. 安全教育，布置今天的劳动任务：认识泥瓦匠砌墙工具，砌兔笼支撑墙	思考、交流发言 （预设：看似柔弱的东西有时有极大用途，水是世上最伟大、最不可思议的东西，不能小看那些看上去柔弱的东西……）
二、认识今天上课时会使用到的工具	1. 展示本节课会用到的新工具，启发学生"猜"其使用办法： (1) 砖刀 (2) 水平尺——传统水平尺，电子水平尺 (3) 垂线及陀螺 （对于此类建造工具的发明和使用，需要借此对学生展开思想教育——伟大的劳动人民的聪明才智和灿烂的祖国文化） 2. 演示工具的使用方法	1. 观察，思考 2. 触摸工具，讨论 3. 发言，聆听 4. 观察，模仿
三、劳动任务展示	1. 再次明确劳动任务 2. 指导学生理解今天劳动任务背后的价值： (1) 为什么要砌支撑墙？ (2) 支撑墙高矮多少合适？ 3. 探索砌墙里的学问——砖块错位砌的秘密 （这是一个特别适合学生探究的问题，可让学生用实际对比的方法，感受错位码放砖块的科学意义）	1. 讨论，发言 明确几点： (1) 支撑墙是为了给兔笼起支撑作用，更是为了给兔笼通风，减少兔子生病的可能 (2) 支撑墙太矮，通风效果不好，也不利于打扫兔舍的卫生；支撑墙太高，不利于给兔子投食、照顾兔子 2. 对比实验，体悟错位码放砖块的意义和价值
四、分组进行实际操作	1. 组织学生准备水泥砂浆（灰浆） 技术动作步骤： (1) 将未加水的细沙和水泥充分和匀 (2) 在和匀的细沙和水泥堆中间刨开一个坑 (3) 将适量的干净水倒入坑中，先不搅拌，让水逐渐浸入细沙和水泥 (4) 搅拌、和匀——装桶 2. 组织学生运砖块、搬运水泥砂浆 3. 组织学生砌墙： (1) 除砖块错位码放外，明确一重要的知识——砖头在使用前要用水淋透，引导学生思考：这样做的原因是什么？（砖块和水泥砂浆一起干，充分保证"粘黏"效果） (2) 泥瓦匠师傅示范用砖刀给砖块涂抹灰浆，学生尝试实践体验 (3) 泥瓦匠师傅示范运用水平尺、垂线陀螺进行砌砖工作。学生观摩	1. 砂浆组完成砂浆的准备 明确砌砖用的水泥砂浆和之前硬化地面的水泥砂石浆的区别—— (1) 无砂石子，成分就是细沙、水泥和水 思考：为什么不能要石子？ (2) 水泥的比重更大些 思考：为什么水泥比重会更大？ 2. 搬运组完成砂浆和砖块的搬运 3. 砌墙组完成支撑墙的砌墙工作： (1) 淋湿砖块 (2) 使用砖刀涂抹灰浆 (3) 使用水平尺、垂线及陀螺进行砌砖 (本环节以学生观摩和有限实践开展活动)

环节	教师活动	学生活动
五、结束	1. 组织学生总结本课所学 2. 组织学生做好个人卫生，整理工具	1. 总结本课所学 2. 个人卫生清理 3. 整理劳动工具

教学内容三：制作兔笼（课时安排：3课时）（见表5）。

认识立方体、龙骨架、木工尺、墨斗，学习使用锯子、卷尺、学生尺和划线笔等木工工具，加工钉兔笼的木条。学习使用锤子、钉子，钉制兔笼。

表5 教学内容三主要环节

环节	教师活动	学生活动
一、导入	1. 回顾上节课所学 2. 组织学生交流上节课学习心得 3. 安全教育	1. 思考 2. 交流 3. 发言
二、明确本课劳动任务	1. 展示教师制作的兔笼： （1）兔笼有几个面 （2）好看（规整）的兔笼有什么特点 （3）面对学生近距离展示：兔笼的这些木条有什么不一样的地方 教师展示用粗木条钉成的框架——告知学生，这个就是龙骨架 布置思考作业：龙骨架有什么作用？ 2. 告知学生本课劳动任务——用木条制作兔笼	1. 观察、触碰、归纳： （1）兔笼有六个面 像兔笼这样的物体，我们叫它长方体，长方体有六个面 （2）这个兔笼很规整，它相对的两个面"样子"是一样的 （3）多数木条都一样粗细，少部分木条很粗（每个面的边框） 2. 接受本课劳动任务
三、认识本课劳动会使用到的工具	1. 展示工具：卷尺、手锯、木工尺、墨斗、划线笔、钉子、铁锤 2. 认识每种工具的用处和演示使用方法（木工尺、墨斗、划线笔主要用于展示和演示，学生在实际操作中用学生用尺代替木工尺，铅笔代替划线笔，不使用墨斗）	1. 观察 2. 触碰 3. 尝试
四、明确兔笼制作步骤	1. 指名学生发言，谈论制作步骤 2. 确定兔笼尺寸： 80cm×60cm×50cm	1. 分组讨论 2. 交流 3. 思考，总结归纳： （1）测量两堵支撑墙之间的距离，加上支撑墙的厚度，得到兔笼的长度 （2）确定兔笼的宽度（即测量一堵支撑墙的长度） （3）确定兔笼高度——既关照兔子的活动空间，也关照饲养者的身高，以便于投食和照顾兔子、打扫兔笼

续表

环节	教师活动	学生活动
五、材料分类选用	启发学生将粗细大小不一的木质材料进行分类	1. 明确龙骨架的含义和作用——既节省兔笼的制作材料，又有效实现兔笼的稳固 2. 明白兔笼的底面应该更结实 3. 龙骨架和底面采用更厚实的材料 4. 木条按粗细分类使用
六、分组制作	1. 教授手锯的安全使用的方法： （1）右手握锯，右脚踩住木条，左手把住木条，左手大拇指顶住锯身 （2）开始时，用稍重的力把锯子往面前拉，用小力往前面推 （3）待木条吃锯后，拉和推的力都稍微加大 （4）在锯的过程中，始终保持锯子的稳定，杜绝锯子"跳动" 2. 教授使用钉子和锤子： （1）用一只手的拇指和食指捏住钉子（钉尖压向木头） （2）另一只手握紧锤子，锤子和钉子受力面垂直 （3）先小力钉，待木头吃入钉子后，将扶钉子的手移开 （4）用力将钉子钉入木头（锤子发力方向始终要垂直于钉子的受力面） 3. 将学生按照兔笼的六个面分成六个制作组： （1）确定自己小组制作兔笼其中一面的长度和宽度 （2）在长木条上标记需要的长度（粗木条做边框，细木条做内框档条） （3）锯木条 （4）钉制木框 （5）钉上挡条，钉制完成兔笼的一个面 组织讨论："挡条"间的距离多少合适？ 4. 教师巡回指导	1. 观摩、思考、模仿、尝试 2. 分组制作六个面——底面、上面、前面、后面、左面、右面 （1）确立组长及其职责 （2）重申安全注意事项 （3）组长做好组内分工和组员参与顺序 达成共识：底面的要稍窄一些，满足兔子排便即可；剩余的五个面略宽于底面，便于通风的同时防止兔子逃出
七、展现成品	1. 教师将学生制作的六个面进行展示，复习巩固边框（龙骨架）的作用 2. 介绍龙骨架的广泛运用 3. 将六个面组装钉制成一个完整的兔笼	1. 思考、交流：既节省兔笼的制作材料，又有效实现兔笼的稳固 2. 课后找寻生活中的运用实例，准备交流 3. 参与、协助 4. 将制作好的兔笼搬运放置在兔舍支撑墙上
八、下课	1. 组织学生总结本课所学 2. 布置作业：找寻龙骨架在生活中的运用实例 3. 组织学生收拾工具和材料	1. 总结本课收获 2. 收拾整理工具 3. 整理材料 4. 收拾个人卫生

四、活动评价

(一) 过程表现评价

在每一次教学内容结束后,教师都以观察量表、图片或视频记录、交流评议等方式实施过程性评价。每次评价都会收集学生在活动中的表现和参与情况,并将这些数据记录下来,以便在最后的结果性评价中进行分析(见表 6)。

表 6 活动过程评价表

评价对象	关注维度 内容	关注维度 星级	评价主体及权重	评价工具	评价环节
小组	小组活动开展有序	1~5 颗星	教师评(50%)组内自评(50%)	观察量表	每个学习任务结束后(8次)
小组	组员互相支持帮助	1~5 颗星	教师评(50%)组内自评(50%)	观察量表	每个学习任务结束后(8次)
小组	劳动任务完成时效	1~5 颗星	教师评(50%)小组互评(50%)	观察量表	每个学习任务结束后(8次)
小组	劳动任务完成质量	1~5 颗星	教师评(50%)小组互评(50%)	观察量表	每个学习任务结束后(8次)
个人	小组活动中的参与度	1~5 颗星	教师评(40%)组内自评(30%)组员互评(30%)	观察量表	每个学习任务结束后(8次)
个人	对其他组员的配合度	1~5 颗星	教师评(40%)组内自评(30%)组员互评(30%)	观察量表	每个学习任务结束后(8次)
个人	劳动工具使用熟练度	1~5 颗星	教师评(40%)组内自评(30%)组员互评(30%)	观察量表	每个学习任务结束后(8次)
个人	劳动任务的完成度	1~5 颗星	教师评(40%)组内自评(30%)组员互评(30%)	观察量表	每个学习任务结束后(8次)

(二) 阶段综合评价

在活动结束后,每个学生的表现和参与情况都会通过过程性评价呈现,与成果展示中的表现共同计算成绩。在成果展示中学生需展示其屋舍建造、兔笼制作和兔子饲养管理技能。从中可看出学生是否掌握相关技能和知识,以及学生对劳动保护、制造设计和施工等方面知识的了解程度和应用能力。与此同时,将这些内容归于劳动观念、劳动能力、劳动习惯和品质、劳动精神四个维度进行评价和分析(见表 7)。

表7 阶段综合评价表

评价载体	评价维度	指标要素	赋分	自我评价30%	组员评价30%	导师评价40%	得分
（一）小组成果汇报 （二）过程性评价材料	劳动观念	1. 喜欢这个项目，为自己（小组）的劳动成果感到开心	10颗星				
		2. 能认识到用劳动可以为自然、为小动物做很多有意义的事，并且乐意这样去做	10颗星				
	劳动能力	3. 能回顾并展示在本次活动中学到的知识	10颗星				
		4. 能回顾并展示在本次活动中接触到的劳动工具的使用方法	10颗星				
		5. 展示本小组钉制的木质兔笼，并能对制作过程进行回顾	10颗星				
		6. 展示并讲解本小组的兔子照料计划（或过程）	10颗星				
	劳动习惯和品质	7. 能讲述活动过程中，组内团结协作克服困难的故事	10颗星				
		8. 能讲述活动过程中，组员令人感动的小故事	10颗星				
	劳动精神	9. 在活动过程中组员表现出勤劳、认真、负责、创新、合作的言行	10颗星				
		10. 喜欢劳动，愿意通过自己的努力帮助他人、帮助小动物	10颗星				
合计	—	—	100颗星				
综合性评价语：							

五、项目反思

（一）主要问题

（1）学生缺乏小组合作的经验，造成部分学生难以顺利完成全部小组任务。

（2）由于学生年龄较小，该项目涉及的部分概念难度较大，学生没有很好地理解掌握。

（3）饲养兔子的周期较长，因此无法在课堂中覆盖完整过程，影响部分学生的兴趣和参与度。

（二）解决办法

（1）为了解决上述问题，若有同类学校开展此类项目活动，须将少数没有任何"建造经历""养殖经历""小组学习经历"的学生充分考虑进去，以便更顺利地完成本次学习任务。

（2）增加有针对性的授课，让学生更好地理解和掌握相关概念。加强对兔舍建造和养兔知识的模拟实战训练，例如，带领学生使用VR虚拟现实技术来模拟兔舍建造过程，以提升学生学习的兴趣和参与度，进而获得更多的学习成果。

（执笔：十一学校　田华）

校园劳动实践基地土壤改良
——元音中学劳动项目式学习案例

劳动内容/任务群：生产劳动/农业生产劳动
学段/年段：第四学段/八年级
课时计划：一学年

一、项目简介

（一）选题背景

《义务教育劳动课程标准（2022年版）》学段目标第四学段（七至九年级）第五点指出，根据个体、家庭、学校、社区的发展需求，提出具有一定创造性的解决方案，制订合理的劳动计划，并安全规范地加以实施，能对劳动过程与劳动成果进行反思和总结，进一步提升创造性劳动能力、合作能力。课程内容第四学段（七至九年级）任务群四要求：体验当地常见的种植、养殖等生产劳动，了解中国传统农业特点，分析现代农业与传统农业的区别，理解种植、养殖与生活及经济的关系。

元音中学劳动实践基地土地贫瘠、土壤结构复杂，其中掺杂大量石块和建渣，土壤肥力严重不足，导致学生在该土壤种植的作物瘦小、枯黄，无法正常生长，影响学生生产劳动的顺利开展，同时也影响学生获得劳动成果。因此，学校开设"土壤改良"劳动项目式课程，在学生学习种植劳动相关知识、技能的同时，培养其调研、实践以及创造能力。

（二）项目学情分析

八年级学生已具备自主调研学习和自主思考的能力，因此能够开展实地考察、方案设计、规划实施的项目式劳动课程。加之，该学段学生主观能动性与积极性较强，求知欲和探索欲也较强，更愿意置身于真实的劳动情境中发现问题、探究问题、解决问题。

二、项目目标（见表1）

表1　项目目标

素养目标	认识（理解）	具有（掌握）	养成（形成）
劳动观念	在相关农事劳动中，理解劳动的艰辛与劳动成果的来之不易	具备劳动创造人、劳动创造财富、劳动创造美好生活的认知	形成劳动最崇高、劳动最伟大、劳动最美丽的正确观念
劳动能力	理解农作物的种植与生长发展规律	在农事劳动中，掌握种植技能、创造性劳动能力以及团队合作能力	培养发现问题、思考问题、解决问题的能力
劳动习惯和品质	认识在劳动过程中应当遵守的劳动纪律和相关安全规范	具有不怕苦、不怕累的劳动品质	养成独立思考、独立探究、认真负责、热爱劳动的习惯
劳动精神	理解先辈和劳动模范们的艰辛与付出，懂得美好幸福生活来之不易	具有精益求精、追求卓越的工匠精神，学习艰苦奋斗、百折不挠的革命精神	养成吃苦耐劳、勤劳节俭、认真负责、勇于担当的劳动精神，高扬开拓创新、砥砺奋进的时代精神

三、项目过程

（一）设计思路

该项目周期为一学年（秋季学期9、10月—春季学期5、6月），属于长周期劳动项目式课程，课程设计考虑到学生学习时间以及作物种植、生长需要的必要时段，合理安排了项目各时间段的实施内容（如图1所示）。

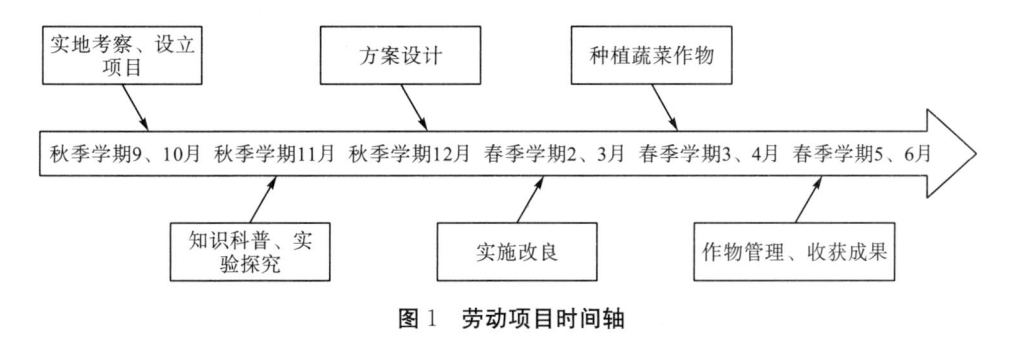

图1　劳动项目时间轴

（二）课程安排（见表2）

表2　课程安排

阶段	时间	项目内容	实施场域	实施方法与路径
第一阶段	秋季学期9、10月	实地考察、设立项目	校内劳动实践基地	实地考察、资料查阅

续表

阶段	时间	项目内容	实施场域	实施方法与路径
第二阶段	秋季学期11月	知识科普、实验探究	教学课堂、校内劳动实践基地	课堂教学、资料查阅、实验研究、数据分析
第三阶段	秋季学期12月	方案设计	教学课堂	自主设计、教师指导
第四阶段	春季学期2、3月	实施改良	校内劳动实践基地	教师指导、学生实操
第五阶段	春季学期3、4月	种植蔬菜作物	校内劳动实践基地	教师指导、学生实操
第六阶段	春季学期5、6月	作物管理、收获成果	校内劳动实践基地	教师指导、学生实操

四、实施过程

（一）第一阶段：实地考察、设立项目（秋季学期9、10月）

教学场地：种植劳动实践基地。
授课教师：劳动项目组教师。
授课方式：教师指导，学生实地调研。

【教师活动】

引导学生发现作物种植的各类问题，引导学生自主调研、实地考察基地情况，与学生共同探讨问题、解决方案，最终确定土壤改良项目的开展与实施。

【学生活动】

在学校劳动教师的带领下，实地考察，探究、发现作物生长问题，聚焦种植土壤，准备实施土壤改良。

（二）第二阶段：知识科普、实验探究（秋季学期11月）

教学场地：种植劳动实践基地/实验室。
授课教师：地理、生物学科教师。
授课方式：教师示范，学生动手实操。

【教师活动】

(1) 提出探究问题。
①什么是土壤？
②元音中学劳动实践基地的土壤是怎样的？
③种植蔬菜作物需要什么样的土壤？
(2) 教师教授。
①由地理教师教授如何按照标准开挖一个新鲜的土壤剖面，如何利用布卷尺等工具测量并记录基地内的土壤现状，如何观察和了解土壤结构。
②由生物教师教授如何测评土壤酸碱度，引导学生通过实验深入了解土壤。
③引导学生整理实验数据，讲授如何将劳动基地土壤与理想土壤进行对比分析。

【学生活动】

(1) 知识学习。

自由分组,自主查阅资料,了解土壤概念、作用、结构、成分等相关知识。

(2) 实验测评。

①土壤剖面勘测。

②土壤 pH 值测定。

(3) 数据对比、分析。

在教师的指导下,基于前期土壤知识的查阅和学习,结合实验测评数据,将元音中学劳动实践基地土壤与理想中的土壤进行数据对比、分析(见表3)。

表3 基地土壤与理想土壤数据对比表

土壤肥力		劳动基地土壤	理想土壤
土壤物理性质	土层厚度(cm)		
	耕层厚度(cm)		
土壤养分	有机质(%)		
	全氮(%)		
	速效磷(PPM,P2O5)		
	速效钾(K2O)		
	速效氮(PPM)		
pH 值	中性土壤		

(三)第三阶段:方案设计(秋季学期12月)

教学场地:教室。

授课教师:主任导师/劳动项目组教师。

授课方式:教师指导,学生分组分工设计。

【学生活动】

学生分组、分工,根据前期实验得出的数据与分析结果,设计土壤改良方案(见表4)。

表4 元音中学土壤改良方案表

班级:	姓名:
发现问题	解决措施

【教师活动】

根据学生方案的评选、整理和优化，最终确定可实施的具体方案（见表5）。

表 5　方案实施表

措施	内容
例如，增施有机肥	增加有机肥（如腐熟的羊粪肥或者兔粪肥和草炭土）的施用量，加大灌溉的频率和水量。施用有机肥可以克服砂土过砂，黏土过黏的缺点。有机质还可改善土壤结构状况，使土壤松紧程度、孔隙状况、吸收性能都得到改善，从而提高土壤的肥力

（四）第四阶段：实施改良（春季学期 2、3 月）

教学场地：种植劳动实践基地。

授课教师：劳动项目组教师。

授课方式：教师指导，学生动手实操。

【学生活动】

（1）用食堂的残羹剩饭装桶，用 EM 菌发酵作为有机肥料，掺入土壤，搅拌填埋。

（2）翻耕土壤，击碎凝结土块，改善土壤的团粒结构。

（3）定期浇灌，软化土壤，防止土壤凝结。

（4）后期规划，种植绿肥作物（如大豆等），因为豆类作物与根瘤菌共生，能起到固氮作用，能提升土壤肥效。

（5）作物收获后，秸秆还田，既可疏松土壤，也可提升土壤肥力。

【教师活动】

（1）指导学生实践操作。指导学生使用规范农业工具，使用 EM 菌对残羹剩饭进行发酵。

（2）管理学生劳动安全与规范。

（五）第五阶段——种植目标作物（春季学期 3、4 月）

教学场地：种植劳动实践基地。

授课教师：劳动项目组教师。

授课方式：教师指导，学生动手实操。

【学生活动】

（1）确定目标作物。

根据查阅的资料、先前的实验研究，由学生确定目标蔬菜作物，例如甘蔗、大葱、番茄、茄子、豇豆、四季豆、黄瓜。

(2) 班级责任制种植。

各班划分土地区域，每个班级负责种植、管理一个蔬菜作物品种，实施种植。

【教师活动】

指导学生进行翻土整地、规划种植区域、种植作物。

（六）第六阶段：作物管理、收获成果（春季学期5、6月）

教学场地：种植劳动实践基地。

授课教师：劳动项目组教师/主任导师/美术学科教室。

授课方式：教师指导，学生动手实操。

【学生活动】

(1) 作物管理。

学生在劳动教师的指导下定期给作物浇水、除杂草、施肥。

(2) 作物观察、记录。

学生定期观察、记录作物长势，并对发现的问题做出及时的记录与分析（见表6）。

表6 元音中学蔬菜作物生长记录表

时间	劳动内容	发现问题	解决措施
分析与总结：			

(3) 成果转化。

以班级为单位，收获各班蔬菜作物；通过观察蔬菜作物长势，设计、绘制自然笔记，参加自然笔记大赛；将收获的蔬菜在学校食堂进行加工，制作成美食，学生和教师一起分享劳动成果。

【教师活动】

(1) 劳动项目组教师指导学生管理作物、观察作物生长情况，及时发现问题，解决问题。

(2) 主任导师组织各班学生收获生长成熟的蔬菜作物。

(3) 美术学科教师指导学生设计、绘制蔬菜作物自然笔记与原生植物自然笔记作品，作品参加校级、区级自然笔记大赛。

五、活动评价

（一）过程性评价（见表7）

表7　过程性评价表

评价项目	评价标准	评价等级			
		A	B	C	D
实验探究阶段	1. 是否积极参与实验探究				
	2. 与同学分工协作情况				
	3. 实验探究过程中，能够保持独立思考，有所发现				
方案制定阶段	1. 是否能够积极参与方案探讨、设计				
	2. 个人对方案设计的贡献				
	3. 对实验研究结果的利用情况				
土壤改良阶段	1. 是否有明确的分组、分工				
	2. 个人参与实践程度				
	3. 实践过程中，能否及时发现问题，有效解决问题				
作物种植阶段	1. 种植过程中，是否有明确分工、协作				
	2. 是否遵守相关劳动规定				
	3. 知识、技能学习和掌握情况				

（二）结果性评价（见表8）

表8　结果性评价表

评价项目	评价标准	评价等级			
		A	B	C	D
实验探究成果	1. 是否能够形成实验成果报告				
	2. 相关学科知识掌握情况				
	3. 实验成果报告的可利用性				
土壤改良成果	1. 土壤改良是否达到预期数值				
	2. 土壤是否可正常种植蔬菜作物				
	3. 相关知识掌握情况				
蔬菜作物种植成果	1. 作物收获情况				
	2. 是否掌握相关农事技能				
	3. 成果转换情况				

（三）综合性评价（见表9）

表9　综合性评价表

评估项	观测要素	自我评价	队员评价	导师评价	总分
劳动观念	学生能够在真实劳动中体会艰辛和快乐，能够热爱劳动，积极参与劳动，能够树立正确的劳动价值观				
劳动能力	能够熟练掌握农事劳动中的相关技能，能够独立种植、管理好蔬菜作物				
劳动习惯和品质	能够遵守劳动纪律和相关安全规范，能够做到独立思考、独立探究、认真负责、有始有终				
劳动精神	能够在劳动中体悟先辈、模范们的劳动精神，在劳动过程中不怕脏、不怕累				
整体评价与发展建议（综合性评语）	在劳动实践过程中能运用所学学科知识进行思考、实验、探究，在活动中能够形成正确的劳动价值观，提升动手实践能力与创造力，增强社会责任感和主人翁意识，通过同学间的分工与协作提升学生沟通协作能力，出力流汗的生产劳动能够培养学生坚持不懈的劳动习惯和不怕吃苦的劳动品质，通过项目式劳动深化劳动教育的意义				

六、项目反思

（一）学生反思（见表10）

表10　学生反思表

土壤层面	
种植作物层面	

（二）教师反思

（1）项目式劳动课程需要进一步与各学科（语文、数学、生物、地理、美术等）融合，与学科知识相互链接，让学生在学以致用的同时拓展学科课堂知识，提高学生学习兴趣与劳动热情。

（2）充分利用校内外优质专家、教师资源，做好理论与实践的指导和学习，联动家庭、学校、社会不断优化项目实施，完善评价体系。

（3）长周期劳动项目开展的时间还需进一步合理调整，避免影响上课时间，同时避免劳作时间与作物生长规律违背。

（4）在劳动项目的推进中进行投入与产出部分的统计和分析，能够更好地在劳动项目进行中控制成本、提高效率。

（5）持续优化各项劳动保障机制（课程、场地、工具、经费等），提升学生劳动安全意识与劳动规范意识。

（执笔：元音中学　李佳芮）

开心田园——种植花生
——特教校劳动项目式学习案例

劳动内容/任务群：生产劳动/农业生产劳动
年级/学段：九年级
课时计划：20 课时

一、项目简介

（一）选题背景

《大中小学劳动教育指导纲要（试行）》规定，劳动教育的内容主要包括日常生活劳动教育、生产劳动教育和服务性劳动教育三个方面。《义务教育劳动课程标准（2022年版）》（以下简称《劳动课标》）将十个任务群作为劳动课程内容，并指出学校可结合本地区、本学校的教学环境，以及学生的接受能力等具体的实际情况，因地制宜，在不同学段，自主选择、确定任务群的学习数量。根据学校学生实际情况，本校七至九年级主要对标小学中高阶段，《劳动课标》在小学中高阶段生产劳动版块设置了任务群"农业生产劳动"，内容要求学习种植与养护1~2种当地常见的蔬菜、盆栽花草、果树等，通过简单的种植，初步学习种植的基本方法。此外，《培智学校义务教育劳动技能课程标准（2016年）》和学校劳动教育课程方案均要求学生学习简单的生产劳动技能，比如学习种植当地农作物。花生作为人们喜食的一种农作物，因其丰富的营养价值和经济价值，被人们广泛种植。

四川天府新区特殊教育学校（以下简称"特教校"）地处三星镇，是一所"森林中的公园"学校，学校设有美劳教室和一块40平方米的劳动实践基地，且各类种植工具配备齐全，保证了种植劳动教育所需资源。同时，通过对学生最喜爱农作物进行调查，发现班级大多数学生认识花生并喜食花生。此外，学校大多数学生是来自农村的孩子，对种植充满亲切感，耳濡目染，他们对种植活动虽没有亲身体验，但并不陌生。该班大部分学生家里都有劳动用地，且家长大多有劳动种植经验，保证了学生家庭实践的场所、时间和指导。

基于国家劳动教育政策、教学资源和本班学生的实际情况，学校选择当地经济性农作物花生作为教学主题，设计了以"开心田园——种植花生"为主题的长周期项目。

（二）学情分析

本次教学对象为培智学校九年级学生，该班共有学生10名，其中自闭症儿童1人，智力障碍儿童9人。该班学生口语表达能力和认知理解能力总体较好，无肢体残疾学生，学生动手能力较强，已基本掌握简单的生产和生活技能，为后续学习种植花生打下了基础。学习农耕劳动技能，能增强学生热爱劳动的意识，培养学生良好的劳动习惯，提高其劳动技能综合应用能力。

A层（小唐、小杨、小苏、小李）：该层学生认知和理解能力较好，注意力和课堂参与度较高，实践动手能力较强，在学习中善于思考，乐于帮助同伴。

B层（小高、小陈、小刘）：该层学生课堂注意力和参与度较高，其中小高和小刘认知和理解能力弱于A层学生，因此在学习理论知识时需要反复练习；小陈认知和理解能力较好，但其上肢动作能力较差，在实践动手时不适合做太繁重的体力劳动。

C层（小艾、小伟、小尹）：该层学生认知和理解能力普遍较弱，在学习过程中需要教师及同伴的辅助，但其实践动手能力相对较强，因此，在种植过程中，需要给予一些方法和流程上的语言和肢体的提示。

二、项目目标

（一）劳动观念

通过参加劳动项目实践活动，体验劳动的艰辛和乐趣，初步形成喜欢劳动、积极参加劳动的态度；通过参与种植活动，提高学生科学种地的意识，增强学生勇于探索和解决问题的实践能力，培养学生吃苦耐劳的精神品质，懂得劳动创造价值。

（二）劳动能力

A层：在完成种植、日常养护、收回采摘和衍生品制作等劳动任务的过程中，初步掌握花生种植的基础知识、基本工具、基本步骤以及操作方法，能独立完成从种植到收获再到衍生品制作的全过程劳动。

B层：能认识种植花生的工具及掌握工具的正确使用方法；了解种植花生和制作花生衍生品的方法及步骤，能在语言提示下完成种植、养护、采摘和制作花生衍生品。

C层：能认识种植花生的工具，并在辅助下完成种植花生中的1~2个步骤；掌握简单的花生养护技能和在辅助下完成花生采摘。

（三）劳动习惯和品质

懂得珍惜劳动成果，珍惜粮食；在劳动过程中遵守劳动纪律和安全规范；初步养成认真负责、有始有终的劳动习惯和品质。

（四）劳动精神

能在劳动过程中坚持完成劳动任务，养成吃苦耐劳的精神品质；具备不怕脏、不怕累的精神品质。

三、项目过程

（一）设计思路

长周期项目化劳动课程将"种植花生"作为任务驱动，以"如何种植花生"为驱动问题，让学生完整经历"理论学习—实践操作—日常养护—收获与分享—制作与售卖—项目复盘"等过程，通过亲自实践，在感知、体验的基础上，培养学生热爱劳动、吃苦耐劳的精神品质。在种植花生的实践活动中，让学生自主探究，更加深入地了解种植花生的方法，提高其劳动技能综合应用能力，为学生将来更好地融入社会、参与社会劳动奠定一定的基础（如图1所示）。

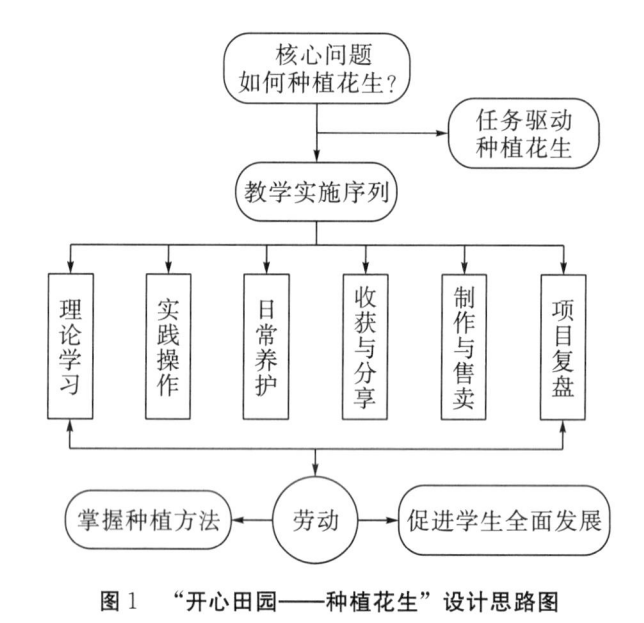

图1 "开心田园——种植花生"设计思路图

（二）实施过程

1. 项目实施准备

（1）学生：课前收集花生相关资料，了解花生的外形特点、生长习性及营养价值等。

（2）教师：

①查找花生种植的图片和视频，学习花生的种植方法和管理技术。

②准备锄头、肥料、浇水壶、花生种子等劳动所需物品。

③ 录制种植花生的流程微课，制作劳动任务卡、劳动称号贴纸等。
④ 准备花生种植适时作业治理周期表和花生成长记录簿。

2. 项目实施过程

第一阶段：花生种植的理论学习及实践操作（4月）

学习种植花生的理论方法：

【教师活动】

教师讲解种植花生所需要的劳动工具，示范劳动工具的使用方法，讲授种植花生的方法及流程步骤，并讲解种植过程中的注意事项。

【学生活动】

认识花生、了解种植花生所需劳动工具及劳动工具的使用方法，学习种植花生的方法及流程步骤。

开展种植花生的实践劳动：

【教师活动】

教师按照组间同质、组内异质的方式将学生分成两组进行种植花生实践劳动；每组分发任务卡，给组内成员确定角色分工；准备实践劳动所需劳动工具和种子，分发给学生，巡视并指导学生在种植花生过程的注意事项；组织评选出"今日劳动之星"：最佳指挥员、最佳松土员、最佳挖坑员、最佳埋土员、最佳播种员、最佳浇水员、最佳施肥员。

【学生活动】

学生以小组为单位分别进行松土、挖坑、播种、埋土、浇水和施肥等实践活动并完成记录，A层学生负责示范和指导B层、C层的学生进行实践劳动；B层学生正确使用劳动工具，完成松土、挖坑、埋土；C层学生正确使用劳动工具，完成播种、浇水、施肥。

【设计意图】

此阶段的设计旨在让学生初步了解种植花生所需要的工具及花生种植的方法、步骤，通过劳动实践掌握种植花生的方法。在这个过程中，学生通过理论和实践相结合的方式认识了农业种植工具、掌握了劳动工具的使用方法、掌握了种植花生的方法及流程。同时用分组合作的方式，加强学生之间的合作与交流，增强合作精神，提升学生发现问题、解决问题的能力。

第二阶段：开展花生日常养护活动（5—8月）

【教师活动】

（1）讲解花生生长过程中的相关养护知识，包括浇水、除草、施肥和除虫等相关知识，并指导学生进行实践操作。

（2）指导学生制作《花生种植适时作业治理周期表》。

（3）定期组织学生对花生生长情况进行观察，指导学生完成《花生成长记录簿》。

【学生活动】

（1）通过收集花生生长过程的相关养护知识，与教师一同制作《花生种植适时作业治理周期表》。

(2) 学习花生生长过程中的浇水、施肥、除草和除虫等养护知识。

(3) 根据《花生种植适时作业治理周期表》，在花生生长周期定期对花生进行浇水、施肥、除草、除虫等实践劳动。

(4) 定期观察花生生长情况并进行记录，制作《花生成长记录簿》，A层学生以绘画的形式记录花生生长图，B层和C层学生以照片的形式进行记录。

(5) 班内交流各小组的植物生长情况，交流花生养护的经验和心得。

【设计意图】

学生自主收集资料，制作《花生种植适时作业治理周期表》和《花生成长记录簿》，使学生掌握花生生长期间的日常养护内容和时间，体会植物生长的变化过程，培养学生的劳动积极性和责任心，增强学生保护和爱护劳动成果之心，同时锻炼学生的耐心和坚持不懈的精神，培养学生收集资料和动手的能力。

第三阶段：收获与分享（9月第一周）

判断花生是否成熟：

【教师活动】

讲解判断花生成熟的方法。

【学生活动】

学习判断花生是否成熟的方法，观察花生植株的枝叶，当茎秆停止生长，叶片从中下部开始落叶时可初步判断为成熟。然后观察果实，当果实饱满均匀，以及木质化，纹理清楚且坚硬，即可判断花生完全成熟。

采摘花生：

【教师活动】

讲解花生采摘的方法，指导学生进行花生采摘。

【学生活动】

(1) 学习花生采摘的方法，并进行实践劳动。

(2) 选择一株完整的花生藤，握住花生藤的底部左右扭一扭，然后用力往外扯。如果没有将花生藤扯出来，那么就使用锄头将花生藤挖出。

(3) 握住花生藤将底部的泥土轻轻抖掉，然后将花生藤上成熟的花生一颗颗摘下来。

(4) 用清水将花生上多余的泥土清洗干净。

种植的花生收获以后，与教师和其他班级的学生一起分享自己的劳动成果。

【设计意图】

帮助学生学习采摘花生的方法，更好地收获花生；通过分享，学生体验收获和分享的快乐。

第四阶段：制作与售卖（9月第二—四周）

花生衍生品制作：

【教师活动】

(1) 讲解花生的营养价值以及多种多样的花生衍生品。

(2) 根据学生投票选出的3种花生衍生品，讲授制作方法，并指导学生进行学习和制作。

【学生活动】

（1）通过询问家长、自己观察等方式，收集与花生有关的食品，并进行分享。

（2）由全班同学投票选出最想制作的3种花生衍生品，进入下一阶段花生衍生品的制作环节。

（3）学习3种花生衍生品的制作方法。

【设计意图】

通过花生衍生品的制作，学生认识花生多种多样的用途，同时习得多一种劳动技能，为学生将来融入社会奠定基础。

介绍与售卖：

【教师活动】

指导学生对食物进行美化包装和制作售卖海报，指导学生开展售卖活动。

【学生活动】

（1）通过活动分工，在美术教师的指导下进行食物美化包装、海报制作、到班宣传等各种活动来开展售卖活动。

（2）利用每月底的代币兑换活动与家长进校园活动来开展售卖花生衍生品活动，换取星星币。

【设计意图】

学生通过对成果的收获，感受活动带来的乐趣；将成果与货币相联系，将数学知识运用其中，实现劳动与数学的结合；通过售卖活动，学生体会劳动成果换取劳动报酬这一关系，增强学生劳动热情，培养学生的职业素养。

第五阶段：复盘与反思

【教师活动】

鼓励学生分享自己在种植花生过程中的收获、问题，并对学生提出的疑惑、问题作出改进建议。

【学生活动】

（1）对种植活动进行复盘，让学生畅谈在花生种植和养护过程中的收获以及获得的种植经验。

（2）思考种植花生的经验可以应用到哪些种植活动中。

（3）提出自己在种植过程中存在的疑惑、问题和改进建议。

【设计意图】

引导学生学会总结和表达；学会独立思考问题，并找寻答案；改进种植方式，为后续学习其他农作物的种植奠定基础。

四、评价设计

（一）表现性评价

表现性评价秉持促进学生学习发展的原则，在项目实施的主要环节，以教学目标为依据进行评价，通过教师课堂观察表和学生项目自评表等工具形成表现性评价结果（见表1）。

表1 表现性评价表

评价实施的主要环节	评价的主要内容	评价工具
花生种植理论知识的学习	认识种植工具 掌握种植工具的使用方法 掌握种植方法和流程	教师课堂观察表
花生种植实践劳动	正确使用种植工具 按照正确方法和步骤进行花生种植	教师课堂观察表 学生项目自评表
日常养护	按照花生生长周期进行浇水、除草、施肥和除虫等劳动	花生成长记录簿
收获采摘	判断花生是否成熟 按照正确方法采摘花生	教师课堂观察表 学生项目自评表
花生衍生品制作	掌握花生衍生品制作方法	教师课堂观察表 学生项目自评表

（二）综合性评价

综合性评价是该项目结束后进行的综合评价，反映学生劳动课程学习的水平和核心素养的阶段性达成情况。采用"四维"发展评价表（见表2），通过自我评价、家长评价、教师评价"三位一体"的互动评价方式，对学生的劳动素养进行综合评价。

表2 "四维"发展评价表

评估项	观测要素	自我评价	家长评价	教师评价	总分
劳动观念	1. 学生喜欢劳动、积极参与劳动的态度				
	2. 学生勇于探索和解决问题的实践能力				
	3. 学生吃苦耐劳的精神品质				
劳动能力	1. 能认识花生种植工具				
	2. 能正确使用种植工具				
	3. 掌握种植方法和流程				
	4. 能辨别花生是否成熟				
	5. 掌握采摘花生的方法				
	6. 掌握3种花生衍生品的制作				
劳动习惯和品质	1. 能珍惜劳动成果、珍惜粮食				
	2. 能遵守劳动记录和安全规范				
	3. 能认真对待劳动，养成有始有终的劳动习惯和品质				

续表

评估项	观测要素	自我评价	家长评价	教师评价	总分
劳动精神	1. 能坚持完成劳动任务				
	2. 养成吃苦耐劳的精神品质				
	3. 具备不怕脏、不怕累的精神品质				
整体评价与发展建议（综合性评语）					
评分标准	每项1~5分，最低1分，最高5分，打整数分				

五、项目反思

（一）项目方案设计反思

针对项目进行反思，对于学生兴趣较低的问题，从家长、班主任处着手，了解学生的兴趣点，有针对性地设计驱动问题，最大限度地激发学生的学习兴趣。对实施过程中的时间进度进行调整，通过请教农业专家、有经验的学生家长和教研讨论，优化实施进程。对学生的能力水平进行再评估，确保小组内人员的分工合理，最大限度地发挥学生的能力。

（二）项目实施反思

在实施种植花生项目的过程中存在教师缺乏种植经验，准备不充分的问题。教师因不了解种子的生长特性，导致部分花生没有结果，影响种植效果。观察中还发现，有些种植活动没有相应的顺序，学生种植过程中出现了错误，教师未及时关注到。因此，在后续项目实施过程中，一方面需要邀请相关专家开展知识讲座，让种植活动变得简单、有趣，提高教师和学生种植的兴趣；另一方面开展种植研讨活动，让教师在参观、学习、交流的过程中学习他人的种植经验，帮助教师提高指导能力。

（三）学生成长反思

在实施种植花生项目的过程中要注重对学生劳动观念和精神品质的培养，特殊学生劳动过程中劳动责任感和持续性较低，易疲劳，随意性大，不能长久地坚持完成劳动任务。因此，在劳动过程中多设计一些有趣的活动、增加一些强化物的方式，让学生参与活动，提高劳动能力，培养劳动观念和精神品质。

附：活动资源

附表 1　分组及分工情况表

小组名	组员	职责	备注
		A层种植指挥员：负责统筹规划，先示范种花生，再指导组内其他成员完成相应的劳动，解决其他成员遇到的问题	
		B层松土员、挖坑员、埋土员：正确使用劳动工具，完成松土、挖坑、埋土	
		C层播种员、浇水员、施肥员：正确使用劳动工具，完成播种、浇水、施肥	
劳动工具	A层：锄头、水壶 B层：锄头 C层：水壶		

附表 2　教师课堂观察表

姓名		
时间	内容	完成情况描述

附表 3　学生项目自评表

观察项目	活动表现			引导方向	
	优	中	差	扬长	补短
我认识种植工具					
我会使用种植工具					
我会松土					
我会挖坑					
我会播种					
我会埋土					
我会施肥					
我会浇水					
我会除草					

续表

观察项目	活动表现			引导方向	
	优	中	差	扬长	补短
我会除虫					
我会辨别花生是否成熟					
我会采摘花生					
我会持续观察记录					
我会制作花生衍生品					
我能认真地完成劳动任务					
我的感悟					

附表4 花生成长记录簿

学生姓名		
节点	日期	变化
播种		
发芽		
长叶		
生长		
开花		
枯萎		
成熟		

（执笔：特殊教育学校 辜思）

第三节 公益劳动与志愿服务任务群项目式学习案例

打造教室门口的生态空间
——天府七小劳动项目式学习案例

劳动内容/任务群：生产劳动、服务性劳动
年级/学段：二年级
课时计划：12周

一、项目简介

（一）选题背景

《义务教育劳动课程标准（2022年版）》（以下简称《课程标准》）中课程目标要求小学低段（一至二年级）学生能够关心、照顾身边常见动植物，初步形成关爱生命、热爱自然的意识。为此，《课程标准》安排了低段生产劳动任务群：学校应根据实际情况，种植和养护1~2种当地常见的水培或土培植物，结合具体植物养护活动，观察植物的生长发育情况，知道身边常见植物的养护方法，培养对植物的喜爱之情。

四川天府新区第七小学（以下简称"天府七小"）秉持"成人与儿童共创"的教育理念，以项目式学习为主线，对劳动课程进行实践探索，并有目的、有计划地组织学生参加日常生活劳动、生产劳动和服务性劳动，在动手实践、出力流汗、磨炼意志的过程中，培养学生正确的劳动价值观和良好劳动品质。

（二）学情分析

天府七小紧邻天府公园，从一年级开始学生就到天府公园开展自然学校校本课程，因此，二年级的学生对常见植物有了一定程度的了解，初步养成了细致观察的好习惯，具备关爱生命、热爱自然的意识。二年级上册劳动课，学生参与了简单的水生植物种植劳动实践，积累了养护的经验。水生植物占地小，易成活，种植条件较容易满足，加之教室门口的走廊宽敞，完全具备种植养护植物的场地条件。本项目基于学生现实生活中的问题生成，对学生来说是较为贴近现实需求的劳动项目，能够激发他们进行项目设计和实践的热情。

二、项目目标（见表1）

表1 "打造教室门口的生态空间"项目目标

素养目标	认识（理解）、具有（掌握）、养成（形成）
劳动观念	在打造教室门口的共享空间过程中，体会劳动的艰辛和快乐，获得美的体验和感受，初步形成喜欢劳动、积极参加劳动的态度，明白劳动创造美好生活的道理
劳动能力	在水培种植的劳动过程中，初步了解身边常见动植物的养护方法，会使用简单的水培管道、豌豆苗培育容器等工具，能照顾身边常见的水培植物；知道种植活动与自然界的紧密关系
劳动习惯和品质	懂得珍惜劳动成果，能表达参与农业劳动后收获的快乐，初步具有关心、照顾身边常见动植物的责任心和在劳动过程中遵守劳动纪律和安全规范，初步养成认真负责、有始有终、认真劳动的劳动习惯和品质
劳动精神	能在劳动过程中不怕脏、不怕累

三、项目过程

（一）设计思路

"打造教室门口的共享空间"作为驱动性任务，以"怎样设计和实施项目才能让共享空间更有价值"作为核心问题，融合语文、数学、科学、美术、财经等学科领域知识，通过设置活动序列，引导学生用财经思维进行思考和设计，使教室门口及走廊的空间发挥最大价值，并通过班集体共同种植、养护、观察、收采、售卖及再种植等过程，学生经历劳动知识与技能的学习，发展艺术审美，培养坚持劳动、认真劳动的劳动习惯和品质，形成不怕吃苦、热爱劳动的劳动精神（如图1所示）。

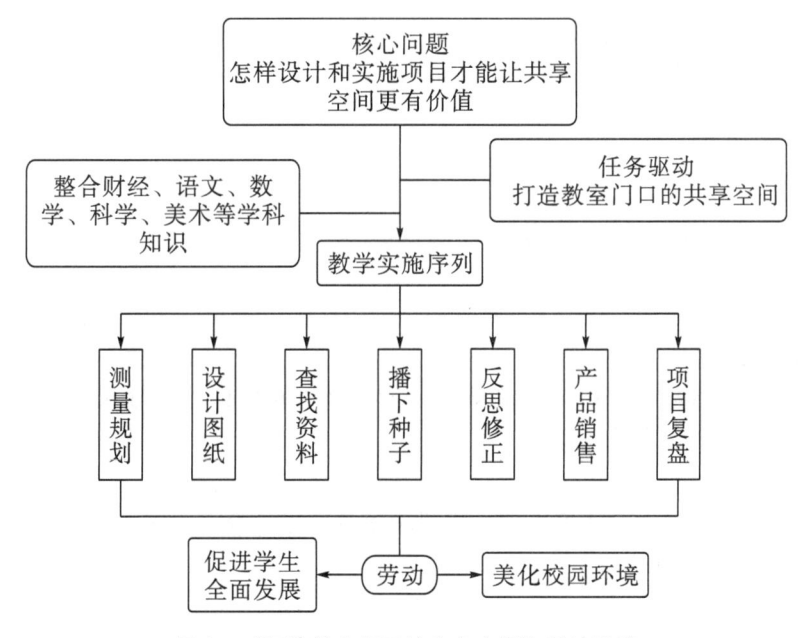

图1 "打造教室门口的生态空间"设计思路

活动序列如下：
（1）分小组测量走廊的长度、高度以及适合种植的面积大小。
（2）根据实际的测量数据，结合班级特色设计水培管道方案。
（3）结合班级特色设计管道搭建图纸。
（4）根据设计图纸小组合作安装水培管道，对"共享空间"进行美化。
（5）分小组播种、养护，写下观察记录。
（6）等到植物长成以后，自主策划、宣传与销售。
（7）复盘及评价整个项目，总结经验和不足。

（二）前置学习

1. 学生准备

（1）课前收集水培植物相关资料，主要包括水培植物的品种、特点和生长习性等。

（2）调查班上同学想养护的植物，并把结果进行归纳总结。根据调查的结果，初步选择可培植的植物种类。

2. 教师准备

（1）查找水培种植的图片和视频，学习水培植物的种植方法和管理技术。

（2）准备水培植物、水培相关器皿。

（3）设计并印制打造生态共享空间的《劳动实践手册》。

【时间安排】

本活动历时12周。

四、实施过程

（一）第一阶段：水培管道设计以及搭建（2月）

1. 测量共享空间数据

【学生活动】

小组合作，结合数学知识分工测量、记录共享空间栏杆的实际尺寸，记录相关数据，根据数据设计搭建水培管道。

【指导要点】

讲解水培管道设计中的注意事项，提供水培管道设计参考方案。

2. 设计水培管道布局图纸

【学生活动】

（1）学生根据实际的测量数值，参照班级特色设计管道搭建图纸。

（2）以小组为单位推选出小组最优搭建图纸，全班分享，由全班同学投票选出最佳图纸，进入下一阶段的具体实施。

3. 师生共建

师生一起将设计初稿制作成精美效果图。

4. 学生动手搭建水培管道

【学生活动】

学生根据效果图，分小组合作安装水培管道，小组代表交流安装中遇到的困难以及应对措施。

【指导要点】

准备分装的管道，与学生共同研究安装步骤，以及安装过程中注意事项。与学生共同解决安装过程中遇到的问题。

【设计意图】

通过团队合作发现问题，交流探讨，解决问题，感受团队的力量，激发合作精神。

(二) 第二阶段：规划走廊空间种植品种（3月第一周）

【学生活动】

（1）课前分小组收集适合水培的植物资料和图片，每个小组精选出3种不同的水生植物，小组代表上台汇报生长习性。

（2）根据水生植物的生长特点和生长习性进行分析讨论，选出适合共享空间种植的水培植物。

（3）根据情况选出种植的植物品种（选择2~3种易于种植和管理的水培植物），每个小组设计自选水培植物的生长区域。

（4）通过查找资料进一步探究选定水培植物的特点、生长习性以及培育水生植物所需的前期准备。

【指导要点】

根据学生的汇报，提供种植区域的规划方案，以及总结出各种水生植物的特点。

【设计意图】

学生通过自主选择水培植物，认识更多的水培植物，同时找出不同水培植物的生长习性，将科学知识融合其中，锻炼学生收集和整理资料的能力。

(三) 第三阶段：以小组为单位开展种植实践（3月第二周至5月第二周）

1. 根据不同水培植物的特性进行种植

种植豌豆尖：

【指导要点】

提供选种建议，并为学生准备种子和托盘。

【学生活动】

（1）挑选豌豆种子。拿出准备好的豌豆，经过观察，选择完整的、颗粒比较饱满的豌豆。

（2）提前用水泡豆子4~5个小时，平铺于种植盘，下面添上适量清水。

【设计意图】

以往学生都是从苗开始进行水培，这是第一次从种子开始培植，因此需要对种子优良进行区分，只有颗粒饱满的种子，才能培植出优育的豌豆尖。亲手挑选优良种子，既培养了学生的观察能力，又培养了学生的动手能力。

种植绿植：

清洗带有泥沙的根茎，适当修剪枯枝败叶，将植物放置于规划的容器内。

2. 建立班级植物管理制度，形成分工表

【学生活动】

（1）根据小组分工表明确小组成员分工，并照顾管理自己的植物（见表2）。

表 2　小组成员及分工安排表

小组名	小组成员	职责	备注
		组长：负责统筹规划，协调帮助其他组员工作	
		浇水：每天根据植物生长情况浇水，定期给种好的植物添加营养液	
		修剪：如果出现黄叶及时清理	
		除虫：对于生长过程中出现的水质变化、蚊虫聚集等现象及时查找资料或咨询科学老师采取相关应对措施	
我们的植物名称：			

（2）美观有序地摆放，合作养护自己的植物。

3. 为植物设计名牌

【学生活动】

根据植物特点给植物设计制作生长名牌。

【指导要点】

为学生查找各种植物名牌的图片，提供参考样式；引导学生根据植物的外形、颜色、寓意等设计名牌。

4. 观察与记录

【学生活动】

（1）观察植物，以图文的形式填写观察记录表，小组长负责做好观察记录的统筹。

（2）班内分小组交流各小组的植物生长情况，交流水培种植的经验和心得。

【指导要点】

引导学生分小组进行植物生长期观察，利用多种方式观察植物，如借助测量工具、对比观察等，并以图画、文字、照片等方式，记录植物的生长情况。

【设计意图】

从种植的选择到名牌的制作，以及观察记录表的填写，整个过程学生完全自主观察与记录，学习与探究，将自己学到的科学知识、绘画、书写等各种能力整合到一张记录与观察表中，从而促进学生全面发展。

（四）第四阶段：收获与成长

种植的豌豆尖和其他可食水培植物成熟后，以小组为单位进行采摘，带回家和家人一起分享自己劳动的成果。学生做成不同菜肴，并在班级内展示，享受收获的快乐！

【学生活动】

（1）制作海报、到班宣传等，各小组设计策划这次售卖活动。

（2）基于前期水培植物的经验，培育大量经济作物，利用学校自主项目时间，售卖水培植物、豌豆尖等，换取"七小币"（学校评价手段之一，可用于学校超市购买指定货品）。

【指导要点】

配合学生的活动，给出售卖前海报制作、宣传、包装，售卖时分组推销、售卖、收钱合作的一些参考意见。

【设计意图】

通过售卖自己的劳动成果，感受劳动带来的乐趣，将成果与货币相联系，感受劳动创造财富。整个售卖过程将财经的知识运用其中，实现劳动与财经、劳动与审美的融合。

（五）第五阶段：复盘与反思

对水培种植打造共享空间的流程进行复盘反思，内容包括打造共享空间前的头脑风暴、共享空间的规划、水培管道的安装过程；打造共享空间中水培植物的培植、照顾，工具的收纳、清洁卫生和安全整齐摆放过程，以及收获和销售环节等。通过复盘反思，总结经验，以便为其他劳动项目提供借鉴和参考。

学生对整个项目进行复盘，从前期目标、结果评估、原因分析，再到总结经验复盘这个项目的目标达成。

鼓励学生带着自己水培植物的经验走出课堂，在家里继续进行水培植物养护，继续观察，研究有关水培植物的小问题。鼓励学生记录观察，尝试写观察日记等。

通过项目实施，打造出一个美丽的共享空间，布置了漂亮的水培管道，设计了美观的植物名牌，见证了水培植物的生长、开花和收获，还有与家人的共享、水培植物的售卖，孩子们在这个劳动项目中收获了各种乐趣。

五、评价设计

（一）表现性评价（见表3至表5）

表3 二年级"打造教室门口的生态空间"种植图纸设计

植物种类	
植物名称	
设计美观	
养护安排	

表 4　小组成员及分工

小组名	组员	职责	备注
		负责统筹规划，协调帮助其他组员工作	
		浇水	
		修剪	
		除虫	
我们的植物名称：			

表 5　植物生长记录表

我养护的植物：		
节点	日期	变化
播种		
发芽		
长叶		
收获		
枯萎		

（二）综合评价（见表 6 至表 8）

表 6　项目自我评价表

观察项目	活动表现			引导方向	
	优	中	差	扬长	补短
我会测量					
我会设计水生植物家园图					
我会装饰水生植物家园					
我会设计植物名牌					
我会持续观察记录					
我会正确养护植物					
我会爱护校园植物					
我能将想法付诸行动					
我的感悟					

表 7　小组评价

第＿＿＿＿＿小组

组员	评价项目	活动表现		
		优	中	差
	积极参与美化，认真承担组员职责			
	尊重组员意见，能与组员良好沟通合作并及时完成任务			
	能持续认真观察记录，完成劳动实践手册			
	掌握一定的花卉种植及养护方法			
	爱惜劳动成果，爱护校园植物			
	做到及时浇水，整齐美观摆放			

表 8　导师评价

小组	小组成员	到位情况（组长评价）按时到位打√未按时到位打×	参与效果（组长评价）A. 积极 B. 较积极 C. 不积极 D. 消极	完成质量（项目导师）A. 很好 B. 较好 C. 一般 D. 待改进	综合评价（主任导师）A. 优秀 B. 良好 C. 合格 D. 待改进
一组					
二组					
三组					
四组					

续表

小组	小组成员	到位情况 (组长评价) 按时到位打√ 未按时到位打×	参与效果 (组长评价) A. 积极 B. 较积极 C. 不积极 D. 消极	完成质量 (项目导师) A. 很好 B. 较好 C. 一般 D. 待改进	综合评价 (主任导师) A. 优秀 B. 良好 C. 合格 D. 待改进
五组					
六组					
七组					
八组					
九组					
十组					

项目导师（签名）：_____　　主任导师（签名）：_____

六、项目反思

在实施"打造教室门口的生态空间"项目化综合实践课程后，我们有以下思考。

(一) 开发教材，课程化实践

为更好地落实综合实践教育，学校教师精心设计课程，研发天府七小《劳动实践手册》，更好地辅助课程的推进。以手册作为课程载体，整个课程学生完整地经历"测量规划—设计图纸—劳动实践—反思修正—产品销售—项目复盘"全过程，体验活动的乐趣，培养综合能力和科学素养，培育积极的学习精神和形成良好的学习习惯与品质，实现"以劳树德、以劳增智、以劳强体、以劳育美"的目标。

(二) 美学引领，科学化实践

美育是"五育"的重要组成部分，培养学生以审美的眼光对待实践。学生以美学的思维布局整个共享走廊空间，从图纸的设计到植物的选择，以及各个区域的规划，都用美学作为引领。在规划好的区域内进行科技种植、对比实验、观察记录等劳动实践，这不仅是眼中所看到的植物，更是以美学引领，科学化技能的内化。

(三) 财经指引，高阶化实践

本项目结合各科课程，在劳动实践的过程中培育孩子正确的价值观，进而促进孩子全面发展。作为天府七小植物的管理员，你打算怎样宣传和经营你的共享空间，让共享空间的利用最大化？孩子们经历"宣传推广—贩卖销售—持续创收"的过程，由学生学习行为自发打通了实践教育与财经素养的联系，更进一步地加深学生对于"劳动创造财富"的理解。

(四) 德育为先，绿色化护眼

学校物质文化是学校文化的物态形式和必要物质载体，是向学生渗透教育影响的"隐性课程"。学校二年级"打造教室门口的共享空间"项目旨在通过水培植物引导学生课间文明休息、观察绿植，让学校的每个角落、每棵植物、每个时段都能发挥育人功能，起到调动思维、陶冶情操、激励意志的作用。

2018年8月，教育部等八部门联合印发的《综合防控儿童青少年近视实施方案》指出，儿童青少年是祖国的未来和民族的希望。近年来，我国儿童青少年近视率居高不下、不断攀升，近视低龄化、重度化日益严重，已成为一个关系国家和民族未来的大问题。全社会都要行动起来，共同呵护好孩子的眼睛，让他们拥有一个光明的未来。学生打造绿色美丽的"共享空间"，让学生走出教室即享受绿色，课间活动休息的同时能放松休息眼睛，帮助学生从小培养科学用眼护眼的习惯。

(执笔：天府七小　刘迎梅、高施施、单素丽)

做一名幸福志愿者
——万安小学劳动项目式学习案例

劳动内容/任务群：服务性劳动/公益劳动与志愿服务
学段/年段：第三学段/六年级
项目用时：2个月（8周）

一、项目简介

（一）选题背景

1. 政策背景

《义务教育劳动课程标准（2022年版）》对不同年段学生参与"公益劳动与志愿服务"进行了明确要求。以第三学段为例，"学生应参与1~2项公益劳动与志愿服务劳动项目。在劳动素养方面，应了解公益劳动与志愿服务中的调查、准备、组织、实施、反思等环节"。

2. 现实背景

"打造整洁的校园周边环境"项目来源于学生志愿者的烦恼倾诉。学校安排大队干部担任校园周边公共区域环境卫生的志愿者，定期开展"弯腰行动"。"我们捡了别人又丢，捡了又丢，我们的工作好像没有意义！""老师，我有点怀疑志愿者的作用了，该怎么办呢？"

只提倡"弯腰行动"是治标不治本的。如果更多的人也能像他们一样从被管理者转变为管理者，把校外的环境卫生当成自己的事，学校周边的环境将大为改善。于是，"打造整洁的校园周边环境"项目应运而生。

（二）学情分析

六年级学生在校内已具备良好的卫生习惯，能认真打扫并保持环境卫生，但走出校门之后，责任意识比较淡薄，随手扔垃圾、破坏环境卫生的情况比较多，校园周边环境治理成为老大难问题。单纯的宣传教育和监督岗的管理方式也是治标不治本。

学校秉承"幸福教育，做最好的自己"办学理念，让学生积极参与各项服务性劳动，在付出劳动中锻炼劳动能力、体会爱与被爱的幸福。六年级学生已经具备一定的志愿服务经验和能力，实施本项目具有可行性。

二、项目目标

（1）树立参与志愿服务、服务社会的劳动观念。
（2）提高解决问题和筹划的能力，开展校园周边环境治理，有效改善校园周边环境。

(3) 塑造团结合作、分工协作、吃苦耐劳的劳动品质，养成公共服务意识。

(4) 形成主动克服困难、不怕辛苦、积极探索的劳动精神，培养主动关注他人需要的意识和志愿服务、乐于奉献的精神，体会志愿付出的幸福。

三、设计思路

本活动以项目式学习的方式展开，融合语文、数学、科学、信息、美术等学科，让学生参与到环境治理中来。以两个月为周期，围绕核心任务"打造整洁的校园周边环境"，设计四个阶段（如图1所示）。

（一）阶段安排

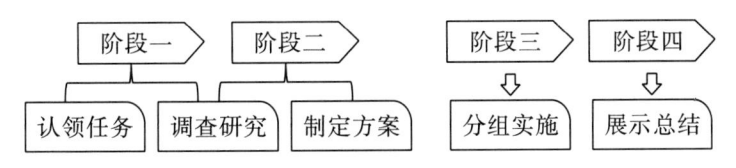

图1 "打造整洁的校园周边环境"项目实施步骤

（二）任务安排

1. 学生
(1) 调查校园周边环境存在的问题，分析其原因并制定解决方案。
(2) 分组实施解决方案，根据遇到的困难逐步优化方案。
(3) 进行成果分享和总结。

2. 教师
(1) 组织学生发现问题，进行任务驱动。
(2) 指导学生掌握调查的方法，指导学生制定解决问题的方案。
(3) 对实施过程进行指导，并评价反馈。

（三）时间安排

2个月（8周）。

四、实施过程

（一）第一阶段：认领任务，组织调查（第一周）

【学生活动】

1. 认领任务
(1) 观看图片和视频，发现身边真实存在的问题。①校内外环境卫生对比图；②学生上下学高峰时段前后校外地面对比图；③小视频"志愿者的烦恼"。

(2) 小组交流，达成共识。

在组内交流的基础上各组学生汇报自己的想法，达成共识。学生认识到大家在校园外对环境卫生的爱护不足，这样的问题必须得到解决。

(3) 认领任务。

认领任务，接下大队部送来的任务榜。齐声宣誓："做一名幸福的志愿者，挑战两个月打造整洁的校园周边环境，我能行！"

2. 确定完成任务的阶段和方式

开展讨论，确定完成任务的方式：

(1) 进行调查，了解校园周边环境存在的问题，弄清难以治理的根本原因。

(2) 分组确定方案，分小组实施。

(3) 展示完成情况，进行总结。

3. 准备调查研究

(1) 确定各小组调查的对象、内容及调查形式（见表1）。

表1 调查分组表

调查对象	调查内容	调查形式	负责小组
教师	为什么校园外环境卫生难以治理	口头采访	一
学生	对校外环境卫生有何看法	口头采访	二
学生	校园外乱扔垃圾的情况	定点观察/口头采访	三
周边小商户	您眼中的不爱护环境卫生的行为	口头采访/定点观察	四
周边居民、学生家长	您眼中的不爱护环境卫生的行为	口头采访	五
清洁卫生人员	您在清理卫生时的感受	口头采访	六

(2) 分小组制订调查计划，并在本周内组织实施调查。

各小组确定调查研究表（见表2），讨论组内人员分工、调查的时间和组织方式、汇报方式，本周内展开调查。

表2 校园周边环境问题调查研究表

我们的任务：调查同学们在校园外乱扔垃圾的情况			
小组：第三组			调查时间：
人员分工	组员1和2	在A点观察	组员3和4	在B点观察
	组员5和6	口头采访	组员7	资料汇总分析
	组员8	统筹安排汇报		

情况记录	哪些同学经常在校外乱扔垃圾：
	校外乱扔垃圾的时间：
	校外乱扔垃圾的地点：
	校外乱扔的垃圾种类：
	其他观察到的情况：
调查分析	为何某些同学扔垃圾较为随意：
	为何某时段校外垃圾出现较多：
	某些地点为何垃圾产生较多：
	为何某些种类垃圾乱扔的情况较多：
	产生的不良影响：

【教师指导】

1. 情境引入发现问题

通过活动前谈话，引起学生思考：爱护环境卫生人人有责。校园里每天都有同学在为大家默默地服务，校园外也有这样的一群保洁阿姨默默地为城市的卫生做出贡献。

出示：①校内外环境卫生对比图；②学生上下学高峰时段前后校外地面对比图；③小视频"志愿者的烦恼"。对此大家有什么想法？

2. 组织动员，激发参与热情

关于校门外环境卫生的问题，教师们也在发愁。这次大队部的教师来到我们班，想请同学们争当幸福志愿者，用两个月的时间改变校园周边环境卫生脏乱差的局面，打造出一个整洁的校园周边环境。

3. 组织仪式，让学生认领任务

提前准备任务榜文，组织学生进行宣誓活动。

4. 指导分组，帮助学生确定任务流程

根据能力特长，采用自主申报和教师安排相结合的方式，将全班分成 6 个小组。指导学生确定完成任务的流程——调查分析、确定措施、制定方案、分组实施、汇报总结。

5. 指导学生开展调查

人员分工方面，可以安排定点观察员、口头采访员、资料分析员、汇报员、统筹员等。时间安排方面，应选取自己有空、采访对象有意愿有时间的时候。记录方式方面，可列出提纲进行提问或预设答案勾选进行记录。

【设计意图】

此设计是为了让学生发现周围存在的环境问题，感受到志愿服务的必要性，通过宣誓仪式明确自己的职责。在组织调查的过程中，熟悉了解如何对现实问题进行调查，掌握必要的志愿服务能力。

（二）第二阶段：分析调查结果，确立各组志愿服务行动方案（第二周）

【学生活动】

（1）汇报调查结果。

通过一周时间的调查，学生对校外周边环境卫生的情况有了较为深入的了解，组织各小组对情况进行反馈。

问题：

①校外周边垃圾出现较多的时间。

②校外周边垃圾出现较多的地点。

③校外周边垃圾较多的原因。

④产生的不良影响。

（2）头脑风暴讨论金点子。

开启头脑风暴模式，提出解决问题的金点子。分析其优缺点和实操性，根据学生的能力特点分析哪些项目切实可行，筛选出可供行动的点子（见表3）。

表3 头脑风暴金点子

项目	是否选用	未选用原因	负责小组
制作倡议书	√		一
设置卫生劝导岗	√		二
标识牌提醒	√		三
唱爱卫生儿歌童谣	√		四
设立环保小卫士	√		五
请周边商家配合	√		六
曝光台		点名批评不利于改正错误	/
情景剧表演		人手和能力不够，难以完成	/

（3）制定小组活动方案。

分小组制定活动方案，并根据人员特长进行分工。小组汇报修订。

【教师指导】

（1）根据调查结果指导学生分析问题背后的原因，并引导学生对提出的金点子进行可行性分析，筛选确定每组的志愿服务项目。

（2）指导学生思考制定志愿服务方案应考虑的因素（如图2所示）。

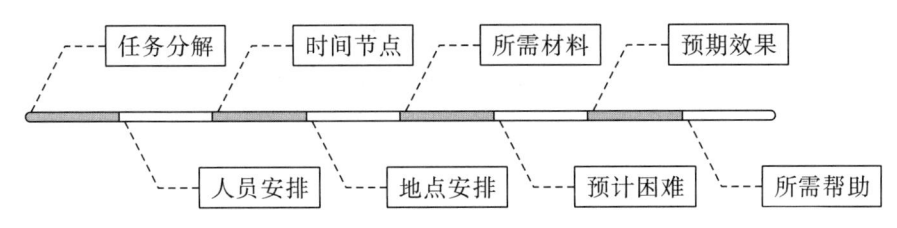

图 2　制定志愿服务方案应考虑的因素

（3）提供方案模板（见表 4）。

表 4　志愿服务行动计划

任务名称：				
负责小组：				
人员分工	1 号	2 号	3 号	4 号
	5 号	6 号	7 号	8 号
活动流程	思维导图			
时间安排				
地点安排				
所需材料				
可能遇到的困难及解决思路				
需要的帮助				
如何判断完成效果				

【设计意图】

此阶段的设计是为了让学生基于调查结果提出设想，并根据人员能力合理安排志愿服务计划方案。

（三）第三阶段：分组实施，动态优化（第三至七周）

【学生活动】

（1）各小组根据计划实施志愿方案。

（2）定期记录自己小组任务的完成情况，对发现的问题进行记录与分析。记录单张贴在教室后面的公告栏，全班师生均可查看。如有问题提出后，可征集同学意见（见表 5）。

343

共享的力量
——区域推进劳动课程建设的创新实践

表5　志愿服务推进表

任务：		第（　　）小组
时间	本周任务	完成情况
建议栏		

（3）每个小组根据推进情况及时优化调整志愿服务方案，并调整措施（见表6）。

表6　各组推进情况

项目	原计划方式	实际困难	调整优化执行情况
制作倡议书	写一份倡议书在全校宣读	认真听的同学很少，大家印象不深	①撰写倡议书；②现场签名承诺活动
设置卫生劝导岗	劝导员对乱扔垃圾的行为进行提醒	个别同学不听劝导，反复劝导又发生乱扔垃圾的情况	①将情况记录反馈给大队部扣分；②及时拍摄记录践行弯腰行动的同学并全校表扬；③由常扔垃圾的同学来体验劝导员岗位
标识牌提醒	绘制提醒用的标示牌进行张贴	贴在墙上没引起注意	①制作头饰——行走的标识牌；②美术课上，全校同学来画一画
学唱爱卫生童谣	编制童谣，请大家诵读	志愿者编制了童谣，但难以传播开	①在全校开展爱卫生童谣制作比赛；②制作海报张贴优秀作品；③午休时间校园广播站轮流播放；④每个班选一支童谣，放学时路队唱诵
设立环保小卫士	在各班选一些同学加入志愿者队伍，进行劝导提醒	环保小卫士的提醒不管用或小卫士的上学路线和需要管理的同学并不一致	①制作臂章，公开聘用环保小卫士；②根据居住区域、乘坐的公交线路选择环保小卫士
请周边商家配合	请商家对购买东西的同学进行卫生提醒	生意太忙或担心得罪小顾客，没有提醒	①志愿者到商户蹲点提醒；②添置垃圾桶，放在商户处

【教师指导】
做好过程管理和安全指导，根据各组推进情况和反馈的困难，指导改进意见。
【设计意图】
本项目是一项真实且较为复杂的服务，此阶段的设计是为了及时记录推进情况，让学生在不断思考、调整改进的过程中，综合运用各学科知识，解决志愿服务中遇到的问题，提高解决问题的能力和统筹协调能力。

（四）第四阶段：展示总结，反思提高（第八周）

【学生活动】

1. 展示总结

（1）展示本周校外环境卫生情况，对比活动前后成效变化。

（2）各组通过图片、文字、视频等方式展示实施过程，分享成功经验和自己的感受。每位同学为心中的最佳小组投票，评选出最佳方案奖、创意奖、志愿服务奖。

2. 反思提高

教师组织回顾项目的实施过程，对小组志愿服务的完成情况进行评价，感受志愿服务的艰辛与幸福，引导学生反思：

（1）为打造整洁的校园环境，我们的措施有效吗？还可以改进吗？

（2）时间安排是否合理？有没有需要调整的地方？

（3）小组内人员的分工是否合适？有没有发挥每个人的特长？

（4）从其他小组的展示中，我们学到了什么？

（5）除了已经开展的行动，我们还可以做些什么？

（6）我们做的事情还有什么价值和意义，难道只是为了环境的整洁吗？

【教师指导】

引导学生客观总结此次志愿服务情况，认识到实际生活中志愿服务的复杂性，感受志愿服务的价值，树立正确的劳动观念。以生态文明的价值导向培养学生的环保意识。

五、评价设计

采用学生自评、同学互评、教师评价相结合的方式，对参与志愿服务的过程和完成情况进行平时表现评价和阶段综合性评价，充分发挥评价的引导、诊断、改进与激励功能（见表7至表10）。

表7 评价设计整体思路

评价类别		评价主要内容	评价方式与办法	评价工具
表现性评价	调查阶段	观察和访谈的计划制订开展情况	质性评价 教师及时反馈	见表8
	活动方案实施阶段	方案制定和实施情况	质性评价 教师及时反馈	见表9
综合性评价		小组任务完成情况	质性评价 教师指导反思总结	见表10

表8 "打造整洁的校园周边环境"志愿服务调查研究表现评价表

类别			评价项目			活动表现（★★★）
小组整体情况（组长评）			我们有明确分工			
			时间安排合理			
			调查对象确定合理			
			我们制订了详细的调查计划			
			大家积极讨论充分发表意见			
			相互尊重意见，合作完成调查任务			
			我们对调查结果进行了合理分析			
组员完成情况（自评/互评）	定点观察员	人员	时间安排合理	观察细致	记录完备	合作完成
		1号				
		2号				
	口头采访员	人员	选择的访谈对象有代表性	问题设置合理	记录详细	分工合理
		3号				
		4号				
	汇总分析员	人员	对情况进行分类整理	对情况进行分析	用图表直观表示结果	对原因进行了解释
		5号				
		6号				
	汇报员	人员	准备充分	汇报完整准确	图文生动形象	表述清晰流畅
		7号				
	统筹负责人	人员	人员安排合理	任务要求细致	步骤安排合理	及时统筹调整
		8号				
综合评价（★★★）						

表9 "打造整洁的校园周边环境"志愿服务方案实施过程表现评价表

类别	评价项目						活动表现（★★★）
小组整体情况（组长评）	我们把任务分成了几个小步骤						
	人员安排适当						
	材料准备充分						
	时间节点安排合理						
	大家相互尊重意见，合作完成任务						
	志愿服务阳光积极不推诿						
	关注大家的需求、乐于奉献						
组员完成情况	1号	积极参与互相合作		对待任务认真负责		主动发现和解决问题	积极向上阳光服务
		自评	互评	自评	互评	自评	互评	自评	互评
	2号								
	3号								
	4号								
	5号								
	6号								
	7号								
	8号								
综合评价（★★★）							

表10 "打造整洁的校园周边环境"志愿服务小组综合性评价表

小组	项目	小组评（★★★）				教师评（★★★）
		预定措施有效落实	根据情况及时优化	行动得到大家认可	环境卫生得到改善	综合评价
1	制作倡议书					
2	设置卫生劝导岗					
3	标识牌提醒					
4	学唱爱卫生童谣					
5	设立环保小卫士					
6	请周边商家配合					

（执笔：万安小学 罗丽萍、周杨）

家校共育微田园蔬菜种植
——永兴小学劳动项目式学习案例

劳动内容/任务群：生产劳动/农业生产劳动
学段/年段：小学第二学段
课时计划：12课时

一、项目简介

（一）选题背景

《中共中央 国务院关于全面加强新时代大中小学劳动教育的意见》和《大中小学劳动教育指导纲要（试行）》指出，把劳动教育纳入人才培养全过程，贯通大中小学各学段。《义务教育劳动课程标准（2022版）》要求第二学段学生能规范使用劳动工具，初步体验简单的种植、养殖、手工制作等生产劳动；初步体验简单的现代服务业劳动。

为丰富学校劳动课程内容，让学生有机会亲身实践，亲自操作，学校为每个班级划分一亩三分地，班级自主选择、自主管理、自主收获。由于班级劳动教师种植经验不足，因此聘请种植经验丰富的家长为校外劳动教育指导教师，在一些较重要的基地种植活动中，邀请家长进基地，传授和讲解种植经验及要领，让学生在做中学，学中做。开展"家校共育微田园蔬菜种植"劳动项目，注重引导学生从现实生活真实需求出发，亲历情境、亲手操作、亲身体验，经历完整的劳动实践过程，避免单一、机械的劳动技能训练，引导学生通过设计、制作、试验、淬炼、探究等方式进行实践体验，习得劳动技能，养成劳动品格，培育劳动精神。

（二）学情分析

随着生活条件越来越优渥，小学生中出现一些不愿劳动、不会劳动、不珍惜劳动成果、不尊重体力劳动者的现象。劳动独特育人价值在一定程度上被教师、家长忽略，教师过分追求教学质量，忽略劳动教育，导致学生劳动意识淡薄。作为教师，为培养德智体美劳全面发展的社会主义建设者和接班人，如何帮助学生树立劳动意识，习得劳动技能，养成良好劳动习惯，促进学生全面发展，是我们需要解决的问题。中段学生已具备一定劳动能力，依托学校划分的微田园实践基地，开展农业生产种植劳动，以激发学生劳动热情，让学生愿劳动、爱劳动。

二、项目目标

（1）懂得"一分耕耘，一分收获"的道理；体会劳动光荣、劳动无高低贵贱之分的道理，认识到美好生活离不开各行各业劳动者；尊重劳动，尊重普通劳动者，初步形成热爱劳动的态度。（劳动观念）

（2）初步体验简单种植，掌握常见的1~3种蔬菜种植与日常维护；能安全、规范

地使用常用劳动工具,了解各种工具的作用与特征;初步体验简单的现代服务业劳动。(劳动能力)

(3) 懂得在劳动中遵规守约,初步学会与他人合作;珍惜劳动成果,爱惜粮食和蔬菜,初步养成有始有终、专心致志的劳动习惯和品质。(劳动习惯和品质)

(4) 在农业生产劳动中养成勤俭节约的精神,做到不怕困难,团结协作。(劳动精神)

三、项目过程

(一) 设计思路(如图1所示)

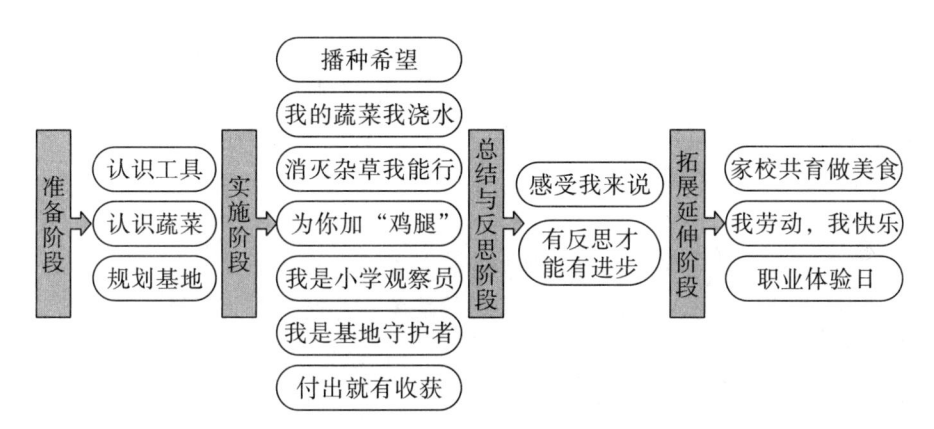

图1 "家校共育微田园蔬菜种植"设计思路

(二) 实施过程

1. 第一阶段:活动准备

活动序列一:认识种植工具

【学生活动】

(1) 根据表格查找相关资料,认识种植工具:锄头、耙子、浇水壶等。

(2) 初步学会使用种植工具,能根据种植需要选择适合的工具。

【教师指南】

(1) 查找相关资料,根据学生初期使用手册,准备相应种植工具。在课堂上让学生认识并讲解工具的使用。

(2) 播放种植工具使用视频,学生观看后谈收获,互相补充。

(3) 组织讨论。将前期收集的资料和课堂上了解的内容在小组内交流,总结出种植工具名称及使用方法,形成小组成果(见表1)。

表1 小组成果表

工具名称	作用	使用方法及注意事项	了解方式

（4）全班分享小组成果，各小组依次进行汇报。

（5）借助学生小组成果，教师补充相关工具作用及使用方法，借助实物进行示范，强调在使用过程中应注意的安全事项。

（6）教师总结，指导学生整理出手册初稿。

【设计意图】

学校处于乡镇地区，准备种植工具非常方便。大部分学生来自农村家庭，家里就有种植工具，学生能真正接触工具，并很快学会使用。教师引导学生根据平时观察，探索工具使用方法及作用，可以激发学生思考，提升学生劳动兴趣。

活动序列二：认识蔬菜

【学生活动】

（1）查资料或实地观察，说说了解哪些蔬菜种植方法和蔬菜习性。

（2）根据季节等因素，确定自己要种植的蔬菜，并通过查阅资料、请教长辈等方式了解相关种植方法。

（3）列出种植蔬菜清单，并能够在小组合作中合理分工。

【教师指南】

（1）出示各类蔬菜图片，引发学生思考，学生回答蔬菜种植要点。

（2）根据实际情况，请学生选择喜欢的蔬菜在小组内讨论其习性、生长季节等。

（3）分发任务单，学生讨论后完成小组任务单（见表2）。

表2 小组任务单

蔬菜名称	播种季节	播种方式	使用工具	生活习性

（4）学生交流探讨出结果，教师进行纠正。对于蔬菜种植季节和生活习性要重点指导讨论，为后期种植活动奠定基础。

（5）指导学生修改任务单，并根据蔬菜生长季节，选择小组喜欢的蔬菜，准备种植。

（6）检查学生任务单是否做出正确选择，对选择不合适的小组进行指导。

（7）教师总结，指导学生形成认识蔬菜部分初稿。

【设计意图】

学校地处乡镇，在路边随处可见的蔬菜都是学生可观可感的，学生可以请教家中长辈、查阅资料了解相关蔬菜习性。根据任务单让学生对蔬菜种植相关知识掌握得更透彻，使其在种植前做好准备。师生合作总结出的种植指导手册也可让学生对各类蔬菜有全面认知。

活动序列三：规划"微田园"劳动实践基地

【学生活动】

（1）根据微田园实践基地的划分，明确自己小组劳动实践基地区域位置。

（2）小组分工，探讨出各组实践基地应该怎么进一步划分种植区域，定期维护事项分工安排，用思维导图的方式展示。

【教师指南】

（1）根据学校现有微田园实践基地，合理划分出本班各小组实践位置。

| 1小组菜地 | 2小组菜地 | 3小组菜地 |
| 4小组菜地 | 5小组菜地 | 6小组菜地 |

出示划分区域图，按照学生选择蔬菜种类划分小组，让学生根据区域图，进行再划分，将分好的示意图进行展示，每个小组明确各自区域。

（2）小组讨论。指导学生规划好自己要种植的蔬菜种植区域，对于浇水、施肥、除草等后期维护人员安排，用思维导图的方式展示。

（3）按照小组内各学生特长和能力，小组内进行组员分工，明确各自职责，完成小组安排表（见表3）。

表3　小组安排表

种植事项清单	负责人	备注（其他事项）
播种		
浇水		
施肥		
除草		
收获		

【设计意图】

根据区域示意图，让学生学会划分实践区域，在有纪律、有规划、有责任的课堂中完成任务分工，提高学生团队协作能力。为学生提供实践区域，能够激发学生劳动兴趣，让学生亲身体验劳动的艰辛，进而感受劳动的快乐。

2. 第二阶段：活动实施

活动序列一：播种希望

【学生活动】

（1）活动前组成活动小组，以5~6人为一小组，组内选取小组长一名，负责统筹安排小组活动；副组长一名，协助组长做好小组工作；安全观察员一名，负责监督其他学生种植安全。以小组为单位开展种植活动。

（2）通过查阅书籍、上网搜索、询问他人等多种方式，初步了解播种经验，如撒播、条播、穴播应有哪些注意事项，播种的关键方法等。

（3）在播种过程中积极参与，根据蔬菜不同特点，选择不同播种方式，小组内积极配合、互相指导、互相学习，使得小组播种任务能保质保量完成。

【教师指南】

（1）邀请经验丰富的家长在基地向学生讲解种植方法，学生围站在基地周围，家长在基地内一边讲解一边示范，对种子进行撒播、穴播，对菜秧进行穴播、条播。

（2）播种前要进行翻地和挖穴，因涉及挖地工具使用，教师先讲解工具使用方法并进行安全教育，家长使用大锄头，学生使用小锄头，注意提醒学生使用工具不要抬得太高，不要对着人。

（3）撒播的种子均匀地撒在翻好的土里，为让种子不太密，可以混一点细沙一起撒，撒在土里。穴播的秧苗在挖好穴以后，一窝一窝地栽，栽到土里以后，再用一点细细的泥土轻轻地盖在根部即可。

（4）播种好的种子和秧苗要浇水，将周围土壤浸湿即可。

（5）学生在具体操作过程中，教师和家长要巡视并指导，讲解要领，确保在实践过程中都能正确播种。

（6）总结播种要领，回顾播种注意事项。

【设计意图】

通过讲解和亲身实践，学生懂得如何选择合适的播种方式，在实践操作过程中，学会播种的方法，也能运用在生活中其他地方。亲手播下的种子，也承载着孩子们的希望，让孩子们在活动中感受到劳动的价值，生命的伟大！

活动序列二：我的蔬菜我浇水

【学生活动】

（1）准备浇水工具（浇水壶、水桶、盆、水管等），并正确使用工具为蔬菜浇水。

（2）合理分工，选择正确时间浇水，学会浇水方法。

【教师指南】

（1）指导学生选择合适的浇水工具进行浇水，相同区域学生为一组。

（2）组织学生在合适时间有序排队到基地浇水。

（3）请有经验的家长进校指点浇水最佳时间以及位置等相关知识。

（4）组织学生进行浇水。

（5）教师总结浇水方法：浇水需要观察天气情况，如若当天或者前一天下雨，可不进行浇水，如观察到土地表面比较干燥，可进行适当浇水。夏天浇水时应选择太阳落山时段浇水，防止作物灼伤。浇水时选择植物根部浇水，更容易吸收水分。

（6）指导学生浇水后将工具分类摆放整齐，便于下次使用。

【设计意图】

通过浇水，学生亲身体会蔬菜生长过程不易，学会正确的浇水方法和相关知识，在浇水中了解蔬菜习性，掌握劳动技能，感受劳动的快乐。

活动序列三：消灭杂草我能行

【学生活动】

（1）为践行生态环保理念，基地杂草清理拒绝使用农药等化学用品，采用手拔杂草的传统方式。

（2）将拔出的杂草丢进分类垃圾桶内，避免丢在基地杂草又重生。

【教师指南】

（1）在基地教会学生，除蔬菜苗以外，田里都是杂草，杂草生命力顽强，清理杂草是一个长期过程，并非一两次。

（2）在清理杂草过程中依然以小组为单位，提醒学生在清理杂草过程中切记伤害、踩到蔬菜苗。杂草一定要连根拔起，不能只拔叶部，否则杂草会再次生长，学会使用巧劲。

（3）讲解清理杂草好处，有助于蔬菜的生长，没有杂草的菜地蔬菜才会长得更好，杂草会和蔬菜争抢土地养分，影响蔬菜生长。

【设计意图】

消灭杂草更多人会采用喷洒农药的方式，但为践行生态环保理念，我们采用最传统的方式，也是最环保的。每一次清除杂草，技术含量不高，都像是在保卫蔬菜，亲身实践，学生兴趣浓厚。

活动序列四：为你加"鸡腿"

【学生活动】

以小组为单位，为基地蔬菜施肥。施肥时确保每一株都施到肥料，且施到根部，不能撒到叶上。

【教师指南】

（1）邀请家长提前找好农家肥，贯彻生态环保理念，整个过程使用农家肥，既经济实惠又环保。

（2）指导施肥注意事项，施肥频率不能太高，避免灼伤蔬菜。

（3）提醒学生施肥时注意安全、卫生。

【设计意图】

为基地蔬菜施肥，这也是贯穿整个活动的环节，蔬菜成长离不开肥料，就好比学生每天需要摄取各种营养，这也让学生懂得劳动并非一朝一夕，选择了种植，就要在整个过程中呵护好植物，让它们茁壮成长。

活动序列五：我是小小观察员

【学生活动】

（1）到基地观察蔬菜生长过程。

（2）完成"微田园"实践基地植物观察表（见表4）。

共享的力量
——区域推进劳动课程建设的创新实践

表4 "微田园"实践基地植物观察表

日期：	观察植物：		观察人：	
天气	☀	☁	🌧	❄
我的植物生长情况	健康	长高	生病	长虫
我观察到植物样子（文字描述）				
我来画一画				
我想对你说				

【教师指南】

设计"微田园"实践基地植物观察表供学生使用。

【设计意图】

实践基地种植不仅只有生产劳动，在基地蔬菜生长过程中，定期带领学生开展植物观察记录，学生看一看、闻一闻、摸一摸，再选一选、写一写、画一画，寓教于乐，在潜移默化之中既教会学生正确辨别各种蔬菜，也能让学生对蔬菜在不同时间的形态和生长过程有更加深入的了解。

【教师指南】

请学生分享观察记录单，记录蔬菜生长过程，将优秀学生观察记录单在班级作品栏进行展示。

【设计意图】

学生通过教师设计的观察记录单进行观察活动，在劳动中提高自身观察能力，做一个善于观察的人。学生在劳动中感受劳动创造美和劳动带来的快乐。

活动序列六：我是基地守护者

【学生活动】

（1）为保护基地蔬菜，设计一条宣传口号，要求语言简洁明了，主题贴切。

（2）根据宣传口号，制作一个警示牌，要求美观、大方、牢固、防水。

【教师指南】

（1）邀请语文教师讲解宣传口号设计要点，宣传口号一般都是一句话，要贴合主题，简明扼要地表达自己观点，多采用建议、亲切的口吻，少使用禁止、生硬的语气，体现语言的魅力。

（2）邀请美术教师指导保护牌构图、配色等，让保护牌能凸显主题，既美观又起到保护基地蔬菜的作用。

【设计意图】

制作基地保护牌，是一个各学科融合活动，设计宣传口号、保护牌，运用到了各学科知识，在请教各学科教师过程中，学生有效地将知识融合，充分体现"五育并举"的育人理念。

活动序列七：付出就有收获

【学生活动】

（1）使用工具到基地收获农作物，学会采摘蔬菜方法。

（2）将收获成果运回教室。

【教师指南】

（1）引导学生小组讨论，进行分工收获，填写好任务单（见表5）。

表5 小组任务单

收获蔬菜	区域	使用工具	负责人

（2）探讨各类蔬菜采摘方法。教师播放视频，学生了解采摘方法，如青菜类要从土里拔起，辣椒、茄子等要从把子上摘下，在采摘中不要伤到枝丫，有些没有成熟的蔬菜需要再留一下，不是全部采摘。

（3）组织学生分组排队到基地进行采摘。

（4）教师先在基地进行采摘示范，再请学生进行示范。

（5）组织采摘比拼大赛，小组准备，开始采摘，评出最美采摘员。

（6）教师组织学生分组将收获的蔬菜有序运回教室。

【设计意图】

通过收获基地蔬菜，学生学会采摘技能、搬运技能等。学生在劳动中享受美好时光，感受劳动成果的来之不易，体会劳动创造幸福！

3. 第三阶段：总结与反思

活动序列一：感受我来说

【学生活动】

（1）小组讨论在本次"微田园"蔬菜种植劳动项目中的收获。

（2）分组将本次活动成果以手抄报、图片、视频等方式展示出来。

【教师指南】

（1）出示本次"微田园"劳动项目课程活动图片，以视频的形式展示，帮助学生回忆，请学生谈观后感，说说自己的收获。

（2）教师总结本次活动中的收获，点评学生，如哪些学生认真负责，哪些学生互相帮助。

【设计意图】

通过学生分享自己在活动中的体会，教师可以了解本次活动学生的成长与收获，学生是否不畏困难，主动解决所遇到的问题。教师和学生谈心，在交流中增进师生感情，一起感受劳动带来的成长和快乐。

活动序列二：有反思才能进步

【学生活动】

小组讨论，完成表格，劳动项目课程中哪些环节的活动可以优化提升（见表6）。

表6 优化提升表

活动环节	可以优化提升的建议

【教师指南】

（1）收集学生表格，梳理出共性问题，并列举建议。如在浇水活动中，因为班级人数多，全部去到基地反而影响操作，每次每个小组派1~2人去即可，大家轮流；当作物生病时，应采用哪些合理方法。

（2）全班研讨，共同商议。

（3）总结反思，提炼经验。

【设计意图】

通过总结，学生能发现本次活动中需要提升与改进的地方。反思和讨论也更有利于下次活动的开展，有反思，有讨论，才会在下次活动中有更大进步。

4. 第四阶段：拓展与延伸

活动序列一：家校共育做美食

（1）在项目活动中，学生收获了种类繁多的蔬菜。鼓励家长进课堂（见表7），现场烹饪食材，将蔬菜加工制成美味佳肴。家长、教师、学生皆为本次劳动项目课程参与者，体现了家校携手的教育理念，"三位一体"的教育为学生身心发展保驾护航。

表 7 "美食志愿者"家长报名表

日期	姓名	菜肴	准备材料

（2）在班级开展收获蔬菜的食育课程。如收获土豆可做成美味的狼牙土豆，青豆、胡豆可做成家常菜，并在食育课程中教授学生烹饪技巧。

【设计意图】

让学生直接品尝收获的蔬菜，感受劳动带来的幸福，而食育课程更能习得烹饪技能，二者融合，劳动带来的幸福感爆棚。

活动序列二：我劳动，我快乐

（1）填写"我劳动，我快乐"劳动记录单（见表 8）。在校园"微田园"蔬菜种植项目中，衍生出各种家务劳动任务。如在地里劳作后，鞋子、袜子清洗应该如何有效完成，怎样清洗劳动工具等。

表 8 劳动记录单

班级		姓名		性别	
时间		劳动项目			
劳动过程					
我的收获					
自我评价					
家长评价					

（2）为了让学生在日常生活中养成爱劳动的好习惯，建立自评、家长评的评价体系。下面是"我是家务小能手"评价表（见表 9）。

表 9 "我是家务小能手"评价表

我完成的家务	A	B	C	自评	家长评
	完全独立完成本次家务劳动，耗时少，达到预期效果，成就感满满	能够基本独立完成本次家务劳动，但耗费时间较长，效果勉强	无法独立完成本次家务劳动，需要在家长协助下完成		

【设计意图】

通过图文结合的形式，将劳动过程和劳动收获记录下来，既有助于学生到学校交流学习，也方便学生进行展示。每一次劳动，学生亲身实践，将过程逐步记录，填写记录单，同时也是学科融合、"五育并举"育人理念的体现。

活动序列三：职业体验日

学生种植蔬菜丰收后，将开展"职业体验日"活动。分别组织学生参与"蔬菜售卖"和"小爱心送给您"两个活动。

（1）"蔬菜售卖"。蔬菜售卖之前，利用美术课组织学生制作售卖广告牌。随即安排学生保存好收获成果，并妥善运送至就近市场进行售卖。学生学会工具准备、摊位摆放，在售卖过程中体验售货员工作过程，锻炼学生的计算能力及口语交际能力等。蔬菜售卖记录单见表10。

表10 蔬菜售卖记录单

序号	蔬菜名称	单价（元）	重量（kg）	总价（元）
1				
2				

（2）"小爱心送给您"。蔬菜售卖后，汇总盈利，存入爱心款。组织学生为社区有困难家庭采购爱心物资（见表11）。在此过程中记录开销，并在"小爱心送给您"活动之后，利用班会课谈一谈"职业体验日"感受。整个过程学生在"学中做，做中学"。

表11 爱心物资采购记录单

序号	物资	价格	合计	结余	备注

四、评价设计

（一）表现性评价

在本次劳动项目中，根据"微田园"实践基地项目课程，从种植、养护和观察到收获阶段，制定过程性评价量表，具体如下。

阶段1（种植评一评）（见表12）

学生能否选择合适的种植蔬菜和地点，做好种植准备工作。

表12 "种植评一评"评价量表

评价内容	A	B	C	个人评价	小组评价	教师评价
根据种植蔬菜分组	能完全认识常见蔬菜并正确判断常见蔬菜种植时节	能认识自己所选蔬菜，并正确判断其种植时节	能在同学帮助下认识所选蔬菜，正确判断其种植时节			

续表

评价内容	A	B	C	个人评价	小组评价	教师评价
认识种植工具	能正确认识和使用常用种植工具	能认识和正确使用所选种植工具	能在同学帮助下认识和正确使用所选种植工具			
小组分工	在小组合作中主动与同伴协作，主动承担并认真完成任务，乐于帮助他人	在小组合作中能够完成属于自己的任务	能在同学的帮助下完成自己的任务			

阶段 2（养护我来评）（见表 13）

小组成员能否按时完成蔬菜养护，能否进行合理分工，做到坚持劳动。

表 13 "养护我来评"评价量表

评价内容	A	B	C	个人评价	组内评价	教师评价
小组浇水、施肥、手工美化	能正确使用浇水、施肥工具，明确浇水最佳时间，蔬菜受到保护；和同学合作制作精美手工保护牌	能使用浇水、施肥工具等，和同学合作制作手工保护牌	偶尔给蔬菜浇水、施肥，未制作手工保护牌			
小组分工	在小组合作中主动与同伴协作，主动承担并认真完成任务，乐于帮助他人	在小组合作中能够完成属于自己的任务	能在同学帮助下完成自己的任务			

阶段 3（观察评选员）（见表 14）

学生能否按时完成观察记录表并能交流汇报。

表 14 "观察评选员"评价量表

评价内容	A	B	C	个人评价	组内评价	教师评价
观察记录单填写	使用通顺、正确的语言文字及时记录蔬菜生长变化，图片、照片资料丰富多彩	使用文字及时认真记录蔬菜生长变化，有图片记录	偶尔记录蔬菜生长变化，无照片、图片记录			
组内交流	积极参与讨论交流，能认真倾听他人发言	参与组内交流，能倾听他人发言	不敢尝试和表达自己的想法			
班级汇报	能用语言清晰地描述自己所种蔬菜的日期、生长变化，能认真倾听他人发言	能用语言描述自己所种蔬菜大体的生长变化，能倾听他人发言	不能准确表达自己所种蔬菜的生长过程			

续表

评价内容	A	B	C	个人评价	组内评价	教师评价
与人合作	善于与同学合作，在小组活动中勇于承担，出谋划策，团结同伴	能与小组合作，在小组合作中能够顺利完成自己的任务	不愿与同学合作，不听取他人意见			

阶段 4（拍卖谁最行）（见表 15）

学生能否在拍卖前进行市场调查，了解市场行情并合理定价，活动中能否与人顺畅地沟通，将自己的蔬菜卖出。

表 15 "拍卖谁最行"评价量表

评价内容	A	B	C	个人评价	组内评价	教师评价
蔬菜收获	收获蔬菜产量高，色彩艳丽，新鲜	收获部分蔬菜，蔬菜长势不好	收货数量很少，几乎没有			
市场调查	积极进行蔬菜价格的市场调查，合理定价，善于与人沟通	能进行蔬菜价格摸底调查，能与邻居沟通	不敢与陌生人沟通，未能进行市场调查			
拍卖过程	善于与买家沟通，能将自己收获的蔬菜全部卖掉	能正常与买家沟通，卖掉大部分蔬菜	拍卖过程不与人沟通，卖出去少部分或没有卖出			

（二）综合性评价

在本次劳动实践活动中，学生是否提升劳动素养（见表 16、表 17）。

表 16 劳动实践评价量表

	劳动素养	自评	互评	师评
劳动观念	本次实践基地劳动，是否懂得劳动创造财富、劳动创造美好生活的道理	☺ ☹	☺ ☹	☺ ☹
	本次实践基地劳动，是否感受到劳动最光荣、劳动最伟大	☺ ☹	☺ ☹	☺ ☹
劳动能力	本次实践基地劳动，是否认识了新的劳动工具或农作物	☺ ☹	☺ ☹	☺ ☹
	本次实践基地劳动，你是否掌握种植技巧（如播种、浇水、施肥等）	☺ ☹	☺ ☹	☺ ☹
劳动习惯和品质	本次实践基地劳动，是否做到自愿自觉、有始有终	☺ ☹	☺ ☹	☺ ☹
	本次实践基地劳动，是否能小组协作劳动和创造性地劳动	☺ ☹	☺ ☹	☺ ☹
劳动精神	本次实践基地劳动，是否养成不畏困难、敬业奉献的精神	☺ ☹	☺ ☹	☺ ☹

表 17 劳动实践综合评价量表

评价内容	团结合作组	吃苦耐劳组	种植小能手	最佳理财组
综合评价本次活动	整个种植过程中相互支持，各成员勇于承担自己的责任，并互相包容，"微田园"成果显著	整个种植过程中认真劳作，详细记录，记录单填写最完善	整个种植过程中种植出来的蔬菜品相最好，菜地环境最好，收获数量最多	在售卖活动中头脑灵活，宣传到位，售卖收入高
组别				

五、项目反思

（1）在种植活动中，我们体会到了劳动的乐趣，也感受到了劳动成果的来之不易，我们更爱惜基地的蔬菜。但班上依然有同学不爱惜其他的劳动成果，如浪费食物、乱扔垃圾等行为，怎样才能让同学们由珍惜基地的劳动成果到珍惜所有的劳动成果呢？

（2）因劳动实践基地场地不大，我们只能轮流参与，但大家都非常喜欢到基地去劳动，希望学校把基地扩大，同时，我们也应该在各小组之间科学合理地规划好每一次的活动。

（3）每次使用基地的工具，都有同学过度兴奋，对于工具的使用需要安全员随时提醒。

（4）在蔬菜的成熟前期，每天只有少部分的蔬菜成熟，又不能不采摘，采摘下来卖也不合适，分也不合适，我们应该找一个更好的方式来解决。

（执笔：永兴小学　张颖）

我"型"我秀　制作兴隆湖模型
——湖畔路中学劳动项目式学习案例

劳动内容/任务群：生产劳动/工业生产劳动

年级/学段：七年级

课时计划：十六周

一、项目简介

（一）选题背景

《义务教育劳动课程标准（2022年版）》在课程内容第四学段任务群6工业生产劳动中明确提出：选择1~2项工业生产项目，如木工、电子等，进行产品设计与加工，体验工业生产劳动过程。

湖畔路中学位于天府新区公园城市"生态之肾"的兴隆湖畔，地理优势明显，加之学生经常到兴隆湖游玩，多数学生对兴隆湖的各个板块比较熟悉，对探索兴隆湖有极大的兴趣。

因此，学校开设"兴隆湖模型制作"劳动项目课程，满足学生对兴隆湖的好奇心、求知欲。本项目课程分为"问湖""造湖""护湖"三个部分，学生在"问湖"过程中提出问题、访谈专家、实地考察，全面深入地了解兴隆湖；在"造湖"过程中选择材料、设计模型、制作模型，完成兴隆湖模型的制作；在"护湖"过程中设计、派发宣传单，反思与展望。在整个过程中树立劳动观念、形成劳动能力、养成劳动习惯和品质、崇尚工匠精神。

（二）学情分析

七年级学生以形象思维为主，能够将具体的事物抽象化，因此具备规划、按图纸制作的能力。加之，他们的好奇心和求知欲强，学习积极性较高，愿意去实践探秘自己身边经常游玩的兴隆湖，进行兴隆湖模型制作。

二、项目目标（见表1）

表1 我"型"我秀项目目标

素养目标	认识（理解）、具有（掌握）、养成（形成）
劳动观念	在参与兴隆湖模型设计制作中，理解劳动创造美好生活的道理，掌握劳动的效率意识；在"护湖"过程中体会增强公共服务意识和社会责任感；在模型制作中注重劳动效率和劳动质量
劳动能力	在访谈专家、现场调研和分发宣传单的过程中，熟悉公益劳动与志愿服务的组织、实施，提升运用相关的劳动知识与技能服务社会的基本能力；在设计制作兴隆湖模型的过程中，综合运用劳动技能解决问题，并能根据设计制作的实际情况，对模型设计进行必要的改进与优化，发展创造性劳动能力
劳动习惯和品质	在制作模型的过程中经历运用所学知识分析和解决实际问题，制作失败时不放弃，坚持不懈地进行完善，从而养成安全规范、有始有终的劳动习惯，形成吃苦耐劳、持之以恒、责任担当的劳动品质
劳动精神	在模型不断美化的过程中培养学生精益求精、追求卓越的工匠精神和不畏艰辛、锐意进取的奋斗精神，形成积极的奉献精神

三、项目过程

(一) 设计思路(如图1所示)

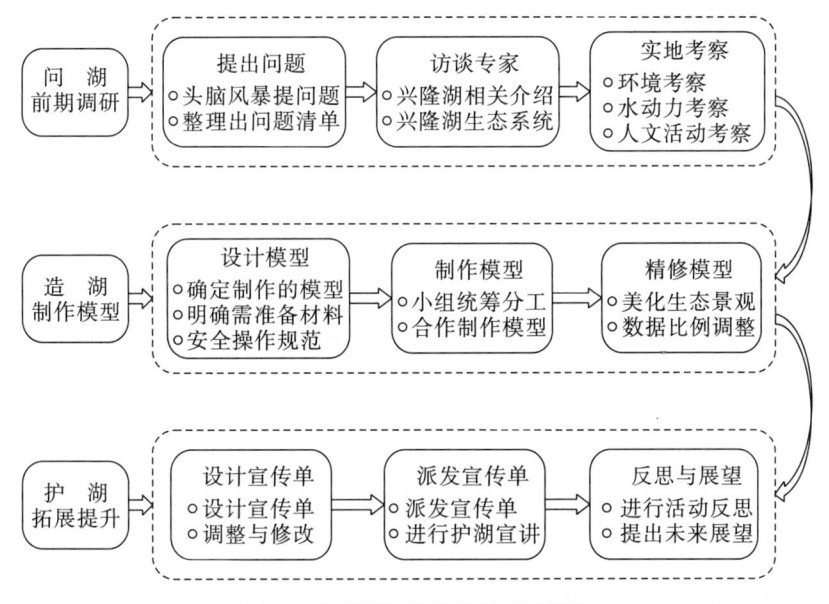

图1 我"型"我秀项目设计思路

(二) 项目安排(见表2)

表2 我"型"我秀项目安排

阶段	主题	内容	周次
问湖	提出问题	头脑风暴提问题,整理出问题清单	1
问湖	访谈专家	了解兴隆湖历史变迁、生态系统	2~3
问湖	实地考察	打卡兴隆湖网红地标,直观感受	4~5
造湖	设计模型	确定制作的模型,选定最适合的制作材料,购买材料	6~7
造湖	制作模型	在教师指导下制作模型,力求还原兴隆湖生态环境	8~10
造湖	精修模型	对制作好的模型进行修饰、美化	11~12
护湖	设计宣传单	根据对兴隆湖水生态理解,绘制保护兴隆湖的宣传单	13~14
护湖	派发宣传单	派发宣传单,保护兴隆湖,分享劳动收获	15
护湖	反思与展望	对劳动准备、劳动过程、劳动收获等进行反思与分享	16

四、实施过程

第一阶段:"问湖"——兴隆湖水环境考察分析

(一)头脑风暴找问题

劳动导师:学校劳动导师。
劳动场域:学校。
【学生活动】
整理问题:学生分组整理头脑风暴过程中产生的问题,记录在笔记本上。
分享问题:小组派代表分享本组找到的问题。
【教师活动】
教师引导学生分组进行头脑风暴,梳理对兴隆湖感兴趣或疑惑的问题。

(二)专家访谈了解兴隆湖

劳动导师:兴隆湖总设计师龙瑶、公园城市管理局卢谦。
劳动场域:兴隆湖。
【学生活动】
学生将整理好的问题清单交给教师,由教师提出学生最疑惑的几个问题并进行阐释。例如,兴隆湖是如何引水净水的?湖水的流向有什么规律呢?兴隆湖的水由浅到深有几个层,各层中水生物的物种分别是什么,为什么要放养这些水生动植物?这些水生动植物对于水的循环是否有用?应该如何保护兴隆湖呢?
【教师活动】
(1)分享兴隆湖景观打造。
作为公园城市管理局工作人员的劳动导师——卢谦,他以一个亲历者、参与者的身份向学生介绍兴隆湖,向学生展示兴隆湖的对比图片,让学生直观形象、系统深入地了解兴隆湖打造出的"一环九峰、双心三场、多节点"全域、全龄、智慧的高品质生活场景。
(2)分享兴隆湖生态建设设计。
作为兴隆湖水生态综合提升工程总设计师的劳动导师——龙瑶,向学生系统介绍兴隆湖水生态构建设计、水下地形构建设计、沉水植物群落设计、鱼类群落设计等,让学生全面深入地理解兴隆湖水生态。

(三)实地考察,为制作模型奠定实践基础

劳动场域:兴隆湖。
劳动导师:校内劳动导师。

1. 环境考察组

活动任务:实地考察兴隆湖"理水之韵,营林之绿,美湖之魂"的生态环境,了解兴隆湖"林环水绕、林水相依、林水共荣"的生态格局。

（1）打卡湖畔书店。学生在湖畔书店里近距离观察水生植物的呼吸，体会自然的奇妙，认同兴隆湖的伟大创造，产生制作兴隆湖模型的强烈兴趣。

（2）打卡留芳桥。鼓励学生全身心融入兴隆湖林水一体的"生命楼阁"，观察树林的根部牢牢扎根水底，欣赏笔直的树干冲出水面、高高地向天生长，切身体验人与自然和谐相融的幸福。

（3）打卡南山生态保育区。学生在南山生态保育区观察动植物，切身感悟兴隆湖保留南山生态保育区的意义与价值，认同人与动物各有所安的大自然观。

（4）采访兴隆湖浮游植物清理人员、环境卫生维护人员，了解兴隆湖的维护情况，体会工作人员的辛苦，激发学生保护兴隆湖的意愿。

2. 水动力系统考察组

活动任务：探究兴隆湖水动力生态系统情况，了解兴隆湖的全域水系规划和水质保障措施，考察兴隆湖分洪、引水、截污、治污、沉沙、拦渣等功能场所，全面深入理解水生态、水生物、林水一体化等水质提升工程。

（1）打卡鹿溪河泄洪道一号闸，贾家沟、庙子沟分洪闸。通过实地考察，学生了解鹿溪河与兴隆湖的关系。

（2）打卡街头篮球场旁出水口。街头篮球场旁的出水口是兴隆湖的唯一出水口，学生到现场观察闸门，直观感受闸门升降调节水位高低。

（3）打卡滨湖广场水上运动中心。学生观察兴隆湖的水动力情况。

3. 环湖人文活动考察组

活动任务：参与到兴隆湖畔的各类人文活动与运动中，身体力行感受兴隆湖给人民群众带来的幸福生活。

（1）参加环湖跑，打卡极限运动公园、街头篮球场。打卡九座山峰文化历程点，完成8848.86米的环湖跑，用脚步丈量兴隆湖，思考规划兴隆湖模型构造图形；在极限运动公园中进行自由滑板挑战赛；在街头篮球场打一场篮球，在兴隆湖畔挥洒汗水，体验生活。

（2）打卡儿童艺术中心、新经济路演中心、湖畔书店、人造沙滩、露营基地。学生在参与到兴隆湖畔的人文活动中，体会到兴隆湖为地区注入新消费、新生活、新经济的不竭活力，织就出的一幅幅人城和谐、诗意栖居的动人生活场景。

（3）参观清华新能源互联网研究中心、中国科学院成都分院等高科技企事业单位。通过参观兴隆湖周边高科技企事业单位，了解兴隆湖周边企业布局情况，理解兴隆湖的社会价值与人文价值。

【设计意图】

通过头脑风暴找问题，培养学生自主学习和社会责任意识；通过专家访谈和实地考察认知兴隆湖的景观、环境及人文等方面相关知识，为模型制作奠定知识储备和情感基础；通过身体力行地参与访谈和实地考察，认识到劳动对国家富强、人类发展的意义，自觉向优秀劳动榜样学习。

第二阶段："造湖"——设计制作兴隆湖模型

（一）模型设计，确定制作的模型，选定最适合的制作材料

劳动场域：劳动教室。

劳动导师：校内劳动导师。

【学生活动】

（1）确定兴隆湖模型种类。

小组讨论，达成一致制作"兴隆湖微景观模型"和"兴隆湖纵切面模型"。

（2）确定制作兴隆湖模型材料。

小组讨论后，确定了制作兴隆湖模型需要用到的材料（见表3）。

表3 项目所需材料及用途

用途	材料
定型板	湖底亚克力板
湖底造型	石膏
湖边造型	微景观小摆件
湖边造型	微景观苔藓块
建筑物造型	超轻黏土
湖水造型	水晶滴胶（环氧树脂）

（3）探讨制作兴隆湖模型需要的学科知识。

地理、生物、美术、数学、物理……

学生达成一致，在制作模型的过程中，有针对性地请教学科教师解决遇到的各种问题。

（4）讨论制作兴隆湖模型安全操作规范：

①不使用小刀等尖锐工具，避免伤害到自己或同伴。

②制作、搬动模型时规范操作，避免安全事故。

（二）制作兴隆湖模型

1. 探讨问题

【教师活动】

在模型制作的过程中，教师引导学生运用设计者思维，融合数学、物理、生物、化学、美术等相关学科的知识，对材料选取、区域比例、动植物分布、分层着色等进行科学思维，创造性地提出自己的看法和意见，让模型制作更加顺利。

【学生活动】

探讨模型制作中遇到的问题及解决方案。

在依据方案进行模型制作过程中，学生不断遇到问题，在解决问题的过程中，引导学生根据学科知识和劳动实践来解决问题。比如，泡沫与石膏，用什么材料更好？亚克力板与找平石膏塑形，先用什么材料？如何摆放鱼更加灵活呢？

2. 精修美化模型

【师生活动】

美术教师从材质使用、颜色搭配、细节精修等角度，讲解美化模型的方法，学生根据美术教师的讲解美化模型。

地理教师讲解比例尺、地势构造等地理知识，协助学生调整模型比例。

3. 模型评比

【学生活动】

学生汇报分享模型制作的步骤及注意事项：

第一步，模型图纸设计：有图纸才有工序。

注意事项：设计既要合情合理，又要突出兴隆湖的特征。

第二步，准备：模型所需的材料和工具。

注意事项：模型的细节，在材质上需要精挑细选。

第三步，制作：模型的制作过程——结构底板→底盘→主体→配景。

注意事项：底板是关键，打好地基才能更好地在上面放置主体；配景要符合审美标准。

第四步，修整光洁处理：模型成型后需要美化修饰。

注意事项：关注细节是成功的一大步。

（1）分享汇报（如图 2 所示）。

| 模型筑基 | 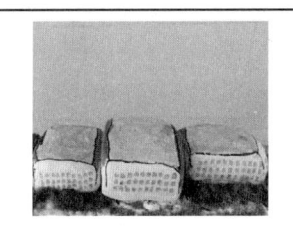 模型修饰 |  模型美化 |

图 2　学生汇报分享图

（2）票选成果。

在校园进行展示，并由全校师生进行投票选出优秀模型作品。

【设计意图】

学生从自行设计兴隆湖的模型到制作的过程中，初步掌握模型制作的基本知识与技能，并在制作失败时不放弃，坚持不懈地发现问题、解决问题的过程中，提升持续参加劳动的积极性。在模型制作过程中持之以恒，有责任担当，养成安全规范、有始有终的劳动习惯，形成吃苦耐劳、持之以恒、责任担当的劳动品质。在设计制作兴隆湖模型的过程中，综合运用劳动技能解决问题，并能根据设计制作的实际情况，对模型设计进行必要的改进与优化，发展创造性劳动能力。在模型不断美化的过程中培养学生精益求精、追求卓越的工匠精神和不畏艰辛，锐意进取的奋斗精神。

第三阶段　护湖——从自己开始保护兴隆湖（7课时）

（一）设计制作宣传单

【教师活动】

劳动教师邀请美术教师和语文教师对色彩运用和文字表达进行专门教育引导，建议学生制作宣传单时注意色彩鲜明、主题文字吸引人，能够表现出明显的主题倾向，引导游客和阅读者理解宣传单意图，主动去执行宣传的内容。

协助学生制作宣传单。

【学生活动】

学习《兴隆湖保护条例》，设计制作"保护兴隆湖"的宣传单。

（二）散发宣传单

宣传单制作好后，学生到兴隆湖周边，向游客散发宣传单，并宣讲兴隆湖水生态环境、保护兴隆湖的意义。通过宣讲，学生增强了自信心，提高了语言组织能力，拓宽了视野。

【设计意图】

通过前期的专家访谈和模型制作，学生萌发了保护兴隆湖的念头，在教师的引导下设计制作宣传单，既培养了学生的环境保护意识，也增强了学生的社会责任感。在分发宣传单的公益劳动中熟悉公益劳动与志愿服务的组织、实施，提升学生运用所学劳动知识服务社会的能力，树立奉献创新的劳动精神。

五、评价设计

（一）表现性评价（见表4）

表4　表现性评价表

评价实施的主要环节	评价的主要内容	实施评价的主要方式与实施办法	评价工具
问湖——设计问题清单	问题清单设计质量、问题的有效性、问题的数量	小组讨论，师生互评专家访谈实地考察	问题评估 1. 问题是否贴合主题 2. 问题数量是否合理 3. 设计的问题是否有理
造湖——模型设计制作	模型设计的合理性、制作中的问题解决	小组互评，教师及时反馈	作品创作、作品分析 1. 模型设计是否美观、真实 2. 制作中问题的产生，查询资料，求助老师及学习相关知识
护湖——宣传单的设计	宣传单设计的质量、宣传情况	学生自评和互评，教师点评	宣传单创作评估，照片收集 1. 宣传环保主题是否突出 2. 宣传单的设计制作是否精美 3. 宣传广度情况展示

（二）综合性评价（见表5）

表5 "四维"发展评价表

评估项	观测要素	自我评价	队员评价	导师评价	总分
劳动观念	通过身体力行地参与兴隆湖模型设计制作来认识劳动创造美好生活和价值的劳动观念，掌握劳动的效率意识；在专家访谈和模型设计制作的过程中体会劳动最光荣、劳动最崇高、劳动最伟大、劳动最美丽的思想观念，并在模型制作中体验劳动的艰辛与快乐				
劳动能力	在专家访谈、现场调研的过程中，提高科学探究能力和社会实践能力；在设计制作兴隆湖模型的过程中，能正确使用劳动工具，提高动手能力和创造力，具备完成劳动任务所需要的设计能力、操作能力和团队合作能力				
劳动习惯和品质	在制作模型的过程中经历运用所学知识分析和解决实际问题，制作失败时不放弃，坚持不懈地进行完善，从而养成安全规范、有始有终的劳动习惯，形成吃苦耐劳、持之以恒、责任担当的劳动品质				
劳动精神	在模型不断美化的过程中培养学生精益求精、追求卓越的工匠精神和不畏艰辛、锐意进取的奋斗精神，形成积极的劳动精神				
整体评价与发展建议（综合性评语）	在劳动实践过程中能综合运用所学的学科知识结合实际进行有意义的项目劳动活动，在活动中树立正确的劳动观念，培育各项社会劳动实践能力，增强社会责任感和主人翁意识。通过团队协作解决实际问题来培养合作意识；通过设计创作提高劳动创新能力；通过制作和发行宣传单，学生形成坚持不懈的劳动习惯和不怕吃苦的劳动品质；通过项目式劳动，学生体会劳动的快乐和意义				

（每项1~5分，最低1分，最高5分，打整数分）

六、项目反思

通过此次我"型"我秀劳动项目课程，收获颇多。

（1）学生明白团队合作的重要性。学生在经过集体商量且分工后，通过团队合作解决一个个模型制作问题。

（2）学生明白创新变通的重要性。学生在制作模型的过程中不断创新变通，遇到问题时积极思考、探索，直到解决问题。

（3）学生明白沟通能力的重要性。学生在合作制作模型的过程中产生分歧，通过沟通、倾听达成共识。

通过我"型"我秀劳动项目课程，充分调动了学生的学习欲望和表现能力，利用学校周边的社会资源，寓思想教育于劳动实践中，把德育与良好的劳动习惯和知识技能的掌握有机结合在一起，增强学生社会责任感，既开阔了学生的视野，又学到了劳动本领。通过实地考察、科学探究和劳动体验，培养学生正确的劳动价值观，培育积极的劳动精神。在模型制作活动中学生不断地出错、修改、验证,坚持不懈地完成各个项目,在失败中不断成长,培养学生大胆创新、勇于探索的实践能力。多学科融合课程的劳动项目活动,让学生在多学科的知识碰撞中全面提升学生的综合素养,落实"五育"全面发展。

(执笔:湖畔路中学 吴云莹、赵倩)